狼の義

新 犬養木堂伝

林 新　堀川惠子

角川文庫
24007

目次

第二十三回司馬遼太郎賞受賞作

序章　古老の追憶

その男は〝財閥王〟と呼ばれた。

東京の経堂駅から数分の住宅街に〝財閥王〟の家はある。朽ちかけた屋根は端々がめくれ、門柱にぶらさがる木戸は風に揺れる。少し離れて見れば、家全体が西側に傾きかけてもいる。アメリカ軍の空襲からは辛うじて焼け残ったが、古屋の老朽ぶりは年々凄みを増すばかりだ。

応接間は、玄関を上がってすぐの八畳間。〝財閥王〟は、たいがい床の間を背に座っている。物臭い顔に懐手、痩せこけた身体に擦り切れた単衣は、まるで禅僧のよう。清貧といえば響きはよいが、貧乏は底なし。齢八十を超えた今も、どこに出かけるにも特大のコウモリ傘を杖代わりに、じっと満員電車に揺られている。

〟財閥王〟の名は、古島一雄。

その徹底した貧乏暮らしに、仲間たちは彼のことをそう呼んだ。

昭和二十（一九四五）年八月十五日、この国が長く続いた戦争にようやく白旗を上げると、老人の身辺はにわかに慌ただしくなった。

十月、ラジオの放送で「古島一雄」という名が繰り返し伝えられた時、近所の人たちは「まさか、あのじいさんじゃなかろうな」とささやきあった。

時は、東久邇宮内閣の総辞職を受け、幣原喜重郎が総理大臣に就任したところ。幣原は古島を外務省公邸に呼び出し、内閣の要たる内務大臣を要請した。ところが。

「老人の出る幕なし！」

古島はそれを一蹴した。

年が明け、今度は自由党総裁の鳩山一郎が、大きな黒塗りを古島家の正面につけた。占領軍の戦犯狩りが始まり、鳩山も公職追放されることになった。鳩山は古屋の擦り切れた畳の上に正座し、これでもかと頭を下げた。

「古島さん、わが自由党を暫く預かって下さらんか」

幣原内閣は間もなく退陣する。国会の第一党は自由党。幣原は鳩山に後継をほのめかしている。つまり自由党総裁の座に就くということは、この国の総理大臣になることを意味した。これ以上の栄誉があろうか。鳩山はその足で古島を党本部に引っ張って行くつもりだった。

「幣原の時も断ったんだ、今さら老人の出る幕ではないと言ったろう」

あまりにあっさりした返答に、鳩山は腰を浮かせた。

「いや、せめて半年でいいから、そのうち何とかするから」

「断る」

そう言った矢先、古島は単衣の袖をまくりあげ、身を乗り出した。

「吉田茂（よしだしげる）がいいじゃないか」

鳩山は目を白黒させた。

「いや、吉田はあまりに素人だから……」

「この新時代に、言ってみりゃ皆、素人だ。吉田は汚れておらん。やらせい、やらせい」

そんなぞんざいな口のきき方も、この老人ならば許されるのである。

古島邸には、客の往来が途切れることはない。

ボロ屋に参じる大半は現役の文筆家たちだ。毎日、朝日、読売新聞の記者は常連で、政界がざわつけば月刊誌や週刊誌の記者たちが加わる。戦前から古島ファンを自任する大佛次郎（おさらぎじろう）や俳人の高浜虚子（たかはまきょし）らも時々、姿を見せる。

古島の人生の出発点は、新聞記者だ。明治の四半世紀、〝無冠の帝王〟つまり一記者として生きたことが、この男にとって何よりの誇りである。

かつて、新聞『日本』の編集長として活躍し、正岡子規を世に出した。『萬朝報』では政治記者として、マムシと呼ばれた黒岩涙香と特ダネを連発。現役を退いてからは毎日新聞社の客員となり、文字通り毎日、新聞社に通った。同時期の客員、新渡戸稲造や竹越与三郎が首脳部の個室に閉じこもるのとは対照的に、古島はいつも編集室の一角に陣取った。そこで政治部や論説室の悪童どもに取り囲まれて談論風発、いざ政局が動けば鋭く先を読んだ。

緒方竹虎や岩淵辰雄ら若手の記者や文化人たちは「古島財閥王をかこむ会」を結成、必ず月に一度、寄り合うようになった。「かこむ会」には、こんな笑えぬ話がある。会費が一人十円ほどだった時代、一度だけ古島が気前よくポンと百円札を出した。何があったか「釣りは要らぬ」などと似合わぬ言葉を吐いた。だが貧者の一灯はあまりに痛々しく、誰もその金にふれることができなかったという。

そんな武骨一辺倒の男が、戦前、記者から政治家に転身したのには理由があった。評論家の大宅壮一は戦後、著書『仮面と素顔』の中で、古島一雄とその時代について興味深い論考を書いている。

〈政界では、尾崎行雄と古島一雄の二人が、別格の超オールド・リベラリストである。

尾崎がテロの嵐の絶えまないこれまでの日本の政界で、政治的生命の世界的記録を樹立することができたのは、彼が政治家でなくて批評家であり、しかもその批評は、現実との距離が大きすぎて、大して影響力を持たなかったからである。

それよりも古島とその政治的教え子である吉田茂の関係の方が、私には興味がある。今年八十六才の古島は、七十三才の吉田より遥かに民主主義的でもあり、リベラルでもある。このことは、明治の政治的性格が、初期にさかのぼるほど、かえってよりリベラルであったことを示すものだ。犬養毅、大隈重信、原敬、高橋是清などになると、その筋金がもっと太く強く、日本的に歪曲されたものではあるが、より民主主義に徹していたともいえる〉

記者生活を謳歌していた古島が政界に飛び込んだのは、名誉のためでも、金のためでもなかった。それは、ある男に一生を捧げるための決断だった。

昭和二十七年四月五日。サンフランシスコ講和条約の発効を三週間後に控えたこの日、横浜杉田にある実業家西幸太郎の別荘で、数えで八十八歳を迎えた古島の米寿の祝いが開かれた。

「いったい誰が宣伝した、こんな祝いの席はおよそ僕のガラではないよ」

次々に訪れる懐かしい顔に囲まれて、古島は照れくさそうに拗ねている。

西邸は、京浜急行の杉田駅からほぼ一キロ、坂を登り切った丘の上にある。眼下には磯子の浜辺、遠くに本牧の鼻が見え、その向こうには東京湾の海原が広がる。邸内の桜は今が盛りと咲き誇り、桜花爛漫の庭は米寿の祝いにこれ以上ない借景を作っている。

アンカに身を埋めるようにして座る古島の周りには、到着が遅れる総理大臣吉田茂の代理として増田甲子七自由党幹事長、さらに松野鶴平（後に参議院議長）や安藤正純（後に国務大臣）、衆議院議長の林譲治、新聞時代の後輩である長谷川如是閑や馬場恒吾らの姿がある。

「あんたたち、木偶の坊みたいに突っ立ってないで、そこの椅子でも運びなさいよ」

式の準備に走り回る大佛次郎たちに、てきぱきと指示を飛ばすのは神田松本亭の元女将、松本フミ。今年六十九歳、古島一雄を半世紀にわたって支え続けた女傑である。この場に集う男たちの中で、フミに頭の上がる者は一人もいない。

「そろそろ、開会だ」

正午が迫り、誰かが叫んだ。主賓用のマイクは、春の匂いたつ庭園を見下ろす縁側に用意されている。そこに集った客はもう三百人は超えているだろう。

侍従のように寄り添う緒方竹虎ら数人に支えられ、古島がそろそろとアンカから這い出した。羽織に袴、背中には揚羽蝶の紋所。蓬頭垢面の古島の、生涯まれにみる晴れ姿である。

古島は、マイクのスタンドに両の手でしがみ付くようにして足を踏ん張った。

「長い生涯の中で、今日は本当にうれしい。心から皆さんにお礼を言わせてもらう」

少し上ずった甲高い声は語尾が微かに震え、その目にはどこか光るものがある。遠く風に運ばれてくる桜の花びらが、袴のヒダにまとわりついて離れない。

「この桜の季節は、僕は心が痛んでどうしようもない。この桜が散れば、あの五月がやってくる。犬養木堂の最後の時を思い浮かべずにはいられない。けれども、今日だけは心安らかに過ごすことができそうだ。皆さん、本当にありがとう」

この時、旧知の者たちは少しばかり驚いた。それまで古島が、「犬養木堂」について公にふれたことは一度もなかった。むろん皆が、その心情を察して尋ねようともしなかった。その古島がはからずも「犬養木堂の最後の時」と発した。

この日、古島は饒舌だった。挨拶の続きはアンカの中に入って始まった。その周りを、既知の者たちが全身を耳にしてぐるりと囲む。

大日本帝国憲法下の戦前にあって、政党政治が輝いた時代がある。大正末期から約八年、明治の自由民権運動以降、人々が長く渇望してきた立憲政治が、この国で確かに行われた。それが乱暴に幕を下ろされたのは、昭和七年。総理大臣犬養毅（木堂）

が暗殺された五・一五事件である。

古島は、その犬養毅の懐刀と呼ばれた。帷幕(いばく)に参じ、謀略を生き抜き、犬養の死とともに政党政治が息絶えてゆく様を無念のうちに見届けた。その苦い記憶は、思想統制の戦時下、古島ただ一人の胸の暗渠(あんきょ)に長く封印されてきた。

床の間には、経堂の家から大切に運んできた木堂の書が架けられている。そこには、二編の漢詩が並んでいた。

登城山憶南洲翁

麟閣幾名賢
獨見一頭地
先蹤誰能攀
鬱崋城山翠

火車過可愛嶽下

可愛山前路
硝烟憶昔年
偉人黄土久

有誰傳衣鉢

「犬養先生は、南洲翁つまり西郷隆盛のような死に方こそ理想だと、常々おっしゃっていたそうですね」

床の間を指さして、アンカに陣取る松野鶴平が水を向けた。松野は、かつて犬養内閣の選挙参謀を務めて政友会を空前の圧勝に導き、「選挙の神様」と呼ばれた政客だ。すると安藤正純が閃いたような顔で続けた。安藤も犬養内閣で文部政務次官を務めた。

「そうだ、犬養先生も最初は西南戦争の従軍記者として名を上げたんだ。鹿児島で西郷にも会っていないとも限らんぞ」

いつの間にか輪に入ってきた大佛が、皆に請われて漢詩の解説を始めた。

「城山に登って南洲翁を思う。西南戦争の最後の戦いの場となった城山に後日、登って読まれた詩のようですね。麒閣（麒麟閣）とは漢の武帝の宮殿、つまり明治新政府の喩えです。そこに集う賢人は大勢いるが、西郷は頭一つ抜きんでていた。その人の為した功績を誰がよじ登ることができようか、城山は今も深い緑に覆われている」

二つ目の詩の解説が続く。

「火車つまり列車が、かつて激戦の地となった山の麓を過ぎていく。弾丸が飛び交い硝煙（しょうえん）の香りに満ちた西南戦争の日々を私は思い出す。西郷は身まかって久しいが、薩摩健児の心意気を誰が伝えていくのだろうか……」

　そこで古島が話を引き取った。

「最後の下りは、もっと意味深長だよ。西郷の心意気を継ぐのは他でもない、この自分だという反語だろう。これを詠んだのは昭和五年、もう間もなく総理大臣の椅子に手が届きそうな時だからな、犬養木堂の気迫たるや尋常じゃないよ」

　誰ともなくつぶやいた。

「話せば分かる、か……」

　犬養毅はその時、ピストルを突きつける若い軍人に対峙（たいじ）し、「話せば分かる」と説いた。軍人は「問答無用」と銃弾を放った。「話せば分かる」は、生粋の政党政治家らしい最期の言葉だというのは、誰もが知る有名な話だ。

「違う違う、それは違う」

　突然、古島が身を乗り出した。

　思わぬ反応に、皆の怪訝（けげん）そうな視線が集まる。

「話せば分かるなどと、木堂は、そんな単純な言葉を発する男ではないよ」

　古島が痩せこけた頬を赤らめると、アンカの周りが静まり返った。誰もが古島の言葉の真意を摑（つか）みきれないでいる。「話せば分かる」という言葉には、何か別の意味があるということか。

「時代が大きく動く時、政治家は誰もが己を試される。その流れに乗るのか、頬かむりで様子を見るのか、それとも濁流に立ち向かうのか」

古老の声が張り詰めてくる。

『話せば分かる』は、すっかり美談にされてしまったな。皆、分かりやすい話ばかりを求める。だがな、現実はそんな生易しい話じゃない」

隣に座る松本フミが、息を吞むようにして古島を見つめる。

「あの言葉にはな、前段がある。木堂はファッショの濁流の中に踏ん張って、裏切りに次ぐ裏切りの果てに殺された。それも多勢に無勢でな」

激してくる古島の口調に、皆が圧倒された。ふと、古島の表情が哀し気に緩んだ。

「そしてこの僕は、木堂を救えなかった」

古島は苦痛を耐えるかのように固く目を閉じた。が、暫くして思い直したように顔を上げた。

「よし、今日は特別な日だ。……よかろう、老人の思い出話につきあってみるか」

全員がいっせいに座り直して姿勢を整えた。

ころあいの陽だまりとなった縁側には、桜の花びらが絶え間なく、音もなく、ハラハラと舞い落ちてくる。

玄関の外が少しざわつく。遅れて吉田茂の車が到着したようだ。
古島一雄の長い話は、すでに始まっている。

第一章　戦地探偵人

1、死闘

犬養毅は、屍臭の中を歩いていた。

丘を切り通して作られた細い坂道に、累々と死体が転がっている。軍服姿であったり、着物姿であったり、段袋を穿いていたりとまちまちだが、いずれも兵児帯を締めた薩摩軍の兵士だ。銃創あれば刀傷あり、人間の形を留めていないものもある。前の晩から激しい雨が降り続き、三月末の九州といえども未だに酷く寒く、その重たい冷気の中でも血の生臭さは凄まじかった。数日前の死体にはわずかばかりの土が掛けられただけで、もう腐臭を放っている。その臭いが口から鼻から入り、脳髄を破壊してしまいそうだ。犬養は、こみ上げる吐き気を抑えながら、湾曲した赤土の道をのろのろと登って行った。

「これが戦か」

足を止めて、独りごちた。政府軍の兵士たちはこちらに目をやるでもなく、ただ篠突く雨に打たれながら無言で泥道を登っていく。

犬養毅、二十一歳。

犬養は、兵士ではない。「戦地探偵人」だ。近代日本の内戦では初めての、いわゆる従軍記者である。戦場では、まだ「記者」という存在は全く認知されていない。軍人や官吏以外は立ち入り禁止だ。それでも、より迫真の原稿を書くには少しでも最前線に近づかねばならない。そこで命尽きれば、名も無き遺体のひとつに連なって異臭を放つだけである。

明治十年三月、西南戦争が開戦してから一ヶ月あまりで、政府軍は要衝である田原坂を奪取した。後退を余儀なくさせられた薩摩軍は、田原坂のやや南に位置する吉次越や木留、向坂といった要所に堡塁を築き、防衛線を張って徹底抗戦で耐えている。

犬養は、敢えて近衛歩兵第一連隊を選んで、吉次越の攻撃に同行している最中だ。この連隊は維新直後に薩摩・長州・土佐の三藩からなる献兵によって組織された精鋭「御親兵」が中心で、日本初の歩兵連隊と評された。政府軍の中でも、農民や町人出身者が多い鎮台兵とは違って勇猛果敢な部隊だ。彼らについて行けば死ぬ確率は低いと考えた。混乱した戦場を生き延びるには、鋭く嗅覚を働かせねばならない。

政府軍陣地を出発し、吉次越の山稜を這うように登っていく。上方の薩摩軍の強固な堡塁からは弾丸が雨あられと降り注ぐ。兵士たちはそれをものともせず突進し、最新の後装式のスナイドル銃を撃ちまくる。薩摩軍の主力、前装式のエンフィールド銃より遥かに素早く弾丸を装塡でき、連射速度も速い。

銃撃戦で敵が後退すると、今度は白刃を振りかざして切りかかっていく。敵をバタバタと倒していくが、味方もバタバタと倒れていく。

犬養も、彼らの後方にぴったりついて斜面を登った。顔面の近くでヒュン、ヒュンと何度も乾いた音が響く。至近弾特有の飛翔音だ。と思えば、隣の兵士が突然、血しぶきを上げて、のけぞったまま転がり落ちるのが視界に入る。思わず股慄して立ち止まりそうになるが、動きを止めてしまえばかえって弾丸に身をさらす恰好になる。

土を食らいながらの匍匐前進。気がつけば呼吸すら止まっている。もはや理性や思考など完全に吹っ飛んでいる。ただ本能的に走り、物陰に身を伏せ、硝煙に噎せ、隙を見ては携帯した握り飯を頬張る。そしてまた、走る。

政府軍が携行する弁当は、炊いた一合飯をそのまま握った「一合握り」だ。その中に、干した馬肉や梅干しが入れ込んである。一度戦場に出れば営所に戻るまで、これと水筒の水だけで食い繋ぐしかない。

この数日間の戦闘で、犬養が同行した中隊約百人のうち、生き残ったのは僅かに八人。それでも田原坂に続き、吉次越で激しく抵抗した薩摩軍を打ち破った。政府が調達する最新の武器のお陰だ。後方から追走していたとはいえ、犬養も運が良かった。

犬養毅は痩身短軀、身長は五尺足らず（約一メートル五十センチ）、体重は十三貫（約五十キロ）にも満たない。小さな身体を丸めて戦場を転がりながら駆ける様は、まるで無邪気な子どものように見えた。

戦闘が収まり、ようやく周りを見回す余裕が出てきた。石塔や標石は無残に砕かれている。道の両脇の木々や電柱には弾痕が無数に刻まれ、弾丸が食い込んだままのものもある。地面には、弾丸の固まりがばら撒かれたように転がっている。政府軍が費やす弾薬は一日三十万発を超えていると聞いた。

――一体ここまで本当に必要なのだろうか。

旧藩では最強と恐れられた薩摩軍ではあるが、その数は一万少々だ。片や政府軍は全国各地から次々と援軍を送り込んでいて、今や薩摩軍の何倍にも膨れつつある。武器弾薬に至っては、兵士の数以上に有り余っている。それでも戦況は一進一退。この奇妙な不均衡に、疑問が湧いた。

ようやく雨がやんだ。足を止めて岩場に座り、懐の衣嚢から用箋と矢立てを取り出した。戦場の様子を書き留めねばならない。だが何とも言葉が見つからない。これまで自分は散々な苦労を舐めてきたつもりだったが、こんな悲惨な風景は見たことがない。あまりに命が、軽い。せめて登ってきた地名くらい書き留めねばと思うのだが、命がけの登攀で記憶は混乱している。

遠くにガラガラと大きな音が響いた。武器弾薬を山盛りに積んだ荷車が向かってきた。数人の兵卒と人夫を、下士官らしき兵士が指揮している。袖章は一分金線一条、軍曹らしい。犬養と同じ年頃だ。向こうも犬養の姿を認めたようだ。

軍曹は、やや東北訛りの強い口調で誰何してきた。

「おい、何をしとる？　貴様、兵隊ではなかろう」

東京を発つ際に丸善で新調した上下そろいの洋服も、雨土に塗れてドロドロだ。

「新聞記者です。東京の郵便報知新聞から来ました」

「新聞？　戦場には兵隊か役人しか入れんはずだ」

「いえ、本営のある高瀬で、熊本県庁臨時御用係の札を貰っております」

高瀬は、田原坂の西方に置かれた政府軍の拠点だ。犬養はそこで、県長代理として働いていた内務省書記官の石井省一郎と懇意になった。こんなこともあろうかと貰っておいた許可書を、慌てて懐から取り出した。いわば政府軍の味方の証である。

「ふん、見物人か」

軍曹は一瞥するとそのまま踵を返そうとしたが、今度は犬養が問いかけた。

「軍曹はどちらの部隊ですか」

「第一旅団、小倉の第十四連隊だ」

「この武器はどこへ運ばれるのですか」

「本営を前進させるのだ。やっと田原坂も吉次峠も通れるようになったのだからな」

会話が続いた勢いで、犬養は踏み込んだ。

「第一旅団といえば、野津旅団長をはじめ薩摩の方が多いですよね。味方も敵も薩摩でしょ。こんな血で血を洗うような戦をするのは堪らないのではないですか」

軍曹は暫く犬養の顔をじっと見ていたが、やがて答えた。

「われわれは天皇陛下の軍隊だ。薩摩だ長州だは関係ない。天皇陛下の御為に、九州を平定するのが仕事だ」

「軍曹はどちらの御出身ですか」

「盛岡だ」

再び踵を返しかけた軍曹にもう一声掛けた。

「お名前を教えてください」

「東条英教」

東条軍曹は不機嫌そうに言い放つと、荷車の人夫を急き立てて坂の向こう側へ降りていった。その背中が妙に殺気立っているのが気になった。

西南戦争は、日本が近代国家として生まれ変わろうとする混沌の中で、そこに生きる人々の苦渋が噴出したような戦いだった。征韓論をきっかけに明治新政府に対立が生じ、明治維新を成し遂げた仲間内で思想的、感情的な葛藤が露わになった。

明治十年二月十四日、薩摩軍一万三千が蹶起。鹿児島から北上を開始した。総大将には西郷隆盛が担がれている。十九日には大久保利通ら政府側が征討令を発する。

薩摩軍はまず熊本城に取りついた。熊本鎮台司令部は籠城戦を選択、薩摩軍が城を囲んだまま膠着状態となる。政府軍は福岡方面から部隊を南下させ、熊本城から北へ八、九キロほどの山鹿街道で薩摩軍の先遣隊と最初の野戦を交えた。

剛猛剛気の武士として名を馳せる薩摩軍の兵士は、政府軍を気力で圧倒し、白兵戦では無類の強さを発揮した。だがしょせん、国家に一旧藩が挑む戦いだ。武器の近代化と物量ではるかに劣っていたため、田原坂での敗退を機にじりじりと押され始めていた。

2、戦地探偵人

犬養毅の本業は、記者ではない。まだ学生の身である。実家が貧しく、「郵便報知新聞」に原稿を寄せて学費を稼ぎながら、東京の私塾、慶應義塾に通っていた。

西南戦争が起きると、「東京日日新聞」や「朝野新聞」など有力紙はいち早く戦況を報じた。「郵便報知新聞」は、まだ学生の犬養を戦地へと放り込んだ。社に出入りする若手の中で飛び抜けて文章が上手く、反骨心があることに目をつけられた。戦場に直接入り込んで見たことと聞いたことを書いて送れば、慶應義塾の学費を卒業するまで面倒みてやるという条件に、貧乏学生は飛びついた。

子供の頃に戊辰戦争があり、周囲の大人の影響でよく兵学書を読み、軍事の知識はかなりあった。学費の件もさることながら、実戦の現場で古来の兵法がどう生かされているか見てみたいという興味もあった。怖気づくことなどないと高を括っていたが、二十歳過ぎの若者にとって戦場は想像以上に苛烈だった。

この日、高瀬の営所まで無事に戻ると、犬養は近くの民家に駆け込んだ。

この家は地元の裕福な農家で、政府が借り上げて郵便業務を取り扱う拠点「郵便局」にしている。ここが当面の仕事場である。

文机に座って急いで墨を磨り、瞼の裏にまだ生々しく残る鮮烈な光景をどう筆に乗せるか考えていると、土間の引き戸が荒々しく開いた。同業者が前線から戻ってきた。東京日日新聞の福地源一郎だ。

福地は、この時三十五歳。日本で最初の大新聞人で、学生の犬養が「同業者」と呼ぶにはあまりに大きい存在だ。幕府の第一回遣欧使節団の通訳として欧州を訪問し、江戸開城後に新聞社を立ち上げた。明治新政府に抗って数年ほど不遇の時を過ごしたが、政府に出仕して岩倉使節団の一員となって以降、その立ち位置は急転。東京日日新聞に入社してからは、露骨に政府擁護の論陣を張るようになった。

　西南戦争でも、福地は政府軍と一心同体だった。総司令官「参軍」山県有朋（やまがたありとも）の「参軍本営記室」つまり書記役という肩書で随行し、犬養よりも一週間早い三月十一日には高瀬に入った。いつも山県ら司令官たちの傍らから、つまり絶対的な安全地帯から戦況を見分した。だから服もほとんど汚れていない。

　福地は部屋の隅に泥まみれで座る小柄な青年を認めると、居丈高に聞いてきた。

「どうだ、初めて戦場へ入った印象は」

　犬養は福地を睨（にら）み返した。

「随分と簡単に命が捨てられるもんですね」

　福地は唇を笑みの形に曲げた。

「そんな感傷ではなく、政府軍の圧勝ぶりを書けよ」

「坂一つ通るのに二十日もかけて、相当な人員と武器弾薬を消耗しています。うちはあなたのような御用新聞ではありませんから、見たままを書きます」

　思わぬ毒舌にあてられて、福地はいくぶん語気を和らげた。

「おいおい、御用新聞とは随分だな。君はこの戦のどこに正義があると考えている」

「戦場を歩けば、西郷さんにも理はあると言う者は意外に多い」

「ばかなことを、これは速やかに制圧されるべき内乱だ。日本はこんなことやってる場合じゃない」

吐き捨てるように言うと、福地は犬養の文机の反対側に座りこみ、自分の原稿を書き始めた。暫くして気を取り直したか、また話しかけてきた。

「ところで、福沢さんはお元気か」

慶應の師である福沢諭吉には黙って戦場に来ていた。福沢に知られれば止められるのは目に見えている。

「先生とは、暫くお会いしていません」

「しかしまあ、郵便報知もこんな若者を戦地に送ってくるとはな」

福地はまた先輩風を吹かし始めた。

「田原坂はな、君が着く二、三日前の戦闘が一番激しかったんだぞ。警視庁が抜刀隊を編制して随分と敵を押し込んだ。戊辰の戦で散々やられた会津の士族出身者たちは、薩摩軍をむしろ圧倒していたよ。田原坂が抜けられれば、熊本城まではそうかからん」

「西郷さんがそう簡単に引き下がると思えません」

「君ら郵便報知新聞は、全く政府に批判的だからな。西郷に同情するところがあるかもしれんが、日本はまだまだ国力を充実させて、対外的に強力な国家を作らねばならん。そのためには国内秩序が保たれることが第一だ。西郷の今度の挙兵は、愚挙だ」

——そういう風に原稿を書けと指南しているつもりか。

犬養は、この男とはあまり話したくないと思った。プイと横を向いて言った。

「私は、これから自分の目で色々見極めたいと思っています」

福地はまだ何か話したそうだったが、犬養は原稿に没頭するふりをした。

四月、犬養はこの時のことを記事にしている。戦場には「官の鼻息を見る記者」あれども、自分は「見たことを記す」から承知されたし、そう読者に宣言した。仰ぎ見るほどの大記者に対して、何とも鼻息の荒い青年だった。

新聞記者の原稿は、運用が始まって間もない通信手段「郵便」を使って運ばれた。鹿児島から東京まで約千四百キロ、「逓送人(ていそう)」と呼ばれる運搬人が〝速足〟で運ぶ。逓送人は全身黒装束の制服をまとい、約十一キロの郵便物を担いで一時間に十キロ走る。東京から京都まで七十二時間で運んだという記録がある。

郵便制度は、イギリスから帰国した前島密(ひそか)によって近代化される途上にあった。全国に開設された千百か所を超える郵便局は、かつての本陣や庄屋など豪農の自宅に窓口を作ったもので、彼らは準官吏としての格式を与えられた。犬養が原稿を書いた場所もその一つだ。新聞や雑誌の「低料金送達」や「新聞原稿郵送料免除」など、報道機関に対する保護策もすでに始まっている。

熊本の戦地では、田原坂近辺だけで植木、木葉、高瀬、山鹿に次々と郵便仮局が開設された。電信網も発達しており、政府軍の拠点からは電信によって政府中枢に戦況が報告された。しかし戦場では、薩摩軍が電線をことごとく切り落とし、役に立たない局面が頻発。そこで政府軍も、公用の緊急通信「飛信逓送制度」を用いざるをえなかった。運搬速度を速めるため仮の郵送中継所を増やし、専用の逓送人が至急扱いで軍事郵便を搬送した。

戦火の中を、山野を疾走して新聞記事や軍事情報が運ばれた、そういう時代だ。

3、薩摩琵琶の音

雨は翌朝も降り続いた。菜種梅雨である。

犬養は交戦が続く木留へ向かった。小さな部隊の最後方について、ただ歩いた。鬱蒼とした林間の細い山道を辿っていくと、遠くから砲声や銃声、叫声が聞こえてくる。干戈を交える音はこだますれど、敵兵の姿は見当たらない。進む道が一本違うだけで生死を分けることはよくあった。

日が暮れかけて、とうとう水筒の水が尽きた。先は長い。暗くなるまでに水を得なければと、犬養は隊列を離れ、手元の地図に記された湧水池を探した。藪をかき分けて辿り着くと、百人近い兵士が、蟻がたかる様にして折り重なって死んでいた。皆、水を求めていたのだろう、池の水は真っ赤に染まっている。血の水はどうしても飲めなかった。

途方に暮れていると、谷あいの村落の民家から細い煙が上がっているのが見えた。そこまで一気に駆け下りた。家の庭先には老人が一人、ぽつねんと立っている。

「お爺さん、水を頂けませんか。一休みしたらすぐ出ていきますから」

老人は無言で犬養を一瞥すると、入口の土間に置いてある小さな甕を指した。犬養はそこから柄杓で水をすくい、一杯ごくりと飲み干した。続けざまに何杯も飲んだ。

そこにいきなり政府軍の兵隊が入ってきた。

「老人、軒先の鶏を売ってくれ」

老人は兵隊の注文に露骨に顔をしかめた。

「この家には五羽の鶏がおったとです。先に薩摩の兵隊が二羽持って行きよった。次に官軍が来てまた一羽。もう、その二羽しか残っとらん。お許し下さい」

頭を下げる老人に、兵隊は声を荒らげた。

「われわれの司令官殿はもったいなくも身命を捧げて戦いに日夜ご苦労なさっている。そのご養生のための鶏を、貴様は薩賊に与えながら、こちらには渡さんというか」

老人は恐れ入った風に声をあげた。

「滅相もない。では、二羽で二十五銭ならば」

兵隊は言われるまま金を払い、奪い取るようにして鶏を持って行った。

犬養は思わず同情した。

「ひどいもんだ。爺さんも困るだろう」

老人は犬養の顔をじっと見て、怪訝そうに問うてきた。

「あんたは、兵隊じゃなさそうだが」

「私は新聞社のもんです。東京から戦争の様子を調べに来ました」

「へえ、そうかい」

老人は急に軽口になり、にやりと笑った。

「今のが一番高う売れた。薩摩には二羽二十銭、もう一人の官軍には一羽十二銭じゃ」

犬養も愛想笑いを返したが、いたたまれなくなってそそくさと農家を後にした。

夜遅くにようやく辿り着いた木留は、すでに戦闘も終わっていた。家々は、まだ赤い炎を上げて燃えている。小やみにはなったものの、雨は誰の肌にも寒い。

何人かの兵隊が、民家の炎を焚火代わりに囲んで握り飯を食っている。横になって寝ている者もいる。その顔には明らかに疲労の色が浮かんでいた。もう四月だというのに、この戦は一体いつまで続くのか。そんな会話も聞こえてくる。

犬養もまた兵隊のそばに腰を下ろし、黙って用箋を取り出した。闇夜に揺らめく仄暗い灯りを頼りに、この日、見たこと聞いたことを一気に書いた。今はただ戦場で遭遇する様々な事象に目を凝らし、あらゆることを書き留めていくだけだ。

犬養が送る原稿は、東京の『郵便報知新聞』に掲載された。

他紙の記者は危険な戦場に踏み込まず、戦況の概要を伝えるだけだ。だが犬養は戦場のど真ん中に入り込み、臨場感あふれる記事を書く。人々は、それを争うように読んだ。編集長の藤田茂吉（ふじたもきち）は、間接的な情報ではないとの意を込めて、連載を「戦地直報」と名付けた。記事の冒頭には「犬養毅」の実名が記され、最終的に約六ヶ月で百回を超える大連載となる。

「戦地直報」は戦況のみならず、戦場の民の暮らし、ものの値段、荒れ果てた村の様子、その空気や臭いまでも詳細に伝えた。そこからは、こんな風景が見えてくる。

政府軍、薩摩軍の双方によって焼き払われた村々は焦土と化し、木材のくすぶる臭いが充満している。野犬やカラスが死体を屠（ほふ）り、腐臭もひどい。人々は生活を取り戻そうとしてはいるが、物価の高騰がそれを阻む。当座の住まいの仮小屋を建てようにも、わずか六坪の木材を用意するのに十五円もかかり、槌音（つちおと）はなかなか響かない。

女たちは生きるため「スカイ（鹿児島弁で娼婦）」になった。母娘が稼ぎまくるすぐそばで、幼子が「カカサン」と声をあげて泣く。家で飼う庭鶏を、次々に値をつり上げては両軍に売りつける老人の話も、民の生きる逞（たくま）しさを伝えている。

砲撃が止んで訪れた静寂に、薩摩琵琶が響き始めることもある。

薩摩の武士は、武家の教養として琵琶を弾く。薩摩琵琶は四弦四柱の楽器で、どこにでも持ち運べる。弦を弾き、撥で鋭く腹板を叩き、剛直な調べを奏でたと思えば、ポロンポロンと悲壮淋漓な音色に変わる。

荒れ果てた戦場に朗々とこだまする弦の響きを、犬養は活写する。

〈忽ち高く忽ち低く或は長く或は短く猛夫の叫ぶがごとく美人の泣くがごとく粛然として松風の起るがごとく轟然として万馬の過ぐるがごとく曲折高低の間、皆殺伐の気性ならざるはなく聞く者をして嗚咽せしむるに足る……〉

若者とは思えぬ手練れた文章には、幼い頃から叩き込まれた漢文の素養が窺える。

戦地の人情が滋味豊かな文章で綴られる「戦地直報」は、生き生きとした戦場物語になっていて、郵便報知新聞の販売部数はぐんぐん伸びた。

ある時、犬養からの郵便が数日間、途切れた。たまたま野営が続き、近くに郵便局がなかったためだが、東京では犬養死亡説が飛び交い、社内は大騒ぎになった。すぐに編集長の藤田が犬養を探すために現地に向かおうとした。社員でもない一青年の死を無視できぬほど「戦地直報」の存在は大きくなっていた。

西南戦争という時代の節目に、無名の貧乏学生は成長していく。戦地に入った当初は政府軍からも邪魔者扱いで、軍議にさえ入れてもらえなかった。夜はひとり、強盗追剥(おいはぎ)を用心しながら空き家の馬屋の藁(わら)に身を沈めて寝た。それが「戦地直報」が評判を呼び、戦場でも一目置かれ、軍議にも自由に出入りできるようになる。

第一線の記者となった犬養は、後に生涯の畏友(いゆう)そして政敵ともなる〝明治の豪傑たち〟とも出会うことになる。

4、戦場の将軍たち

戦局は膠着状態が続いていた。

政府軍は田原坂の先を東進し、熊本城の北方九キロ、植木にまで達した。熊本城の籠城もひと月を超え、食糧弾薬が足りなくなってきている。だが、政府軍の腰はなぜか重い。

植木の北方十五キロの要衝、山鹿には、既に第三旅団の三浦梧楼(みうらごろう)少将が入り、占領した。この三浦部隊が北から増援すれば、さほど苦労せずに熊本城まで突破できるはずだが、と犬養は歯がゆく思った。

――なぜ一気に動かない。自分が軍人なら、もっとうまくできるぞ。

犬養は田原坂を東に下り切り、第一旅団長の野津鎮雄(のづしずお)少将の陣営に取材に行った。野津は犬養が戦地を走り回る様に感心し、一番に軍議に入れてくれた恩ある将軍だ。その野津に聞くと、参軍の山県が動かない以上、展望は開けないと不満を漏らした。

山県有朋は、病的なほど慎重な軍人だった。充分な兵力が整わなければ決して無理な攻勢はしかけない。兵力の補充や武器弾薬などの後方の軍務には優れているが、臨機応変な前線指揮は不得手だ。熊本城の北に四個旅団一万八千人の兵力を擁しながら、街道の両側に点々と築かれた薩摩軍三千人の堡塁を攻めあぐねている。

軍議の中に、福地源一郎の姿を見つけた。「熊本城までそうかからんだろう」と豪語していた福地に、今度は犬養から話しかけた。

「熊本まで、なかなか遠いですね」

福地は青白い顔をしている。どこか語気も弱い。

「山県さんは慎重な人だからな」

「それにしても、あまりに腰が引け過ぎていやしませんか」

「仕方ない、この戦は失敗するわけにはいかないんだよ」

「このままじゃ野津陣営も身動きできない、だから北から第三旅団を動かして……」

議論をふっかけようとする犬養に背を向け、福地は頭を抱えて座り込んだ。

「昨日から熱があるんだ。もう毎日のように雨に打たれているからな」

戦地の過酷さは徐々に体力を奪っていく。戦場の握り飯も、貧乏学生にはご馳走(ちそう)でも、福地には喉を通らぬ難物だ。

福地は翌日、高瀬の営所に戻り、そのまま大阪に引き揚げた。そして二度と戻ってこなかった。戦地からの報せは、ますます郵便報知新聞の独壇場となっていく。

山県の采配に疑問を持った犬養は野津陣営を出て、山鹿へと向かうことにした。直接、自分の目で第三旅団の様子を確かめようと思った。

山鹿も、薩摩軍の先遣隊と激闘を繰り返したと聞いている。前線が動かぬうちに取材して、山鹿の戦闘も記事にしておこうという心づもりもあった。連載を抱える身で、同じ場所に留まっているわけにはいかない。

山鹿まで、奮発して人力車を使った。人力車は、明治九年には東京だけで二万台と普及しており、西南戦争でも戦地の〝足〟として、軍人も民間人も頻繁に利用した。福地などは二人押しの人力車を使って目を引いた。一里十銭が相場だが、車夫たちは二円、三円と値をつり上げた。戦場ではあらゆるものが割高になる。

山鹿は、古くからの温泉宿場だ。犬養が旅団司令部を訪ねると、そこは湯治場だった。広島鎮台司令長官で旅団長の三浦梧楼は、畳の大広間に浴衣姿で横になっていた。

「新聞記者に用は無いがな」

挨拶する犬養に、三浦はこちらを見ようともしない。

「山鹿も、数日前まで随分と激しい戦いだったと聞いております」

「だったじゃなくて、まだ残兵が時おり撃ちかけてくる。終わっとらん」

犬養は遠慮なく持論を畳みかけた。

「しかし、熊本城までもうすぐです。早く熊本城の包囲を解いてやらないと、城内の食糧も尽きますよ。こちらの部隊が北側から野津陣営を増援すれば、熊本まで容易に突破できると思いますが」

「ふん、素人が分かったようなことを言うな。熊本鎮台の谷さんは、そう簡単に音を上げるような人ではない。毛虫の山県のために、そうたくさん血を流さんでもええ」

「け、毛虫……？」

「参謀は皆、閉口しとる。乃公が援軍を頼んだ時も、けちって出し渋りおった。彼奴とは奇兵隊からの付き合いだが、あんな小心者と一緒に戦をするのは飽いたわい」

野津といい三浦といい、山県の指揮はすこぶる評判が悪い。

長州・奇兵隊出身の三浦梧楼が闘将として名を知られたのは、第二次長州征伐。徳川幕府軍を撃退した小倉口での一戦は、薩摩から視察にきた村田新八をして「長州に三浦梧楼あり」と言わしめるほど勇猛な戦いぶりだった。三浦は新政府の木戸孝允（桂小五郎）の直系だ。ただ同じ長州人でも、官有物を家に持ち帰るなど私腹を肥やすのに目がない山県のことは毛嫌いしている。

三浦は、ようやく犬養の方に視線を向けた。

「貴様も、鎮台兵がどれくらい弱いか見てきたろう」

犬養は「はい」とも言えず、訝(いぶか)しげな顔をしてみせた。

「あいつら、どこか遠くで銃声がしただけで、恐怖のあまり銃を撃ちまくって、あげくのはてに武器を投げ捨てて逃げちまうんだぞ。政府軍の中でまともな兵隊は、近衛連隊と警視庁の抜刀隊だけだ。そんな臆病な連中とまじめに戦なんかやってられるか」

三浦のぼやきには、事情があった。

日本軍は、明治四年に作られた一万人規模の御親兵に始まる。その後、戸籍制度が整備され、明治六年に「徴兵令」が出された。それまで武士の専門職であった「兵」の仕事を、戦闘経験の無い平民にも課すという大変革だった。

しかし同じ年に征韓論が起き、西郷隆盛以下、軍の主力を成していた薩摩の将兵が大挙して鹿児島に引き上げてしまう。軍中枢の機能は事実上、失われた。大久保や山県ら政府首脳は、農民や町人から徴兵した部隊を急ぎ整備しなければならなくなった。

佐賀の乱、神風連の乱など士族の反乱が起こるたび、各地に鎮台司令部を置いては兵士たちに実戦を経験させた。弾の込め方、狙い方、撃ち方、全てが初めての者ばかりだ。そうするうちに西南戦争が勃発(ぼっぱつ)した。

開戦時は、港の利便性によって東京と大阪の鎮台兵がまず田原坂方面に向かったが、特に町人の多い大阪の第八連隊は足が弱く、気力に欠け、負け続きで「すぐ逃げる」と評判が悪かった。

浴衣姿の三浦はようやく起き上がって浴衣の紐（ひも）を結び直し、姿勢を正した。日本軍の歩みについて大演説を続けながら、だんだん真剣な目つきになってきた。

「おい、貴様は十四連隊の話を知ってるか」

「十四連隊ですか」

「そうだ、熊本鎮台の分営である小倉の第十四連隊だ」

三浦は急に声をひそめた。

「奴ら、薩摩軍との最初の遭遇戦で、何と連隊旗を奪われたのだぞ」

犬養は思わず「えっ」と小さく声を上げた。吉次峠の頂きで会った軍曹の殺気立った後ろ姿を思い出した。

――東条といったか。あの時はもう連隊旗を奪われていたんだ。

天皇から直接下賜される連隊旗は、天皇の分身とされる神聖なものだ。その連隊旗を敵に奪われるなど、この上ない不祥事だ。特報には違いないが、書けば死人が出る。

「連隊長の乃木希典（のぎまれすけ）少佐はな、もう死に場所を探しておるそうだ。鎮台兵では軍旗すら守れんのだ。薩摩の兵はまだ衰えてはおらん。今ここで乃公（おれ）が兵を出しても、撃退されて逃げまどうのが関の山だ。ここは相手が弱るのを待って、じっくり構えるのさ」

怪気炎を上げる三浦は、意外と冷静に戦況を分析していた。犬養は戦地に入ってからずっと抱えていた疑問をぶつけてみた。

「三浦少将殿は戊辰戦争からずっと維新を戦ってこられて、西郷さんをよくご存知ですよね。こうして相戦うことになったことを、どう感じておられるのですか」

真剣な犬養の眼差(まなざ)しを、三浦もまっすぐに見返してきた。

「確かにな、西郷は維新を成し遂げた傑物だ。今度の戦も、西郷には気の毒な気がする。だがな、乃公にとっちゃあ、西郷が封建主義の守旧派だろうが、開明主義の改革派だろうが、薩摩の猛者(もさ)どもに乗せられようが、そんなことはどうでもいい。時の流れで、とにかく西郷は〝賊〟になった。乃公も立場上、賊は討たねばならん、それだけだ」

　犬養は即座に反論しかけたが、立場をふまえて言葉を呑み込んだ。

「貴様、名は何という」

「犬養毅です、郵便報知新聞の」

「ああ、『戦地直報』を書いてるのは貴様だったか。犬養毅、うん、覚えておこう」

　そう言い残して三浦はまた浴場へ向かった。後に「不平将軍」「政界の黒幕」と呼ばれ、政界で独特な存在感を示す三浦梧楼はこの時、三十歳。犬養の政治人生において、重要な役まわりを果たすようになる。

　熊本城の包囲が解けたのは、四月十五日のことだ。

犬養が城下に入ると、天守閣は焼け落ち、城内の司令部を囲む壁という壁は無数の弾痕で穴だらけになっていた。熊本城を守り抜いたのは、司令長官の谷干城(たにたてき)少将。勇将として名高い谷将軍に、犬養は、ある事情からどうしても会いたいと思っていた。西南戦争勃発時の熊本鎮台の兵力は、わずか三千足らず。一万を超える薩摩軍に対するには圧倒的に不利だった。しかも鎮台司令部には薩摩出身の将官が多く、彼らが裏切る可能性が常にささやかれた。薩摩軍の中に当初、「熊本通過は容易」という先入観があったのも、そうした状況からだ。

しかし、谷は熊本城内に的確に鎮台兵を配置し、役割を徹底させ、剛毅(ごうき)と胆力でよく統率し、二ヶ月近くに及んだ籠城戦に見事勝利した。西郷をして「陸軍にもかかる人物ありしか」と言わしめたとも伝えられている。

谷は、土佐藩出身で坂本龍馬(さかもとりょうま)の直系だ。板垣退助(いたがきたいすけ)とともに戊辰戦争を戦い、維新後は陸軍省の軍務局に勤めた。その頃から、谷は統率を無視しがちな士族の横暴には手を焼いた。いち早く「四民皆兵の議」と題する意見書を作り、国民は自由を得るのと同時に兵役を務める義務があるとして徴兵制を唱えた。三浦と違い、谷にとっては、徴兵で集めた戦の素人、平民出身の兵隊の方がよほど使いやすかった。

その谷も、四月の戦いで喉を負傷し、城の片隅で療養していた。

犬養は谷との面会が許されると、まず郵便報知新聞の記者であることを告げて谷の様子を窺った。

「熊本城下は、まだ打ちひしがれた様になっていますね。町は黒焦げで、酷い有様です」

「戦は、皆が考えているような華々しいものじゃないからな。泥臭く、惨めなもんだ」

「ひと月以上戦場を見てきて、確かにそう感じました」

「われわれ軍人にとっても民にとっても、こんなことは早く終わった方がよい」

思ったとおり話せる相手のようだと確信し、犬養は切り出した。

「今度の戦では、谷少将の戦術は称賛される方が多いし、私もその通りだと思います。ですが、田原坂方面での兵の運用には疑問がいっぱいありました。山鹿の三浦部隊を動かせば、もっと早く熊本城まで到着できたと思います」

谷は鋭い目をこちらに向けたまま、黙っている。

「私は幼い頃から兵法を学んでおります。もし私が軍人ならば、もっとうまくやれました。故郷の家は貧しいですし、母に楽をさせるためにも、いっそ軍人になりたいのです」

犬養は戦地を駆け回るうち、記者よりも軍人になる方が自分の性にあっていると思い始めた。軍人になるなら、谷のような勇将の下でそれを実行したいと考えた。

「それは、止めた方がよい」

しかし谷は言下に否定した。

「この戦ももう終わる。今から軍人になっても、出世する前に働き場が無くなるぞ」

犬養は思わぬ肩透かしを食らって返答に窮した。

「それよりな、まずは学問に励め。早晩、戦に訴える時代ではなくなる。これからは言論の時代がくる。町民から軍人まで、多くの人々の意見を集約していく場が必ず必要になる。君ら若者は、学問をして言論を磨き給え」

谷家は儒学者の家系だ。落ち着いた態度、物言いは、名将といわれる谷らしかった。

しかし覚悟を固めてきた犬養は、そう簡単には引き下がれない。

「ですが言論というのは、結論を出すのに時間と我慢が必要です」

「それは当然だ。軍隊だって、君が思うほど単純ではない、色々あるぞ。戦略や戦術に優れているからといって出世できるわけでもない。君も薩長の出ではなかろう」

功を焦る若者に、谷はこう釘をさした。その問いかけの意味は深長で、語気はどこか沈痛だった。

――谷は土佐出身。維新で活躍した土佐出身者でも順風でないならば、備中（びっちゅう）出身の自分など身を置く場所もないということか。薩長閥の重みとは、そんな大きいのか。

犬養はここで軍人になることをあきらめた。そして世話になった野津陣営を離れ、谷の一団に従軍して西郷の行方を追うことにした。

後に犬養はこの時のことを振り返り、もし自分が谷干城の助言を聞き入れず軍人になっていたら、それこそ大佐くらいで終わっていただろうと語っている。

その後、薩摩軍は宮崎、大分を転戦。政府軍に追われながら、九州南部を二度も縦断するような逃避行を続けた。部隊はボロボロと皮膚が剝けるように人数が減り、九月一日、とうとう鹿児島に還りつき、城山に立て籠った時には総勢四百人を切っていた。

戦況はもはや動きようがない。犬養はいよいよ西郷隆盛について書かねばと考えた。西郷こそ、この戦の主人公だ。直に会うことの叶わぬ維新の英雄、その人物像に少しでも近づきたいと考えた。

西郷らの逃避行を手伝ったと思われる村々に足を運び、取材を試みた。だが皆、一様に口をつぐんだ。こんな酷い戦に巻き込まれてもなお、西郷を英雄だと言い張る者もいる。ここまで人心を集める西郷とは、一体何者なのか。散々、戦場の様子は取材してきたが、一番重要なことが抜け落ちている気がした。

鹿児島に戻った谷陣営は、城山総攻撃には加わらないことになった。部隊では早くも引き上げ準備が始まり、故郷を離れて久しい兵士らは心ここにあらずだ。谷干城もどこか手もち無沙汰な様子である。かつて新政府の中で西郷隆盛とともに働いた時期もある谷にも、犬養は尋ねてみた。

「昨日のことですが、鎮台兵が『西郷』と呼び捨てにしたら、上官が『お前らが呼び捨てにできる相手ではない』と叱責しておりました。敵軍の総大将にですよ」

「それは、そうだろう。西郷隆盛は徳川幕府を倒し、新政府樹立を実現させた、時代を動かした英雄だ。世が世なら、私など話ができる相手ではない」

「ここまで人々に慕われる西郷を、こうやって国を挙げて亡き者にするというのは、どうも不思議な気がしてなりません」

谷は犬養から視線をそらし、扇子を取り出した。それを手元で弄（もてあそ）びながら、まるで自分に言い聞かすように語った。

「時代が変わった、ということだ。西郷自身は恐らく何も変わっちゃいない。変わらないからこそ、こうなった。歴史が大きく動く時にはな、動乱を起こすのに必要な人間、それを鎮める人間、再構築する人間、維持する人間、それぞれに役割がある。西郷隆盛という男は、時代の波間にただ静かに消えていくには、あまりに大きすぎた」

それ以上は聞いてくれるなと言わんばかりの谷の表情に、犬養は目礼して下がった。

ただ自らの酔骨を埋めるためだけに、鹿児島に戻った西郷隆盛。それは、西郷が本当に望んだことだったのか。谷が言うように、時代がこの戦を引き起こしたのだとすれば、西郷はその流れの果てに辿りついた「今」に満足しているのか。西郷に、直に聞いてみたかった。

――あなたは今、何のために死のうとしているのか。

西郷隆盛という巨像は戦場の遥か遠く、厚い霞がかかったままだ。

総攻撃は、九月二十四日午前四時と決まった。

兵器らしい兵器も持たぬ、四百にも満たぬ薩摩軍に、最新の兵器を備えた六万にも膨張した政府軍が攻め込めば、それは殲滅戦になることを誰もが理解していた。

総攻撃の前夜、雨上がりの澄み切った夜の空に、十七夜の月が皓々と光り始めた。古の教えでは、満月から二日過ぎた十七夜の月は「立待月」と呼ばれ、「夢が叶う」との意があるという。

西郷が身を潜める岩崎谷に向けた一角では、別れの宴が開かれた。村人が密かに運んでくる焼酎を酌み交わし、薩摩琵琶を奏でた。馬方節を歌う者もいるし、それにあわせて踊る者もいる。

暫くすると、政府軍が陣取る大明神山からも重層な調べが響き始めた。政府軍は兵士を鼓舞するため、東京から軍楽隊まで引き連れてきていた。山間に染み入る、ゆっくりとした野太い弦の調べ。その曲目を知るものは誰もいなかったが、演奏されたのはヘンデルの『見よ、勇者は帰る』。勇将を称える曲だった。

軍楽隊の演奏が途切れると、今度はまた城山から素朴な薩摩琵琶の音が、ポロンポロンと零れ落ちる。敵も味方もなく、音楽の交換は暫く続いた。武士階級が世を動かす時代は間もなく終わろうとしていた。

九月二十四日未明、三発の号砲を合図に、総攻撃は行われた。

太陽が昇り切った頃には、全てが終わった。激闘の現場、城山には、さすがの犬養も一歩も踏み入ることはできなかった。

薩摩軍幹部の遺体は、山県が陣取る浄光明寺で検視されることになった。犬養も寺に急いだ。境内にはすでに四十体ほどの死体が横たえられていた。

一体だけ、首のない巨軀があった。

——これが、西郷隆盛の骸か……。

西郷は死してもなお、他の遺体と違ってどこか生々しく、特別な空気を放っていた。

死出の装いは、普段着だった。日本陸軍大将の軍服は、逃避行の最中に自らの手で焼いたと聞いた。紺色の絹地の筒袖も、白ちりめんの兵児帯も脚絆も土砂に塗れ汚れてはいるが、新しく用意されたものであることが分かる。

——一目だけでも会って、話してみたかった。

犬養がそう念じ続けた西郷隆盛。もう物も言わぬが、彼は確かにそこにいた。

突然、激しい雷鳴がとどろき、一陣の暴風が辺りをさらった。舞い上がる砂埃を掻き消すように、今度は土砂降りの雨が降りだした。土に塗れた西郷の身体がみるみる洗われてゆく。首のまわりに飛び散った血の痕すらも、薩摩の大地へと吸いこまれていく。

犬養は掠雨に打たれながら、西郷の前にただ立ち尽くした。何故だか分からぬが、両の目には涙が溜まっていた。説明のつかぬ、この不思議な気持ちは一生、忘れることはないだろうと思った。

昼頃になって、薩摩軍が隠していた西郷の首が見つかったという一報が入った。犬養は眼をかっぴらき、果たして完全なものとなった西郷の最期の姿を確かに見届けた。

そして、連載も百三回を数えた「戦地直報」を万感の思いを込めて書いた。その原稿は、維新の英雄への弔文とも言える、こんな一文で締めくくられた。

兵を起して以来、八ヶ月の久しきにわたり　地を略すること五洲の広きに渡る武もまた多しと云可し　英雄の末路、遂に方向を誤まり、屍を原野に晒すといえども、戊辰の偉功国民誰か之を記せさらんや　嗚呼、吾輩は官軍凱旋の日に歌い、国家の旧功臣が死せるの日に悲まざる可からず

九月二十五日犬養毅記

西郷を追いかけながら辿った九州の道々。町はどこも黒く灰燼に帰していた。いつ

も雨に打たれ、逍遥として廃墟になっていた。人心は荒み、血の臭いだけが生々しかった。

明治維新から十年――。日本は、まだ荒野だ。何も「確かなもの」が無い荒れ野だ。ならば、その「確かなもの」を求めて、荒野をただひたすら駆け抜くしかない。犬養は、西郷隆盛の遺体の前に佇みながら、そう思った。

*

犬養毅が西南戦争という時代の節目を駆け抜けていた頃、犬養より十歳ほど若い古島一雄は、まだ十二歳の少年だった。激動する時代の潮流から遠く取り残された但馬豊岡の地で、いつか小天地を飛び出して東京へ行き、その身を成すことだけを夢見ていた。小さな胸には、新しい時代への抑えきれない衝動が蠢いていた。

犬養毅と古島一雄。二人の人生がぴったりと寄り添うには、ここから十余年の歳月を要することになる。

第二章　政変と〝剃刀〟官吏

1、「命知らずのバカ野郎」

鹿児島の戦地から東京に帰った犬養毅は、慶應義塾での寄宿生活に戻った。三田界隈（かいわい）にも日に日に新しい建物が増え、つい先ごろまで、万という数の兵士が野山に屍を晒す戦場で走り回っていたことなど夢物語のように思えた。

慶應義塾が、発祥の地である芝新銭座（しばしんせんざ）から三田に移ったのは、六年前の明治四年。かつて松平の殿様は、東京湾が一望できる屋敷の三階部分を「月波楼（げっぱろう）」と名付けた。旧島原藩藩主・松平主殿（とのも）の朽ちかけた屋敷を安価で買いとって塾舎とした。

その「月波楼」は慶應義塾の図書室となり、犬養の特等席になった。時間があればここに陣取り、海を眺め、静かに書を読んで過ごす。西南戦争への従軍で進級は一年遅れた。常に先頭を守ってきた勉学も相当に挽回せねばならず、気持ちはどこか重かった。

夕刻になって、卒業生の矢野文雄（やのふみお）が顔を見せた。

「ああ、やっぱりここだったか。探したぞ」

犬養は少し遅れて顔を上げた。

「君の西南戦争の記事は評判だったぞ。尾崎行雄など絶賛しとった」

「学費を稼ぐためにしょうがなく行ったのです。おかげで一年学業が遅れました」

いつもながらのぶっきら棒な態度に、矢野は苦笑した。そして再び書に目を戻そうとする犬養に、肝心な用件を告げた。

「福沢先生がお呼びだ」

「え、僕をですか」

慶應義塾開学の祖、福沢諭吉の居宅は塾構内にある。西洋造りの二階建てだ。福沢は最近、教鞭（きょうべん）はもっぱら卒業生にとらせ、自分は政府要人や学者と面談したり新聞に評論を寄稿したりと啓蒙活動に忙しい。塾生とはほとんど会う機会もない。

少し緊張したまま通された一階の居間に、福沢の後ろ姿が見えた。ソファで長煙管（ギセル）を吹かしている。この時、四十二歳。

犬養が挨拶をすると、煙草盆に煙管を置いてやおら言った。

「しばらく姿を見ないと思ったら、九州の戦に行っておったと聞いたが」

「はい」

「命知らずのバカ野郎だな」

犬養は面食らった。福沢はお構いなしに続ける。

「戦争なんか行って時間を無駄にしたな。勉強は大そう遅れたろう」

その語調には難詰するような厳しさがあった。犬養は下を向いた。学費稼ぎでしょうがなかったのです、という言葉は呑み込んだ。事実、勉学は遅れている。

「一個としての独立が成らなければ、世の問題の解決を図るうえでの自らの独立は成らん。戦争では物事は解決せん。君はまだ勉学は終わっとらんだろう」

犬養は、下を向いたまま頰を赤く膨らませた。戦場で自分が軍人になろうとしていたことを福沢が知ったら、怒髪天を衝くに違いない。

「で、戦場で何を見てきた」

「は？」

「何を見てきたのかと、訊いておる」

「あ、はい、兵は無暗に命を棄てざるを得ず、人心は荒んでいました。東京の文明開化は絵空事のようにも思えました」

「戦はそういうもんだ。戊辰の戦争で皆、嫌というほどそれを知ったはずなのに」

煙管に新しい煙草をせっせと詰めながら、福沢は続けた。

「民の様子はどうだった」

「民は薩摩軍に好意的でした。あちこちで戸長制度に反発する農民一揆が起きていて、彼ら地方の民衆の力をどう国の力に結集するかが、これからの課題だと思いました」

「ふむ、そうか。そうだろうな」

的確な返答に、福沢は満足そうに頷いた。

維新以来、流動化してきた統治の体制は一応それなりの形を見せている。行政を司る「太政官」が、廃藩置県によってできた各県に「県令」を派遣。さらにその下の町や村に「戸長」を置き、末端の行政を指揮した。しかし、税の徴収を司る戸長には圧政や汚職に走る者が多く、それに抗う農民一揆や民権運動が頻発していた。

「それから……」

犬養は福沢の怒気が収まったのを見て、話を戻した。

「西郷さんの亡骸を悼んできました」

「西郷は、反駁の精神は間違ってなかった。惜しいことだ」

そう言って福沢は黙り込んだ。犬養も浄光明寺で見た風景を思い出し、口をつぐんだ。暫く続いた沈黙を破ったのは福沢だった。

「犬養君、君は暫く私の傍におれ」

唐突な言葉に、犬養は意味が摑めなかった。

「このところ、各地で演説をして回っておるのだが、私の言葉を逐一書き留める者が足りんのだ。書記役のような者がな」

ここ最近、慶應義塾では頻繁に「演説会」が開かれている。塾構内の「演説館」をはじめ諸学校で、盛んに国会論や民権論を唱えた。

そもそも「演説」という言葉は、福沢が「スピーチ」を翻訳した造語だ。西洋では、人の集まる機会には必ずその会合の趣旨を述べ、個々人の思いを積極的に披露する。日本には、寺の説法ぐらいしかない。こんなことでは近い将来、西洋に倣って開かれることになるであろう「議会」の運営など覚束ない、と福沢は憂慮していた。

犬養にとっては、福沢の傍でその言行に触れられるというのは願ってもないことだ。

「私でよろしければ、お供します。宜しくお願いします」

「うん、では、まず酒屋へ行ってくれ」

「は？」

犬養はまたも耳を疑った。

「ビールが入っておったらビールだ。少し前、下の豊前屋に頼んでおいた」

豊前屋は、福沢が郷里の豊前（大分県）から慶應義塾の近くにわざわざ呼んできた商店だ。福沢家の酒の手配を一手に任されている。新し物好きの福沢は健康のために禁酒すると言いながら、ビールは酒ではないからと言い訳してよく飲んだ。

――初仕事が酒の買い出しとは。

薄暗い夕闇の中、犬養はひとり三田の丘を下りた。

三田界隈もまだ関東ローム層がむき出しで、日照りが続けば砂塵が激しく舞い、雨が降れば一面泥濘(でいねい)と化す。少し歩けば下駄も袴も土埃(つちぼこり)ですっかり汚れてしまう。まだガス灯も少なく、日が暮れると暗闇は濃い。

豊前屋では店主が待ち構えていた。店主は福沢用にいち早く瓶ビールを入手し、それを絶対に切らさなかった。犬養は縄でくくった数本のビール瓶を受け取ると、それを両手に下げ、ふうふう言いながら歩いた。

塾の門まで帰ってきた時、ふと人影に気づいた。

――門柱の陰に、誰かいる。

着流しに山高帽。暗闇で顔は分からない。歩を停めてゆっくり振り返ると、スッと姿を消した。そういえば、出かける時にも同じ人物を見たような気がする。

首を傾げながら福沢の居宅へ足を向けると、玄関で矢野が笑って待っていた。

「おおご苦労、さっそく先生のお使いか」

犬養はガチャガチャと音を鳴らしながら、両手のビールを上げて見せた。

「先生に世話役を言いつけられたそうだな。これからは君にも色々と助けてもらわねばならん。先生は人が集まるとすぐビールだ」

「演説会は頻繁なのですか」

「ああ、君も忙しくなるぞ。このところ毎晩だ。あとで今後の日取りを見せよう」

そこまで言うと、矢野は少し眉をひそめて小声になった。

「それとな、最近、われわれの周辺には妙なやつがウロウロしている。それにも気を配ってもらわねばならん」

「えっ、たった今、門の所に山高帽の男が立っていましたが、まさか」

「なに、こんな時間に……。犬養君、そいつは政府の密偵だ」

「え、政府の？」

矢野はそれ以上、口を開かなかった。

民間人の福沢を、多くの密偵がつけ回した。背後には、明治新政府の存在がある。明治維新を経た政治は「藩閥政府」と「士族」による対峙が基本構造で、それは自由民権運動という形になって発露した。福沢は微妙な立ち位置にあった。

西南戦争の翌年、大久保利通が東京紀尾井坂で不平士族に暗殺された。慶應義塾には、越後長岡藩や紀州藩、中津藩といった政府に批判的な旧藩の出身者が多く、大久保暗殺を、どちらかといえば喝采する空気が強かった。福沢はこれを諌めた。

「大久保は維新の傑物で、進歩的な人物だ。暗殺のような野蛮な陋習に同情するなど怪しからん。批判されるべきは、政府内の権力を一人の人間に傾けすぎることだ」

福沢は『学問のすゝめ』の中でも、暗殺は政府の権を犯す私裁の最たるものであり、法治国家では許されないと厳しく批判している。要は、欧米を「手本」とした民主的な政治体制をどこまでも目指した。それ故に守旧派からは「開明主義者」としてつけ狙われ、政府からは世論を牽引する活発な言論活動を警戒された。

塾内の思わぬ情報がよく漏れた。密偵たちは、会議室、食堂、寝床、屋根裏、床下、襖の向こう、どこに潜んで耳を立てているか分からない。福沢が夜道を歩く時には相当に気を配り、自宅には押し入れからの脱出用の抜け道まで作った。外出時には必ず誰かが供をする、それも犬養に課せられた役割となった。

2、密偵

明治まであと十二年と迫る安政二年（一八五五年）四月二十日、犬養毅は、近代日本の激動の中では忘れられたような土地、備中国賀陽郡庭瀬村（岡山市）に生まれた。

大庄屋の犬養家は、この地域で最も格式のある吉備津神社の随神の子孫と伝えられ、漢学者の家系だ。待遇からいえば無禄の士族に等しい。しかし傑物と言われた祖父が家産をひどく減らし、漢学に長じた父が家を継いだ頃には家財は傾きかけていた。

〈ある夜、ヒグマやクマが出る夢を見たら、翌朝、丈夫な子が生まれた〉

次男、毅（幼名・仙次郎）の誕生について、父はこう書き残している。

その父が四十八歳で早世したのは、犬養が十三歳の時。時代が激動する明治元年のことだ。兄が家督を継いだが、家計は苦しくなるばかり。犬養も家で塾を開き、村の子どもたちに漢文や習字を教えながら金を稼いだ。

幼い頃から漢学塾に学び、経学も修めた犬養の才は居並ぶ学友を遥かに凌ぐもので、若くして荻生徂徠の思想にも親しんでいた。

この時代の多くの若者たちがそうであったように、犬養もやがて『万国公法』（国際法の解説書を翻訳した書籍）に出会い、英語を習得する必要性を切実に感じるようになる。しかし備中の片田舎で英語を学ぶのは簡単ではなかった。

学問での立身を誓って、単身東京に向かったのは明治八年、二十歳の時だ。父もなく、未来は自分の力で切り拓くしかなかった。背中には柳行李一つ、懐にはなけなしの十五円。小舟で神戸まで達し、三円の船賃で汽船にもぐり込んだ。

東京では、まず塾を探して回ったが、実家にはこう書き送っている。

〈どこも教師がヘボで先生とするに足らぬ〉

そこで授業料が安く宿舎もある湯島の共慣義塾に入ったが、宿舎の生活は酷かった。部屋には家具ひとつなく、行李をひっくり返して机にし、蚊帳の代わりに風呂敷を被って寝た。夏も冬も一枚着たきりで、冬は寒さに目が覚めた。ろくに食べ物もなく、目の前のドブ川のドジョウまで食膳にのぼった。椀の中には泥臭いドジョウの他に得体の知れぬ虫が浮かぶ有様で、犬養は生涯ドジョウが食えなくなった。

そんな生活も、知人の縁で藤田茂吉の食客となったことで、先が開けてくる。藤田は民権論者として名を知られ、郵便報知新聞で編集長を務めていた。その藤田家を訪ねた時の犬養の姿は、汗と埃に塗れ悪臭を放ち、ただただ空腹を抱えて痩せこけた野犬のようだった。

藤田は、この青年が文筆に非凡の才を持っていることを見抜く。新聞に原稿を書かせると、若いわりにしっかりした文章を書き、たちまち社内で評判になった。そのうち藤田の代筆を任され、論説まで書いた。コツコツと稿料を貯め、とうとう私塾筆頭といわれる慶應義塾に入塾を果たす。

勉学一本やりの犬養は、裕福な上級生たちに目をつけられ、布団蒸しの奇襲をたびたび受けた。それでも歯を食いしばり、絶対に許しを請わない。布団が解かれると、ヨロヨロふらつきながら大声で叫んだ。

「君らは大勢で、俺は一人だ。圧倒こそされたが、負けてはおらん!」

まるで政治家となってからの人生をも予言するような言葉である。

やられっぱなしではない。机の上に手を置いてちょっかいを出してきた学生の掌を、無言のまま刀で突き刺したこともある。金持ちの学生が言論集団を立ち上げると、それに負けじと無産派の仲間をまとめて首領となり、目をギラギラさせて議論を戦わせた。相手の論旨が不明瞭な時は、「君は口ではなく尻でものを言う、吾輩は尻とは問答しない」などと毒舌を浴びせた。

その文筆の才に加えて、「寄らば切るぞ」という気性の激しさに福沢は一目置き、藤田は西南戦争に放り込んだのである。

だがこの時期、犬養だけが特殊だったわけではない。日本の青年の多くが同じような境遇にあった。痩せた狼のような風体、常に社会の緊張感の中で自分の行き先を、奔るべき道を、荒野のような日本の中で探していた。ある時は孤狼として、ある時は群狼となって疾走していく。

慶應義塾では演説会に加え、早くも「擬国会」が試みられていた。

将来の国会開設に備えて、議事法を学んでおく必要があるという福沢の発案だ。多い時には数百人規模の若者を集め、例えば選挙法などを議題に論じた。それも最初は狂瀾怒濤、ただの「言い合い」だった。相手の言説を尊重したうえで自らの意見を開陳するというまともな議事が進行するには程遠い。

この日も、議長役を務める福沢までが度々発言をして議場を混乱させた。

「先生！　議長がそんなに自分の意見を発言してはなりません」

「なに、議長の役目はしっかり務めとる」

「いや、もう八回もご自分の意見を論じられた。明らかに元老院の議事規則違反だ」

「何だと、議事録を見せろ、あ、八回か。こりゃあ違反だ。はっはは、すまんすまん」

場内は爆笑の渦に包まれた。犬養も筆記の手を止めて声をあげて笑った。

そこでふと気が付いた。場内の左端、出口よりの壁にヤモリのようにくっついている着流しの男。この場には不似合いな鳥打帽を目深にかぶっている。皆が大笑いしても、俯いたまま顔すら上げない。

犬養は男に視線を注いだまま、そっと席を立った。筆記を代わりの者に任せて出口へと進むと、男も気がついたか、するりと壁から離れた。

外へ飛び出すと、足早に駆けて行く男の後ろ姿が見えた。辺りはもう夕闇に包まれ始めている。

——今日は逃がすものか。

犬養は足を速めた。塾構内から三田通りに出ると、左十五間ほど先を男が浜側に渡るのが見えた。男は走る。犬養も走る。

商家の横の路地から、男は海の方へ向かった。潮の匂いがプンと鼻をつく。沖合には、新橋と横浜を繋ぐ鉄道の海上築堤が暗がりにぼんやり浮かんでいる。十間ほど追ったところで、男の後ろ姿は鹿島神社の闇に消えた。境内の先は行き止まりだ。

歩を進めると、本坪鈴の下に人影が見えた。動悸が胸を打つ。賽銭箱を挟んで向き合う恰好となった。

灯籠の灯りに照らされ、男の顔が見えた。若い。犬養と同じくらいの年齢だ。

「あんたの姿はよく見かけるな。士族の出身か、町民か」

男は黙っている。

「言わずとも分かっている。あんた、政府のお使いだろう」

犬養がにじり寄ると、男はふと笑みを湛えた。犬養は吐き捨てるように言った。

「こそこそ政府の使いっぱしりをするとは、情けない奴めが」

犬養の挑発に男が口を開いた。

「福沢の使いっぱしりのオメエさんと同じ様なもんじゃ、犬養さん」

「ほお、わしの名前を知っとるとは、よう調べとるな」

「福沢の周りにおる人間は自然とのう」

「うん？　おぬし備中か、それとも備後か」

男は小さく「チッ」と舌打ちした。東京という町では少し喋ると故郷が知れる。

「まったく東京いうとこはこれじゃ、おえんの」

「うん、おぬし備中だな。備中もんが薩長藩閥の密偵とは、金に目がくらんだな」

犬養が小ばかにしたように言い放つと、男は口を滑らせた。

「薩長の使いなどするか。井上さんを手伝うとるだけじゃ」

「井上だと?」

男は慌てて身体を翻し、社殿の裏に走りこんだ。犬養は後を追ったが、暗闇に包まれた生垣の前に人の姿はもう無かった。

——井上……。太政官参議の井上馨は長州だから違う。まさか、〝剃刀〟官吏の井上毅か。

学校へと戻りながら、男が漏らした名前が頭を離れなかった。

3、大隈一派

西南戦争から四年、明治十四年という年が明けた。

郵便報知新聞は、社の財政が良くないなどと理由をつけて、犬養に約束した学費の全額払いを反故にした。塾内の試験でも、一点差で一番になれなかった。二つの気に入らない出来事が重なり、犬養は慶應義塾をあっさり辞めた。

行く当てはなかったが、長く学んできた経済学のお陰で、福沢が設立した『交詢雑誌』で編集の仕事を任された。それで、わりと実入りには困らなかった。

経済熱が高じて、慶應から三菱に入社した友人、豊川良平に金を出させ、雑誌『東海経済新報』も立ち上げた。そこに自由民権運動家たちも加わり、犬養の人脈は学閥気鋭の経済学者、田口卯吉の「自由貿易論」に、「保護貿易論」をぶつけて論を戦わせたのもこの頃だ。一新聞記者が、高名な学者に真っ向から論戦を挑み、「戦地直報」の犬養は「経済の論客」としても知られるようになる。論争の決着はつかなかったが、後に日本政府が採る貿易政策は、犬養が論じた方向で実現されることになる。

活発な文筆活動の傍ら、慶應義塾にも出入りを続け、福沢から変わらず薫陶を受けた。田口との論争に海外の最新の文献を取り上げて次々と弾を浴びせることができたのも、福沢の紹介で洋行帰りの学士たちに知己を得たお陰である。犬養は、福沢一派の中に着実に居場所を築いた。

慶應義塾と新聞社の間を往復する道中、例の密偵の姿をよく見かけた。その頻度は以前よりぐっと増えているようで、どこか不穏な感じがした。

この年の夏は特別に暑かった。新聞各紙は熱暑、酷暑と書き立てた。

七月の盛り、犬養はまた矢野文雄から呼び出された。矢野は、新設されたばかりの太政官統計院（後の内閣統計局）の幹事（太政官大書記官）となり、新たに政府の中に活躍の場を得ていた。

その矢野が会うなり思わぬ話をふってきた。

「犬養君、君にわが統計院に入って貰いたい」

「は？　この私に役人になれと」

「そうだ。参議の大隈重信さんから人選を頼まれたんだ。そこで君を推薦したい。他にも何人か声をかけているがな」

犬養が終生、切っても切れぬ深い縁を結ぶことになる大隈重信。二人の関係は、この時の矢野の誘いから始まった。

大久保利通の死後、大隈は天皇を補佐する重職の「参議」として権勢を振るっている。要職を牛耳る薩長ではなく、佐賀藩の出である大隈が参議となった理由を、矢野は熱っぽく説明した。

「大隈さんが外様ながら参議に上り詰めたのはな、桁外れな才能があるからだ。目を通した書物は瞬時に記憶するし、算術は確かだし、列強の事情にも詳しい。大蔵卿に抜擢（ばってき）された時は、地租改正に秩禄処分、紙幣整理と、わが国の経済基盤を一気に築かれた。兵庫県の一知事だった伊藤博文（いとうひろぶみ）さんを見出（みいだ）して取り立てたのも大隈さんだ」

矢野は話をこうまとめた。

「つまりだ、福沢先生を政治家にすれば大隈さんになり、大隈さんを学者にすれば福沢先生ができる、そういう人物だと思えばいい」

大隈重信の開明的な思考と行動が、福沢諭吉と共鳴しあったのは自然な流れだ。福沢は門下の優秀な若者たちを次々と大隈の下へ送り込み、矢野もまた福沢の紹介で大隈傘下に入っていた。そもそも統計院自体、大隈の発議で作られた役所だ。

しかし、犬養は気乗りがしなかった。今は記者の仕事が面白くて仕方がない。もともと反骨精神の旺盛な慶應義塾の卒業生の間では、官吏の道を進む者を蔑む気風もあった。

「僕は役人になど興味はありません」

犬養がそう言い放つと、矢野は呆れ顔で溜息をついた。そして、犬養の肩を二度、ポンポンと強く叩いて言った。

「いいか、犬養君、よく聞け」

矢野は、これまで見せたこともない真剣な面持ちになった。

「実はな、政府の中では今、将来の国会開設のための人材を密かに集めている。国会を開設する必要性は君も分かるだろう」

国会、という言葉に犬養は思わず腰を浮かせた。

「まさか、国会開設はもうそんな所まできてるんですか」

「そうだ。大隈さんは近い将来、憲法を作るためにも、政党を立ち上げて内閣を作るためにも、政府委員として優秀な人材を欲しておられる。だから君のような者に援軍となってもらい、密かに準備を進めてほしいのだ」

板垣退助らの出した「民撰議院設立建白書」によって、自由民権運動は勢いを増している。六年前の明治八年には、天皇が「漸次立憲政体樹立の詔勅」を発し、憲法を作り、それに則って統治を行う「立憲体制」に段階的に移行する方針を発表した。有力な参議たちは、国会の開設に備えて、子飼いの官吏を着々と増やしている。派閥の形成はすでに始まっていた。

犬養は、矢野の話に頭をガツンと殴られた気がした。慶應での演説会に参加はしていたが、この国に国会ができるなど、まだ夢のような話だと思っていた。自分も政府の中に飛び込めば、最新の情報を得ることができる、そう算盤をはじいた。

「分かりました、僕の他には誰が」

「尾崎行雄や牛場卓蔵だよ。皆、顔馴染みだろう」

つまりは慶應一派だ。この時の候補は十数人で、犬養・尾崎が最年少である。

犬養は、これまで通り新聞記事を書いてよいことを条件に、統計院権少書記官として任官することになった。たった四年前、食うにも困り、乞食のようなぼろきれをまとっていた青年が、今や誰もが羨む官吏である。明治とは、そういう時代だった。

統計院は、赤坂仮皇居内にあった。荘厳な西洋式二階建ての太政官の中に置かれ、玄関を一歩入ると赤絨毯にシャンデリアが輝く別世界だ。

初出勤の日、矢野は顔馴染みの後輩たちを前に、あからさまな挨拶をした。

「君らは統計の仕事は一切しなくていい。内実は国会要員だ。国務全般の事情をよく調べ、あらゆる政策の立案に力を注いでくれ。君らの中からは将来、政治家になる者も出よう。そのための準備だ。必要とあらば資金も人材も望み通りだ」

緊張して出勤した犬養だったが、特に定められた仕事も無いというので、逆に拍子抜けした。毎日、顔こそ出したが、机では新聞雑誌の原稿を書いた。

もう一人の若手、尾崎行雄は違った。皺ひとつない背広を着こんでネクタイを締め、太政官の各部署に熱心に顔を出し、官吏たちと親交を深めている。

尾崎は犬養から三年遅れて安政五年（一八五八年）、安政の大獄が起きた年に相模の名主の家に生まれた。美青年で気は強く、すでに妻もいる。身なりはいつも洒落ていて、武骨な犬養とはまるで正反対だ。慶應時代の二人は話したこともなかったが、ここで急速に距離を縮めた。

「尾崎よ、こんな辛気臭い所で、そんな楽しいことでもあるか」

容易に他人を寄せ付けない犬養が、尾崎とはなぜか馬が合った。

「ああ、役人と話したり、役人がやることを見ているだけで面白いよ。行政内部の色んな仕組みが分かる。観念より実践だ」

「だがな、政党や国会、とこう言葉に出してみても、この国にはまだ姿も形も無い。

わしにはどうしても現実のものとして感じられん」

「ああ、役人の話を聞いて回っていると、太政官の中はまだ国会開設に批判的な人の方が圧倒的に多い。大隈さんは、どうも孤立しているようだ」

「そりゃそうだろう、国会なんかできれば、今のように薩長閥が自分たちに都合がいいように物事を決めることはできなくなるからな」

「情報収集をして大隈さんを支えていくのが今の僕たちの務めだ。犬養君も新聞の原稿ばかり書いていないで、少しはあちこち歩いてみるといい」

年下の尾崎に説教され、犬養はムッと口をつぐんだ。

尾崎が嗅ぎつけていたとおり、太政官内部では大隈一派を一掃する策略が動き出していた。むろん、「大隈一派」の中には犬養や尾崎も含まれている。

4、憲法の軌道

井上毅は、剃刀のような男だった。

伊藤博文の配下に集まる官吏の中でも、他の追随を許さぬ逸材。

日本という小国が、列強の荒波の中でどう生き延びていくか、そのためにはどのような法制度が必要か、それを突き詰めた男である。同時に、明治政府を脅かす要因は断固として取り除く、そんな冷徹な信念を研ぎ澄ませていた。

肥後熊本藩で随一の神童と呼ばれた井上は、小柄で華奢な男だ。理智的で彫りの深い細面に、よく整えられた髭。痩せた頬に差し込む陰にどこか陰鬱な感じが漂うのは、この男が人知れず不治の病を抱えているせいかもしれない。

井上毅にとって、この世の最たる障害物が「福沢諭吉」という存在だ。

伊藤博文宛ての手紙に、井上はこう駁撃している。

〈福沢の主宰する交詢社は全国の人々を籠絡し、政党を作ると約束し、これを武器にしようと目論んでいる。その勢力は目に見えぬ形で人々の脳みそを泡立たせている。福沢は十万の精兵を率いて無人の荒野を駆けるごとくである〉

井上の過剰ともいえる福沢への敵愾心は、間もなく着手する「憲法」への意見の相違にあった。

井上は、天皇を頂点とする「ドイツ型」の立憲体制を想定していた。かつて井上が司法省使節団の一員として訪れた頃のフランスは普仏戦争に敗れ、国が荒れていた。井上の中には、民権や市民革命への不信感が刻まれ、逆にドイツの行政国家としての強さに共感した。

一方の福沢は、「イギリス型」の議院内閣制を唱えている。井上にとってそれは、行政権と立法権を世論の多数に委ねるという危険な制度に思えた。世論がイギリスほど成熟していない日本では、政府を破壊しかねないと危惧した。

福沢の影響力は侮れない。彼が幕末に書いた『西洋事情』は偽版をあわせて二十五万冊が売れ、『学問のすゝめ』に至っては七十万冊が世に出た。人口三千五百万、識字率三割といわれる国にあって驚異的な売れ行きである。その実、井上自身も貪るように読んだ。福沢諭吉が「知の巨人」であることは否定しえない事実である。

明治十四年三月、明治最大の政変劇の序曲が始まる。井上は、政府の有力者である右大臣の岩倉具視に呼び出された。

「井上、実は大隈がこんなものを出してきよった」

岩倉は深刻な表情で「大隈参議国会開設奏議（大隈意見書）」と記されたぶ厚い書類を井上に差し出した。表紙には、極秘扱いの印がある。

井上はざっと「大隈意見書」に目を通した。そこには来年、日本全国で議員選挙を行い、再来年には国会を開設し、イギリスを模範とした議院内閣制を導入することが具体的に明記されていた。

岩倉が、恐る恐る井上に問うた。

「いずれ国会を作らねばならんのは仕方ないことかもしれん。だが、こんな大隈の言うようなことは考えもせんかった。これはもう皆、賛同しておるのか」

目の前の岩倉の渋面を見ながら、井上は千載一遇の機会がきたと思った。

「とんでもございません。国会を開かねばならぬことは詔のとおりですが、どのような体制を作るかは、まだ全くの白紙です。こんな話は、誰も知りません」

官吏の中で最も信頼を置く井上の言葉に、岩倉はようやく安堵の表情を見せた。

十二年、政府は三人の有力参議に「立憲体制」の調査を命じた。三人とは大隈重信、伊藤博文、井上馨（毅ではない）である。協調と懐柔を旨とする伊藤は、三人で原案を披露しあい、歩調を合わそうと呼びかけた。伊藤と井上は早々と意見をまとめたが、大隈だけがなかなか意見を出そうとしなかった。

その間、大隈は抜け駆けをした。秘密裏に自身の意見書を有栖川宮熾仁親王に提出し、他の二人に伏したまま、一気に水面下でことを進めようとした。

岩倉の手にあるのは、その大隈の意見書である。

「では、来年の選挙というのは、どうや」

「まだまだ憲法もできていないのです、選挙など到底ありえません」

「では、英吉利式の議院内閣制というのは」

「私は反対です。民権を強くするよりも、御上を頂点とし、そのもとに強い行政国家を作るべきです。そのためにも、われわれはイギリスではなくドイツに学ぶべきです」

井上の答えは、岩倉をそそった。

「そうや、あくまで御上あってのものや。井上、この意見書に反対する書面を作れ」

井上は腹の中で雀躍(じゃくやく)した。

「それからな、どうしても憲法を作って国会を開かなならんのやったら、御上にとって一番良い体制は何か、そのことをよおく考えてくれ」

「かしこまりました」

「この大隈意見書は潰さなならん。伊藤らにもすぐに伝えねば」

井上は部屋に戻り、改めて「大隈意見書」をよく読んだ。そして、ここ数ヶ月の疑問が氷解した。

先ごろ、福沢諭吉が主宰する『交詢雑誌』に「私擬憲法案」が発表され、大きな反響を呼んだ。ほぼ同文のものが郵便報知新聞にも連載された。矢継ぎ早の福沢の情報戦略を苦々しく見ていたが、二つの憲法案は「大隈意見書」と同じ内容だった。つまり「大隈意見書」の裏には福沢一派がいる、自らの密偵の報告もそれを裏付けていた。

井上はさっそく、憲法に関する調査書の作成に着手した。

政府のお雇い外国人、ドイツ人法学者のロエスレルの協力を得て、急進的なイギリス型立憲体制と漸進的なドイツ型立憲体制を詳しく比較し、天皇を頂点とした日本がとるべき方向を明示した。その中で「大隈意見書」と同じ内容の「私擬憲法案」を敢えて挙げ、これでもかと批判した。

大隈の抜け駆けを知った伊藤らも激怒する。糾弾された大隈は、ただ謝罪するしかなかった。これで「大隈意見書」は完全に葬られ、政府内にあったイギリス型政体への移行を支持する空気は急速に萎んでいく。

井上が仕上げた憲法調査は、後に「大綱領」として大日本帝国憲法の骨格になる。こうして日本の憲法制定に向けての軌道が確かに敷かれた。敷いたのは井上毅である。

追い打ちをかけるように、大隈派一掃の総仕上げともいえる機会が訪れた。

大隈の抜け駆け騒動が発覚した翌七月下旬、東京横浜毎日新聞が特報を飛ばす。薩摩の重鎮で北海道開拓使長官、黒田清隆の汚職疑惑報道である。

明治二年に設置された開拓使が、鉱山や牧場、農園、船舶などを民間に移行することになったのだが、黒田が自分に近い関西貿易商会に廉価で払い下げようとし、独自に太政官の許可まで得ていたとして、官財の癒着を批判した。

毎日新聞に続いて郵便報知新聞も「開拓使への投資は血税だ」と内閣を追及、御用新聞と言われた東京日日新聞までが「寡人政治の弊害」などと批判をし始めた。

政府は窮地に立たされた。ところが形勢は逆転し、門外にいた大隈へと飛び火することになる。そこに井上毅の策動があった。

「新聞社に、政府内の秘密情報を漏らしたのは大隈参議だ」

井上は、噂を一気に広めた。大隈の背後には福沢一派がおり、その福沢は「三菱」

と仲がいい。三菱は、開拓使の官有物を狙っている。彼らが結束して政府転覆を図っているという筋書きである。日頃の大隈・福沢・三菱の繋がりを見れば、ただの噂も事実だと思わせるに十分だった。

新聞に追い詰められた薩派は、井上毅の謀略にのった。開き直って、長州と連合して大隈攻撃を始めたのである。この機に乗じて、井上は彼らに、ドイツ型の立憲体制を目指す政府の根回しを飲ませた。

井上は一気に、薩長七参議による「(ドイツ型)立憲体制に関する奏議」を起草、これが「大隈罷免(ひめん)」と同時に天皇に上奏された。

この年二十九歳になったばかりの明治天皇はよく状況を見ており、大隈罷免については薩長の策略を疑って裁可を渋った。伊藤は「天皇を煩わせてはならぬ」と大隈を説得、とうとう辞表を出させた。維新から政府の中枢に陣取ってきた大隈は、こうして野に下った。

「ここを片付けてすぐに出て行ってもらいたい」

見慣れぬ顔の官吏たちが統計院に乗り込んできたのは、大隈参議の辞表が提出されてすぐのことだ。犬養はよく事情のつかめぬまま、書きかけの新聞記事を慌てて抱え、追われるように部屋を出た。任官からわずか三ヶ月ほどのことである。

政府の中から、大隈一派が一掃された。内実は全て井上毅の剃刀のような政治的手腕によるものだと、暫くして矢野から聞いた。実は「大隈意見書」は矢野が準備したものだ。矢野は常に井上を警戒し、その動向に注意を払っていながら、みごとにやられたと悔しがった。

犬養は、政治の駆け引きの凄みを思い知った。

――あの密偵は、やはり井上毅の使いだった。このための情報収集をしていたのか。

ようやくそのことに気がついた。

犬養ら大隈一派が政府を追われた同日、天皇は「国会開設の詔勅」を発する。

〈明治二十三年までに憲法を制定し、国会を開く〉

大隈追放への不満を抑え込む取り引きのように、憲法と議会開会の具体的な政治日程が、初めて定められた。明治二十三年、つまり九年後に期限を切った約束である。

この年の政治劇は、犬養に大きな教訓を与えた。薩長閥そして彼らが抱える優秀な官吏は強大な権力を握っている。彼らに対峙するには、今さら周回遅れで官吏になっても無駄だ。井上毅のような存在に、肩を並べることなど到底できない。

だが十年後には、この国には憲法ができ、議会が開かれる。民の力で政治を動かせる時がくる。犬養の関心は、経済から政治へと大きく衝き動かされた。

井上毅三十七歳、犬養毅二十六歳の秋だった。

5、古島少年放浪記

犬養が政争の凄みを噛みしめている頃、古島一雄は十六歳になっていた。

古島の祖父良平(りょうへい)は、一万五千石の旧但馬豊岡藩(兵庫県豊岡市)の勘定奉行。儒教に通じ、藩士たちから広く尊敬を集め、藩の財政運営を一手に担った人物だ。

廃藩後、多くの武士が慣れぬ民業に手を出して失敗する中で、祖父は元藩士の家禄奉還金を集め、両替商の「宝林社」(後の但馬合同銀行)を設立。古島家の一室に事務室を作り、算術の達者な者たちを集めて日々、経営にいそしんだ。

古島は小さい頃、祖父の部屋をこっそり覗(のぞ)いて驚いたことがある。部屋には貨幣が山と積まれていた。少年は「わが家はとてつもない大金持ちだ」と思い込んだ。

しかし祖父は常々、口癖のように家族にこう言ってきかせた。

「ここにある金は、一銭一厘も自分たちのものではない。わしの死んだ後には一文の金も遺さないから、皆もそのつもりでいるがいい」

祖父は有言実行の人だった。少し後の話になるが、祖父が七十五歳で亡くなった時、文机の引き出しには書札のほか現金三円しか残されていなかった。

だが当時の古島少年は、祖父の言葉を信じなかった。

「お祖父様は、自分たちに無駄遣いをさせぬために嘘をついてなさる」

古島は母に小遣いをせがみ、あれこれ買い込んでは浪費を続けた。

祖父はこの頃の家長には珍しく、「家の者を叱らないこと」を自らに課していた。しかし、古島はたった一度だけ祖父に叱咤（しった）されたことがある。色とりどりの文具を机の上に並べて遊んでいると、祖父は孫を前に座らせて静かにたしなめた。

「一雄よ、欲しいものには限りがないが、金には限りがあるぞ。金は無いが物は欲しいとなると、さあ、どうなる？　人間、心が卑しくなる。『玩物喪志（がんぶつそうし）』というのがそれだ。道を正すのなら、今のうちだ」

大人になって〝財閥王〟の名を得ることになるのだから、少年は、祖父の言葉をいい加減に聞き逃さなかったのだろう。

その古島に、思わぬ転機が訪れるのは明治十三年の夏。縁戚（えんせき）関係にあった東京帝国大学の学生、和田垣謙三（わだがきけんぞう）（後に帝大法科大学教授）が帰省してきており、これからまた上京するという話を聞きつけた。

古島は祖父に、和田垣について東京に行きたいと頼み込んだ。これといって目的があったわけではない。東京に憧れていた。東京に行きさえすれば、何か新しい世界が開けると思った。地方の旧藩関係者の落日を目の当たりにしていた祖父は、孫の唐突な願いを拒まなかった。

豊岡から生野（いくの）銀山まで人力車に乗り、そこから姫路、神戸までは徒歩。神戸から汽船で横浜へ渡り、東京までは汽車だ。生まれて初めて乗る鉄道、それも品川の海越しに眺める東京の町にはハイカラな建物が建ち並び、少年の心は弾んだ。

東京では、旧豊岡藩の出世頭で、文部省の権大書記官濱尾新（後の東京帝国大学総長、文部大臣）が小石川区金富町に構える大邸宅に寄寓した。濱尾家には大勢の書生がいたが、旧藩の勘定方の孫ということで、古島は食事から部屋の待遇に至るまで特に大切に扱われた。

上京してすぐ、濱尾の鶴の一声で共立学校（後の開成中学）に入学が決まる。後に総理大臣となる高橋是清らが英語で教鞭を執る官吏養成校で、無事に卒業しさえすれば将来は約束されていた。しかし、隠波に船を行り坦路を辿るような人生行路は、古島の先にはなかった。

古島は、田舎者とちょっかいを出してきた学友、陸奥宗光（後の外務大臣）の息子を手ひどく痛めつけ、入学から数ヶ月で退学処分になる。次に濱尾が手配した私塾でも、外国人教師が日本人の妾を囲っていると知るや放校運動の先頭に立ち、果てに教師を殴りつけ、あっという間に退学。行く先々で問題を起こした。

高級官吏として羽振りを利かせる濱尾邸には、官吏が入れ替わり立ち替わりやってくる。就職や洋行の便宜を図ってもらおうと、いい大人がペコペコ頭を下げ、卑屈に世辞を並べ、いかがわしい包みをそっと渡す。そんな姿にも苛立った。

「学校を出て洋行さえすれば、どんな阿呆も偉くなれる世の中なんか認めるもんか」

不羈奔放、手のつけられぬ暴れ者に濱尾は閉口した。それでも、元勘定方の孫を何とか進学させねばならない。そこで大学の予科に入れるため、ある人物に家庭教師を依頼することにした。

濱尾邸のすぐ近くの高台に、浄土宗の小石川伝通院がある。江戸の三霊山と呼ばれる徳川将軍家の菩提寺だ。その境内のそばに、別院「貞照庵」があった。家庭教師は坊主でもないのに、そこに寓居しているという。

古島は気乗りせぬまま貞照庵を訪ねた。古屋の木戸を叩くと、腰がくの字に曲がった留守居の老婆が現れた。薄暗い廊下をギシギシと音をたてながら進み、古い本が山積みの八畳間に通された。

抹香くさい和室には、男が胡坐をくんで座っていた。

豊かな髭をたくわえ、人を射貫くような鋭い眼光。「嫌な奴ならぶっとばしてやる」と意気込んで来た生意気盛りの少年が、黙って座らざるを得ないような空気があった。

杉浦重剛と名乗った青年は、いきなり真を突いてきた。

「そなた、本当に大学に入りたいのか」

「いや、そんな気はないぞ。僕は算術など大嫌いだ」

真正直に答える少年に杉浦は思わず相好を崩し、高笑いした。

近江出身の杉浦重剛は、百年に一人の穎才と言われた人物だ。

十五歳の時、大学南校（後の東大）に入学。下級生の牧野伸顕（大久保利通の次男）は、教師に聞いても納得のいかぬことは杉浦に教えを乞うた。さらに杉浦はイギリスに留学、オーウェンスカレッジ（後のマンチェスター大学）やロンドン大学で学び、日本に帰って来たところだ。後に昭和天皇の皇太子時代に御進講役も務める。

しかし杉浦は、そんな輝かしい経歴とは不似合いな生活をしていた。学生時代から、とにかく金がなかった。廃藩置県によって貢進生制度（成績優秀者の奨学制度）がなくなれば県費生として勉学を続け、それも廃止されると「貧窮願」という屈辱的な願書を出して給貸費生になった。地位と名誉を得てからも、いつも擦り切れた単衣を身にまとい、清貧な暮らしぶりは変わらなかった。杉浦は、古島がそれまでに出会った大人たちとは全く異なる世界にいた。

杉浦は、古島少年に学校通いを強要しなかった。英語を教えたり、ナポレオンやハンニバル、アレキサンドロス大王にワシントンなど古今東西の英雄豪傑の話をじっくり語ってやった。それを聞くのが、古島にとって何よりの楽しみになった。

何度も繰り返しねだって語ってもらった物語がある。シェイクスピアというイギリスの戯曲家が書いた政治劇『ジュリアス・シーザー』だ。坪内逍遥による訳本で広く知られるようになるのはまだ先の話だが、杉浦はすでに原書を読み込んでいた。

この物語の中に、古島少年は自分の英雄を見つける。

舞台は古代ローマ帝国。将軍シーザーはポンペイとの激戦に勝利し、祖国へ凱旋する。ところがシーザーは側近ブルータスに裏切られ、暗殺される。その死後、ブルータスはシーザーの悪評を広め、国を支配しようとした。その時、シーザーのもう一人の側近アントニーが民衆の前に屹然と立ち、民に語りかける。シーザーの祖国に捧げた精神がいかに高邁だったかを滔々と訴え、一度は揺らいだ民衆の信頼を取り戻す。そして、シーザーの遺志を継いでいくのである。

杉浦の口からアントニーの演説の場面が語られるたび、古島は人目をはばからずポロポロと大粒の涙をこぼした。

「日本国にはな、もう少ししたら『国会』というものができる。これからは武力ではなく、アントニーのような人間が時代を動かすのだぞ」

杉浦は、真っ赤に目をはらす少年にそう言って聞かせた。

武力ではなく、言葉の力で時代を動かした勇気あるアントニー。

——いつか自分もアントニーのような大人になる。

時代に輝く英雄よりも、それに仕える帷幄の人に魅かれる性は、勘定奉行として藩主を支えた祖父の影響もあったかもしれない。

行く先の定まらぬ少年に、杉浦ほどの人物がなぜそこまで目をかけたのか。後年、杉浦は当時の古島についてこんな風に書いている。

〈その聡明敏慧なること、世に言う一を聞いて十と知るとはこんな男を指すのだなと熟々感心した。子供の時からどこか老成の風があり、思慮分別すべて同輩から抜き出ていた。殊に情に厚く涙もろいのは天性で、言語進止のすこぶる条理立っているにも関わらず、その本性はどこまでも感情の人である〉

貞照庵には、夜になると杉浦を信奉する者たちが方々から集まった。

小村寿太郎をはじめ明治新政府で重責を担う若者や、洋行帰りの新進気鋭の学士たちは、国による高等教育を受けた最初の世代だ。彼らは杉浦を囲み、西洋列強との関係を論じ、夜を徹して議論をぶつけあった。古島もそばで耳を傾けているだけで血の沸き立つような思いに駆られた。

毎朝、濱尾邸から貞照庵に通い、夜遅くまで杉浦を囲む会に参加した。いつまでたっても大学予科の試験を受けようとしなかった。

ある夜、穏健な人柄で知られる濱尾が、とうとう怒りを爆発させた。

「もうお前には、鉄道技師になるしか道はない。これからは鉄道の時代だ。明日からさっそく、鉄道の専門学校へ行きなさい」

「僕は土木仕事をするために東京に出てきたのではない」

「では、どうしたいというのだ」

「僕は、杉浦先生のようになりたい」

「馬鹿なことを。そんな分からぬことを言うなら出ていきなさい！」

「ええ、出ていきます！」

売り言葉に買い言葉で濱尾邸を飛び出した。だが、杉浦に助けを求めて迷惑をかけるわけにはいかないと思うくらいの分別はある。数日間、東京を放浪した末、止む無く但馬の実家に戻った。

家に帰ってから暫くの間は、祖父に叱られるのが怖くてびくびくして過ごした。ところが一日たっても二日たっても、祖父は古島を叱らなかった。祖父の口から出たのは、こんな一言だった。

「俺は何も言わん。そちは『論語』を読んだことがあろう。その中に『既往不咎（きおうふきゅう）』という言葉がある。まあ、じっくりと考えてみるがよい」

その四文字は、過去を咎めるより将来にまた同じ過ちを犯さぬよう慎むことが大事、という意味だった。祖父は、古島の将来を心配する家族にはこう言って聞かせた。

「あいつは家に居つくような奴ではない。もうかつての武家も役にはたたん、わが家には財もない。自力で勉強して東京にでも出て偉くなればよい」

そこから六年間、古島の孤軍奮闘が始まる。とにかく学校を出ずとも馬鹿にされぬだけの学力を身につけ、杉浦に認めてもらえる大人になりたいと漢学塾に通い、英語も猛勉強した。貞照庵での夜の会合で話題にあがったルソーの『民約論』やスペンサーの社会学、気鋭の徳富蘇峰著『将来之日本』など、あらゆる新刊を読み漁った。『読売新聞』に時折、掲載される杉浦重剛の論説も欠かさず読んだ。

そして小学校の補助教員や裁判所事務員の試験にも合格し、家庭教師と二足の草鞋を履いてみっちり働き、再度上京するための資金をコツコツ貯めた。

六年後、古島は満を持して東京に戻った。息を切らして門を叩いた古島を、杉浦は満面の笑みで迎えた。

「おお、古島君、大きくなったな。これから何をやるか」

「先生、僕はもう学校などに行くつもりはない。学歴は小学校のままだが、それ以上の勉学はしてきた。もう英語の本だって読める。すぐに世の中に出たい」

「お前の気性からすると、新聞記者になるのがよかろう」

「新聞？」

「そうだ。アントニーの物語を覚えておるか」

「忘れるはずがありません」

「これから時代を動かすのは武力ではない、言論だ。言論こそが力を持つ。吾輩は今、若い者たちと『日本人』という雑誌をやっておるが、間もなく新聞を作る。お前はそこで働いたらいい。新聞記者というのは、とても遣り甲斐のある仕事だぞ」

実のところ古島にはまだ、記者という仕事はよく分からなかった。ただ、古代ローマのアントニーのように言葉で闘う仕事だと聞いて、胸は高鳴った。

ひと昔前まで新聞記者といえば〝戯作者〟と呼ばれた。そこに旧幕臣ら知識層が加わり、福地源一郎や藤田茂吉、島田三郎、西南戦争の犬養毅といった新聞人たちの活躍で、新しい職業として認知され、社会に風穴を開け始めていた。

古島の、その後の水を得た魚のような活躍ぶりを見ると、杉浦は彼の気性に相応しい道を的確に示したといえる。

六年ぶりに戻ってきた東京。あと数年もすれば憲法が発布され、それに続いて国会の開設も約束されている。しかし町には新時代への期待というよりも、殺伐とした空気が漂っていた。

自由民権運動はもはや士族だけのものではなく、農民や商人にまで広がっていた。街頭では演説会が頻繁に開かれ、薩長閥の専横を批判する者たちが気炎を上げる。政府は保安条例を発令し、力ずくで民衆を取り締まる。役所への放火や高官の襲撃、テロが起きるといった怪情報まで飛び交い、警視庁は配下の半数を徹夜で宿直させて警戒に当たる、そんな時代だった。

そこに古島は新聞記者として飛び込み、縦横無尽に駆け回ることになる。

第三章　憲法誕生

1、天敵、現る

郵便報知新聞の本社は、両国薬研堀町にあった。望楼のある、洋風二階建ての洒落た建物だ。隅田川から引かれた堀が埋め立てられ、その上にできた新しい街には、時おり両国橋あたりの泥水の臭いがプンと漂ってくる。

明治十四年の政変で下野した大隈重信や矢野文雄が、犬養毅、尾崎行雄ら若手を引き連れて、このモダンな社屋に意気揚々と乗り込んだのはその年の暮れのことだ。

九年後には国会が開設される。それに向けて、政党「立憲改進党（改進党）」を立ち上げる準備が始まっていた。薬研堀の名主から郵便報知新聞社を買収したのは、新党の政策を訴えるためだ。新聞という媒体が世論を形成するうえで欠かせぬ武器であることは、今や誰もが認知するところである。

郵便報知新聞は、犬養が四年前に〝戦地探偵人〟として活躍した会社だ。編集長は変わらず藤田茂吉が務めている。もともと反薩長の論調が強く、大隈とは肌合いが良い。新社長には矢野が就き、犬養や尾崎が編集補助として座った。

犬養にしてみれば、わずか三ヶ月の官吏生活を経て、再び記者に戻ったに過ぎない。大隈とはまだ直に話したこともなかったが、大隈追放とともに下野した経歴は、大隈との関係をより密接なものにしていくことを宿命づけた。

社内では、さっそく組織改革が行われ、編集局は上局と下局の二室に分けられた。上局には背広姿の大隈一派が悠然と座り、下局には雑報記者が押し込まれた。雑報担当には旗本くずれや御家人上りが道楽半分に始めた者が多く、まさしく瓦版屋の風体だ。下局員は、上局と隔てられた壁の小窓から原稿を差し出して掲載の可否を伺わねばならず、かなり差別された待遇である。

年の瀬、犬養が編集局に出勤すると、藤田があまり見かけない青年と話し込んでいた。青年は、かなり深刻な表情で何か談判しているようだ。

「おい、あれは何だ」

机に座りながら傍らの尾崎に聞いた。

「ここに前からいる原敬という記者だよ。下局に落とされた処遇が不満らしい」

二人の会話は徐々に熱を帯びていき、その内容が聞くともなしに聞こえてくる。

「僕はこれまでも論説や地方視察記事を何本も書いてきたっす。その実績は認めてもらえんというのすか」

興奮気味の原の言葉には少し東北訛りがあった。藤田が間髪を容れずに答える。

「社長が矢野さんに代わってから、論説をより先鋭化しようということになったんだ。君は官吏と付き合いがあって、政府に苦言を呈するような記事は書けんだろ」

「僕は、是々非々でやってる」

「だから、もう是々非々じゃだめなのさ。もう九年もすれば国会が開かれるんだ。具体的で建設的な政策をどしどし訴えていかなきゃならん」

「急進的にやるのはかえって現実的じゃない。フランスでも失敗してます」

「またフランスか。だいたい君は、中江兆民のところでフランス語の勉強をしたかもしれんが、実際にフランスに行ったことがあるわけじゃなかろう」

原は上目遣いに藤田を見て口をへの字に曲げた。そのまま絞り出すように本音を漏らした。

「でも、いきなり下局に行けなんて、あまりに理不尽だ」

「書く場所なんかどこでもよかろう。君が良い記事さえ書いたら、いつでも載せるさ」

藤田もかなり頑なだった。

原は暫く黙っていたが、あきらめたように大きな溜息をつくと編集局を出て行った。

その出際、上局に悠然と座る犬養と尾崎らの方を振り返り、鋭く睨みつけた。

藤田は原の姿が消えたのを確かめると、肩をすぼめて犬養たちの方へやってきた。

「矢野さんの人事で何人か下局に配置換えしたんだが、あちこち不満が出てなあ」

「今の彼は、原敬君ですよね。前からここで記事を書いてましたよね」

尾崎が聞いた。

「ああ、二年前に俺が入れた。最初は仏字新聞の翻訳をやらしてたんだ」

「僕は彼の論説記事を読んだことがあるけれど、文章はかなりうまいですよ」

尾崎が原を弁護した。藤田は少し大袈裟に頷きながら念を押すように答えた。

「うまくなったんだ。以前、俺は奴の原稿を面前で破いて屑籠に捨てたこともある。でもな、矢野さんが嫌うんだ、よく知らない奴を大事な論説に使うなと」

「原君の出身は東北ですか」

犬養が水をむけると、藤田は原の素性をぺらぺら喋った。

「盛岡の士族の出だ。ああ見えて大酒飲みでなあ、女の方も盛んだ。吉原にも借金がある。近くの三味線屋に下宿してるんだが、しょっちゅう芸妓が借金取りにくる」

年が明けてすぐ、原は会社を辞めた。原は、慶應閥への嫌悪感を後々まで引き摺る。そして、政治家となった犬養が進もうとするその先に常に立ちふさがる不倶戴天の敵となるのだが、互いにそんな運命はまだ知る由もない。

原敬にとっては忌まわしい思い出となる郵便報知新聞も、犬養には特別な場所だ。ここで福沢諭吉と並ぶ人生の師に出会ったからである。

その人の名は、栗本鋤雲。明治六年、社の草創期に主筆を務め、人材難の時代から新聞記者を育ててきた重鎮だ。

栗本は元幕臣である。幕府の典医の家に生まれ、若い時から積極的に西洋の学問にふれた。医師の資格を持ち、フランス語も堪能。幕末には外国奉行として、列強大使との交渉に奔走して開国へと道を拓いた。東洋初の造船所となる横須賀造船所や、後に人材を輩出するフランス語学校の設立にも尽力。これらの遺産は全て維新の原動力となり、明治新政府に引き継がれた。

新政府からも盛んに出仕を請われたが「二君に仕えず」の信念で野に下り、言論の世界に道を求めた。新聞経営に関して福沢諭吉に協力を乞い、その縁で藤田茂吉が入社した。郵便報知新聞に自由民権的な気風が確立したのは、栗本がいたからこそである。

――同じ元幕臣でも、栗本先生と福地源一郎では大違いだ。

犬養はすっかり栗本に心酔した。栗本は磊落の気質で、よく若い記者を集めては宴会を開いた。得意の義太夫を語るも調子外れで、挽回しようとさらに唸って調子を狂わせ、皆を抱腹絶倒させる。そして頃合いを見計らって必ず熱いおしぼりを出した。

これで顔を拭くと酔いが醒めて新たに酔えるという趣向で、これが後の「おしぼり」になったとも伝わる。

福沢諭吉には時代の読み方、合理的なものの見方を教わったが、栗本には人間の生き方を学んだ気がした。

維新前後の歴史を公平に語ることは、まだ禁忌に近い。当事者が政界中枢にごまんといるからだ。犬養は「栗本鋤雲先生傳略」の中でこんな風に嘆いている。

〈私は近世士人の伝記を読む毎に落胆する。勤王諸藩に属すれば士大夫以下庶民、走り使いに至るまで、生きている者なら伝記があり、死んだ人なら墓誌が作られる。刺客、間諜、遊侠、盗賊に至るまでその功を不朽に伝える。しかし幕府の忠臣たちは、その勲功や苦労が格別に大きくても、彼らの事績を伝えることが甚だ稀である〉

犬養は記者になってから「古剣堂」という号を名乗っていた。幼い頃から武士の刀剣に憧れていたからだが、尊敬する栗本から「木堂」という号を与えて貰うと「古剣堂」はあっさり捨てた。

「木堂」の由来は、論語の「剛毅木訥近仁」にある。意志が強く、飾り気がなくて口数が少ないのは道徳の理想とする仁に近い。仁、すなわち自己抑制と他者への思いやり。「木堂」の号を身にまとうことにした犬養は、そんな風に生きたいと思った。

その日、犬養は翌日の論説を書き終えたあとも編集局に残り、ひとり考え込んでいた。隣では尾崎が長椅子に寝転がって他紙に目を通している。

「おい、ちょっといいか」

犬養が声をかけると、尾崎はのそりと半身を起こした。二人は社屋を出て、大川端の団子屋へと向かった。

三月になろうというのに街にはからっ風が吹き、まだ寒い。西南戦争での不換紙幣乱発から始まった物価の高騰は続き、行き交う商人たちの表情もどことなく暗い。

団子屋の椅子に座ると、いきなり犬養が切り出した。

「この先、どうしようと思ってな」

「えっ？　この先って、まさか新党結成のことか」

「ああ、このまま本当に大隈さんについて改進党に参加していいのか迷ってる」

国会の開設に向けて、各地で政党誕生の気運が生まれていた。地方出身者たちがいち早く動き、旧土佐藩の板垣退助を担いで「自由党」を結党。続いて大隈一派の「改進党」が綱領づくりに着手。福地源一郎らによる「立憲帝政党」も、結党の準備に入っている。それぞれが、国会開設までに党勢を伸長しようと必死だ。

「おい、まさか入らないのか、改進党に」

尾崎が怪訝そうにのぞき込むと、犬養はポツポツと漏らした。

「もともと俺たちは福沢先生のもとで政治修行をしてきた。俺は福沢先生の紹介で後藤象二郎(ごとうしょうじろう)さんとは何度かお会いして、その政治理念には賛同する部分がある。大隈さんは確かに功績は大きいけど、どうも得体が知れん」

「じゃあ、まさか、自由党に入るとでも言うのか」

話を断ち切るように、店主が二人の間に団子と熱い茶を置いた。

自由党は総理に板垣退助、副総理に中島信行(なかじまのぶゆき)、党議員に後藤象二郎らが座り、土佐派を中心とした自由民権運動から立ち上がってきた集団である。主張は急進的でフランス市民革命の影響を強く受け、一院制の議会制民主主義を唱えている。

これに対して改進党は、総理に大隈重信を据え、前島密や矢野文雄ら下野した官吏と、都市部の知識階級の集まりだ。主張は漸進的で、イギリス型の立憲君主制を目指し、二院制を唱えている。同じ政党でも、自由党と改進党の主張はかなり異なる。

犬養は、茶を啜(すす)りながら答えた。

「まさか、自由党には行かんよ。でも、国会が開設されるまで政治のことを本気で学ぶなら、これまでのように福沢先生に付いている方が良いかもしれんとも思う」

「そりゃ無理だ。去年の大隈さんの政変で、福沢先生は政治には愛想が尽きたらしい。改進党にも自由党にも今後は一切、関わらないそうだ。大隈さんじゃ、だめなのか」

「だめじゃあないよ。でも俺は結局、統計院の一件から大隈派に流れついただけだ」

実際、大隈重信はこの頃、若手の中で犬養だけが自分に挨拶に来ないと不服を言っていた。社の先輩たちが心配して、「一度でいいから大隈さんの家に挨拶に行けよ」と促しているのは誰もが知るところだ。

眉をひそめっぱなしの犬養の顔を見ながら、尾崎は思った。

――大隈がいくら福沢先生と通じているとはいえ、大豪邸に優雅に暮らす身分だ。犬養からすれば、元参議など薩長閥と変わりないくらいに映っているのだろうな。

実のところ、犬養はもっと深く悩んでいた。

「つまり、政党というものが、よく分からんのだ」

「え？　政党かい」

「俺たちは福沢先生の下でイギリスのやり方を学んで、議会での政党の役割を盛んに論じて期待もするけど、現実は政治的なことだけでは済まない要素が多すぎる」

「どういうことだ」

「沼間守一(ぬまもりかず)さんだよ。あれほど自由党の板垣さんと一緒にやってきた人が、機関紙の問題で揉(も)めて改進党に加わるらしい。沼間さんが率いる嚶鳴社(おうめいしゃ)の全員が大挙してくるそうだ。結局、政論なんかどうでもよくて、好き嫌いの集団と変わらん」

尾崎は団子を咀嚼(そしゃく)しながら黙考している。犬養が続ける。

「もちろん、国会が開かれるのは決まったことだし、政党が活躍しなければ薩長の有司専制は変えられんことは分かってるんだが」

茶も団子も全部平らげた尾崎は、真剣な表情で首を振って言った。

「僕らは、福沢先生の独立自尊の精神で日本のために何ができるかを考えるだけだ。改進党もこれから綱領作りを煮詰める。そこに自分の主張をしっかり盛り込んでいけばいいじゃないか。政党を足掛かりにして、自分が目指すことを実現させるんだ」

「大隈さんの顔色を窺わずにか」

「当然さ」

そこで、犬養も尾崎も顔を見合わせて笑みを浮かべた。

「そうだな。とにかく改進党で自らの主張をありったけ述べればよいか」

犬養はようやく団子を口にした。

2、早稲田の大風呂敷

早稲田は、その地名のとおり、だだっ広い田園地帯だ。西に穴八幡宮、北に目白の丘、その足元を武蔵野台地から始まる神田上水が東に向かって延びてゆく。

その真ん中に大隈邸はあった。敷地の門をくぐってから玄関に辿り着くまで、犬養はどれだけ歩かされるのかと思った。小径(こみち)の周りには梅や桃の木が等間隔に植えられ、遠くにはガラス張りの温室まで見える。

玄関の両側には、一対の仁王像。客人を睨みつける金剛力士の顔をまじまじと見上げながら、犬養は初めて大隈邸に足を踏み入れた。建物は和洋折衷で、中央が御殿造りの広書院。廊下から見えた婦人用の応接間はシャンデリアや絨毯で飾られ、レンガ造りの暖炉まで備えている。まるで書物で読んだフランスの宮殿だ。

——地方の一武士に過ぎなかった維新の勝ち組たちは、一体どれだけ蓄財したんだ。やはりこの財力がなければ、政党は率いていけぬということか。実際、国会が開設されるまで皆、無収入で、新聞で食いつなぐしかないのだからな。

改進党の設立が間近に迫ることもあって、外の控えの間には大隈との面会を待つ紳士然とした背広姿の者たちがずらりと並んでいる。

犬養はふかふかのソファに腰をしずめたが、茶菓に手をつける気にはならなかった。

暫くして上機嫌の大隈がのしのしと入ってきた。

「いやあ、よく来た」

髭のない細面にやたらと目立つ大きな口で、これでもかというほど満面の笑みを湛えている。中肉中背、上品な絹の綿入れに黒紬（つむぎ）の羽織姿だ。剣術に秀でているというだけあって骨太で、四十五歳という割に随分と若く見える。

「矢野さんに、どうしても閣下のところへ挨拶に行ってこいと言われまして。それで早稲田の大熊がどんな巣を構えられたか見にきました」

相手が大きいほど毒づいてしまうのは犬養の癖だ。毒舌は止まらない。

「もっとも政府は、大熊がいつまで冬眠しているか気が気ではないようですがね」

「ははは、家も建てたし、冬眠もそろそろ終わりである」

「巷では、政府高官だった閣下が政党を作るなどありえないと言う者もおりますが、伊藤伯あたりは今ごろ、野に放ったのは熊どころか虎だったと案じてるでしょう」

大隈は前日、矢野から「犬養は目上の者に遠慮なく嚙みつくから、無礼はご容赦下さい」と予め言い含められていた。

「まったく、若い者は元気で結構」

「今日は閣下に新党の結成について、直にご意見を賜りたい」

無駄口は終わりだと言うふうに犬養が促した。大隈の切り替えも早い。立て板に水、小一時間にわたって延々と語り始めた。

「維新の目的は、少数の権力者が政権を専有するのを排除することだった。ところが現在の薩長の政治は、むしろ国を危うくしておる。日本を近代国家にするには、欧米の民主的な憲法政治を取り入れるしかない。昨年の政変で憲法制定こそ伊藤の手中に入ってしまったが、吾輩には政党という武器がある。国会が開設されれば、政党による人民の政府を作るんである。まず財政については……」

いざ喋り始めると、口を挟む隙もない。吹き倒すつもりが、逆に吹き倒された。

満々たる覇気を漲らせ闘志むきだしに語る姿は圧倒的で、いかにも維新の修羅を経てきた者らしい貫禄があった。

――〝早稲田の大風呂敷〟とは言われるが、論は巧みで筋も通っている。福沢先生の知恵だろう、諸外国の議会もよく研究している。財力、知力、そして経験。薩長閥を打倒する政党の神輿に乗るのは、やはりこの人物しかいないか。

犬養はようやくこの日、大隈重信そして改進党と行動をともにすることを腹から決めた。

矢野文雄や小野梓といった初期の大隈一派が表舞台を退いた後、大隈は自身が運営する東京専門学校（後の早稲田大学）の評議員に犬養と尾崎の二人を取り立て、配下に置いた。大隈は二人の使い分けを心得ていた。尾崎は鉄砲玉のようにどこにでも飛んでいく。派手な立ち回りを好み、演説上手だ。一方の犬養は演説よりも政策の立案を好み、思考も複雑だ。深い術策を練ることにおいては誰よりも長けている。

大隈は、政局のここぞという勝負所には必ず犬養を頼るようになる。犬養もまた、大隈という商標を掲げて政界の海原を自在に泳いでいく。互いを必要としあう師弟関係は、ある事情で決定的な決裂を迎えるまで、三十三年の長きにわたって続く。

明治十五年四月、京橋木挽町の明治会堂で改進党が結党式を挙げた。党員は百十六人。半数を超える六十人が東京の党員だ。

綱領には、〈王室の尊栄を保ち人民の幸福を全うする事。中央干渉の政略を省き地方自治の基礎を作る事。社会の進歩にあわせて選挙権を伸闊する事。外国に対し勉めて政略上の交渉を薄くし通商の関係を厚くする事〉など、先進的な内容が並んだ。

特徴の一つは、早くも経済の視点が盛り込まれたことだ。経済通を自任する犬養は矢野から内々に綱領案を見せられ、かなり意見を出して手を入れた。綱領説明会では自ら演壇に立ち、一時間に及ぶ熱弁をふるう。これが、犬養にとっての初演説となる。

「西欧各国では、国力を外に張って外国を侵し、版図を広げようとする動きが盛んだった。しかし、今は通商に重きを置いている。周囲を海に囲まれる日本は、通商の関係に勤しむべきである。国の物産を繁殖し、国の作業を振興し、国の通商航海を拡張すべきだ。これこそが文明諸国交際の本道眼目と為すところである」

軍事力を増大させて侵略主義をとるより、各国との通商貿易を拡大し、それによって国力をつけようという方針である。後に犬養が掲げる「産業立国主義」に結実していく内容がすでに見える。尾崎と語り合ったように、犬養の主張したい政治的施策は改進党の綱領として確立された。

改進党が結党されるや、自由党と激しい争いが始まる。

両党の肌合いの違いは一目瞭然。自由党員の多くは下駄で闊歩するバンカラで、政策立案などとはほとんど無縁。一方の改進党は背広にネクタイ姿で、毎朝、英字紙も含め何紙にも目を通す。自由党が改進党を「こずるい策士の集団」と悪態をつけば、改進党は「頭が空っぽの壮士集団」とやり返す。互いを「偽党」と罵り合い、同じ藩閥打倒を訴えているというのに誹謗中傷合戦を繰り返した。

犬養はまだ口にこそ出さなかったが、「改進党と自由党の両者が手を組めば、薩長閥など一気に蹴散らせるのだが」と歯がゆく思った。

結党から暫くして、犬養は縁もゆかりもない秋田県に派遣されることになった。秋田に改進党の支部が結成され、地元の新聞社を買収して『秋田日報』(後の秋田魁新報)を発刊した。そこで半年、主筆として党員や記者の指導をするという、いわば改進党の地方オルグだ。東京中心の改進党は、来る選挙までに地方組織を拡充することが急務だった。

遥か北の地への派遣に気は乗らなかった。だが、改進党では大隈が将軍、矢野らが師団長とすれば、自分や尾崎はまだ連隊長だ。汗はかかねばならない。

行李一つを背負っての秋田への出発は、明治十六年四月十七日。交通手段に、鉄道はまだ無い。人力車と馬車だが、積雪で車輪を寄せつけない道の方が多い。あとはひたすら徒歩である。順調でも一週間ほどの行程だ。

実際、白河を越え、福島の西方四里からは雪が深く、人力車が通じなかった。山形との県境にある栗子隧道は洞口を雪に閉ざされ、辛うじて人を通す穴が穿ってあるだけ。五百間近い隧道の岩壁は真暗闇のうえに凍結し、氷点下の寒さだ。歯をガチガチ鳴らしながら、ようやく山形米沢の旅館に辿りついた時には、飯も食わずに綿のように眠った。宿がなければ農家に投宿し、やっと秋田の街に着いたのは四月も末のことだ。

——便利になって栄えているのは東京ばかりだ。地方はまだまだ江戸を引きずっているぞ。改進党の議員が会議室でいくら小難しい議論を重ねても、この現実には目が届いてない。東京と地方の格差は、やがて政治の一大課題になるぞ。

過酷な旅路にも感じることは多かった。

秋田日報では、社説に政党論を連載しながら、県内各地を遊説して回り、国会開設の重要性や有司専制への批判を説いた。

『秋田日報』五月二十六日の連載に、犬養は初めて「民党合同」の重要性を訴えた。

〈わが国の民権諸党は、政体を改革するという同じ目的を持ちながら、互いに排撃論争ばかりしている。これは、政党の活動が緒に就いたばかりで、互いに結合することの利益を経験していないからだ。

イギリスでは意見や利害を異にする政党が、互いに妥協し合って「強盛」の政党を形成している。大同小異の主義を持つ政党が互いに併合を求めるのは驚くに足らず、憲法問題などでは反対の意見を持つ政党が「共力同心」して事を成すことさえある。細かな点で異なる意見があっても、そこは政策論争をして議論を尽くせばいい。争いを以て、政体改革という大目的を見失ってはならない〉

遠く秋田から、誹謗中傷ばかりしあう東京の政党を批判した。福地源一郎の御用政党、帝政党を批判する記事もどしどし書いた。秋田でも、例の密偵の姿を見かけた。彼の報告が行き届いていたのだろう、『秋田日報』は東京の中央紙同様、しばしば発行停止処分を受けた。

夜学も作り、記者たちに経済学を教えた。若い記者はよく犬養について動いた。彼らは後に政治家となって犬養を支え、「秋田組」と呼ばれることになる。

また改進党の地方支部を増やそうと、山形や仙台にも足を延ばした。地方の政党は運営に不慣れな点が多く、犬養は綱領づくりや組織体制の構築に辣腕を奮った。地方の現場に足を着けて汗を流した経験は、犬養に現実的な思考を根付かせ、自由党系への接近をも促すことになる。

もう一つ、秋田では女に入れ込んだ。

下米町の妓楼、鶴屋のお鉄。細面で端整な顔立ちで、化粧をせずとも清楚な美しさがこぼれるようだった。肌は雪のように白く吸いつくように柔らかい。犬養はお鉄を離すことができなくなり、昼も夜も自分の居所に泊めて側に置いた。

秋田での住居は、濠端（ほりばた）にある旧家老屋敷。宏壮（こうそう）な構えで庭園が広く、豊かな樹木に泉水まであった。お鉄と出会ってからは会社に行かず、家で社説や演説の原稿を書いた。時に社から人を呼んで原稿を口述筆記させたりもしたが、させられる方はどうにもたまらない。「君主色を重んじ之より朝せず」などと評判をたてられた。それでも、もうお鉄に夢中で、周りのことなどお構いなしだ。

秋口に入り、東京に戻る日が近づいた夜、犬養は布団の中で本気でお鉄を口説いた。

「お鉄よ、わしと一緒に東京に行こう」

お鉄は暫く黙っていたが、呟くように言った。

「オイには、ワラシコがいるっす」

「亡くなったお兄さんの娘たちのことか」

お鉄はこっくりと頷く。犬養は努めて優しく語りかけた。

「一緒に連れていけばいいではないか。わしが東京で面倒をみる。東京はここより暖かいし、娘の着物も綺麗（きれい）なものが一杯あるぞ」

犬養は本気だったが、お鉄の目からはただただ涙が溢（あふ）れた。

「そんた夢のような話……」

「夢じゃない。全部わしの力で現実にできる話だ」

「オイは、ここざ出らんねす」

お鉄は亡くなった兄夫婦の娘二人を養女にしており、地元の高等女学校に通わせたいと願っていた。お鉄のそういう義理堅さに犬養は惚れた。別れの日まで、犬養は身体を震わせて泣くお鉄を抱きしめるしかなかった。

犬養毅もまだ二十八歳。東北のうら寂しさを慰めてくれるものが必要だった、と誰もが思ったが、その思いは意外に深かった。秋田を離れた後もお鉄の身の上を気遣い、必要とあれば援助もし、七十歳を超えても手紙を送り続けた。

明治二十年、犬養は初の政論集『政海之灯台』を出版する。

国会開設に向け、政府・政党・官僚の関係、政策論争のあり方について、秋田でじっくり考えてきたことを仔細にまとめた。これを政府の伊藤博文が絶賛し、出版社で現品を買い占めて配下の者に配ったため、政論集は思わぬ話題を呼んだ。

『政海之灯台』はこう主張する。

「政治制度の具体化は、漸進的に行うべきだ。昨今、政府と民間の衝突が目立つが、まず民間は政府全体を批判するやり方を改めねばならない。官吏たちは『機械的の働きを為す者』で、政府の脳髄たる内閣大臣とは異なる。統治は『面白くもなき算盤珠』だ。政党含めその他の者は、その中身を評価できさえすればよい。行政機関の仕事は政争の外に置き、政党は内閣に対して言論で対峙すべきだ。

政府の側も、『探偵』や『中止』という手段で集会演説を弾圧しているが、それが却って意志ある者たちを激高させている。言論の自由を拡大し、発言の機会を与えれば暴動は起きない。政治的な争いは『秘密の手段』でなく『公然の手段』を用いて、正々堂々と言論を以て解決すべきである――」

犬養はこの政論を、樹木に喩えて図解もしている。根つまり国の根本には「愛国心」を据えた。国家の政治秩序を安定させたうえで漸進的に立憲主義を実現すべきという主張には、後に「国士」と呼ばれる素地もうかがえる。

しかし常に「国家」を優先させる思想が、そのまま政府支持となるわけではない。政府が、もし国家の発展に反する政策をとった場合には一転、政府は倒閣の対象になる。「国家」と「政府」を区別する独自の思考様式は、後の政局において複雑な行動となって現れることになる。

3、大権と民権

東京・市ヶ谷は坂の町だ。緩やかな台地の斜面にはりつくように、坂の両脇には古くからの寺社や住宅がひしめき合うようにして並んでいる。

夜も更ける頃、銀杏坂の石畳を着流しの男が駆け下りてきた。男は迷いもなく薬王寺前町の細い路地に分け入り、その脇の小さな家に飛び込んだ。

「井上様、遅くなりました」

奥の方から声がした。

「佐吉か、帰ったか、ご苦労」

佐吉と呼ばれた男は、重い裏木戸を両手でこじ開けるようにして家の中に入った。どの部屋も山積みの本や書類で埋まり、障子や襖は破れたまま。まるで貧乏書生のような住まいである。

家の端に、ささやかな裏庭を望む広縁がある。そこに置かれた長椅子に、井上毅は横たわっていた。最近、体調がおもわしくなく、家で仕事をすることが増えている。

佐吉が遠慮がちに隣の部屋に控えると、井上は手元の本から目を離した。

「中に入れ。どうだ、改進党の様子は」

「ひびが割れかけております」

「ほう、そうか」

「改進党は内務省の監督下に置かれて、会合を持つのもままなりません。それに大隈は自分への個人攻撃にうんざりしていて、そろそろ党務を投げ出すかもしれません」

井上は、思わずほくそ笑んだ。

「意外に早かったな」

「はい、政党はどこも資金がなくて、疲労困憊です」

佐吉が報告するとおり、日本の政党は憲法誕生を待たずして空中分解寸前だった。

自由党では、板垣退助と後藤象二郎らが、敵対する伊藤博文に誘われて軽はずみにも欧州への視察旅行に出発。費用は政府から提供され、それも元を正せば三井からの裏金だった。「党首が藩閥の奴隷に成り下がった」と党員たちは怒り、自由党はバラバラになった。政府の思う壺である。政府与党を目指していた帝政党も、機関紙の売れ行きが悪く、運営が行き詰まって解党した。

「そろそろ改進党も分裂か」

「いえ、幹部連中は弱気ですが、若手の犬養たちは次の手を画策しております」

「犬養というのは、例の君と同郷の男か」

「はい」

「秋田から戻ったのか。そういえば伊藤さんが、彼の『政海之灯台』という本を配っていたな」

「はい、ですが今度は新潟の新聞社へ行けと言われて幹部と衝突し、郵便報知新聞を辞めて朝野新聞に移りました。尾崎という若手も、続いて朝野新聞に移りました」

「改進党にも、意外と血の気の多い党員がいるんだな」

「その犬養と尾崎が、自由党系との合同を図って、後藤象二郎の大同団結運動に参加しております。それが改進党の幹部の不評をかって、もう党内は大揉めです」

「はっはは。それでよく一つの政党を掲げるなあ」

井上は、珍しく可笑(おか)しそうに笑った。

大同団結運動は明治十九年、後藤象二郎の呼びかけで始まった。自由党系と改進党系が一致団結して来る選挙に臨もうという趣旨に犬養も賛同した。しかし、当の大隈と板垣はこれまで散々、互いを批判しあってきた犬猿の仲で、運動はなかなか成就しない。佐吉は続ける。

「犬養は頭の切れる男で、板垣を排して、後藤と大隈とを結び付けようと画策しています。両者が歩み寄って一大勢力にでもなれば面倒なことになると心配しましたが、自由党系に対する改進党の嫌悪感は強いですから、計画は実現しないでしょう」

「好き勝手なことばかりやりおって」

井上の言葉に少し怒気が混じったのを覚って佐吉は口をつぐんだ。

「だから、政党など信用できんのだ。多数派が主張することが正論とは限らん。しょせん彼らは私利私欲でしか動かん。陛下のもとでの政権など任せられるものか」

井上は真顔になって黙り込み、縁側の向こうへと目をやった。

椿の垣根は、日に日に葉の艶(つや)を増している。椿の花は、人も動物も寒さに縮こまる厳しい季節に黙って花を咲かせる。そして陽がぬるむ頃、花びら一枚散らすことなく、首からぽっくり落ちる。井上はその潔さが好きだった。

——果たしてあと何年、この椿の花を見ることができるだろうか。花が落ちるまでに、自分は諸事を整えることができるだろうか……。

湧いてくる不安を振り払うように、井上は佐吉を振り返って語気を強めた。

「政党のように、気に入らないからと止めてしまえるのなら、そんな楽なことはない。だがな、われわれは耐えるしかないのだ、ひたすら我慢してな」

まるで自分に言い聞かせるような口ぶりだ、と佐吉は思った。

「佐吉、引き続き、福沢と大隈一派の動きを探ってくれ。憲法が完成するまで、絶対に騒動を起こさせてはならん。必要ならば資金は幾らでも出す、頼んだぞ」

「はっ、分かりました」

佐吉は、風のようにもう外へ出ていた。

明治二十三年に国会を開設するという詔勅が出されて以降、井上毅の仕事は倍増していた。議会政治が絡みついてくる前に、政府は自分たちの意向を盛り込んだ法制を整備しようと急いだ。

井上に課せられた仕事の一つが「軍人勅諭」の起草である。一部の兵士が自由民権運動に影響されて造反の動きを見せたため、「政論に惑わず政治に拘らず」と政治への不関与を命じた。さらに「集会条例」の改正や「戒厳令」の制定、「新聞紙条例」も改正し、民権運動や政党の機関紙をことごとく弾圧する体制を整えた。

だが井上にとって最大の仕事は、やはり憲法草案の作成である。伊藤博文を中心に、ドイツの法学者ロエスレルらと、神奈川沖の夏島の伊藤の別荘に泊まり込み、憲法の条文について連日、激烈な議論を交わした。

井上毅の憲法観は、誰よりも「国体」の維持、すなわち「天皇大権（天皇の裁量に属する権限）」の保持に固執した。同時に、立憲主義的でもあった。そこに井上の苦心と辣腕が注がれた。

先に井上が提出した「綱領」には、「議会が政府の予算案を否決した場合は、前年度の予算額を執行する」という原則がある。ところがロエスレルは、「これでは政府の指導力が阻害される」と言い出し、議会の同意が得られない場合は「内閣の責任を以て天皇これを裁可す」に変更しようとした。天皇の権力をより強く定めようという意見に、伊藤の側近たちも声を揃えて賛同した。

だが、これに井上がひとり、真っ向から抵抗した。

「そんな条項を設けるくらいなら、最初から予算を議会の議決に付さない方がいい」

ロエスレルに向かって、激しい言葉で反撃した。

「貴殿は、東洋で初めて作られる憲法などしょせん名ばかりで、真の立憲政治など行えないと高をくっているのではないですか」

――西洋人たちは口にこそ出さないが、日本人のような東洋のサルに立派な憲法を与えても、それを使いこなすことができるのかと猜疑(さいぎ)しているに違いない。

だからこそ井上は、列強諸国が備える憲法と同じように、議会と国民の権利を書き込むことに力を込めた。それが日本を一等国に引き上げる道だと信じた。

同時に、民権論者を巻き込む議会運営が、いかに難しいかも重々予感していた。そこで「天皇大権」の項目を精査し抜いた。あくまで最後の解決手段として、である。絶対的な君主主義を採りながらも、近代の自由主義が求める要素もそれなりに備える。相矛盾するような複雑な持説を、井上は曲げなかった。

大隈一派を一気に追放した時のように、憲法草案の起草を巡る井上の粘りは凄まじかった。敵対する相手には自らの進退をかけて決断を迫り、時に呪詛(じゅそ)混じりの手紙を送りつけ、反対論を理で粉砕し、ことごとく怯(ひる)ませた。寝る間も惜しんでの攻勢は、二年にも及んだ。

最終草案は、明治二十一年三月に完成する。結果としてそれは、井上が当初作った「綱領」を過不足なく満たすものになった。

それは、庭の垣根の椿の蕾(つぼみ)にうっすらと霜の降りた、よく冷え込んだ朝だった。

ようやく訪れた平穏な日々に、床から起き出したばかりの井上は、わが目を疑った。酷く咳き込んだ後、両手のひらが真っ赤に染まった。禍患は、その時一度きりでは終わらなかった。

憲法を思い通りに仕上げるという一世一代の大仕事に、井上は自分が支払った代償の重さを知った。それでも悲観はしなかった。少なくとも憲法はできた。これで日本は間違いなく一等国の道を進んでいける、そう信じていた。

4、憲法発布とテロル

明治二十二年が明けて二月十一日。紀元節の日に大日本帝国憲法が発布された。犬養は昼前に家を出て、福沢諭吉の元へと人力車を走らせていた。

辺りは、まだあちこちに雪が残っている。前夜から降り続けた雨が日付が変わる頃に雪になり、東京では珍しく数糎も積もった。昼になっても気温は零度前後と一向に上がらず、ここ数年で特に寒い日になった。

憲法の条文は、官報の号外によって今日初めて国民に知らされる。犬養ら新聞記者には枢密院の議論が伝わっており、おおよその中身は分かっていた。

——去年の夏に漏れ伝わってきた内容は、天皇大権を背景にした政府の権力が強すぎる感じがしたが、その後なぜか随分と立憲的になっている。

この憲法をどう評価すればよいか、犬養は戸惑っていた。とにかく福沢と話がしたかった。

人力車から見える街のあちこちには憲法発布を祝う奉祝門が建てられ、新しい電燈(でんとう)で飾り立てられている。群衆は日の丸や幟(のぼり)を持って練り歩き、山車(だし)も繰り出して祭りのような賑わいだ。あちこち渋滞していて、人力車もたびたび止まる。足元は泥濘、寒さはひと際なのに、老若男女の顔は皆、昂奮(こうふん)に紅潮している。

——憲法というものが、これほど民を喜ばせるとは一体どういうことだろう。

間もなく京橋の南鍋町（現在の銀座）にある『時事新報』に着いた。明治十四年の政変に嫌気が差した福沢が、あらゆる政党機関紙と一線を画し、独立不羈の立場から発言すると宣言して作った新聞社だ。ここのところ先行する大新聞と並ぶほどに部数を伸ばしている。

受付で福沢の居場所を尋ねると、昼食をとりに出たという。追いかけて隣の建物にある社の食堂に飛び込んだ。

福沢は部屋の隅っこの定位置で英字新聞を片手に、牛乳をすすっていた。牛乳は滋養に良いからと、寒い日には温めてよく飲んだ。

犬養は小走りで側に行くと、努めて明るい声で挨拶をした。

「おお、犬養君か。朝野新聞の方はよいのか」

「今日の社説は用意しておいたので、取材は他の連中が走り回っています」

福沢は自分の隣に座るよう促した。

「うちの連中も忙しそうだ、東京はえらい混雑ぶりらしいな」

「先生は、こんなに国民が熱狂して憲法を祝うと思ってらっしゃいましたか」

「いや、さすがに驚いた。だが国民には憲法の意味はほとんど分かっちゃいないよ。政党にも、一つ一つの条文を読んでその意味が分かる人間が果たしてどれだけいるか」

「そうすると、この昂奮ぶりは何なのでしょう」

「何となく自由にお上に物申せるようになるような感じはしているのだろう」

「そういえば、さっき見た幟には『自由万歳』というのがありました」

「まあ、まだ選挙も始まっていないんだ。日本の立憲主義も、これから一歩一歩だ」

犬養は給仕に珈琲(コーヒー)を注文すると、かしこまって本題を切り出した。

「先生は、できあがった憲法をどう御覧になりましたか」

「どう、とは」

「先生はずっと、天皇が選挙で多数を得た党の代議士の中から総理大臣を選び、総理の推薦によって閣僚を任命するというイギリス型の政党内閣を構想してらっしゃいました。今日、改めて憲法条文を読みましたが、やはり天皇大権があちこちに出ています」

福沢は言いたいことを呑み込むようにして短く答えた。

「うん、まあな。だが、あとは運用だろう」

「運用？」

「そうだ。確かに憲法は国の大典だが、その条文だけで具体的な現実にはとても対応できん。むしろ書かれていないことの方が多い。そこは、これから始まる政治の実践の中で補っていかねばならん。憲法を使う人間の理解と運用次第で、どうにでも変わるさ」

「この憲法でも、政党政治は可能だと思われますか」

「もちろんだ。結局は、これからできる議会の中で多数をどう占めるかがカギになる。憲法に書かれていないことは、政府の側は官制を敷いてくる。政党の側もどしどし提案をしていかねばならん。政党の役割は大きいぞ」

「しかし、憲法の条文を読むと、それは天皇や政府がひっくり返そうと思えば直ちにできてしまいます」

「ひっくり返されないようにすりゃあいいのさ。それが運用ということだ。それこそ、君らのやるべき政治だろう」

返事に窮した犬養は目を伏せて熱い珈琲を啜るように含んだ。福沢は続ける。

「来年に行われる選挙で、どのような人間が選ばれ、どのような議論を始められるかが、日本人が憲法を使いこなせるかどうかの分岐点になる。軍鶏(しゃも)の蹴り合いのような政党どうしのいがみ合いは、もういい加減よした方がいい」

「それは大同団結運動のことをおっしゃっているのですか」

「それもある」

「自由党系と改進党系は、どうにも一緒にはなれないようです」

「ここのところの政党の活動は感心せんな。乱闘騒ぎに、要人の暗殺計画の噂まで伝わってくる。全く、尾崎まで『東京を火の海にする』などと放言して追放された。確かに政府の弾圧も酷いが、無茶な行動は何も生まん。政治の基本は、官民調和だ」

「官民調和……」

「国内で対立してばかりいると、流動化している対外情勢が疎(おろそ)かになる。これからは、朝鮮や清(しん)に目をもっと向けなければならん」

福沢の意識はもはや憲法や国会ではなく、対外政策に向いているようだった。冷めた牛乳を飲み干すと、犬養を諭すように言った。

「とにかく憲法はできた。細部はどうあれそれは間違いなく慶賀だ。自由な言論、自由な議論の第一歩だからな。それをどう生かすか、どう使うか。君ら政治家がしっかり考えてやっていくことだ。君も来年の選挙に出るんだろう」

「ええ、そのつもりです」

犬養は、固く唇を結んで頷いた。

同じ憲法発布の日の朝、古島一雄が勤める新聞『日本』が産声を上げた。国会の開設を翌年に控えたこの年は、とにかく新聞や雑誌の創刊の嵐で、『日本』はじめ百八十七種もの媒体が刊行。人々の政治熱は高まるばかりだ。

二十三歳になった古島は、神田雉子町に新しくできた編集室の一室にいた。窓の外では、憲法発布を祝う者たちが歓声をあげて練り歩いている。藩閥の手によって秘密裏に作られた憲法ではあるが、そこに至るまでの道のりには、全国の志士たちの血も涙も流されている、そう思うと幾らか感慨もあった。

前の年、古島は杉浦重剛の勧めで、新聞『東京電報』に記者として入った。それが憲法発布の今日を機に、数社が合併して新聞『日本』となって生まれ変わった。主筆は変わらず、杉浦を師と仰ぐ、まだ無名の陸羯南（くがかつなん）である。

古島は、とにかく陸の仕事ぶりに圧倒された。

陸は執筆する時、中国から輸入した専用の筆を使う。その筆をとるや、原稿は千言立ち所に成る。急ぐ時は、完成した端から古島が一枚ずつ植字場へと運ぶ。断片を読んでもよく意味が掴めないが、いざ印刷されて完成すると見事な文章になっている。しかも陸は絶対に原稿を直さない。文字になったら後はすべて校正任せだ。

杉浦重剛に続いて、古島の二人目の師となった陸羯南は、旧弘前藩の武家出身だ。宮城師範学校に進んだが、薩摩出身の校長と衝突して退学処分にされる。その後、東京の司法省学校に進むも、ここでも退校処分となる。薩長への反骨心は旺盛で、それでも明治政府に登用されて内閣官報局の編集課長に抜擢されるなど、その文才は多くが認めるところである。

陸は、古島を最初から一人前の記者として扱い、あちこち取材に走らせた。古島もその期待によく応え、根掘り葉掘り取材しては特報を掘り出してきた。行く先々で衝突を繰り返してきた古島も、ようやく居場所を見つけた。

窓の外にはまだ小雪がちらついている。真新しい薪のストーブも、今日の冷え込みにはなかなか追い付かない。

古島は外套を肩からはおり、インクの香りも新しい『日本』第一号を手に取った。一部一銭五厘、月ぎめで三十銭、発行部数は八千三百。一面の右肩には日本地図が描かれ、杉浦重剛の筆による「日本」という二文字が鎮座する。初号は、陸の堂々たる創刊の辞で始まった。

〈昨今の新聞は政権を争う機関紙ばかりで、私利をむさぼる商品となっている。自分たちが応援する党の議決に反する話は載せにくくなり、売ろうとして世俗に迎合もする。わが『日本』は政党の機関ではない。商品でもない。『日本』は偏狭なる攘夷論

の再興にあらずして、博愛の間に国民精神を回復発揚するものなり〉

そこまで読んだところで、どこかから電報を受け取った記者が叫んだ。

「文部大臣の森有礼が官邸で刺されたらしい！」

古島は新聞を放り出し、取るものも取りあえず編集局を飛び出した。

会社の前に待機していた人力車を走らせ、文部大臣官邸へと向かった。雪どけのぬかるみに轍を軋ませ急ぐも、市中は憲法発布を祝う人だかりで大混雑だ。和田倉門付近では山車に轢かれて死傷者まで出ている。人力車がすっかり止まったところで車を飛び降り全力で駆けた。

妙な汗をかいていた。古島は数ヶ月前、『東京電報』で森大臣の醜聞をすっぱ抜いたばかりだ。イギリス帰りのハイカラでならす森大臣が伊勢神宮に参拝した際、神聖な内庭に踏み入り、杖で御簾をたくし上げたという不敬話。編集室に立ち寄った漢詩人から伝え聞いた話で、「一つの風聞」と断って書いた。社に入った一報によると、大臣を刺した青年は現場に斬奸状を残しており、「伊勢神宮での不敬」が理由だと書かれているというのだ。

官邸にはすでに大勢の警察官が詰めかけ、大臣が刺された玄関前では現場検証が始まっていた。古島は、犯人の斬奸状を確認したかった。受け付けに飛び込み、事務員がいる部屋に向かって大声をあげた。

「新聞社の者だ！」

ところが雑事に追われる事務員は誰も対応する気配がない。そこで、最初に上京した時に世話になった濱尾新が、文部省の局長になっていることを思い出した。

「おい、僕は濱尾局長の親戚だ、古島と言えば分かる、濱尾に会わせてくれ」

「濱尾先生はおられません」

えいままよ、と階段を駆け上がった。

官邸をウロウロしていると、内庭に面した縁側の床から男の足が二本、覗いているのが目に入った。恐る恐る近づくと、森大臣を刺した青年がうつぶせに倒れて死んでいた。背中に深さ三寸ほどの傷を負い、辺りには血だまりができ、生臭い臭いがプンと漂っている。斬奸状はすでに警察に押収された後だった。

翌朝、まだ四十一歳の森大臣は病院で息を引きとった。

——まさか一管の筆、大臣をも斬りうるとは……。

森大臣の訃報記事を書きながら、古島は何とも言えぬ複雑な気分になった。まるで自分の書いた記事によって、前途のある若き大臣の命が奪われたように思えた。それだけではない。ある後日談が古島をさらに悩ませた。

森大臣は伊勢を訪れる少し前、伊勢神宮との間にいざこざを起こしていた。伊勢地域の大きな収入源『伊勢暦』について、森は「そんなものは廃止して、大学教授を集めて西洋式の科学的な暦を作らせろ」と発言し、物議をかもした。伊勢暦が廃止されれば、それで生計をたてている神社も地元の業者も大打撃を被る。神社筋には、森大臣の失脚を願う空気があった。後に犯人は、長州の神官の息子であることも分かった。古島が書いた新聞記事と大臣刺殺の因果関係は結局、分からずじまいだったが、どこまでも後味は悪かった。

記者という仕事は、人間を、時代を動かす。古島は憲法発布のめでたき日に、新聞記者の〝筆の力〟を思い知った。

新聞『日本』に大きな転機が訪れるのは、憲法発布の翌月のことだ。

三月のある夜、珍しく陸が古島を自宅に呼んだ。

「古島よ、小村寿太郎が外務省の翻訳局長に昇任したのは知っているな」

「ああ、あの人はアメリカで学んだ秀才ですから、水を得た魚でしょう」

「それがな、奴が大隈外務大臣の条約改正案を入手した。その内容があまりに屈辱的だと憤って、杉浦重剛先生のところに持ちこんで、新聞ですっぱ抜けと言っている。小村は官職を失う覚悟らしい」

思わぬ政府の極秘情報を聞かされて、古島の胸は動悸を打った。

列強との不平等条約改正は、明治政府の悲願だ。そもそも憲法制定の大きな動機も、条約改正にある。この間、政府は鹿鳴館で夜な夜な舞踏会を開き、強面の軍人でなら す山県までがぎこちないダンスを披露。涙ぐましいまでの欧化政策を進め、日本が〝一等国〟となったと列強に見せつけ、対等な条約を締結しようと試みていた。

なりふり構わぬ外交姿勢に批判が高まる中で、初代外務大臣の井上馨は辞任。そこで伊藤総理が一本釣りで後任に据えたのが、七年前に政府から追放した大隈重信だった。伊藤は大隈を閣内に取り込んで大同団結運動を切り崩し、条約改正を成し遂げさせ、国会が開設された暁には改進党を政府与党にして犬馬の労を取らせようと目論んだ。

大隈も、あと一年待てば国会が開かれるというのに、政党内部の争いに嫌気がさし、入閣を引き受けた。そして条約改正交渉の内容を徹底して秘密にして各国との交渉を進め、「吾輩は強硬な姿勢で臨んでいる」と強弁した。

小村が入手したのは、その大隈の条約改正案だ。陸はすっかり興奮していた。

「大隈は口では強硬路線だとか言っておるが、とんでもないぞ。内実は相も変わらず、列強との交渉条件に外国人を判事として任用する案を提示している。こんな卑屈な外交では、わが国の自主性は保てん」

腕組みで考え込んでいた古島は、目をつぶって眉を顰めた。

「確かに大変な特報ですが、それを書いたら、小村さんが政府から追放されるどころか、われわれ『日本』も長期の発行停止を食らうのは間違いない。そうなると、大隈案よりも先にわが社が潰れてしまいます」

実際、『日本』の滑り出しは不調だった。購読数は伸びず、記者たちへの給料の支払いにも借金を重ねている。

陸もふと冷静になり、ひとつ溜息をついた。

「まあ、確かにな。杉浦先生も、小村ほどの人物を政府から放逐するのは忍びないと言っておられる。残念だが、掲載は難しいか」

「ひとまずこれは表に出さず、大隈改正案を批判する連載を準備されては」

古島は、大隈の交渉内容が明らかになった時に一気に攻勢をかけようと提案した。

「たった一日二日の速報よりも、主義主張が大事です。ここは辛抱のしどころです」

古島が若いわりに冷静なことを言うので、陸は「やはり杉浦重剛が目をかけるだけの男だ」と感心した。

それから約一ヶ月後の四月十九日、大隈改正案が、イギリスの『タイムズ紙』にすっぱ抜かれた。

小村からその情報がもたらされると、古島はまたも陸に提案した。

「イギリスの記事は、近いうちにロイターが配信して、数日内に『ジャパン・ウィークリー・メイル』に載るはずです。それを丸ごと転載する形で掲載すれば、わが社も発行停止を食らうことはありません」

『ジャパン・ウィークリー・メイル』は明治二年に日本で創刊された英字新聞で、条約改正問題を機に購読者数を増やしている。さすがに政府も英字紙を差し止めるわけにはいかない。陸も、なるほどといった顔で頷いた。

こうして『日本』一面の半分を占める、条約改正反対論の大連載が始まった。

列強の顔色を窺いながらの安易な西洋化を批判し、日本古来の文化に誇りを持ち、西洋の物真似でない真の意味での一等国を目指すべきだという陸の主張には、方々から賛同が寄せられた。

『日本』は、条約改正反対論者の梁山泊(りょうざんぱく)となっていく。まず谷干城(たてき)が乗り込んだ。西南戦争で犬養に軍人になることを諫(いさ)めた、あの谷将軍だ。谷は初代農商務大臣を務めながら、政府の条約改正に抗議して辞任していた。そもそも『日本』の創刊は杉浦の貞照庵で計画が練られ、谷の自宅で決定されたという経緯がある。

さらに長州出身の三浦梧楼が続いた。西南戦争の湯治場で犬養に演説をぶった、山県嫌いの軍人だ。三浦は、谷とともに政府内で反主流派を形成、「不平将軍」と呼ばれた。政府に「議会開設の建白書」を突き付けたり、山県が牛耳る陸軍の改革を申し入れたりして煙たがられ、学習院の院長という無難な役職に左遷されていた。

現役の官吏たちも『日本』への支援を惜しまなかった。小村寿太郎を筆頭に、河上(かわかみ)

謹一（文部省）や高橋健三（官報局）、旧広島藩主で宮内省の浅野長勲、さらに枢密顧問官の佐々木高行は息子を寄こし、文人では福本日南や三宅雪嶺らが参加した。

新聞『日本』は、政府の足下を脅かす一大勢力へと成長していく。

＊

春の日もすっかり傾き、遠い海原も夕闇に包まれた。

古島一雄の米寿祝いに駆け付けた大勢の客もまばらになった。遅れて到着した吉田茂はアンカに陣取り、古島の隣ですっかり根を下ろしている。挨拶だけして帰るつもりが、古島の昔語りから耳を離せなくなった。

吉田は、傲然と葉巻をくゆらせながら口を開いた。

「明治の条約改正反対運動から、古島青年も政界にどっぷりはまったというわけか。しかし犬養木堂は大隈の子分だろう、まるで君と立場は逆じゃないか」

古島が目を細めて茶をすすった。

「その通り。あの頃、僕はまだ木堂を直に知らなかったが、大隈が伊藤の一本釣りにやられて、結局、大同団結運動は霧散した。それでも木堂は辛抱して『朝野新聞』で大隈擁護を書き続けてたよ。まあ、交渉のやり方には問題があったが、条約改正そのものは、いつかは成さねばならん大問題には違いないからな」

吉田が何か思惟するように煙を吐いた。

古島が「吉田の家庭教師」と呼ばれるようになって久しい。鳩山一郎が戦犯として訴追された六年前、自由党総裁つまり総理大臣の後継は、古島が推挙した吉田茂に落ち着いた。以来、外務官僚出身の吉田に、古島はことあるごとに政党政治のあるべき姿を諭してきた。

新憲法下の初の総選挙で社会党が第一党を取った時も然り。保守政党が連立政権を作って吉田を起てようとする中、古島は「議会政治のルールを守れ」と吉田を一喝。選挙に勝利した第一党が総理大臣を出すという「憲政の常道」を説いた。吉田は野党に甘んじ、その後の選挙で絶対的多数を占めて長期政権への基盤を固めた。

吉田の隣には、松野鶴平が座っている。松野は今、緒方竹虎とともに吉田内閣を支える裏方の一人だ。その松野も、古島の記者時代の話を聞くのは初めてだ。ぐいと盃の半ばをあけてから、口を開いた。

「古島さんが条約改正反対運動に関わっていたとは驚きました。あの頃から、自由民権運動の活動家たちが次々に国粋主義へ向かったんですよね」

「ああ、『日本』の編集室はもう大変な騒ぎでな。福岡の玄洋社、熊本の国権党、石川の盈進社の壮士どもが陣取って、毎日が甲論乙駁だ。血気盛んな三浦と谷の二将軍が取っ組み合いの喧嘩(けんか)を始めれば、そこに玄洋社の頭山満(とうやまみつる)が割って入ると、まあそんなとこだ。あんまり騒がしくて新聞の仕事ができなくなってな、僕は陸に頼みこんで別に編集室を用意してもらったほどだ」

そこに緒方竹虎が割って入った。

「確か三浦梧楼さんが学習院院長の時で、天皇に拝謁できる立場にあった。それで条約改正反対の意見書を持って上奏したんでしたよね。まかり間違えば切腹ものだから命がけだったと、私も記者時代にご本人から武勇伝を聞いたことがあります」

古島が頭を掻いて苦笑いした。

「ああ、まさかの三浦の上奏が叶って、僕らも沸きに沸いた。皆、真剣だったよ」

古島の『日本』の後輩でもある安藤正純が懐かしそうな口調で付け加えた。

「明治の国粋主義ってやつは、確かにやり口は荒っぽかったけど、昭和の排外的な右翼とはちょっと違うんだな。どこか純粋というか、反権的な気骨があって」

松本亭の元女将フミも、アンカに身を乗り出して懐かしそうに振り返った。

「言ってみりゃ明治の青春だわね。反政府で左翼になり、反西洋で国粋になるわけ。うちの旅館も、幸徳秋水(こうとくしゅうすい)さんや頭山満さんが一緒に飲んでいたりね。あの頃は右も左も玉石混交、この国をこれからどうするのか、皆が真剣に考えて、どっか土性骨が据わってたわよ」

大佛次郎（おさらぎじろう）が話を戻した。

「結局、大隈さんが閣議の帰りに爆弾を投げつけられるテロに遭って、条約改正は先送りになったんですよね。大隈さんはあの事件で右足を失われ、外務大臣も退かれた」

古島はひとつ深呼吸をした後、吉田の方を向いて言った。

「この月末には講和条約が発効だな。ようやくわが日本も独立する。この七年の間に、アメリカには不平等な協定を沢山、結ばされた。君らがこれから少しずつ、それをひっくり返してゆかねばならんぞ。明治の不平等条約も多くの血を流し、完全に撤廃するまで半世紀以上を要する大仕事だったんだ」

古島の言葉に、居並ぶ政治家たちは皆、真剣な面持ちに変わった。吉田だけが飄々（ひょうひょう）と答えた。

「憲法の改正は、すでに声を上げとる連中がおるがね」

古島が敏感に反応した。

「新しい憲法はＧＨＱにやられた気がして、僕も最初は気に入らなかった。だが今は、あれはあれでいいと思ってる。とにかく戦争は国を亡ぼす、その反省だけは確かに記されたからな。それにな、あの憲法に国務大臣の植原悦二郎（うえはらえつじろう）の署名があるのもいい。植原は、言ってみれば木堂の忘れ形見だからな」

「植原悦二郎か……。ありゃ面倒な男だぞ、俺の手には余る。木堂はよくあんな男を御したもんだ」

苦り切ったような表情を浮かべる吉田に、古島が苦笑した。

「おいおい、君らは一緒に終戦工作をやった仲だろう。植原も僕の大事な子分だ、そう煙たがるな。そういえば植原の姿が見えんな」

フミが言い添えた。

「植原さん、後日改めてご挨拶にあがると仰ってたわ。今日のお話、お聞きになれたらよかったのに」

フミは空になった古島の茶碗に熱い茶を注ぎ足した。

清明の夜風も、ぬるみ始めている。月明りが闇夜にしめやかに染み込んでいく。古島は喉を鳴らして茶を一気に飲みほすと、気合を入れるように姿勢を正した。

「よし、続けるとするか」

明治二十三年、詔勅通り、日本で初めての総選挙が行われる。政治を巡る朝野の争いに、新たに「議会」という存在が加わることになる。

第四章　帝国議会の攻防

1、初の民選選挙

六月の岡山庭瀬(にわせ)は、梅雨空の低い雲に覆われている。

懐かしい縁側に、犬養はひとりたたずんでいた。実家には、庄屋だった時分の風格がそこここに残る。母屋は錣葺(しころぶ)き、座敷には付書院があり、天井に黒々と光る太い梁(はり)は先祖代々営まれてきた時の長さを感じさせる。ここに村の子どもたちを集め、塾を開いたのはもう二十年前のことだ。

目の前には、昔と少しも変わらぬ風景が広がる。田植えが始まると足守(あしもり)川から田へと水が引かれ、家々の間を縫うように走る水路の水面が一斉に動き出す。風が水田を撫(な)でれば、東京では目にすることのない青い波がどこまでも広がってゆく。

日本で初めての選挙が行われることになり、故郷に戻ってきた。二十歳で出たきり、知人は少ない。発表された選挙区の区割りを見ても、実家から遠い窪屋郡や下道郡には何の伝手もない。とりあえず、被選挙権の納税要件を満たすため、兄が所有する地券の名義を変更して資格だけは整えた。

選挙費用にも頭を抱えた。自分にも、実家にも、金はない。すると犬養が資金繰りに難渋しているとの噂を聞きつけた大隈重信が、百五十円の大金をポンと貸してくれた。証文すら取らなかった。思わぬ援助に当面を救われ、犬養は大隈の周りに人が集まる理由を実感として理解した。

選挙には二通りの運動方法がある。一つは「戸別訪問」。有権者である地主たちの家を限なく訪ねて挨拶をする。そしてもう一つが「演説会」だ。できるだけ多くの寄り合いに足を運び、話をして回らねばならない。ただ、何を話せばいいかもよく分からない。なんせ初めての選挙、立候補者も有権者も手探りの活動である。

最初の演説会は、倉敷の寺で開かれた。

事前の周知が行き届いていたのだろう、本堂いっぱいに人が集まった。すっかり気をよくした犬養は、藩閥政府の弊害、不平等条約改正の必要性、国内経済を立て直すための保護貿易の重要性と、思うところを熱心にしゃべった。

ところが、聴衆は静まり返っている。演説が終わっても、拍手もなければ質問の手も挙がらない。福沢の下で幾度も練習した演説会とまるで違って手ごたえがない。

――さて、これは困ったな……。

黙って会場を後にしていく人々の背中を見送りながら、ほとほと困惑した。

「犬養さんとやら、ちぃとよろしいか」

背後から一人の老人が声をかけてきた。

「わしは剣持彌惣治と申します。窪屋郡の菅生村のもんです。国会が開かれて民撰議院というものができるのは久しい前から言われとりますけんど、いよいよ七月に選挙じゃとあいなって、さて、わしは真面目に考えてみましての」

犬養の知り合いのいない窪屋郡の世話役らしい。剣持と名乗った男は、犬養顔負けの演説調で続ける。

「わしら選挙の権利を持つということは、民にとって幸福なことで、御一新に劣らぬ大事件じゃ。じゃけど、一体議員いうものはアヘン、モルヒネ、コロロホルムのようなもんで、下手に選んではかえって害を受ける懼れがある」

犬養は思わず噴き出しそうになった。

「は、ははは。アヘン、モルヒネか、確かにそうだ」

剣持世話役は大真面目だ。

「それでわしら、人選びには急に熱心になりましての。犬養毅といえば久しく東京へ出たきりで、何でも東京では十本の指に数えられる人物じゃという評判じゃが、誰も顔を見たことがない」

剣持は、散切りの坊主頭に短い髭を蓄えた犬養の顔をしげしげと見つめた。その真剣さに犬養は少し身構えた。

「お幾つになられますかいの」

「はい、今年で三十五です」

剣持は、犬養の大きくて鋭い目を〈狼のようだな〉と思った。だがそのことにはふれず、率直な物言いで頼みごとをした。

「犬養さん、恥ずかしいことじゃがの、今しがたの演説、何を仰っておるんか、さっぱり分からんかった。わしら田舎のもんは難しいことはおえん。まず国会というものを平たく説明して貰えんじゃろうか。そこから始めてもらわんと、ちいとも分からん」

「なるほど、確かにそうだ。まずは国会か」

剣持の言葉で思い出した。自分も、政党だ国会だと言われても全く想像がつかぬ時期があった。そういう気持ちをすっかり忘れていた。

それから多い時は二百人、少ない時は四十人という聴衆を前に、国会の「そもそも」を声が嗄(か)れるまで平たく説明した。一回の演説で半日がかりである。

「国会とは聞きなれん言葉ですが、喩えて言えば村の寄り合いです。皆で集まって国の何事かを相談する。ただ村と違うんは、天皇陛下が地域の代表をお集めになるということです。今度の選挙は、その地域の代表を選ぶ札入れです。これは、外国では昔から広くどこでも行われておりまして、例えばエゲレスという国では……」

国会とは、村の男衆の集まりのようなもの。そう嚙み砕いて説明を始めると、農民たちは身を乗り出して話を聞くようになった。憲法とは、話し合いを進めるための約束ごとであることも理解され、その内容についても質問の手が挙がるようになった。

明治二十三年七月に行われた第一回衆議院議員選挙は、小選挙区制である。

制度設計に当たった法制局は、有権者が候補者の「人物」を直に見て、直に話を聞けるという物理的な範囲を重視した。イギリスの例を参考にしながら、人口十二万人に一人という定員を基準とし、十八万人を超えると定員を二人に増やした。この計算で割り振ると、一人区が二百十四、二人区が四十三、合計二百五十七区、三百人という定数になった。法制局の原案を枢密院で審議した結果の数字だが、定数が三百という丸い数字になったのはあくまで偶然である。

犬養の選挙区は、岡山三区。実家のある賀陽郡や窪屋など四つの郡を合わせた地区だ。現在の岡山市の西方と倉敷市、総社市の一部地域にあたる。選挙人は十五円以上の国税を納める満二十五歳以上の男子という制限があり、有権者は二千三百四人。

岡山三区からは、犬養の他に倉敷地区から林醇平が立候補した。倉敷紡績の設立に

尽力した県議会議員だ。他にも何人か立ったが、実質は犬養と林の一騎打ちだ。剣持によると地元では、

「犬養は何ぶん東京で活躍しとる人じゃから、心易う話をするような訳には参らん。林は公開の席で物を言うには犬養の傍にも寄れまいが、地元の者じゃから至極便利じゃ。使い勝手のよい林を担ごう」

という話が持ち上がり、地元の利益代表として林醇平が担がれた。長く故郷を留守にしていた犬養は、なかなか馴染みの候補者とは思ってもらえない。

この日も、朝から遊説に出かけ、夕方近くになってようやく家に戻った。

靴底はすっかり擦り減り、顔は日に焼けて真っ黒だ。井戸端の水を頭から浴びて、火照(ほて)った身体を冷やした。

初夏の太陽も傾き始めたが、備中の刺すような白い日差しは東京のそれより何倍も厳しい。うるさいくらいの蟬の鳴き声が一層、暑苦しさを増す。

連日、故郷を回っていると人々の暮らしぶりが手に取るように分かる。秋田でも感じたが、東京と地方はまるで別世界だ。西南戦争の後に政府が始めた物価の収縮政策で、米や繭(まゆ)の値段は暴落し、農家はどこも苦しい。耳にする言葉は日々の窮状を訴えるものばかりだ。それなのに政府はさらに徴税を強めようとしている。

——租税の税率ひとつにしても、これはよほど慎重に向かわねばならんな。

考え込んでいるところに、汗だくの剣持がやってきた。

「いやいや、だいぶんあちこちに応援団が増えてきましたぞ」

この男のいかにも純朴そうな人柄に、犬養はすっかり親しみを覚えるようになった。

「やあやあ剣持さん、ご苦労さんです。どうぞ冷たい水を使って下さい」

剣持は肌着を頭から脱ぎ捨て、首の手拭いをたらいの水に浸した。

「わしも何だかあんたのために役に立ちとうなってのう」

痩せこけた身体をゴシゴシ拭きながら、剣持が話し始めた。

「わしにも犬養さんと同じくらいの息子がおるんじゃが、何年も前に東京で一旗あげるゆうて飛び出して行ったきり、連絡もない。ここは犬養さんをわが息子と思うて、ひとつ気張ってやらねばならん」

便利な東京で食い扶持にさえ困らなければ、こんな田舎に帰ろうとは思わないだろう。農業は辛く、休みもない。忍耐ばかりだ。若い者も早くから腰が曲がり、都会の人間よりずっと年老いて見える。犬養は何とも不憫な気持ちになった。

ふと剣持が思い出したように振り返り、犬養に訊ねてきた。

「ときに犬養さん、あんた、なんで政治家になられる」

犬養は虚を突かれ、思わず居住まいを正した。

「いやの、あんたのことを頼んで回っとると、そういうことを聞くもんもおるんじゃ。変なことを聞いとるようじゃったら、あいすまんのじゃが」

「いいえ、それは大事な話です。正直を言いますと、私は福沢諭吉先生に政治の道へ導かれたんであって、最初から私自身に強い意志があったわけじゃありません。記者の仕事も面白いし、迷いもしました。ですが、久しぶりにこうして故郷に帰ってきて、もう政治の道をまっしぐらに歩いていきたいと、決意を固めたところです」

　犬養は黙って家の周りに広がる豊かな青い波を指さした。剣持が怪訝そうに目をやる。この時期の稲の成長は速い。この一ヶ月余りで色はより濃くなり、丈は手のひらほども伸ばした。

「この青く輝くような実りこそ、国を支える土台だ。これを汗して守ってくれているのは、剣持さんや私の家族、故郷の人たちだ。そういう大切なことを、私は東京にいる間に忘れておりました」

　蟬の鳴き声が一層、高まる。剣持は、夕陽に照らし出された犬養の精悍な横顔を黙って見つめている。

「維新があっても、結局、百姓の生活は一向に変わらない。政府は税金を上げるばかりだ。東京では、政府の官吏は随分と無駄遣いをしています。豪邸を建てて贅沢三昧の者も多いです。百姓が一生懸命働いて納めた金は、もっと有効に使わねばなりません」

そこまで言うと、犬養は照れくさそうに笑った。

「剣持さん、私は当選したら、議会でこの思いをぶつけます。まずは冗費の削減からだ。この戦い、何としても当選してみせますよ」

犬養は剣持と手を取り合い、何度も強く握りしめた。

七月一日の投票日。

犬養は千九十三票を獲得して圧勝した。対抗馬の林醇平は四百三十八票。

剣持老人の計算では、選挙運動費は握り飯代と草鞋代くらいで、二十六、七円で収まった。大隈から借りた選挙資金はすぐに返済した。林陣営は地元の倉敷までも犬養に侵食され、最後は買収に走った。金額は一人五十銭だったと記録にはある。

こうして犬養は、故郷岡山に盤石な政治的地盤を築く第一歩を踏み出した。初めての当選記念に、実家の門の脇には楠(くすのき)が植えられた。それは一世紀以上も後の世に、庭瀬の風に枝を揺らす大樹に育っている。

日本で初めての選挙は、投票率九十三・九パーセントという驚異的な数字を記録した。投票用紙に候補者の名前だけでなく、役人の目の前で自らの住所、氏名を書き、印鑑まで押さねばならなかった。それでも、選挙という「初物」が人々の好奇心をそそったか、現在に至るまで最高の投票率である。

結果として、自由党系が百三十人前後を獲(と)り、地方に弱い改進党系は四十人前後に留まった。両者を合わせると、民権派が過半数を占めた。それぞれ数が曖昧(あいまい)なのは、両党とも弱体化していて議員の旗幟(きし)が必ずしも鮮明でなかったからだ。

一方の政府側は、官吏出身の議員たちに呼びかけ、院内会派「大成会」を組織した。これが七十九人と、数の上では劣勢だ。このため初議会は波乱が予想され、誰も総理大臣をやりたがらなかった。回り回って、山県有朋がその席に就いた。

自由党の中江兆民は、民権派の政党を「民党」と呼び、政府寄りの政党を「吏党(りとう)」と名付けた。この呼び名が新聞を通して広まっていく。

果たして第一回帝国議会は、民党と吏党の激しい対立の場となる。

2、帝国議会の質問博士

明治二十三年十一月二十九日、帝国議会の第一回議会が開かれた。

議事堂は、召集日の前日に何とか竣工(しゅんこう)に漕(こ)ぎ着けるという慌てぶりだ。開院までまだ何時間もあるというのに、前庭には当選した議員たちが幾つも輪を作り、選挙の苦労話に花を咲かせている。その喧噪(けんそう)を縫うようにして、犬養は真新しい背広に身を包み、颯爽(さっそう)と建物の中へと入った。

改進党の議員が集まる控室では、着物姿の尾崎行雄がもう待ち構えていた。

「よう、久しぶりだ、犬養君」

「なんだ、背広をパリッと着てくるかと思ったら、羽織袴か」

「いやしかし、君はよく日に焼けて、益々精悍な面立ちになったな」

坊主頭を撫でる犬養に、尾崎は少し表情を改めて言った。

「昨日、福沢先生の所へ挨拶に行ったんだがな、先生はちょっと冷めておられた」

「憲法ができあがった時からだよ。やはり議院内閣制が実現できなかったのには、実際に憲法の条文を目にされて落胆されたようだ。それも運用次第だと仰ってはいたが」

「うん、英字新聞を読むと、諸外国でも日本の憲法の評判はそう悪くないぞ」

尾崎は笑顔に戻った。犬養は笑わずに言った。

「とにかく先生は、内政でも外交でも日本は今が大切な時だと仰って、この上は官民の協調が必要だと主張されていた」

「この議会で、むやみに政府に噛みつくなということか」

「ああ、だが政府がどう出てくるか、始まってみないと何も分からんな」

尾崎は腹の袴の結び目辺りをポンと叩き、愛嬌のある音を響かせた。犬養も苦笑したが、どこか緊張感を抑え難かった。

本会議は、午前十時から開会した。議場には新しい建材の匂いが漂い、天井には仰々しいまでの巨大なシャンデリアが輝いている。

まず、衆議院の書記官長、曾禰荒助が仮の議長になって正副議長の選出を行った。

初めての議事進行は、細かい規則や慣習が固まっていない。「起立採決の有効投票数の確認はどうするのか」と問われた曾禰は、「私の両の眼で根性を据えてこれを見ます」と大真面目に答えた。

議長には、最大会派の自由党から中島信行が選ばれた。しかし自由党の中にも中島に投票しない者がいて、早くも一枚岩ではないことが露呈した。

議長選挙はあらかじめ根回しがあってすんなり進行したが、副議長選挙で手間取る。三名連記で、決選投票をして過半数をとった者に決する規則だが、何度投票しても過半数に達しない。結局、それだけで夜の十時五十分までかかった。

この間、仮議長の曾禰は議長席に座ったまま、食事にも用便にも立たず、宣言したとおり「根性を据えて」議場を睨みつけ、給仕がお椀に入れてきた牛乳で精をつけた。

第一回議会は、こうした深夜までの審議が頻繁にあった。

議員の席次は抽選だ。その結果、所々で民党と吏党の議員が隣り合わせになった。それだけで火種になる。傍聴席には壮士が陣取り、ヤジを飛ばし気焔を吐く機会を待っている。最初からまともな議事運営は望むべくもなかった。

犬養は、席次二百四十四番。演壇からは少し遠い。

ふと政府委員席の片隅に、井上毅の姿を見つけた。

どこかちんまりと静かに座っている。その辣腕ぶりを矢野から聞いた時は大男のように思えたが、身体は華奢で顔色は青白く、本来なら美顔であろうが、目のまわりなど少し浮腫んでいるように見える。〝剃刀〟の異名をとる男にしては、あまりに線が細かった。

——あれが政府の屋台骨を支える井上毅か……。

犬養は暫く井上から目が離せなかった。井上は誰と話すでもなく、ひとつひとつの議事進行を確かめるようにじっと見守っている。

——この議会の開催中に、まさか対峙することがあるだろうか。

そう思うだけで、犬養の身体には軽い緊張が走った。井上の寡黙な姿には、他人を寄せ付けない、どこか張りつめた空気が纏わりついていた。

十二月六日、山県総理の施政方針演説。

犬養は、演壇に立つ山県をじっと見つめた。この長州出身の武将を凝視するのは、十三年前の西南戦争以来だ。神経質そうな表情は相変わらずで、最近、大将に昇進したと聞いた。皇族以外の軍人で大将になるのは西郷隆盛に次いで二人目だが、果たして西郷と並び称するほどの男になっているのか。犬養は構えて演説を聞いた。

山県は前置きに続いて、予算総額約八千三百万円の約三割を「陸海軍に関する経費」にすると述べ、その理由を小難しい言い回しで説明し始めた。

「国家独立自衛の道は、一に主権線を守り、二に利益線を防護することにある。主権線は国境。利益線は、わが主権線の安全と密接に関係する区域のことだ。国として主権線を守るのは当然だが、列国が迫る際に国家の独立を維持するためには、主権線だけでなく必ずや利益線をも防護しなくてはならない」

ここまで聞いて、犬養は思った。

――「利益線」とは朝鮮半島のことだな。ロシアは来年からシベリア横断鉄道の建設を始めるらしい。完成すれば極東まで兵隊を運べるようになる。それに備えて朝鮮半島に予防線を張れということだ。うまい言い方だが、これは例によって井上毅の筆が入っているな。

山県の演説は結局、国の独立を守るには、陸海軍に巨大の金額を割かねばならないという一点に尽きた。

――色々と理屈をつけて、言いたいのは軍事費の増加だけだ。政府経費を節減し官吏を減らして充当するならともかく、これは飲めんな。議会は揉める。

いきなりの「軍事費増加の訴え」に、民党側は猛反発した。議員たちは地主層を有権者に持ち、故郷で農民が置かれた苦境を目の当たりにしてきたばかりだ。民党は、政府経費の節減と地租軽減を主張、予算を削減するよう要求した。

続いて開かれた予算委員会は、約八百万円を削減することで結審する。八百万円というのは、官吏の削減を含めれば田畑の地租を五厘ほど削減できる数字だ。実現すれば、民党にとって大きな成果になる。議事運営は順調に滑り出したかのようにみえた。

年末年始の休会を挟んで、一月八日。本会議に予算削減案が上程されると、今度は政府の答弁が始まった。大蔵大臣の松方正義（まつかたまさよし）（薩摩）は、いきなり反民党の狼煙（のろし）をあげた。

「予算の査定案は、過度に削減しすぎている。政府は之に同意できない。以て（もって）議員の反省を求める！」

もともと薩長藩閥は、最初から政党の存在を認めていない。端（はな）から議員の意見を拒絶しようという態度を隠そうともしなかった。

民党と吏党、それぞれが雇った壮士も絡んで、議場は殺気立っていく。傍聴席に陣取る壮士たちは反対派の演説を騒いで妨害するのみならず、馬糞（ばふん）を紙に包んでは議場に盛んに投げ込んだ。馬糞の攻撃に、議員が「ひゃっ」と悲鳴をあげる。馬糞が着弾して紙から飛び出すと、ものすごい臭いが広がった。

院内の廊下に用意された帽子掛けの下には、多くの議員が仕込み杖（杖の中に刀剣を忍ばせたもの）を用意した。反対派の壮士に反撃するための武器だ。うっかり一人で帰ろうものなら人力車を襲われ、引きずり出されて殴られた。開会中に負傷者が相次ぎ、議院の前には個人個人の抱える壮士がたむろし、用心棒として家まで送るようになった。

これが、わが国最初の「言論の府」の風景である。

一月十二日、吏党の大成会が「動議」を提出する。「急激に政費を削減することは、枝も幹も根も枯らす」とあからさまに主張した。

――政府の使い走りの大成会など、あっさり蹴散らしてやる。

犬養は演説に注意深く耳を傾け、反論の機会を窺った。討議に移ると、吏党の別の議員が、意気揚々と賛成演説を始めた。

「民党は予算削減で警視庁の廃止を主張しながら、舌の根も乾かぬうちに、政府系の壮士が少し騒いだだけで警視庁に保護を頼みに行く。もしこれがフランスのルイ十六世の時のように、壮士でなく他の勢力がこの議場を目掛けたら一体どうするのですか」

この演説に議場は騒然となった。天皇の勅語で始まった神聖な帝国議会を、フランス革命を引き合いに出して論じた、と吏党の議員たちまでも叫び始めた。

「不敬だ、不敬だ！」

――今だ！

犬養はヒラリと席を離れ、素早く演壇に駆け上った。そしてあらん限りに叫んだ。

「今の議員は、フランス革命時代のことを申しました!」

幼い頃から四書五経の素読で鍛えた犬養の声は「空気を銘刀で切るような声」と言われ、議場の隅々にまでよく通る。

「左様な不祥の言を帝国議会において吐くとは、議会の神聖を汚すものであります。速やかに取り消しを訴える! これは懲罰委員会に掛けることを願います!」

犬養は、議会に与えられた権限をあまねく使いこなそうと研究を重ねていた。発言者を懲罰委員会に付する、速攻の「動議」は受け入れられなかったが、発言は速記録から削除された。

翌日、今度は憲法の解釈をめぐって、議論はますますこじれていく。

憲法六十七条は、政府が毎年使う「既定の歳出」は、政府が同意しなければ議会が要求しても削減できないと定めている。同時に憲法六十四条は、予算については必ず議会の賛成が必要と定めている。

これには井上毅が考えに考えて、議会に予算審議権を与えながらも、必要最小限の政府予算、特に軍事費を守ろうとする意志を結集したものだ。

吏党は、政府が要求する軍事費は、六十七条の「既定の歳出」に該当すると主張し、議会によって削減することは「憲法違反」だと民党を糾弾した。

これに反対演説の先陣を切ったのは、またも犬養だ。前日、一発叫んだことで、福沢諭吉仕込みの演説魂に火がついた。犬養は、予算の議論は憲法で与えられた議会の当然の権利だと、声を張って訴えた。

「議会が予算について議論してはいけないとは、憲法を最初から最後まで繰り返して読んでみたが、どこにも書かれていない。われわれは憲法で与えられた議権はしっかり広める。憲法の許す所を議員自らが縮めるとは、後世にどう説明するのか。憲法違反ということは、いずれの議論からしても出て参らん」

犬養の質問はさらに、外務省計算書、大蔵省臨時費、政府委員交替要員、そして農商務省による民間企業への過剰な融資問題と、連日のように続いた。早くも「第一議会の質問博士」との異名を取り、存在感を示した。

中江兆民は議場で犬養の演説を聞いて、党の新聞にこんな記事を書いた。

〈犬養君は身体を反らせ、率直で皮肉な語気語調をもって、驕る官吏に鉄槌を下した。その様は聴者を怖がらせるほどだ。五分刈りの頭、爛々の眼、精悍の相貌、矮小、脂肪少なくして筋と腱だけの体幹、無頓着な風表は深刻なる性質を宿している〉

坊主頭に目だけギョロつかせた精悍な顔を、記者たちは「狼顔」と呼ぶようになる。

井上毅は連日、政府席で犬養の憲法解釈を聞かされる羽目になった。

――これが、佐吉が肩入れしている犬養毅か……。

吏党より、民党の方がよほど憲法を研究し、自分たちに有利な方向でうまく運用しようとしていると思った。

——吏党の側はあまりに分が悪い。これでは早晩、応援がいるな。

井上は政府委員席で腕組みをしたまま、今後の展開について策を巡らせた。

もう一人、犬養の質問に疲弊させられていた男がいた。原敬である。郵便報知新聞を辞職した原はその後、農商務大臣の陸奥宗光に見出され、記者から官吏の道へ進んだ。初議会では陸奥大臣の下で国会答弁の起草を手掛けたが、何もかも混乱しているところに犬養の弾丸のような質問が加わり、裏方は火の車になった。

一ヶ月ほどして、原は激務に倒れる。腸チフスで一時は危険な状態にまで陥った。かつて郵便報知新聞で上局に座った犬養が、今度は政治家として大きく躍動している。まだ一官吏に過ぎない原は、犬養への敵愾心をますます強めていく。

3、二百十日の嵐

同じ頃、古島一雄は二足の草鞋を履いていた。

ひとつは、新聞『日本』の記者の仕事だ。国会が開会し、忙しくなった。手を焼いたのが「速記」である。記者二人がかりで傍聴席に陣取って質疑応答を書き留めるのだが、なかなか追い付かない。特にやっかいなのが、犬養毅の演説だった。漢文調の難解な用語を、弾丸のように連射する。ほんの一文を聞き逃しただけで、前後の文章の意味が繋がらなくなる。

――こいつの言葉には、一語として無駄がないな。

速記が追い付かぬ時は語尾を誤魔化し、「アトは一句一涙」とか「アトは一言一血」とお茶を濁した。そういうわけで、古島にとって犬養毅の第一印象は極めて悪い。

もう一つの大仕事は、新聞経営である。荒くれ者揃いの『日本』で、社の資金繰りを真剣に心配するのは陸羯南(くがかつなん)と古島くらいしかいなかった。

国内の新聞社で『日本』は数少ない輪転機を導入した。応援団のひとり、高橋健三が政府の官報局に配属になってパリに出張した時に買ってきたものだ。輪転機に銅板を取り付け、紙面に「写真」を掲載したのも『日本』が最初だ。こういう先見性こそあったが、台所は火の車。経営を圧迫したのは、政府による発行停止である。条約改正反対運動をきっかけに特に目をつけられ、停止期間は長い時には二週間に及んだ。

それなのに、営業が苦労して取ってきた薬屋のチラシを、豪傑ぞろいの応援団は「インチキ薬の広告などケシカラン！」と掲載を止めさせる。記者は記者で締め切りを粘りに粘って印刷を遅延させ、読者からは『日本』は出社前に家に届いたことがない」という苦情も相次いだ。紙面は漢文調の政治議論ばかりで社会面はなし、経済面も物価表に毛が生えた程度。皆が売れぬように売れぬように新聞を作る。

――紙面を一般向けにして、販路を広げねば、『日本』は後一年ともたんぞ。古島の懸念通り、ついに月末の業者への支払いが滞り、発行が止まりかねない窮地に陥った。

これまでも本当に困った時は陸が社を代表し、金主である谷干城に頼みに行ったが、谷家にも黄金の山があるわけではない。巨万の富を築いた山県に比べ、武人の谷は蓄財には疎い。無心も度々となれば、陸も始末が悪く足が向かない。

「古島よ、僕はもう谷家に行くのは嫌だ、頼むから貴様が行ってくれ」

結局、古島が損な役まわりを演じる羽目となった。

谷家を訪ねると、玖満子夫人が何とも言えぬ顔で出てきた。古島は社の窮状を説明し、平身低頭に追加の援助を頼んだ。夫人は一瞬、顔を曇らせたが、暫くして家の奥から二千円の無記名公債証書を出してきた。そして震えるような声で言った。

「この金は娘の嫁入り仕度金として取っておいたものです。ですが、新聞のためならば仕方ありません。わが家にはもうこれ以上、何もありません」

古島は証書を受け取る手がなかなか出なかった。だが受け取らないで帰るわけにもいかない。本当に辛かった。こんなことを毎回、繰り返すわけにはいかない。古島は陸の許可を得て、紙面改革に乗り出すことにした。

手始めに、非商品主義を掲げる社是に背かぬ範囲で、硬派の文芸欄を作った。詩人の國分青厓（こくぶせいがい）に頼んで「評林」という欄を構え、時事を風刺する詩を載せた。すると、伊藤博文お抱えの詩人たちが寄稿してきた。さらに「諷叢（ふうそう）」という欄を作り、狂言形式の風刺を掲載した。狂句や川柳も、時事問題に絞った欄を設けると、読者から川柳が届くようになった。

こうして古島は、事実上の編集長として日々の仕事を采配（さいはい）するようになる。事実上、というのは『日本』は「編集長は置かない」ことを社是にしていたからである。

ある日、古島は陸からこう頼まれた。

「古島よ、僕の知り合いの親戚がわが社に入社したいと言うておる。会うだけ会ってくれんか。記者として採用するかどうかは、君に任せる」

数日後、編集室に一人の青年がふらりと現れた。紺飛白（こんがすり）の着流しで、少し青ぶくれしたような不健康な顔だ。帝大に通っているというが、ボソボソとした声で覇気がなく、それでいて明日にでも退学して入社したいと言い出した。

日々の業務に忙殺されている古島は、学生の気まぐれにつきあうつもりはなかった。新聞社という組織は巧遅より拙速を貴ぶ。どんな名文も時機を外せば十日の菊。帝大出の知識人より、どこへでも飛んでいく腰の軽い者、奥行きの深い者より間口の広い者がほしい。

「あと一年で天下の帝大を卒業できるんだ、通用切符（卒業証書）を持ってこい。入社はそれからだ」

古島が無下に追い払おうとすると、学生はキッと目を吊り上げた。

「僕はもう大学には行かん。試験のための学問など嫌になった。井上哲次郎の哲学の講義など、これ以上、聴かされてはたまらんのだ」

井上哲次郎といえば帝大を首席で卒業し、思想界を牽引する旬の学者だ。その井上の講義をつまらぬと一刀両断する青年に、古島は〈こいつ、面白いな〉と思った。

追い返すのを止めて真面目に聞いた。

「君、名前は何という」

「正岡子規だ」

「で、正岡君、君は新聞で何をしたい」

「俳句です」

俳句とは何だと尋ねれば、芭蕉以来、日本の俳句は堕落しているので、それを革新したいのだと熱っぽく語り出した。

「ははあ、あの古池の蛙かい」

「そう、その古池だ。僕はずっと俳句を研究してきた。今では発表できる自信もある。僕は肺病で前途を急ぐ、時間がないんだ。頼むから記者にしてくれ」

俳句を現代に復興させるという企画は、欧化主義に反対し、国民精神の発揚を訴える『日本』にとって悪くない。古島は、この学生を採用することにした。

後日、子規が出社してくると、古島はさっそく、子規のことを試してみた。政府による発行停止命令が続き、『日本』では政府批判も真正面からは書きにくくなっている。そこで子規に、俳句とやらを使って「発行停止」を批判してみろと注文した。

子規は椅子に座ると、こともなげに筆を執り、サラサラと書いた。

〈君が代も　二百十日は　荒れにけり〉

ちょうどこの日は二百十日（立春から二百十日目、毎年九月一日頃）。この時期はシケ（台風）が多く、古の教えでは二百十日は必ず天候が荒れるといわれている。子規は、それに政府の発行停止の乱発を見事にかけた。

――こいつはなかなか食えん代物だ、よくもこんな十七文字にこなしつける。

古島はすっかり感服した。

子規は、古島にふられる仕事を次々にこなした。紙面の片隅に細々と続いていた「文苑」という欄に『岐蘇雑詩三十首』という見事な漢詩を寄稿し、気難しい漢詩人たちを驚かせた。同時に自身の俳句論をまとめた『獺祭書屋俳話』を連載すると、これが大変な反響を呼んで出版もされ、俳句界を革新する暁鐘となる。

古島は〈わが文芸欄はようやく才を得た〉と手を叩いて喜んだ。

「よし、子規よ、君にこれから毎日二十行をやる。仲間を募って、ここで好きなだけ俳句とやらをやれ。俺は治外法権で一切干渉しない」

「それはありがたい！」

子規は飛び上がって喜んだ。

それからというもの、子規は昼夜を問わず編集室に陣取り、自ら俳句や小説を書く、刷り上がった原稿の確認もする、挿絵の注文も人任せにせず自分でやる、必要とあらば取材にも出かけるといった風に猛然と働いた。そこに高浜虚子や内藤鳴雪（ないとうめいせつ）らが参加してきて、紙面はさながら日本俳句復興の拠点となっていく。

もともと小難しい政論ばかりの『日本』だったから、子規の俳句は好評を博した。編集部には投書やら感想やらが次々に届く。最初は紙面の裏側、それも片隅にあった欄が、だんだんと良い場所に移ってくる。

人間にとって、責任を負って仕事をするということは人生の快事だ。その責が重ければ重いほど遣り甲斐は増す。この時期、子規はまさに快事の只中（ただなか）にあった。

古島はある日、子規に「僕にも俳句を教えろ」と頼んでみた。すると子規は古島に「古洲（こす）」という俳号を与え、「梅」という題で何でも書いてこいと宿題を出した。

「たかが十七文字のチョンノマ文学なんか、への河童だわい」

翌日、意気揚々と百句ほど作って子規に見せた。

「なんだこりゃ、どれもこれも、まるで漢詩の翻訳だ」

そう一刀両断され、手取り足取り俳句の作法を教わった。それが面白くなって暫く習った。だが、新聞記者の仕事はいかに端的に事実を書き連ねるかだ。俳句の作法は大して役に立たないと気がついて、途中で止めた。

逆に古島が、子規に懇切丁寧に指導してやったことがある。朝から晩まで一時も仕事から離れようとしない子規に、こう切り出した。

「おい、子規よ、女を知らずに本物の仕事はできんぞ」

子規の腕を引っ張り、吉原、品川、洲崎と回り、色道指南役をかって出た。宿場の女郎も知らねばならんと、板橋辺りにまで出張した。子規も子規で、大真面目に先輩に付いて歩いた。

ある日、品川で一勝負する前、二人して「牡丹亭」という目黒の食事処で腹ごしらえをした。筍飯の美味い、こぢんまりした雰囲気の良い店だった。給仕をしてくれた女中の中に一人、十七、八の飛び抜けて可愛いのがいた。古島は品川行よりも目の前の美人だと言わんばかりに、すぐさま口説きにかかった。

「おい、お前の家に、一晩泊めてくれんかね」

「あら、ここは食事処、お泊まりはお断りですよ」

女中の隙の無い返事に古島も笑って引き下がり、それからは雑談に興じた。

この時、子規も密かに同じ女中に胸を高鳴らせていた。その女には溢れるような愛嬌があって、おぼこな様がとても良かった。こういうことに奥手の子規は、ほとんど話もできなかったが、チラチラと横顔を見ているだけで満足だった。

店を出て、二人が歩いて品川に向かおうとした時だ。女中が小さな提灯を下げて追いかけてきた。分かれ道が暗くて分かりにくいからと、一町余りの道のりを、足元を照らしてくれた。まだ目黒辺りには店も民家も少なく、文目も分からぬ闇の中である。

女中は分かれ道までくると、「ここまで来たらもう大丈夫」と言って、ひょいと路傍の石ころを提灯の中に入れると、子規に手渡した。小さな温かい手が少しだけ触れた。

「さようなら、ご機嫌よろしゅう」

女中はサアッと闇夜に姿を消した。それだけのことだったが、何とも言えぬ風情があった。子規は後々まで「目黒の夜は良かったなあ」と喜んでいた。

新聞『日本』に根を下ろした子規にとって、十歳年上の陸羯南が父親のような庇護者であるとすれば、二歳年上の古島一雄は兄貴分となった。二人は揃って社会勉強のための外回りを続けながら、新聞の仕事も必死にやった。

4、買収

第一回議会はせめぎ合いが続いていた。

一月中旬の夜、犬養毅ら改進党幹部は新橋の料亭に集まった。予算の削減を巡り、内閣との膠着（こうちゃく）状態は続いている。今後の審議にどう臨むのか、妙案は出なかった。結局、これまで通り自由党と歩調を合わせ、ひたすら政府と対峙していく方針を確認するに留まった。

下戸の犬養は一足早く料亭を出た。人力車を探して広い通りまで歩き出した。嘉月（かげつ）の夜更け、ふと角の暗がりに山高帽の男が立っているのが見えた。着流しの上からマントを羽織っている。こちらから近寄って声をかけた。

「よう、密偵さんよ、久しぶりじゃ」

「わしは久しぶりじゃあない。選挙もじっくり見させてもろうたし」

「おお、ご苦労なことに秋田に続いて選挙まで来たか。そうか、お前も岡山じゃったな」

出身にふれられたくないのか、密偵は話題を変えた。

「今日の議会もなかなかの演説じゃったが、改進党はこれからどうする」

少しの酒で酔ったせいもあって、投げやりに答えた。

「どうせ今の店でも、わしらの話を全部聞いとったんじゃろう」

「破れた障子ひとつ張り替えん慎ましい官吏がおると思うたら、政治家というのは料亭なんかで高い酒を飲んで、呑気なもんだ」

「井上毅さんは、そういうお方なのか」

密偵はその問には答えず、話を戻した。

「このままだと政府と民党は折り合いがつかん。そうだと、あんたらも困ろうが」

「いやあ、困らん。政府だけじゃ、困るのは」

「本当か?」

密偵の思わぬ問いかけに、犬養はそれまでの投げやりな姿勢を改めた。

「本当かとは、どういう意味だ」

密偵の眼は光を帯びている。犬養は〈探偵相手に詮無いことだ〉と思いながらも、一息深く吸い込んで真面目に語った。

「まあ、初議会からいきなり解散になれば、日本では立憲体制が維持できんことを列強諸国に証明するようなもんだ。それはまずい。これまでの政党の運動は何だったか分からなくなるし、条約改正を目指す政府も諸外国につけ入られる」

「あんたらの金はどうだ」

「ああ、それも困る。去年の選挙で借金を抱えた議員は沢山おる。ここでまた解散されて失職はしとうない。じゃが、それは改進党より自由党の方が大変だ。奴らは今、土佐くんだりから呼んだ壮士たちの生活費をどう維持するかにも四苦八苦しておるらしい」

　密偵は頷いて身を翻そうとした。犬養は慌てて呼び止めた。

「おい、待て！」

　密偵が小さく振り返った。

「君の親分は、議場で随分と顔色が悪いじゃないか」

　密偵の顔が少し歪(ゆが)んだ。

「やはり病気なのか」

　犬養はたたみかけた。

「重いんだろう。あれはそういう顔だぞ。座っているだけで大変なはずだ」

　犬養が問い詰めると、密偵はつぶやくように言った。

「何度か吐血されている……」

　犬養は絶句した。〈吐血〉は、不治の病、結核を意味する。

「なんと、それでずっと議会に座っていて大丈夫なのか。あそこは特に冷えるぞ」

　犬養は驚きながらも、そういえば、と思い出した。

「山県総理の主権線と利益線の演説は、あれは井上さんが書いたのか」

「当然だ。井上さんが手を入れなければ、ああはならない」

「血を吐きながら、議会の演説まで書いているのか」

密偵が踵を返しかけた。犬養はまた声をかけた。

「おい、そろそろおぬしの名前を教えろ！」

「佐吉だ」

佐吉は今度こそ角を曲がって暗闇に消えた。

完成したばかりの帝国議会の仮議事堂は、一月二十日の未明、漏電による火災であっという間に焼失した。審議は、東京女学館を仮の議場として続けられたが、議会のとん挫を象徴するような出来事だった。

議場の井上毅は、小さな身体を背もたれに預けるようにして何とか座っていた。政府と民党の対立は深まるばかりだ。井上は、政府の既定予算を確保できる条文を周到に憲法に書いたつもりだったが、ここまで議論をふっかけられるとは想定外だった。結核の症状は日に日に重くなっている。吐血はたびたびで、最近は目がかすみ、書面を読めぬこともある。

そんな井上の気も知らず、山県や松方らは民党に強圧的に出て、対立を煽るばかりだ。立憲体制を粛々と運営することが、列強から一等国として認めて貰うための条件なのに、彼らには民党憎しの感情しかない。このままでは、わずか二年で憲法停止となったトルコの二の舞になりかねない。

井上は山県に対して、答弁への注意点を手紙に細かく列記して手渡した。議場での態度を皮肉交じりに批難する文言とともに、自身の苛立ちを添えた。

〈小生は今、病魔に悩まされている。一日中、胸痛と腹痛に苦しみ、思うまま声を出すことも難しく遺憾の至りである。私の気持ちを汲み取ってほしい〉

そう書いて、こんな和歌を続けた。

〈死にもせず　猛びも遣らず　蠢ける　虫の真似して　世を託つかな〉

意識はより研ぎ澄まされていくのに、身体は日に日に弱っていく。議会は膠着状態で問題が山積だ。それなのに自分はいつ命尽きるか分からない。この身体を、どう燃焼しつくせと言うのか。井上は、それを誰かに聞きたかった。

二月十八日、井上毅は、議会の様子を心配する天皇睦仁から直々に召された。

これまで数々の詔勅を起草し、皇室関連の歴史資料を扱う図書頭に任命されたことのある井上は天皇からの信頼も厚い。井上の方も、すでに何度も目通りしていて幾らか気安くはなった。この時、天皇三十八歳。

「井上、議会はどうなる」

天皇は、心底心配していた。井上は正直に答えた。

「かんばしくありません。予算案をめぐって、憲法解釈から意見が対立しております」

「話し合いは、つかんか」

「政府の答弁の仕方が良くないせいもありますが、民党も頑なです」

天皇は暫く黙ってしまったが、やがて恐る恐るというように訊いた。

「このままやと、解散になってしまうんやないか」

「今のような議事運営が続くと、仰せの通りかもしれません」

「それは避けねばならん」

天皇の声が珍しく大きくなった。井上は改めて頭を下げて答えた。

「仰せの通りです。第一回の議会からいきなり解散するようでは、内外に与える影響があまりに大きすぎます」

「何か良い案はないのか？　井上」

「はい、色々と考えておりますが……」

天皇は少し考えていたが、気がついたように井上に聞いた。

「井上、顔色が悪いぞ。具合が悪いか」

井上は恐懼しながらも、自分のことは話さなかった。

「いえ、大丈夫でございます」

天皇は小さく頷いて言った。

「ともかく、何とか解散だけは避けてくれ。頼んだぞ、井上」

井上は黙って御前を下がった。

——これ以上、陛下の御心を煩わすわけにはいかない。

できれば避けたいと思っていた計画を実行に移す覚悟を固めた。

二日後、硬直していた議事が大きく動く。

本会議の開会を知らせる振鈴が議場に響きわたると、吏党がしつこく動議を提出した。

「憲法六十七条に規定する歳出は、本院に於いて廃除削減しようとする時は、本院での確定前に政府の同意を求めなければならない」

政府の憲法解釈に同意する内容だ。だがこの動議は、ここまで既に二度も否決されており、議場には「何を今さら」という白々とした空気が漂った。

ところが採決となるや、これが何と賛成百三十七、反対百八で可決される。

自由党から二十六人が賛成に回った。植木枝盛や竹内綱ら土佐派が寝返った。政府側との間で金銭のやり取りを含んだ根回しがあった。彼らはそのまま逃げるように自由党を脱党した。

犬養は議決が終わって、初めて敗北したことに気づいた。民党の議員たちは想像もしない事態に慌てふためいた。食堂に集まって机に飛び上がって悔しがる者、椅子を引っくり返す者、泣きわめく者、議員控室は大騒ぎになった。

身内に裏切られた自由党の中江兆民は、とりわけ激しく怒った。翌日の『立憲自由新聞』で、衆議院は「無血蟲（むけつちゅう）の陳列場」と批判。「小生、近頃アルコール中毒にて歩行困難、採決に及べず」という皮肉たっぷりの辞表を出して議員を辞めた。

こうして、第一回帝国議会は金の力で解散の危機を回避し、宮中豊明殿で厳かに閉院式が行われた。

議会が始まる前、多数決つまり数の論理は、当事者たちに現実的な政治感覚として認識されていなかった。だがこの時の経験から、議会とは良いにつけ悪いにつけ「数」であることを各議員は肌身で会得した。それは政府側も然りである。

三月、井上毅は葉山の浜辺にいた。

この季節の葉山は、西からの低気圧が頻繁に通過して海も荒い。雨こそ降っていないが、空は今にも泣き出しそうだ。傍らには佐吉がいる。

「そうか、自由党は大阪で組織の立て直しをやっているのか」

「はい、初議会でバラバラになったのを、党則作りからやり直しています」

「土佐の脱党組はどうだ」

「自由倶楽部（くらぶ）と名乗って活動を始めていますが、二十九人ですからね。どうするのか」

浜を渡る風は強いが寒くはない。井上は少し考えていたが、やがて佐吉に聞いた。

「辞職した中江兆民はどうしている」

井上と兆民は同時期にフランスに留学した仲だ。その後は正反対の道を進んだが、気脈は通じている。井上が体調を崩すようになってから、兆民は幾度か井上の家を見舞っていた。

「中江さまは、自由党と改進党を合同させられないか考えておられるようです」

「ほう、もう一度代議士に戻る気かな」

「いえ、もうそれはないでしょう。相当に怒っておられますから」

「うん、まあ怒るだろうな……」

兆民にも、合わす顔がないなと思った。土佐派の買収になど、できれば加担したくはなかった。井上は遠くの海を見た。

「なあ、佐吉。立憲体制というのは、やっかいだな」

佐吉は黙っている。

「疲れる。人を説得、懐柔、納得させるのは、本当に疲れる。それが議会という三百人の固まりにもなれば、余計に大変だ。政府の大臣たちも、まだまだ分かっていない、立憲体制というものを」

海は、波が益々大きく打ち寄せていた。

「だがな、やらねばならん。この国が歩み出すためには、どんなに疲れてもな」

空模様をうかがう両頬に、雨がぱらつき始めた。佐吉が立ち上がった。

「お身体に障ります。もう行きましょう」

佐吉が肩を貸して、井上もゆっくりと立ち上がった。砂浜を、海を背に歩き出した。その歩みに、言葉ほどの力強さはなかった。

初議会が終わると、今度は報復の暴力が吹き荒れた。

犬養は土佐派の裏切りを新聞で散々に批判し、生来の毒舌は辛辣を極めた。ある昼なか、東京芝で人力車に乗っていると車を止められた。何事かと思って様子を見に出たところ、いきなり太い棒で殴打された。頭から血が噴き出し、傷は骨にまで達した。暴漢は高知選出議員の片岡健吉（かたおかけんきち）の食客。土佐派の仕返しだった。

討論を通して政策を決定していくには、異論を唱える相手をどう説得し、どう合意を取り付けるのか、その力量が問われる。頭をぶち割るのではなく、頭数を数えるべき言論の府で、暴行は日常茶飯事のように繰り返された。

実力行使には「院外団」の面々が暗躍した。院外団とは、政党が党の外に抱える別動隊だ。その顔触れは明治維新で職にあぶれた壮士たちである。議事堂の中には彼らのための控室まで用意され、生計は党が丸抱えで面倒を見た。鍛えた身体に肩を怒らせ、袴の裾を蹴立てて闊歩（かっぽ）する院外団の面々は、国会の開会とともに一気に活躍の場を増やした。

続く第二議会も、海軍の予算を巡って民党と吏党の全面対決となる。

民党の攻勢に激昂した海軍大臣の樺山資紀は「今日の日本の安寧を作り出したのは薩長の功である」と開き直り、議会は荒れに荒れた。今度は民党が海軍費を削って提出した予算案が賛成多数で可決され、とうとう初めての解散が宣言された。

翌明治二十五年二月、二回目の衆議院議員選挙が行われることになった。そこで憲政史上に大きな汚点を残す、とんでもない事態が出来する。

5、投票箱を死守せよ

年が明けて犬養が再び故郷に戻ると、例によって窪屋郡の剣持世話役が血相を変えて飛んできた。

「犬養さん、今度の選挙は大変じゃ」

「三井の馬越恭平さんが立つようですな」

「あの人も仕事が忙しゅうて選挙なんか出る気はなかろうに、政府に担がれたらしい」

馬越恭平は備中の出身で、三井物産の横浜支店長を務めている。後に大日本麦酒会社（現在のアサヒビールとサッポロビールの前身）の初代社長となり、「ビール王」として名を馳せる人物だ。

政府の選挙干渉は、まず民党の有力候補の選挙区に「刺客」を送り込むことから始まった。民党議員を落選させ、議会運営を有利にするためだ。政府は機密費から百万円、日本銀行と御用会社から数百万円を用意させて買収資金とした。

これに民党の側も手を打った。自由党が強い選挙区には改進党は候補を立てず、改進党が強い選挙区では自由党が遠慮する「選挙区調整」が早くも始まる。

政府による攻撃の標的とされたひとりが、「帝国議会の質問博士」犬養毅だ。直前の第二議会でも、犬養は民党の先頭に立って奮闘。政府が機密費を使って金をばら撒いたり、政党員に酒色を供したり、御用商人に官有物を安価で払い下げて献金をさせている事実を次々に暴露し、政府をこれでもかと糾弾した。

剣持は縁側に座り込むと、それよりもと続けた。

「大変なのは相手候補だけじゃありませんぞ。岡山県庁の書記官に、河野忠三（こうのちゅうぞう）というのがわざわざ東京から派遣されてきて、これが内務次官の白根専一（しらねせんいち）の弟ときとるんじゃ」

「内務大臣の品川彌二郎（やじろう）は、今回の選挙で民党を徹底的に追い落とすと宣言しておりましたな」

「そうじゃ、その内務省の息のかかった河野が、郡長や町村長に触れ回っとる」

「何と」

「民党は年がら年中、政府の反対ばかりしおって一向に国家の為にならん。政府あっての代議士なのであるから、政府にたてつく常習者は絶対に当選させてはならんと」

「はは、は。確かに、私は政府にたてつく常習者だ」

「笑い事じゃありませんで。皆、もう震えあがってしもうとる。あんたの地元のこの賀陽郡の郡長の花房(はなぶさ)も、わしらの仲間が先日問い詰めたんじゃが……」

　剣持老人は頭を抱えて座り込み、役者のように声色を変えた。

「いかなる手段を用いても、民党候補を追っ払って吏党を出さねばならんという命令を県知事から直々に受けた、十数年来、官禄(かんろく)を食(は)んでいる悲しさじゃ、この訓令には背けん、不本意ながら干渉させて頂く、と、こうですわ」

「大丈夫です。政府の干渉など跳ね返せばいい」

　剣持はまだ不安そうだ。

「それだけじゃない、馬越のとこには大量の金が用意されとるらしい」

「買収ですか」

「そうじゃ。それも県庁から金をもらった巡査が村々を回っての、違反取締の見回りじゃとか言いながら、もう金を撒いとる」

「巡査も内務省の末端だ、そのくらいのことはやるでしょう」

　いくら悪条件を並べても、犬養は少しも動じない。剣持は大きな溜息をついた後、やっと覚悟を決めたように言った。

「犬養さん、あんたはどうでも立候補する気なんじゃのう。じゃあ、仕方ない、わしも決めた。こうなりゃあ、自分の村だけでも精一杯守るか」

「剣持さん、われわれは前回も金はかけとりません。色々と相談をしながら、演説一本で闘ったじゃないですか。また一つ一つ村を歩いて回りましょう」

「草鞋や下駄をすり減らして、また頑張りますかの」

剣持は冷え切った茶を一気に飲み干すと、意を決して帰って行った。

剣持の情報通り、馬越陣営は徹底的に金を使った。人力車を買い占め、寺や芝居小屋を借り切り、犬養陣営に演説や遊説をさせまいとした。投票日が迫るにつれ、三円、五円と買収額をつり上げ、百円、二百円という金額を握らされる者まで出た。この選挙で馬越が使った金は五万円と記録にはある。

暴力も酷かった。県庁に近い都宇(つう)郡は犬養の支持者が多く、馬越陣営は県外から大勢の壮士を送り込んできた。壮士たちは、仕込み杖どころか仕込み鉄砲で、空に向かって発砲して脅すこともしばしばだった。脅迫、刃傷、殴打が多発。警察は、それを取り締まろうともしない。一方的なやられ損である。

こうなると犬養も命がけだ。用心棒として、熊本出身の壮士、一木齋太郎(いちぎさいたろう)を雇った。土佐派に頭をかち割られて以降、評判の壮士を求めるうちに一木に出会った。一木は壮士連中の中でも飛び抜けて身体が大きく、剣術の達人として知られる容貌魁偉(かいい)の傑物だ。

ある日、遊説のため川向うの村に向かおうとした時、橋のたもとに馬越側の壮士が抜き身の刀を持って立ちはだかった。通らせるもんかという態度でニヤニヤ笑っている。

犬養が「ここは避けるか」と言って引き返そうとすると、一木は首を振った。いきなり刀を抜き、一団に猪突猛進していった。

「やるか——！」

大声をあげて鬼のような大きな顔を真っ赤にすると、馬越側の壮士たちはおろおろと逃げだしていった。犬養は本気で心配して一木に言った。

「おい、あまり無茶をせんでもええ。お前、死んでしまうぞ」

「はは、肥後の者はこれくらいなんでもなかとです」

一木は、その調子で反対派の壮士を何人も何人も川に投げ込んだ。一木は犬養に怪我ひとつさせず、よく守り通した。後に目が飛び出るほど法外な謝礼も要求してきて、犬養家の財布もしっかり痛めつけた。

犬養の身はともかく、支持者は殴られたり、家を荒らされたりで散々だった。何の容疑か知らされぬまま、巡査に捕まえられ拘束される者まで出た。役人を中心とした馬越陣営のやり方に、村の地主たちはかえって反感を強めていく。選挙戦も終盤になると、犬養支持へと流れが強まった。第一回の選挙で林醇平を支持した者まで「今度のやり方はいくら何でもあんまりだ」と憤激して犬養についた。

一番心配されたのは、投票当日である。

劣勢を悟った馬越陣営が、犬養が強い地盤の投票箱を盗んだり、焼いてしまうという噂が広がった。犬養を支持した箕島(みしま)村は有権者三十人あまりだが、村長はこの票を死守しようとした。当日は投票を急がせて早めに済ませ、投票箱を隣の寺の二階に隠した。そして偽物の箱を投票場に置いて、草相撲の相撲取りに守らせるふりをした。郡の役人や巡査がやってきても「知事の証明書がないと、ここには入れん」と言って追い返した。そこまでやって投票箱を守った。

案の定、幾つかの村では数人の票が抜かれた。警察官が投票所を包囲して犬養支持者の入場券を奪い、反抗する者を片っ端から乱打して棄権させようとした村もあった。官製の暴力は、院外団のお株を奪うほど激しかった。

それでも投票の結果は、犬養が千四百十四票、馬越が六百二十一票。またも犬養の圧勝に終わる。文字通り「命がけ」で犬養を支持した世話役たちは狂喜し、泣き出した。選挙中の意趣返しもあって、郡庁の前で「犬が馬に勝った」と馬の背中に犬を縛りつけ、犬養勝利を役人に見せつけて練り歩く者までいた。

しかし、騒動はまだまだ終わらない。

犬養の当選祝賀会が岡山の錦園で行われた時のこと。支援者たちが上機嫌で祝杯を交わしていると、男が「犬養先生に盃を頂戴したい」と近づいてきた。

男は懐からいきなり石を包んだ手ぬぐいを取り出し、犬養の頭をめがけて激しく打ちつけた。小柄な犬養は、衝撃で前につんのめって倒れた。意識こそハッキリしていたが、額から血がどくどく流れて暫く止まらなかった。壮士に頭をかち割られるのは、これで二度目。打ち所が悪ければ、命を落としていてもおかしくなかった。

それでも岡山はまだ良いほうだった。高知など各地では死人が出た。「選挙干渉」による死者は全国で二十五人、負傷者は三百八十八人を数えた。金と暴力を使った選挙違反が、政府によって堂々と行われたのである。

それでも、第二回衆議院議員選挙の結果、民党側は百三十議席、吏党側は百六十八議席と、吏党が多数を握るも大勝とは程遠かった。政府の目論見は見事に外れた。

政府は最早、政党とは押さえつける存在ではなく、折り合いをつけていくべき存在と認識するようになる。

だが、折り合いをつけるその方法が、まだ誰にもよく分からなかった。

第五章　国粋主義の焰

1、邂逅

書斎には、墨と拓本の臭いが漂っている。

久しぶりに休みを得た日曜日、犬養は家人にも出入りを禁じて朝から書斎にこもった。四方は、中国関係の書で埋まっている。王陽明(おうようめい)の全集、魯国(ろ)の『春秋』、司馬光(しばこう)が編纂(へんさん)した歴史書『資治通鑑(しじつがん)』も全巻ある。

文机には文房四宝が並び、硯(すずり)は何種類も揃えてある。端渓(たんけい)に歙州(きゅうしゅう)石、洮河(とうか)緑石と中国のものばかりで、日本に良い硯石がないのが悩みの種だ。妻の千代子は「しょっちゅう墨汁をこぼしなさる」と書斎に畳を敷こうとせず、板敷の上には擦り切れた毛(もう)氈(せん)が幾つか置いてあるだけだ。たった一つの窓はやたら高く、文机に座れば庭も見えないこの不愛想な書斎が、犬養にとって最も落ち着く居場所である。

まずは、ゆっくりと墨を磨り始める。書という行為は、この時から始まっている。軽やかで単調な磨り音に身を委ねれば、心も鎮まる。古墨の香りがふわりと立ち上り、部屋の空気を満たす頃には、陸で磨った墨が粘り気を含んで海へと落ちる。そうなると書き時である。

溜まりに溜まった手紙の返事から手をつけた。大半は他愛もない用事だ。最近は犬養の書が評判になって、やたら文を送りつけてきては返事を催促する輩が増えている。万年筆を手に入れてからは、そういう相手にはわざと万年筆で返答してやるのだが、それはもう少し先のことだ。

後に作家となる次男の健は、父と書斎についてこんな風に書いている。

〈書斎にいる父の座談はなかなか長閑で綿々としている。書斎にいる時には政界で何が起ころうとも自由勝手、これまた結構とさえ思っている。しかし訪客があって応接間に入ると、父の話は無暗に手っ取り早くなる。電報のような問答でさえも用を足さぬと気に入らない。僕の父は書斎を出ると、戦争好きの気性、負けん気の性分を発揮する〉

「あの、旦那さま……」

犬養は、お手伝いのテルの遠慮がちな声でわれに返った。

「お客様がお越しです」

今日は約束は入れていない。せっかくの時間をふいに邪魔され、全く不愉快になった。仕方なく筆を置いて応接間へと下りた。

部屋の隅に、弊衣蓬髪の痩せた男があぐらを組んで座っていた。疎らな髭を整えようともせず、その手にハサミでも握らせれば、まるで町の床屋の親父のような風体だ。

「どうも、新聞『日本』の古島一雄と申します」

男のくせに妙に甲高い声が耳に障った。犬養は怪訝な顔を隠さなかった。

「さて、『日本』だと？ 大隈攻撃一点張りの、政党嫌いで有名な新聞じゃないか」

議会でさんざん筆記させられた辛辣な物言いは、古島の耳には聞き慣れたものだ。

古島はわざと話をはぐらかした。

「それにしてもでかい家ですなあ。どれくらいの広さです」

「家の品定めか」

「さすが改進党の幹部ともなると、まあ豪勢なことだ」

乱暴な挨拶へのお返しのつもりだったが、犬養は平然と答えた。

「ここは借家だ。七年も空き家だったボロ屋に、月々二十三円も払っておる」

何度か転居した後、ようやく大隈邸の近くの牛込馬場下町の借家に落ち着いた。

「犬養先生は、三菱や三井のお友達から沢山貰っておられるというもっぱらの噂ですがね」

「おぬし、喧嘩を売りにきたか」

声を張る犬養に、古島は両手を上げてニヤッと笑った。

古島が、満を持して犬養を訪ねたのにはわけがある。二度の選挙を終えて、議会にはこれまでにない大きなうねりが立ち上がりつつあった。政府が進める不平等条約改正に反対する「対外硬」の擡頭である。

対外硬は、日本国としての自主性を重んじ、強硬な外交を求める勢力だ。彼らは、政府が条約改正のために各国に提示した「内地雑居論」をやり玉にあげた。外国人が居留地を出て商業活動を行えば、日本の産業には打撃で、治安上も不安が増す。そうなるくらいなら、現行の不平等な条約を厳密に「励行」すべしと論を張った。

もはや、外国人の内地往来は公然と行われている。それを今一度、厳しく居留地のみに取り締まる、そうすれば諸外国は不自由な思いをし、完全な平等条約に応じるだろうという、まるで腸捻転のような理屈である。

それでも対外硬の勢力は流感のような勢いで、今や民権派から吏党の議員にまで支持が広がる。新聞『日本』もその有力な構成員だ。対外硬の各勢力が結集すれば、あと少しで議会の過半数に届く。そこで、野党の改進党に参加を呼び掛ける案が浮上したのである。

そもそも古島は、犬養という男に良い印象は全くない。議会ではきれいごとを並べながら、裏では賄賂を得て贅沢三昧をしているという話を頻繁に耳にした。

——まかり間違えば、頭のひとつでも殴りつけてやる。

端から喧嘩腰でやってきたが、まずは冷静に用件を切り出した。

「今日、参ったのは他でもない、来る議会での改進党の方針を伺いたいのです」

犬養はじっと古島の顔を睨みつけている。眼光は恐ろしく鋭い。〈抜群に切れる村正の刀を、抜き身のまま下げて歩いているような男〉という評は言いえているようだ。

古島は、犬養の視線を跳ね返すように居住まいを正してたたみかけた。

「率直に言って改進党は、対外硬と同調するおつもりはありますか」

「君らにとっては、その方が都合良かろう」

「われわれ『日本』は、そうなれば良いと思っています」

「改進党も、今のままでは二進も三進もいかんことだけは確かだ」

そもそも改進党は大隈外務大臣時代から、内地雑居を認めて平等条約の締結に正面から取り組む方針で、対外硬とはまるで反対だ。しかし、このままでは条約改正を進める政府に協調する自由党と、政府に徹底抗戦する対外硬との間で、それこそ弾き出され、少数政党として埋没しかねないという苦しい事情があった。

「犬養先生も記者時代は、大隈大臣の擁護論を盛んに書いておられましたね。毛唐どもの御機嫌をとるようでは、日本魂が泣きますよ」

尊王攘夷のような言いぐさで挑発してみたが、犬養は話の先を進めた。

「そんな昔話をしてどうする。だがな、これからの話は簡単だ。敵は伊藤総理と陸奥宗光外務大臣、それにくっつく自由党、それだけははっきりしている」

我慢して自由党との妥協の道を探るのではなく、毒饅頭(まんじゅう)を食らうように自らの政策を転換し、対外硬と一緒になって議会での多数を狙う。改進党は、その方向に向けて舵(かじ)を切りつつあった。

「なるほど、それは分かりやすいお話です」

「それより、君ら新聞各紙も『条約励行』で大連立を組むと気炎を上げておるが、それこそ各社をまとめあげるのは簡単じゃなかろう」

痛いところを突かれ、思わず古島の返答がよどんだ。

「ええ、まあね。各紙と歩調を合わそうとしてますが、揉めてます。『国民新聞』の徳富蘇峰はまだ内地雑居に賛成です。それこそ敵は伊藤と陸奥だとハッキリはしてますが、彼は自由党と改進党の合同にも未練がある。うちの陸羯南(くがかつなん)が説得していますが、あいつは強情だ」

焚(た)きつけるような古島の口調に、犬養は乗らなかった。

「強情な奴の方が信用できる。まったく、怪しいのが一杯おる」

肩透かしを食らったようで、古島は敢えて蒸し返した。

「先生だって、内地雑居に賛成だったでしょう」

「だったじゃない、今でも賛成だ。今さら外国人の通行を制限してどうなる。言ったろ、そんなことは別問題だ。目的が最優先だ、合同にはな」

犬養は古島を睨みつけながら一気に逆襲してきた。

「おぬしらの主張に賛成できんとは言わん。だがな、対外硬の中には政党嫌いの者が多い。おまけに『日本』ときたら札付きの大隈嫌い、政党嫌いじゃないか」

返事に窮する古島に、犬養が間髪を容れずまくし立てた。

「われわれは政党内閣の実現を目指しとる。これからの政治は、政党抜きでは一歩も進まん。その政党を認めぬ相手とは組めん。まず『日本』として政党を認めるかどうか、白黒つけろ。おぬしにそれができるなら、改進党の内部はわしがまとめてみせる」

確かに『日本』はここのところ〈党弊私言〉という題目で政党の批判記事を盛んに連載している。悪口を言いながら手を握ろうとは話の順序が違うという犬養の言い分はもっともだ。付け加えれば『日本』に出入りする血の気の多い壮士連中は、先の大選挙干渉の時、政府から大金を貰って派手に民党を襲撃した口なのである。

「政党はな、わしが日本の政治で働くための、まあ道具だ。その道具を認めん者とは組めん。まずはそこからだ」

射るような目つきで道破すると、犬養は湯呑み蓋にも手をつけず、さっさと立ちあがった。

「まあ、また来い」

小柄な後姿から発せられた最後の一言に、古島は救われた気がした。

犬養家の門を出て暫く歩いてから、ようやく深呼吸した。人の噂に犬養という男は、どんな相手とも五分以上の話をしないと聞いていた。最後はやられっぱなしで、まともに返答もできなかった。向かい風の砂埃の中を歩きながら、古島はどこか緊張していた身体が緩んでいくのを感じた。

『日本』の編集室に帰ると、古島はすぐに陸羯南ら幹部を集めて犬養の言葉そのままを伝えた。異論は出なかった。政府にいる高橋健三や、議員に転身した神鞭知常（こうむちともつね）は「犬養は、敵ながら憎らしいほど眼先の見える男だぞ」とまで言う。こうなると話は早い。『日本』は間もなく「政党の意義を認める」という社論を掲載、これまでの主張を改めることを内外に発表した。

関係者の間を古島が奔走して交渉を続け、対外硬の綱領が新しく作り直された。『日本』は「政党内閣」を「責任内閣」に置き換え、改進党は「条約改正反対」を「自主外交」という言い方に替えて、互いの〝変節〟を和らげた。

こうして、対外硬と野党改進党が参加しての「対外硬六派（硬六派）」が、議会の新勢力として誕生することになった。

短時間の面会だったが、古島は犬養が端倪すべからざる人物であることを覚った。賄賂の話も一度、裏を取ってみる必要があると思い、身辺を色々と探ってみた。

金の流れを調べると、犬養は慶應義塾出身の実業家、豊川良平と朝吹英二の二人から生活費の援助を受けていた。しかし年がら年中、高利貸しにも追いかけられている。つまり友人から金は貰っても、闇の金は受け取っていないということらしい。

実際、古島が硬六派の交渉で頻繁に犬養家に出入りするようになって、生活の実情が見えてきた。犬養家では高利貸しが競うように家具にベタベタと差し押さえの赤札を貼っている。古島が「これは酷い」と眉をひそめても、犬養は逆に胸を張る。

「権力者に金を借りたら進退の節に必ず困ることが起きるが、高利貸しにその心配はない。それも向こうから頭を下げてやってくる。こんな気安いものはないぞ」

とにかく、犬養家には現金がなかった。ある夜、犬養は古島から伝え聞いた硬六派の重要な方針を尾崎行雄に伝えようと書状をしたためた。近所の郵便局に行こうとすると、二銭の切手代がない。妻も書生も、誰も手持ちがない。やむをえず一時間をかけて、二人で駿河台の尾崎の自宅まで歩いた、そんなこともあった。

広い家には蚊帳が一つしかなく、机の上に置かれている用箋の類も手紙の余白を切り取って繋ぎ合わせたものだ。庭の一角を畑にして、そこで野菜を育てて自給自足。食卓に並ぶのは菜っ葉ばかりで、空腹に耐えかねた書生たちが隣家の赤犬を捕まえて食べたこともあった。

月末にどうしても金のやりくりがつかなくなった時、書生が近所の大隈邸を訪ね、百円を借りてきたことがある。犬養は日々、大隈から呼ばれればすぐに参じ、代筆から何から大隈の私用をこなしている。書生にしてみれば、これくらい日当代わりだという気持ちがあった。

ところが、それを知った犬養は書生にこう言って聞かせた。

「大隈から金を借りるなら、今日の吾輩の苦労はない。吾輩は公事で大隈と縁を結んでおる。それを一度たりとも私事で援助を受けたらば生涯、大隈の奴隷になってしまう」

百円はその日のうちに返された。

犬養には妻千代子と、その間に生まれた娘がいる。同じ屋根の下には、別腹の息子も一緒に暮らしている。この点で、犬養家は少し事情が込み入っている。

その昔、犬養家には烏森（からすもり）の芸妓（げいぎ）だった仙（せん）が同居していた。そこに、やはり烏森の芸妓で仙より四歳上の千代子という恋敵が現れる。どちらが先に犬養の子を成すか競い合ったが、結局、押しの強い千代子が、先に男の子を産んだ仙を追い出してしまった。家には、仙の男児二人が残された。だが長男は、実母を追い出した千代子に反抗し、刃傷沙汰を起こす。それがきっかけで廃嫡(はいちゃく)され、遠い親戚に引き取られた。次男の健は大人しい子で、千代子がそのまま育てた。

犬養家の窮乏話となると、この千代子夫人の奮闘記にも事欠かない。

雇人の出勤簿は、後の世にいう「タイムカード」方式。庭師や女中が家に着いた時間ではなく、仕事を始めた瞬間から時間を計算し、支出を一銭単位で切り詰めた。客間の花も、毎回生けると金がかかる。そこで世に出たばかりのセドドイド（セルロイド）の造花を取り寄せた。そのうち餅やミカンなど正月飾りも全てセドドイドになる。犬養が大切に育てている庭木も、「苗も肥料も金がかかるから、いっそ全部引き抜いてセドドイドにしましょう」と進言し、夫を震え上がらせた。

客に出す茶菓子も然り。茶菓子など、だいたい先方は遠慮して手をつけないものだ。だから何度も同じ唐饅頭やら栗饅頭やらを使いまわす。一週間もすると、さすがに饅頭にも青カビが生えてくる。すると夫人はそれを甘く煮込んでゼンザイにし、また客人に出す。だから事情を知る者は、犬養家のゼンザイには絶対に手をつけない。

そんな内情を知るにつけ、古島は犬養に問うたことがある。なぜ三井や三菱から裏金を貰っているという悪宣伝に反論しないのか。

「他人の中傷にどこまで弁解せずにおられるか、これを試すのも人間修練だ」

俯仰天地に愧じず、とでも言わんばかりに犬養は胸を張ったが、古島は〈こいつは瘦せ我慢だな〉と思った。そうやって辛抱を続けることで、自分が理想とする人間像に近づこうとしているのだと理解した。

そんな剛直な男が、家庭に入れば別人になる。妻子はもちろん書生、手伝いに至るまで絶対に声を荒らげない。自分が若い頃に苦労した分、目下の者には優しく振る舞うことを自らに課した。女中が愛用の硯を落として壊しても表情ひとつ変えず、珍しい果物が食卓に並ぶと必ず若い書生に半分与えてやる。家の外でも、生活に窮する仲間には借金をしてでも援助をし、大隈など「犬養は貧乏人の世話をよくする」と呆れるほどだ。

犬養という男は、勘定方として一銭の私服も肥やさなかった祖父や、清貧を貫く恩師杉浦重剛ともどこか相通じるものがあった。

――僕がどこかで、こいつの冤罪を晴らしてやらねばならんな。

そんな男気のようなものさえ抱いた。

犬養が安易に高利貸しから借りるのを止めさせるため、古島が犬養家の実印まで管理する、そんな仲になるのはもう数年ほど後のことである。

2、狼の群れ

日本の立憲体制は、うまく転がり出さなかった。制度設計を行った伊藤博文にさえ、円滑に行う妙案は無かった。

第一議会は、金で結着させた。

第二議会は、松方があっさり解散させた。

第三議会は、暴力の吹き荒れた選挙干渉の清算を迫られ、内閣が瓦解した。

第四議会は、天皇自らお手元金を出し、反目してばかりの議会と政府にうまく話し合ってまとまれとなだめ、何とか事態を収めた。

天皇は「憲法停止」になることを本気で心配した。

政府は「解散」を政党に対する懲罰のように使う。政党は政府をやり込めることしか考えていない。膠着(こうちゃく)状態を繰り返し、挙句の果てに解散ばかりしていては、何のために国会を開いたのか分からない。

そして迎えた第五議会。これまでの「民党」対「吏党」という対決図式から、条約改正をめぐる「硬六派」が登場し、「政府」と対立する議会となる。

硬六派は、「現行条約励行建議案」を提出した。新たに野党の改進党が加わった上、貴族院でも近衛篤麿(このえあつまろ)や谷干城が率いる団体がこれを支持し、建議案は間違いなく可決される勢いになった。そうなると内閣は、やはり解散するしか打つ手がない。

外務大臣の陸奥宗光は解散の直前、議会で大演説を行った。内容は側近の原敬が詰めたものだ。犬養は複雑な思いで、陸奥の演説に耳を傾けた。

「現行条約の励行は、進歩しつつある今日の社会には適合しない。政府は開国主義によって、失われた権利をだんだん回復してきた。今日、内地雑居などの権利を外国人に与えるのは、その報酬だ。広く外国人とつき合っていかねば、国民の損失も測りがたい。条約改正を欲するならば、外国人にまず日本国が本当に進歩していることを知らしめなければならない。条約励行論は開国主義に反し、国是にもとる」

筋道から言えば、陸奥に分があった。犬養ら硬六派の条約励行論は、論理が捻じれていて無理がある。結局、政府は二度の停会の後、議会を解散。選挙は、明けて明治二十七年三月一日となった。

言論の府は、いつまでたっても議論の場とならなかった。

犬養は久しぶりに三田の母校を訪ねた。ふつふつと胸に溜まる割り切れぬ思いを打ち明けられるのは、やはり恩師福沢しかいない。

慶應義塾の構内へと続く長い階段を上ると、校舎の向うにこぢんまりした日本家屋が見えてきた。普請癖のある福沢はひところ畳の無い家を志向していたが、何度目かの改築で、今は日本風の家屋に落ち着いている。

福沢は畳敷の居間に座り、着流しに羽織の楽な恰好で、相変わらず煙草盆を抱えて煙管を吹かしていた。さすがに髪には白いものが増えた。

「また選挙だろう。忙しくないのか」

「来月には岡山に戻ります。その前に久しぶりに先生と話がしたくて」

福沢は煙管を置いた。運ばれてきた瓶ビールを手に取ると、犬養に勧めた。

「議会は、なかなかうまくいかんようだな」

「ええ、そう見えますか」

「ああ、改進党もあっちへ行ったり、こっちへ行ったりだ」

「内地雑居に反対している件ですか」

「内地雑居論を否定し、現条約を励行しろなんて、幕末の尊王攘夷と一緒だ。まさか日本中を歩き回る外国人をまた切り捨てろというのか。それは文明開化の前に戻れというようなものだ。まさか大隈や君まで、本当にそれを支持しているわけではあるまい」

いきなり痛いところを突かれた。

「はあ……。確かに硬六派の論は矛盾が多い。ですが今の藩閥政府を倒すためには、どうしても議会で多数を握らねばなりません。イギリスのような政党内閣による議会政治を実現するには、藩閥政治をいったん終わらせる必要があります」

「イギリスも、あのような議会政治を獲得するのに二百年以上かかっているのだぞ。日本は維新から数えても、まだ三十年に満たん。議会ができてからは、たったの四年だ。君らは『数』に性急にこだわり過ぎていないか」

福沢は、手元のビールを一気に飲み干すと大きな溜息をついた。

「日本人は、政治の世界にとかく情実や好き嫌いを持ち込みすぎる。群れの情動をな」

「群れの情動？」

「ああ、野を走る狼の群れのようなもんだ。腹が空いたり、喉が渇いたり、暑かったり寒かったり、その時々の環境に本能的に反応して群れの行方を決める。感情だけで道を進む。今の政府もそうだが、政党も似たようなもんだ。そんなことで『数』を形成しても仕方がない。政治というのはもっと冷静に、ロジックに基づいて動かねばならん」

「純粋にロジックに基づいて政治をやれと」

「だから、それには時間がかかるのだ。もしかしたら、この日本ではイギリス以上に時間がかかるかもしれんな」

「二百年よりもまだ、もっとですか……」

「硬六派をまとめたのは、君だろ。やっていてそう思わんか」

犬養は、考え込んだ。改進党に入党以来、自分は福沢の言うロジックに基づいて動いてきただろうか。いや、違う。むしろ政府にすり寄る自由党への敵対感情に囚われている局面の方が多い。犬養は思わず長い溜息とともに弱音を吐いた。

「先生、私はどうもその〝感情〟で動く性のようです」

大真面目にうなだれる犬養に、福沢は大笑いで答えた。

「はっはは、は。塾生の時分から見てれば分かるさ。君は義理人情の男だ。それは君の人間味でもあるからな」

犬養はハッとして顔を上げた。

「政治がロジックというのは基本だ。だがロジックが揺るがなければ、感情もそれはそれで必要だ。人間の政治だからな、血の通った感情が無ければ民は動かん」

福沢は、そこまで言うと少し黙った。そして真顔になった。

「ところで最近、金玉均のことは何か聞いていないか」

「え、金ですか？　そういえばここのところ、わが家にも顔を見せないな」

福沢は、顔を曇らせた。

金玉均は、朝鮮の志士だ。若い頃、慶應義塾で国家の近代化について学んだ。その後、朝鮮の改革を唱える「開化派」の指導者として頭角を現し、十年前の明治十七年には、朝鮮の王政を打倒して清からの独立を図る「甲申事変」を起こした。この蜂起には、福沢はじめ日本政府も裏で支援をしたが、失敗に終わる。

政府は、暗殺者の手を逃れて日本に亡命してきた金の扱いに頭を抱えた。〝眠れる獅子〟は恐ろしい存在だ。金を匿うことで清を怒らせたくはない。そこで金には多少の生活費を与えながら、小笠原諸島や北海道など僻地を転々とさせた。それを福沢が政府と交渉を重ね、ようやく東京に連れ戻したところだ。

中国の書が揃う犬養家に、金はよくやってきた。金の生活費を稼ぐため、犬養は奉加帳を作っては知り合いの実業家を回った。金は多芸多能な男で、囲碁では本因坊秀栄に師事している。同じく金の面倒を見ている玄洋社の頭山満と一緒に、囲碁の手ほどきをしてもらうこともたびたびだ。

「正月に『時事新報』の連中と箱根に逗留したんだが、そこへ金がやってきてな」

福沢は眉間に縦皺を寄せ、声をひそめた。

「東アジアの情勢について幾らか喋ったのだが、上海に行くというのだ」

「え、なぜ上海なんかに」

「清の李鴻章の息子が、朝鮮の開化派の巻き返しに協力すると申し出てきたらしい」

「それは危険だ！」

「ああ、そんな甘い話は無い。清の罠だ、上海へ行くのはやめろと言ったんだが」

犬養は思い出した。少し前、金が家に来た時のことだ。書斎から司馬光の『資治通鑑』を一巻だけ貸してくれと言って、分厚い本を持ち出して帰った。その時、「これから京阪（けいはん）地方に行く」と言っていたが、それを旅上の伴侶として上海に渡ったのか。

福沢が金の気持ちを代弁する。

「金も焦っている。日本にいても日本政府は彼に何もしてやろうとしない。朝鮮を開化させ、清も近代化し、西欧列強の進出をアジア全体でくい止めなければ、日本もやがて列強に侵食される。そうならないうちに、日本が働きかけなければならんのだが……」

福沢は、遠くを見るような目で言った。

「朝鮮からの留学生を初めて見た時、懐かしい気がしてな。維新の頃に欧米に留学した自分を見るようだった。何を見ても目を見張り、何を聞いても驚き、何でも学ぼうと意欲を湧かせ、希望と進取の精神に溢れていた。何とか金を助けてやりたい」

福沢の眼は少し潤んでいた。

それから小一時間ほど議会の相談をし、犬養はそろそろと暇の挨拶をして立ち上がった。別れ際、福沢は改めて声を張った。

「金の情報が入ったら、何でもいいからすぐに教えてくれ」

そして、つぶやくように付け加えた。

「彼を殺したくない」

福沢の、このような切迫した姿を見るのは初めてかもしれなかった。数日後、福沢が金の暗殺情報を入手したというので、犬養は心当たりのある上海の日本旅館に電報を打った。しかし何日経っても返事はなかった。

三度目の選挙を終えて、第六議会が始まる前、福沢の心配は現実になる。三月二十八日、金玉均が上海で暗殺されたのである。

泊まっていた旅館の一室で、国王の放った刺客に拳銃（けんじゅう）で撃ち殺された。遺体はそのまま朝鮮に運ばれ、首や胴体、手足をバラバラにされて別々の地で晒された。「謀反（むほん）大逆不道」の罪に与える「凌遅斬（りょうちざん）」、いかにも惨酷な極刑だった。

金暗殺の報せが日本に伝わると、新聞各紙は「朝鮮の野蛮と未開」を非難し、暗殺の背後で動いた清を批判した。五月に議会が召集されると、硬六派は政府の対応が弱腰すぎると責め立て、議会は大荒れに荒れた。

五月十八日、犬養は、ある決意を持って演台に立った。

日本政府は、金が殺されるまで手を打たず傍観した。金の遺体のそばには、犬養の書斎から持ち出した『資治通鑑』が血まみれで落ちていたと聞いた。

――日本を信じ続けた金が、あまりに不憫だ。

犬養はこれまで、国力にそぐわない紛争を回避し、問題は外交で対決すべきと主張してきた。中国の文化も、こよなく愛している。しかし、日本政府への怒りに加え、新たに結束した硬六派を代表する立場からも敢えて厳しい物言いをする必要があった。福沢の無念も胸に、それは自身の政治人生において極めて特異な演説となった。

「朝鮮に向かって支那は一体いかなることをしたか。最近の金玉均暗殺事件といい、ことごとく日本の顔に泥を塗るばかりだ。世界中で一番弱い国、一番微力な国と言えば朝鮮である。その朝鮮に向かってすら力を伸べることができぬ伊藤伯である。世界中で人の一番卑しむのは支那だ。これに向かってすら外に力を伸べることができない者に、どうして条約改正などできようか。こんな政府には到底任せられない」

政府と硬六派の対立がいよいよ沸点に達しようとした時、あらゆる混乱と対立を一気に呑み込む事態が起きる。

朝鮮半島で起きた甲午農民戦争（東学党の乱）に、清が出兵の準備に入った。これまでも日本と清は、江華島事件や壬午事変、甲申事変、そして金玉均事件と、朝鮮を巡って対立してきた。しかし小国日本にとって、大国清との衝突は一か八の賭けでもある。

天皇は、出兵に慎重だった。伊藤博文も、この時点でも清との融和を図ろうとした。そこに、外務大臣の陸奥宗光が率先して動いた。条約改正交渉は進み、日英通商航海条約の交渉は成立が目前である。この条約締結を梃に対外硬の反内地雑居論を封じ込め、イギリスと接近することで清との戦争も有利に運べると考えた。

伊藤は、最初の派兵を「一個旅団」二千人と限定したが、陸奥は参謀本部と図って、戦時編制の「混成一個旅団」を送る。砲兵や騎兵の部隊をつけて一万人。伊藤の命令した五倍以上の規模だ。これに合わせて清も増派し、朝鮮半島を舞台に戦線は拡大していく。

八月一日、ついに日本が宣戦布告。近代国家日本が初めて仕掛けた帝国主義の戦争、日清戦争が始まった。

3、従軍記者

戦争が起これば、新聞記者は俄然(がぜん)忙しくなる。古島一雄は『日本』の編集部を丸ごと引き連れ、大本営が移された広島に陣取った。

天皇が文武百官を率いてやってきた広島は、市中も市外も軍人と軍馬で溢れ返った。旅館も料理屋も軍人が占領し、町は夜中まで弦歌さざめき、まるで不夜城の様相だ。

古島は広島市内の旅館に寝起きしながら、突貫工事で建てられた仮議事堂に通った。ところが戦争が始まるやいなや、朝野の争いはピタリと止んだ。あれほど激しかった硬六派の政府批判もどこへやら、議会は挙国一致の大合唱、わずか四日でシャンシャンと終わる。

各社は競うように戦地に記者を送り込み、日本軍の快進撃を伝えた。戦地情報読みたさに、新聞は刷るなり売れていく。販売不振の『日本』もあっという間に一万部を超え、今や二万部に迫る勢いだ。悲惨な戦場は遥か遠く、日本人は皆、足下の「戦争景気」に沸いた。

国会が散会して仕事を失った古島は、海軍に従軍することにした。犬養から西南戦争の話を聞いた時、「一度でも戦場を体験すれば人生観が変わる、記者たるもの一度は従軍せねばならん」と焚きつけられ、すっかりその気になった。

出発まで一月余に迫った時、東京の陸羯南から旅館に緊急の電話が入った。すでに手紙が届いており、用件はすぐに察しがついた。

「古島よ、正岡がどうしても従軍したいと言うのだ。お前、面倒を見てやってくれ」

「まさかあの身体で、死にに行くようなもんでしょう」

陸の隣に控えていた子規が電話をもぎとった。

「古島君、君が行くなら僕も行く。僕はどうせ長生きはできん。僕はしたいことをして死にたい」

「わざわざ死にに行くことはなかろう」

「君は僕の寿命があと何年あると思うか？　その間、戦争はもう二度と起きないんだ。僕はどうしてもこの目で戦争を見たい」

粘りに粘られ、とうとう折れた。古島は仕方なく大本営と交渉し、子規の従軍枠を用意した。

明治二十八年三月六日、古島は子規を広島駅に出迎えた。

東京・新橋から神戸まで直通運転の列車が開通したとはいえ、二十時間余。さらに広島まで九時間以上の長旅だ。それでも子規は疲れた風も見せず、意気揚々と乗り込んできた。

四月、二人はそれぞれ戦地へと旅立つ。古島は海軍の「三景艦」のひとつ、松島艦に乗船して南方へ、子規は呉で古島を見送った後、近衛師団について遼東半島へと出発した。

乗船する時、古島にはちょっとした覚悟があった。平生、薩長閥を批判してばかりの『日本』の記者が薩摩海軍に同乗するのだから無事に終わるはずがない。

――砲弾に吹っ飛ばされる前に、後ろから刺されてもおかしくはないな。だが僕は新聞記者だ、一切の護身具を捨てて筆一本で闘うぞ。

ところが、薩摩の男たちは船上であっさり打ち解けた。酒さえ汲み交わせば、昨日の敵も今日の友だという態度だ。長州陸軍と違い、薩摩海軍の気質はどこか素朴で憎めぬものがあった。古島ははからずも、将来、政界でつき合いを深める陸奥出身の斎藤実ら海軍の青年士官たちとも親交を結ぶ機会を得ることになった。

水雷艇に便乗して敵艦の捜索に出かけた時には、初めて「署名記事」を書いた。記者たるもの富貴に淫(いん)せず、威武に恐れずという信念から、それまで一度も自分の名を紙面に載せたことはない。実際、自分の名を書きたがる記者には売名の気が多い。だが従軍の間だけは、自分が死んだ時、社に前後の事情を知らせるためと割り切った。それほど激戦を覚悟していた。

ところが、呉の港を出た頃、すでに「黄海(きのみ)の役」も「威海衛(いかいえい)の戦」も終わっていた。敵艦隊はほぼ全滅、松島艦の任務は、台湾の西方にある澎湖島(ほうことう)の占領だけになった。上陸する時こそ多少の撃ち合いになったが、大砲の性能で日本軍は圧倒的に勝っていた。

ところが、上陸するやいなや兵隊がバタバタと倒れ、死んでいく。現地人の呪いかと思ったが、医師に取材すると伝染病が原因だという。陸軍が徴傭(ちょうよう)した金州丸という輸送船にコレラに罹(かか)った兵隊がいて、それが一気に蔓延(まんえん)した。初めての戦争で、検疫や衛生への目配りは充分でなかった。

草木も少なく石炭もない島だから、遺体を焼くこともままならない。遺体は夏の暑さで腐敗する。連日、元気な者が大きな穴を掘り、片っ端から遺体を放り込んで埋めた。数日すると、今度は埋めていた者が埋められていく。

それまで戦場とは、弾丸に当たって死ぬ場所だと思い込んでいた。現実は、病気で死ぬ者の方が圧倒的に多かった。郷里で待つ妻子は「名誉の戦死」と知らされるだけで、父や夫の悲惨な最期を知ることはない。

ふと、中国の故事が頭に浮かんだ。

〈一将功成万骨枯〉

一人の将軍が名を挙げた陰では、万という兵が戦場に骨を晒す。兵士の遺体が異郷の地に埋められるのを見ながら、古島は犬養の言葉を改めて思い出した。

――「戦争は人生観を変える」という木堂の言葉は、勇猛な気分になることだと思っていたが、そうじゃない。木堂があれだけ政府を攻撃しながら、最後まで清との戦争回避を言い張っていた理由はこれだ。

古島は一度だけ、島の悲惨な様子を臭わせる記事を書いてみた。だが、検閲にあたった艦長に「こんなものを出されたら士気が下がるじゃないか、これは預かる」と取り上げられてしまった。記事はそれきりになった。

数ヶ月の後、無事に呉の港に戻った。上陸して、すぐ社に電話を入れた。海の上にいる間ずっと、子規のことが頭を離れなかった。

案の定、子規は戦地の寒さで病が進み、帰国する船中で血を吐いて倒れた。東京に戻ることができず、神戸病院に運び込まれ、一時は危篤状態となって母親まで駆け付けた。それもようやく持ち直し、そろそろ帰京できそうだと聞いて、古島は思わず安堵の溜息をついた。

——天は、あの才能をまだまだ試そうとしている。垂死の中から救って、小康を与えてくれた。東京に戻ったら、もっともっと書かせてやらねば。

子規の無事を知って、古島はようやく陸に足が着いた気がした。

4、血の一滴まで

井上毅（こわし）の病状は、悪化していた。

結核に侵された身体は、常に胸が刺されるように痛む。神経は麻痺と過敏を繰り返し、発熱で手足にまで疼痛（とうつう）が走る。とうとう、意識が混濁する症状も出始めた。

それでも、文部大臣という伊藤博文が作ってくれた花道を力を振り絞って走った。文部行政は、自身が教育勅語の草案を書いただけに望むところの仕事だった。学制改革を行い、小学校就学児童を増やしたり、実業教育を発展させようと現場の声によく耳を傾けたり、官吏時代とはまた違う一面を見せた。

だが、そこまでだった。いよいよ目が見えなくなり、仕事ができなくなった。井上は七月十七日、伊藤に辞任を申し出る。伊藤は、一旦は同意せずと受けなかったが、憔悴（しょうすい）する井上の姿に悟らざるを得なかった。八月二十九日、正式に井上の文部大臣辞任が決まった。

東京を離れ、葉山での療養生活が始まった。寝室に敷きっぱなしの布団の上で、井上は吐血を繰り返し、日に日に衰弱していった。

秋も深まる頃、佐吉がやってきた。佐吉は枕元で戦争の行方を報告した。

「陸軍が遼東半島に上陸し、旅順（りょじゅん）攻略にかかっています。戦況はかなり有利です」

井上は小さく頷き、ようやく聞き取れるようなか細い声で言った。

「遼東半島が取れれば、十分だ。後は制海権さえ手中にあれば……」

「世間は、平壌（へいじょう）の戦いや黄海海戦の勝利で沸き立っています」

井上は眉をひそめ、目をつぶった。佐吉は続ける。

「陸軍も海軍も、まだまだ戦争はこれからだと勢いづいています。開戦当初は御機嫌の悪かった陛下も、最近では熱心に軍務に就いておられるそうです」

「戦争は、人の心まで変えてしまうな」

井上は天井を見上げたまま、佐吉に聞いた。

「議会は……」

「硬六派と議席数が拮抗してどうなるかと思いましたが、広島での議事は様変わりです。戦争のおかげで、たちどころに予算は可決され、軍事費一億五千万円も全て通りました。政府を激励する建議まで全会一致で可決されました」

井上は少しだけ身体を起こして、机の上を指さした。

「佐吉、伊藤さんにあの書状を渡してくれ。調子にのらず、なるべく早く講和を考えた方がいい。その手伝いなら、まだ私にもできる。条約締結のための文案でも何でもやりたい……」

佐吉は、井上の顔を正面から見ることができなかった。目もほとんど見えないのだ。こんな身体で、仕事ができるはずがない。井上自身も分かっているはずだ。だが、それを口にするには余りに井上の語調が勢い込んでいた。

「すぐにお届けします」

絞り出すように言って寝室を辞した。

井上は、佐吉の足音が遠ざかっていくのを黙って聞いた。何もかも滲んでしまう視界の中に、すっかり痩せこけて枯松の枝のようになった両腕をじっと見つめた。

病魔に冒された人間にとって、自分が生涯かけた仕事への未練は尋常ではない。少し病状が改善すれば、まだまだ自分には希望があるのではないか。仕事を続けられるのではないか。そう思いたくなる。一旦味わった絶望感が深ければ深いほど、激しく希望への揺り戻しを感じる。身体が痛みを発しなければ、希望は忽然と湧いてくる。だが、再び激痛に身体が苛まれる時、また絶望感が襲ってくる。より深くより大きく。自分はいつまで生きられるのかという恐怖とともに——。

それから二ヶ月ほど経った大晦日。

井上は佐吉を通して、貴族院議員の尾崎三良を葉山に呼んだ。尾崎は、井上が法制局長だった時の法制部長で、数少ない信頼できる部下だ。病床で骨と皮ばかりになった井上の姿に尾崎は驚いたが、それを顔に出さぬよう努めた。

この日、井上は朝から四度吐血した。ずっと三十八度の熱が続き、もはや話すこともままならない。唇だけで何かをつぶやく井上に、尾崎は枕元から覗き込むようにして問うた。

「井上さん、おっしゃりたいことがあれば、この紙にお書き下さい」

震える手で、短い単語を幾つか並べた。尾崎は要領よく、乱れた文字の意味するところを汲み取った。

「分かりました、この方々の功労の顕彰をきちんとしろということですね。これに関する書類はどこにありますか」

井上は書斎の方に目をやった。

「書斎ですね？　分かりました。すぐに探します」

尾崎は、寝室から飛ぶように出て行った。

井上は、ただ布団の上で天井を見つめた。忽然と熱いものが瞼に溜まった。無念か、悔しさか、悲しさか、絶望か、自分でも分からない。もうこれ以上、自力で何も成し得ないことが分かった途端、感情の壁が崩れるように涙が溢れ落ちた。

この国を、一等国にしてみせる——。全てをなげうった日々は遥かに遠く、立憲政治の実現はまだ先も見えない。

この二日前、枕元に、井上はこんな一文を書き残している。

〈国家多事の日に際して蒲団の上に死すかかる不埒者には黒葬礼こそ相当なれ〉

明治二十八年三月十七日、井上毅はその生涯を閉じた。働き盛りの五十の山を、わずかに一年、越えたばかりだった。

後日、井上毅の遺体を医師が検視した。皮下注射で採血をしようとして驚いた。身体はひとかけらの肉もなく、血が全く採れない。全身が衰弱し、一滴の血も残らないほどであった。

井上は、国家の為に汗血を絞り尽くした。未だ荒れ野のような日本を、日清戦争後の日本の行く末をただただ憂い、逝った。

寝床から見わたせる庭の垣根には、紅白の椿が満開となっていた。

四月、日清戦争は日本の勝利に終わる。五月、東京の街は戦勝気分と「三国干渉」による落胆がないまぜになった妙な興奮に包まれていた。

犬養は、新しい壮士劇を見たいという妻千代子と娘を連れて珍しく銀座に出た。川上音二郎一派が始めた壮士劇は、自由民権運動の徒花のように大衆の間に広まった。それが日清戦争を題材にとった「戦争物」で大当たり、歌舞伎座で公演するまでになった。今月は『威海衛陥落』という新しい演目が掛かっている。

「おい、先に出とるぞ」

犬養は途中で席を立ち、外に出た。

道路脇の饅頭屋の、真っ赤な緋毛氈の敷かれた床几の上に腰を下ろした。茶を啜っていると、すっと物も言わずに男が隣に座った。

佐吉だった。

犬養は、暫く佐吉の横顔を黙って見た。佐吉は無言で前を向き、往く人々をただ眺めている。犬養はようやく言葉を絞り出した。

「井上さんの死に目には会えたんか」

「いや、わしは下関に行っておった」

「下関？」

「それも井上さんが御命じになった仕事だった……」

井上と同郷で親交の深かった徳富蘇峰が書いた追悼の記事で〈血の一滴も残さなかった〉という最期を知り、犬養は悲痛な思いに駆られていた。それが議場であろうが蒲団の上であろうが、井上は最後まで仕事をしたのだろうと思った。

「あの人は、まったく……」

どちらが言うともなく、二人はまた暫く行く人々を眺めた。犬養は不思議な感情に戸惑った。佐吉のことを、なぜか放っておけない気がした。

「佐吉さんよ、おぬし、これからどうする」

「わしか？　わしはこれでも一応、政府の雇われ人だ。仕事は幾らでもある」

佐吉は犬養の方へ向いた。初めて控えめな笑顔を見せて言った。

「故郷へ帰る手もあるしな」

「そうか。そんならいっそ岡山でわしの仕事を手伝わんか」

犬養は自分でも思わぬ言葉を吐いてしまった。

「は、はは、真っ平御免じゃわい」

犬養も苦笑して下を向くと、佐吉が語り始めた。

「秋田でも岡山でも、議会でも選挙でも、あんたの演説は何度も聞いた。井上さんとあんたは、本気でこの国に立憲政治を根付かそうとしとる点において、根っこは同じだとわしは思うた。じゃから、わしはあんたのことが気になった」

佐吉は睨みつけるように犬養を見た。

「井上さんは、憲法の制定に命をかけられた。じゃが、それを使った国づくりはまだまだこれからだ」

「ああ。この国に立憲政治を確立させるのは、わしら政治家の務めだ」

「犬養さん、わしの密偵の任務は終わった。じゃがな、わしはあんたを見とるぞ。あんたがこれから何をするか。日本をどうしようとするか、いつでもな」

「ああ」

「わしはただの密偵じゃが、これからの日本がいよいよ大変なのはよう分かる」

「その通りだ」

佐吉は、もう一度念を押すように言った。

「犬養さんよ、必死にやってくれ。この日本に、井上毅は、もうおらん」

佐吉の語気に気圧(けお)され、犬養は次の言葉が出なかった。

「また、会おう」

佐吉はそれだけ言うと人ごみの中に消えた。

5、不平将軍の荒業

犬養のところに、新聞『日本』の古島一雄から手紙が届いた。

〈『日本』の応援団の三浦梧楼先生が犬養先生にぜひ会いたいと言っている、何とか時間を作ってほしい〉という申し入れだった。

三浦梧楼は不思議な男だ。政府の中にあって政府に抗い、条約改正問題の時のように、いきなり天皇に直訴したりと突拍子もない行動をとる。それが機鋒(きほう)鋭く事を動かすものだから、政界では徐々に存在感を増している。得体は知れぬが、徹底した「山県嫌い」という一点で、犬養も少なからぬ共感は持っている。

数日後、指定された新橋の料亭を訪ねた。女中に案内されて一番奥の部屋に入ると、三浦と古島はもう手酌（てじゃく）で飲んでいた。

三浦は赤い顔を綻（ほころ）ばせて犬養を迎えた。

「いやあ、犬養君。久しぶりだ。泥まみれの記者が議員になって、えらく御活躍だな」

「鹿児島以来、ご無沙汰しておりました」

「それにしても議会は騒がしいのう。君らもようやる。あっちとくっつき、こっちとくっつき」

そう冷やかして三浦はニヤリと笑った。見た目ほど酔ってはいないようだ。

相手が三浦とあっては、全く酒に口をつけぬわけにもいかない。犬養は膳（ぜん）の徳利（とっくり）を取り、手酌で一杯だけ含むふりをして正論を吐いた。

「議会政治とは面倒なもんです。数も増やさなければなりませんし、言論で相手を説得するのも簡単ではありません」

三浦も目をしばたたかせながら真面目に答えた。

「天子様から頂いた憲法が絵に描いた餅では困る。憲法に魂を入れるために、立憲政体は必ず確立させねばならん。藩閥政治を終わらせよというのは乃公（おれ）の師、木戸孝允（きどたかよし）

先生の御遺言だ」

　古島が話を変えた。

「しかし、三国干渉は酷いもんですね。西洋の奴らは、よこせ、で終わりですから」

　日清戦争によって、眠れる獅子が実際は巨大な朽木らしいことが露呈すると、死にかけた象に群がるハイエナのように列強は次々に侵略の橋頭堡を築き始めた。ロシアは旅順と大連を租借、ドイツは膠州湾、フランスは広州湾。これではまるで日本が列強のために門戸を開いてやったようなものだと三浦は嘆いた。

　酒量が増えていくばかりの三浦に、犬養は我慢できず切り出した。

「で、今日、お招き頂いたのは、どういうご用件でしょうか」

　古島が代わりに答えた。

「実は三浦さんは、朝鮮で駐朝公使の役を仰せつかったんですよ」

「ええっ、駐朝公使に？」

　思わず大きな声が出た。

　駐朝公使はかなり難しい仕事だ。朝鮮王朝の陰の実力者である王妃の閔妃は三国干渉に勇気づけられ、ロシア公使と盛んに接触し、日本を露骨に軽視していると聞く。そこに一度の外交経験もない「不平将軍」を派遣するとはどういうことか。

「驚くだろう、乃公も何だと思った。それで伊藤や山県に聞いたのだ」

「それが、あいつらモゴモゴ言うだけで煮え切らん。しょうがないから意見書の形にして文書で聞いてみた。自分は外交のことは知らんから、政府の方針通りにやると」

食い入るように見つめる犬養に、三浦は得意気に続ける。

「つまりだ、朝鮮を独立させるのか、日本が併呑（へいどん）するか、日露共同支配にするか、三つのうちのどれにするかを選べ、とな」

「答えましたか」

「何も言わん。伊藤は狸だからな、言質は取らせん。とりあえず渡韓して下さい、また追って、だとさ。山県は、乃公に自由にやれということだ」

愉快そうに笑い出す三浦に、犬養は真剣に聞いた。

「それで、三浦さんは私には何をしろと」

ああそうか、と三浦は思い出したように口を開いた。

「硬六派のまとめ役は君だろう」

「まとめ役というか、政党側の窓口ですよ。実務は古島君が仕切ってくれている」

「三国干渉で、硬六派はまた勢いを盛り返すだろう」

「ええ、次の第九議会では政府を弾劾します」

「乃公は、もうすぐ朝鮮に渡る。硬六派の賛同を得られる仕事をしてくる覚悟だ。そのことだけは君に分かっておいて貰いたい。攻める相手は、よく考えてくれ」意味深長な言葉を吐いて、三浦は盛んに犬養に盃をすすめた。結局、自分だけ大酒して酔いつぶれ、それ以上のことは片言も漏らさなかった。

秋も深まり始めた十月八日、朝鮮で「閔妃暗殺事件」が勃発する。

朝鮮は三浦の駐朝公使の着任を、「今度の大使は軍人あがりで素人だ」と軽くみていた。ところが三浦は着任からわずか一ヶ月後、日本守備隊をはじめ公使館員や領事館員、朝鮮訓練隊と図り、早朝に王宮に突入。閔妃を殺害して遺体を焼却し、さらに大院君（たいいんくん）を擁立して、そのまま一気に親日本政権を作ろうと動いた。その手際の良さは、とうてい三浦ひとりの思いつきではなく、用意周到に練られたものであることを物語っていた。

しかし政権転覆の謀略は、途中でとん挫する。伊藤内閣は計画が失敗したところですぐに三浦を日本に召還し、広島の監獄に収容。対外的には「国際政治上、日本政府が関知しない事件である」と一切の関係を否定した。

日清戦争の後、朝鮮の強気な言動を快く思っていなかった新聞各社は「よくやった」と三浦を褒め称えた。全国各地で、三浦を監獄から釈放するよう訴える請願運動が始まる。裁判でも、三浦は国士として手厚く扱われ、証拠不十分で釈放された。

「三浦将軍、万歳！　万歳！」

別荘のある熱海へと戻る列車の沿道の至るところで声援が響いた。静岡まで迎えに来た盟友の谷干城から「東京駅で大勢が待ち構えているから、東京駅で降りて歓迎と取材を受けてほしい」と頼みこまれ、そのようにした。

朝鮮王妃を殺害するという大事件を起こしながら、三浦の華族としての礼遇は変わらず、それどころか宮中での役職も復活した。前任の駐朝公使、井上馨に至っては、三浦を自宅に招いて慰労までした。危険な大立ち回りを一手に引き受けた「不平将軍」は以後、政界の裏方で発言力を増していく。

──あの日の夜、思わせぶりに言っていたのは、このことだったのか。

犬養は、三浦による一連の出来事を新聞で知った。

三浦の行動は、恩師福沢が忌み嫌うテロそのものである。福沢の言う「ロジック」に基づけば、許されぬ暴挙だ。だが朝鮮王朝に対しては、金玉均の暗殺に加担し、その骸を無残に晒したことへの怒りもある。三浦に言われたからではないが、犬養もまた、議会で事件について追及することはなかった。

明治維新から三十年、明らかに時代の節目を迎えていた。初の対外戦争に勝利し、人々の意識は鎖国を解いて開国したばかりの小国日本から、列強と肩を並べる一等国日本へと変わる。小国の卑屈な気分は、尊大な膨張主義へと一変していく。

そんな時代の中で、犬養毅は、近代日本に厳然と存在してきた「国粋主義」という大きな火の玉の縁を際どく歩んだ。時にその炎によって輝くように明るく頬を照らされ、時に致命傷とも思える火傷（やけど）を負いながら、決して炎の中には引き摺り込まれず、道を進む。

敢えて炎のギリギリの所で道を選んだのは、藩閥政治から抜け出し、民衆のための政治を目指すのに最も近く、最も実現性が高い道だったからである。

だが、熱波を発する巨大な炎の縁で、その道を歩むのは難しい。ともすれば、義理人情で足を取られかねない。国粋主義の火の玉がどんどん大きくなるこの時期、犬養は自分の信念をどう貫けばよいのか葛藤し、井上毅が遺した立憲体制の中で自らの役割を模索していく。

第六章　孤立する策士

1、〝お伊勢参り〟

犬養毅は列車に揺られ、三重県の山田に向かっていた。

着流しに鳥打帽、手には杖を握っている。およそ政治家らしからぬ恰好は〝お伊勢参り〟に変装し、人目を忍んでいるつもりだ。佐吉は姿を見せなくなったが、政府の密偵はそこかしこに居る。隣の席には、似たような恰好の古島一雄が座る。

極秘で三重に向かう目的は、薩摩の重鎮、松方正義を懐柔する工作のためだ。国会が開設されて六年余の明治二十九年五月、薩摩と組めば、いよいよ与党として政権の座に手が届くところまで漕ぎつけていた。

これまでの経験から、議会は「多数」を形成せねば乗り切れないことは明白になった。その多数をどう形成するか、党人たちの試行錯誤は続いていた。

この間、大隈率いる「改進党」は明治十五年以来の看板を下ろし、硬六派と正式に合同、「進歩党」に生まれ変わった。政府の側は「長州（伊藤派と山県派）」と「薩摩」、民党の側は「自由党」と「進歩党」。四者が、流動化して組み合わせを変え始める。

まず「自由党」は伊藤派と連合した。日清戦争を機に国をあげての富国強兵が大前提となり、政府とともに戦後経営を進める方が「実利」を得られると考えた。鉄道や道路、港湾の建設など、権力闘争に膨大な利権が絡みつき始める。

犬養ら「進歩党」は、三国干渉は政府の失政として激しく糾弾。自由党が長州につけば、進歩党は薩摩に近づくという構図ができた。

薩派を懐柔する第一歩として、犬養は三重県知事の成川尚義（なりかわなおよし）に会う約束を取り付けた。成川は、松方が大蔵大臣だった時の大書記官で、直系の部下として信頼が厚い。その成川を通して松方を取り込み、政権を奪取する計画だ。つい四年前、犬養ら民党が第一次松方内閣を激しく糾弾して辞任に追い込んだというシコリもあり、ことは慎重に運ばねばならない。

犬養と古島は、伊勢神宮門前町の旅館に、やはり変名で泊まった。夜になって、言われたまま伊勢参りを装った成川が呆れ顔で訪ねてきた。

「君ら政治家はややこしいことをするな。変装しなけりゃ、会えんのかね」

苦笑いで頭を掻く犬養の前に腰を落とすと、成川はいきなり本題に入った。

「手紙は読んだ。大隈重信さんは本当に松方さんと組みたいのか」

「松方さんの健全財政を志向する持論には、大隈も賛同しています」

「しかし、大隈さんは最近、軍艦を増やすなどと唱えておるそうじゃないか」

「この戦後の対外情勢では、ある程度の軍備増強は致し方ない。問題は財源です。われわれは行政機関の縮小や行政費の削減を考えています。増税は絶対に行いません」

「しかし、薩摩と大隈さんとは、明治十四年の政変から色々ありすぎたからなあ」

犬養は成川から視線を離さず説き続けた。

「もうかつての『民党』対『吏党』の時代ではありません。産業を発達させて国力を増し、対外交渉をどこまで積極的にやるかです。薩摩もそれなら異論はないでしょう」

「まあ、そこは確かにな。それで松方さんに何を伝えろと」

犬養は、現在の伊藤内閣が色々と揉めており、そのうち伊藤総理が松方を大蔵大臣に引っ張り出すとみた。これに取り込まれぬよう釘を刺してほしいと成川に伝えた。さらに犬養は机に身を乗り出し、語気を強めて餌を撒いた。

「松方さんには伊藤総理の下働きではなく、大隈と組んで総理大臣となり、もう一度、内閣の頂点に立って頂きたい」

「ふむ、それなら与党が必要だ。私からも話しやすい。前の松方内閣の時の伊藤さんの言い様は酷かった。『貴様は総理の器じゃない』だからな。あれには私でも顔が熱くなったよ。よし、松方さんに会おうじゃないか」

成川は出された酒を飲み干し、上機嫌で部屋を後にした。

黙って聞いていた古島も、胸を撫で下ろした。

「これで松方は生け捕りにできましたね。はるばる三重まで来た甲斐があった」

しかし犬養はまだどこか不安そうである。

「うん、松方さんはいいが、問題はわが方だ」

そう言うとすぐに机に向かい、大隈に宛てて露骨な手紙を書き始めた。

〈伊藤伯は策に窮して、閣下（大隈）にも入閣を勧めてくるかもしれませんが、時を待てば先方は瓦解します。今、私が心配するのは、閣下がご自分の能力を過大評価して、おひとりで進退を決すること、この一点です〉

大隈には前科がある。先の条約改正問題の時、伊藤から請われ、党内の事情も顧みず入閣した。再び伊藤の一本釣りにやられたら、せっかくの計画も台無しだ。

八月になって、伊藤博文が総理大臣を辞任。大方の予想通り、松方正義に大命が下る。三重の成川を通して進歩党から事前に接触を得ていた松方は、大隈に外務大臣を要請。進歩党を与党として内閣を運営することを決めた。ことは順調に進み始めた。

ところが。いよいよ薩派との政権協議に入ろうとする段になって、大隈本人が駄々を捏ねだした。大隈は過去の経験から、薩摩との連立に先は見えぬことを予感していた。ただ、その見通しをうまく説明することができない。

「松方の下になぜ吾輩が座らねばならん。あれは少し前まで木っ端役人だったんだ」

確かに大隈が大蔵卿だった時、松方は租税頭に過ぎなかった。財政政策を巡って対立したこともある。大隈も内心、伊藤と同様に「松方など総理の器か」と蔑んでいる。

――また大隈さんの勝手が始まった……。

犬養は頭を抱えた。ここは何としても大隈を動かさねばならない。

「今は薩派をたて、連立を進めましょう。松方さんも大隈さんに頼りたいはずです」

嫌がる大隈を説得し、総理官邸での薩派との協議に赴かせた。

官邸には松方本人と、高島鞆之助（元陸軍大臣）、樺山資紀（元海軍大臣）が首を揃えて待っていた。いずれも民党批判の旗頭だ。民権派の代表たる大隈からすれば、直に話をする値打ちもない〝薩摩の芋〟である。

仏頂面の三人を前に、大隈はいきなり政治講釈を始めた。「内閣は二回以上解散してはならぬ」とか「内閣は連帯責任制を採らねばならぬ」とか「言論、結社、出版の自由を全面的に認めなさい」とか、延々二時間にわたって喋りまくった。

最初は三人とも黙って聞いていたが、大隈の語調が激しくなるにつれ議論が拗れてきた。双方ともに感情的になって激しいやりとりが始まり、とうとう決裂した。

大隈邸の応接間では、犬養や尾崎らがハラハラしながら待っていた。帰宅した大隈は犬養の顔を見るなり、投げやりな言葉を吐いた。

「もう、内閣なんかやめだ！」

尾崎が吃驚(きっきょう)して叫んだ。

「何をおっしゃる！　せっかく進歩党の政治が始まるというのに」

「松方なんかが総理じゃあ、どうもならん。しょせん薩摩は薩摩だ」

大隈は、官邸での話の流れを、松方らへの批判も交えて掻(か)い摘(つま)んで説明した。犬養は、それを聞いて溜息を吐いた。

「そんな高飛車に要望ばかり並べたら、まとまるもんもまとまりません。そんなことは、物事の形が整ってから、皆で少しずつ話し合えばいいことです。そもそも大命は松方さんに下ってるんです」

「あれはもともと器が小さい。理解力も無い。樺山にいたっては、蛮勇演説の時のままの石頭だ。相も変わらず薩長時代から抜け切っておらん」

尾崎が泣きそうな顔で訴えた。

「その樺山や高島に、われわれは何度も足を運んで根回しをしてきたんですよ」

大隈は返事もせず、頬を押さえて唸った。

「ううう、痛たたっ……、ああ歯がまた疼(うず)きだしとる」

犬養と尾崎は顔を見合わせて眉をひそめた。神輿がこんなに暴れるようでは担ぎようがない。犬養の口調が激してくる。

「私たちは、単に閣下の入閣を希望しているのではありません。多くの党と合同して生まれた進歩党の政策を実現させるために動いているんです」

本当に歯が痛いのか、松方の下に就くのが嫌なのか、大隈は顔を歪めたままだ。犬養はいきなり激しい口調で切り出した。

「いいでしょう、私にも覚悟があります」

尾崎が、ギョッとした風に犬養を見た。

「私は政治家を辞めます」

大隈が驚いて顔を上げた。

「こんなことでは、大隈さんを頼むとお願いしてきた薩摩の人たちに義理がたたない。大隈さん、あなたも政界を引退して下さい、いいですね！」

犬養は、茫然とする大隈を残して部屋を出た。尾崎らが慌てて追いかけた。

翌日、大隈は夫人から「皆があああまで言うのだから」と諭され、犬養に電報を打って再び自宅に呼んだ。そして入閣条件を書面にするという条件で、しぶしぶ松方と再交渉することを呑んだ。

薩派と進歩党は三つの条件で合意した。

〈一、国務大臣には国民の輿望を担える者を任ず　二、言論、集会及び出版の自由を認める　三、民間の人材を登用し、政務の発展を図る〉

肝心の軍拡問題や財政問題には触れていないが、政党側の要望は容れられた。両者の提携関係は、自由党と長州のそれよりは具体的で現実的になった。

こうして明治二十九年、「松隈内閣」が誕生。進歩党はとうとう自由党を駆逐し、初めて与党の座に就いた。

諸々の作業が落ちついてから、松方は犬養をひとり総理大臣室に呼んだ。

「これは、色々と協力してくれた礼だ」

相当に分厚い金一封を差し出した。犬養が「頂く理由がない」と丁重に断わると、松方は後で側近にこう漏らした。

「政党の中にも、案外、綺麗なのがいるんだな」

藩閥からすれば、政党など金次第でどうにでも動く烏合の衆に過ぎない。形だけは同じ内閣に収まったが、藩閥と政党の溝はいまだ深い。

時を同じくして、ひとりの優秀な外務官僚が辞職している。陸奥宗光に重用され、駐朝公使を任ぜられたばかりの原敬。大隈の下で働くことには、我慢がならなかった。あと一年待てば恩給が出るというのに、原は再び新聞社に勤めた。原は大隈のことを「法螺吹き」とか「無神経」とか日記に書き殴った。原の大隈一派への嫌悪は激しくなるばかりである。

2、内閣崩壊

松隈内閣の裏方仕事の日々にあって、犬養には一つの発見があった。

薩摩の中に、気になる男がいた。西郷隆盛の実弟、海軍大臣の西郷従道(つぐみち)だ。犬養は西南戦争の時、従道に会っている。官軍陣地で暗い顔をして座っているのを何度も見た。実兄を征伐する側に立つことになった従道を、皆が気の毒がって遠巻きにしていた。

その後、従道は初代海軍大臣となり、先の日清戦争にも出陣した。それなのに、巷では「兄に似合わぬ大馬鹿者」とか「小西郷」などと嘲笑されている。従道はつまらぬ冗談をよく飛ばし、やたら大声で笑う。地位相応の貫禄がなかった。

しかし、犬養の見た従道は違った。進歩党と薩派の重要な局面になって差し向かいで話をすると、従道は平素の振る舞いからは想像もつかぬほど冷静に政局を読む。武人の風格というべきか人間に裏表がなく、姑息な駆け引きをしない。約束は絶対に守り、閣僚の中では誰よりも信頼ができた。

ある日、犬養は情報通の古島に聞いてみた。

「君は先の戦で従軍して、薩派には伝手が多いだろう。西郷さんは何かと評判が悪いようだが、実際のところ薩摩の中ではどうだ」

古島の答えは明快だった。

「ああ、従道さんですか。海軍では従道さんを慕う者が圧倒的に多いですよ。彼は大きな決断は自分がして、現場に口出しを一切しません。それに若手の起用がうまい」

実際、従道は軍の要職に、山本権兵衛(やまもとごんのひょうえ)ら気鋭を次々に抜擢(ばってき)していた。

「それから、従道さんといえばついこの前、面白い話があったばかりだ」

古島はニヤニヤ笑いながら、ある裏話を始めた。

松隈内閣成立の三条件のうちの一つが「言論の自由」だ。古島は新聞各社の先頭に立ち、「新聞紙条例」の中から新聞発行停止の条項を削る運動を起こした。

これまで『日本』が食らった発行停止は暴力に近い。黒田内閣で三回三十一日、山県内閣で二回三十二日、第一次松方内閣で二回二十九日、伊藤内閣では二十二回百三十一日間。『日本』が発行停止になれば、家庭向けの『小日本』を出し、それも停止されれば『大日本』を出しと、綱渡りで経営を繋いできた。

松隈内閣では、『日本』の応援団、高橋健三が内閣書記官長に、神鞭知常(こうむちともつね)が法制局長官に就いた。そのため、難航が予想された「新聞紙条例改正案」は意外にすんなり閣議でまとまった。後に古島が言うところの「松隈内閣で唯一の善政」である。

ところが、いざ天皇に上奏して裁可を乞う段階になって関係者は困り果てた。歴代総理はこれまで天皇に「新聞の発行停止は政権運営のために極めて重要」と説いてきた。そもそも改正に乗り気でなかった松方は「俺は行かん」とそっぽを向く。「では吾輩が行く」と大隈が名乗り出たが、いつもの長広舌で何を言い出すか分からないと松方が警戒して反対し、閣議は収拾がつかなくなった。

「では、畑違いですが、私が参内しましょう」

平然と手を挙げたのが、海軍大臣の従道だった。関係者はどうなることかと心配して帰りを待ったが、従道はものの三十分も経たぬ間に宮中から戻ってきた。

「無事に御裁可を頂きましたよ」

あまりの早業に皆、呆気にとられた。この話を伝え聞いた古島は、侍従の米田虎雄に取材しに行った。米田によると、従道は持参した上奏の書類を御前に差し出して、一言だけこう言ったのだという。

「この改正法案は、両院を通過しました。御裁可を願います、どうか……」

以下、無言。上奏書類を高く掲げて頭を下げ、石地蔵のように動かず平身低頭、じっと裁可を待った。米田はこみ上げる笑いを噛み殺しながら古島に説明した。

「いや、西郷さんはああ見えて腰の据わったお方だ。一言も言い訳せず、率直な態度を取られるものだから、事情をご存知の陛下もお笑いになって御裁可になった」

古島の話を聞きながら、犬養は改めて従道の兄、大西郷のことを思った。二人は同腹、どこか共通するものがある。

――従道は無学だが、大西郷は陽明学や禅を修め、修練では何枚も上だ。それに従道は兄の七光りで苦労知らずだが、大西郷は若い時に島に流され、苦労続きで生きた。従道が持つ大器に、儒仏の読書と静坐、逆境の鍛錬、そして熱情を加えた一人の人物を想像すると、これはよほどの者になるぞ。

西南戦争では百回を超える連載を書いた。だが、西郷については結局、ふれることができなかった。そこで犬養は遅ればせながら、西郷隆盛研究を始めた。夜になると維新前後の文献を読み、西南戦争に関する手記を集めては渉猟した。従道に端を発した西郷研究は、これから何十年にわたって続いてゆくことになる。

進歩党と薩派による松隈内閣は、滑り出しは順調だった。大隈、松方がともに訴えてきた「金本位制」の確立という一大事業を成し遂げ、西欧列強と伍するための財政基盤を整えた。しかし、その共闘も長くはもたない。

ある日、古島が血相を変えて、犬養らがたむろする進歩党の控室に駆け込んできた。

「大変だ、『日本』が発禁を食らった！」

「おいおい、そりゃ何かの間違いだろう」

「嘘なんかつくか、薩摩の奴らめ、話が違うじゃないか」

ここのところ、『日本』は長州閥と激しくやりあっていた。伊藤博文らが宮中でわが物顔で振る舞い、天皇親政を妨げる害になっているという記事に、伊藤は「宮中の意」を振りかざして松方に厳正な対処を迫った。薩摩と進歩党を引き裂くための長州の攻勢に松方が折れたかたちだが、もともと政権協議の時から言い合いをしていたのだから当然の成り行きともいえた。

小さな軋轢が露呈すると、亀裂は一気に広がり始める。組閣から一年後の明治三十年八月の閣議で、松方はいきなり増税方針を打ち出す。地租軽減は進歩党の重要政策で、民力休養が党の生命線なのにである。

今度は尾崎が慌てて犬養の下に飛び込んで来た。

「おい、大隈さんが増税に賛成すると言ったらしい！」

あまりのことに、犬養には言葉が出ない。尾崎が息を切らして続ける。

「さっきの閣議で、閣僚全員の前で表明したと記者たちが騒いでるぞ」

「おいおい、薩摩はまだ財政整理の公約すら守っていないんだ、順序が違う」

二人はすぐ外務省に向かった。閣議から外務大臣室に帰ったばかりの大隈は長椅子で煙草を吹かしていた。犬養が増税の件を質すと、こともなげに言ってのけた。

「まあ、今は増税も仕方なかろう。三国干渉で列強は中国に侵食しておるし、朝鮮はロシアに傾いておる。ここは軍備増強を優先せねばならん」

「しかし、それではわが党の面子(メンツ)に関わります。軍備増強は致し方ないとしても、財源は行政整理で賄(まかな)うというのは大隈さん自身が強く仰ってきたことですよ」

「うん、まあ、そうだ」

尾崎も必死だ。

「増税を許したら、僕らはもう地元に帰れません。有権者に説明がつかない」

犬養も加勢する。

「閣下はいいですが、われわれには選挙がある。増税して、どう戦えと言うんです」

つなぐ言葉を探しあぐねて黙り込んだ大隈に、犬養が意を決して切り出した。

「新聞の件といい、薩摩は進歩党との約束を全て違えた。議会が始まれば、今度は与党としてわれわれの姿勢が問われます。増税を通せば、進歩党は薩派に利用されるだけだ。無定見に隷従はできません。ここは、政党として毅然(きぜん)とけじめをつけるべきです」

「いや、しかしまあ、そんな事を荒立てんでも」

大隈は外務大臣の仕事に未練があった。

事態は急を要する。グズグズしていれば、党の一部が薩摩に鼻薬をかがされ、党が分裂する恐れがある。犬養は、すぐに幹部会を開いて協議した。皆、増税だけは通してはならんと意見がまとまった。

翌日、犬養ら進歩党幹部十数人が外務大臣室にずらりと集まって大隈の説得にかかった。全員で大隈を取り囲み、その場で辞表を書かせた。薩派を、自分たちの方から見限ることにしたのである。

十二月、第十一議会が召集されると、自由党、進歩党など全政党がそろって内閣不信任案を提出。松方も直ちに衆議院を解散した。のみならず、松方は与党を失って今後の見通しも立たず、内閣まで総辞職した。

解散と総辞職が同時に行われるという過去にない事態に、議場は大混乱に陥った。犬養は暫く議員席に座ったまま、立ち上がる気にもなれなかった。

――薩派を利用してやろうと散々、苦労して作った内閣がこのザマだ。大隈さんが最初にゴネたのにも一理あったな。福沢先生のおっしゃる通り、この合同にはロジックの欠片(かけら)もなかった。先生もきっと呆れておられるだろう……。

組閣からわずか一年四ヶ月、進歩党と薩摩の組み合わせは、あっけなく崩壊した。

3、二度の挫折

松隈内閣の破綻(はたん)から五ヶ月後、政界の地図が大きく動く。

これまで自由党は伊藤内閣に失敗し、進歩党は松隈内閣に失敗した。藩閥と組んで挫折(ざせつ)した両者がようやく手を結び、「憲政党」を結成。二百議席を超える巨大政党を誕生させた。

そこに松方の後で政権運営に行き詰まった伊藤総理が政権を放り出し、憲政党が初の「政党内閣」として政権の座に横滑りした。実際は結党からわずか八日、両党の間で政策のすり合わせも何もできぬまま、無理やり政権の座に座らされた恰好である。

新聞各社は、明治維新以来とうとう政党の時代がきたと大騒ぎした。だが、それもわずか四ヶ月で自滅することになるのは、藩閥から奪い取った権力の「分け前」を巡る、政党人の凄まじいまでの闘争からである。

犬養はこの時、四十三歳。入閣を要請されたが、潔く固辞した。

――今度こそ失敗は許されん。自由党と進歩党は積年の天敵、いつ過去の恨みが再燃するか分からん。両者を結ぶためには、自分は無冠であらねばならん。

総理大臣の座は板垣が辞退したため、すんなり大隈に決まった。犬養は大隈の秘書役として、組閣を手伝った。ところが、極秘のはずの組閣名簿が漏れると、足元の旧進歩党の中から不満を持つ者たちが声をあげ始めた。犬養は急いで火消しに走った。

平素から馬の合う平岡浩太郎（ひらおかこうたろう）とは二人きりで会って話を聞いた。

平岡は福岡出身。地元の壮士をまとめて「玄洋社」を創立、初代社長に座っていたこともある。筑豊（ちくほう）に炭鉱を持っている関係で政府の井上馨（かおる）と親しく、伊藤の政権放り出しの情報を一早く犬養に知らせた。いわば憲政党内閣成立の殊勲者だ。

平岡は大物を気取っているから、直ぐに「不満」とは言わない。

「わしは別に不満など言っとらん。ただ、尾崎が文部大臣で入閣するそうじゃないか。それがおかしいと言っているだけだ。尾崎など、まだペイペイだろう」

この時、尾崎は四十になろうかという歳、平岡は四十六歳だった。

「尾崎の入閣は、大隈さんが若手を取り立てようと考えられたことだ」

「憲政党の結成に走り回って尽力したのは君だろう。犬養君、なして君が入閣せん」

「わしらは産婆役だ。互いにどこまでも閣外に留まり、顧問格として内閣を盛り立て、党員の猟官運動を制する方に回ろうじゃないか。猟官運動など、浅ましいよな」

平岡は、痛い言い回しをされてぐっと詰まった。

「ぬ……。そうだな、猟官運動など女々しいわい」

「じゃあ、わしと一緒に不満を言っとる連中を諭してくれ、頼む」

気風のいい平岡はすぐに納得したが、執念深い鳩山和夫は一筋縄ではいかなかった。

「尾崎が入閣するのはおかしい。それなら俺を外務大臣にしろ」

鳩山は夜な夜な犬養の家を急襲し、えらい剣幕で責め立てた。改進党、進歩党、憲政党と、犬養とともに歩んできた鳩山は、確かに衆議院議長も務め、年齢も経歴も尾崎より上ではある。

鳩山は、板垣にまで「組閣を一からやり直せ」と訴えて大暴れした。板垣は「それみたことか」と大隈に苦情をぶつけ、人事のやり直しを迫る。すると他にも外務大臣を希望する者が手を挙げ始め、欲望のドミノ倒しで混乱は深まっていく。

結局、大隈が外務次官の小村寿太郎を外国勤務にして、鳩山をその後任に据えた。

「外務大臣は大隈総理の兼任だから、実質、次官の君が大臣のようなもんだぞ」

犬養は鳩山をばかばかしいくらいに慰撫した。政策を細かく詰めねばならない時に、ひたすら人事の根回しにばかり追われた。

閣僚はもとより、各大臣の下の次官、局長、勅任参事官に至るまで全て進歩・自由両党の出身者を均等に配し、地方の県知事までも、きっかり半数ずつ配分した。

組閣の様子をそばで見守っていた古島は呆れ返った。

――まったく、政党人たちの地位権力への欲望というのは凄まじいな。

朝に夕に党員たちの間を調停して回る犬養には気の毒で言わなかったが、〈この内閣も長くないな〉、そう思った。

憲政党内閣の瓦解は、組閣から二ヶ月後、尾崎行雄の舌禍事件から始まる。

全国から小学校の教員が東京に集って帝国教育会が開かれた。尾崎は文部大臣として意気揚々と演説し、「現今、拝金主義がはびこっている」と前置きし、こう続けた。

「アメリカでは、金力によって大統領となり得た者は一人もいない。だが日本が、仮に共和政体であると夢想すれば、三井三菱の如きものが大統領になるかもしれない」

日本がアメリカのような共和制だったら、拝金主義の象徴のような財閥が大統領になるかもしれない、教育でそれを正してくれ、と訴えた。

これに、大隈の采配に不満を持つ自由党系が飛びついた。尾崎の発言は「国体の変革」を前提にした「共和演説事件」だと銘打って一斉に大隈攻撃を始めた。天皇制に障ることは一大タブーだ。新聞も盛んに書き立て、騒ぎは大きくなっていく。

板垣は天皇にまで内奏し、尾崎を弾劾して大臣を罷免(ひめん)するよう訴えた。大隈は天皇の内旨を受けたこともあり、尾崎罷免を決めざるを得なくなった。

「僕は辞めんぞ。もしこれを事件というなら、内閣の連帯責任だ」

今度は尾崎が開き直った。死なばもろともと駄々をこねる尾崎に手を焼いた大隈は、またも犬養を呼んで説得に当たらせた。

「今回のことは、災難みたいな話だな」

文部大臣室で二人きり、犬養はまず尾崎を慰めた。羽織袴で大臣然と構える尾崎は、蓄えた立派な髭を撫でながら怒りを隠そうともしない。

「全くだ、君なら分かってくれるだろ。僕は至極全うな演説をしただけだ。速記録を見せて丁寧に説明したら、今度は尾崎が速記録を改竄(かいざん)したと言い出す始末だ」

「自由党系の奴らにとっては、演説の中身の精査が目的じゃないからな。君を追い落として、大隈さんを追い詰めるのが目的だ」

「大隈さんも酷いじゃないか。板垣さんが陛下に御注進した途端、僕を切り捨てに出た。こうなったら連帯責任で皆、辞めるべきだ」

「そんなことをして、やっと作った政党内閣を破裂させる気か」

尾崎は明るく真面目で弁舌もたつ。だが、日の当たる所でばかり仕事をしたがり、党内では徐々に浮いた存在になっていた。犬養は重ねて諭した。

「この内閣は、まだ何も仕事をしとらん。進歩党系と自由党系が椅子の取り合い合戦をしているだけだ。このままでは、政党内閣とはこんなものかと嘲(あざけ)られるぞ」

尾崎は頰を赤らめて黙っている。

「尾崎よ、藩閥打倒のためには理屈を曲げなきゃならんこともある。ここは堪えろ」

犬養は悍馬(かんば)をなだめるように続ける。

「わしの顔を立ててくれ。連帯責任にまで話が及ぶと、閥族の思う壺じゃないか」

暫くして、尾崎はようやく辞表を出すことを受け入れた。

「分かったよ……。だが今回のことで、僕は根本的なことを考えてみる。このまま大隈重信という人間の下にいていいものかどうかかね」

尾崎が口の端を歪めて吐いた最後の一言が気になったが、敢えて突っ込まなかった。目の前の火種は何とか消し止められたかに思えた。

尾崎の後任で、また揉めた。自由党系は自派の人間を入閣させろと激しく要求。大隈はこれを拒絶し、犬養を推薦した。両党の間で労をとってきた犬養ならば誰も文句は言わないだろうと踏んだ。犬養も、今度ばかりは自分が風を受けようと了承した。

だが、ここで自由党系による電光石火のクーデターが勃発する。

犬養が慣れぬ大礼服に身を包み、恒例の皇族への挨拶回りを行っている間、つまり大隈の参謀が身動きのとれぬ隙を狙って、自由党系が一堂に会した。

極秘に総務委員会を開いて、党を「解党」する議題を俎上に載せた。そして党大会を開いて解党を決議。新たに同名の「憲政党」を結成し、内務省に届け出た。内務大臣は板垣だから直ちにこれを認める。つまり名前は同じでも、進歩党系だけを排除した「憲政党」が誕生、進歩党系は看板を奪われた。

結局、板垣ら自由党系大臣が一斉に辞表を総理の大隈でなく、宮中に直に提出して内閣は瓦解、日本初の政党内閣はわずか四ヶ月で自滅。この間、大隈総理は一度も議会に立つことなく、政策のひとつも実現することができなかった。

政治評論家の前田蓮山は、「犬養は自由党一派に『小児同様』に扱われた」と酷評したが、実際、犬養は内紛整理に追われるばかりで、凄まじい政略に為す術もなかった。大臣の席を蹴ってまで目指した政党内閣は、まともな形すら造れなかった。

騒動が落ち着いてから、古島は犬養邸を訪ねた。

応接間に入ると、犬養は煙草盆の前に座り込んで煙草を吹かしていた。さすがにいつもの闘志溢れる眼差しには力がなく、眉間に深い縦皺を寄せている。かける言葉を迷っていると、犬養の方から切り出した。

「君ともあちこち走り回ったが、徒労じゃったな」

古島は思わず苦笑した。

憲政党を乗っ取られた旧進歩党系は、仕方なく憲政党に一字を加えて「憲政本党」を設立、仕切り直すことになった。

「対外硬、硬六派の立ち上げから進歩党、松隈内閣、隈板内閣、あっという間でしたね」

犬養は、何とも力のない声で漏らした。

「この間、政党がやったことは猟官運動だけだ。吾輩も無力だったが、政党に政治は任せられんということを証明したようなもんだ。この揺れ戻しは大きいぞ」

深い溜息の後、犬養は腕組みをして目をつぶった。古島は、今は口先で労(ねぎら)うよりも、現実を見据えねばならないと言葉を継いだ。

「まずは憲政本党の足元を固めることから出直しましょう。考えてみれば硬六派の時から、われわれは反条約改正の一本槍で、政策はさして詰めてきませんでした。これまでは政権を目指す勢いで皆がまとまってきましたが、さて、目標が遠のいたこれからが大変だ」

犬養が深く頷いた。そして気を取り直すかのように、煙管で灰吹きの縁をひとつコツンと叩き、またせっせと煙草の葉を詰め始めた。

「もともと多数を獲るために寄せ集めた集団だからな。君の言う通り、まずは一つの政党として政策を固めねばならん。われわれは少し浮かれ過ぎた」

どんな相手とも五分以上の話をしない犬養が、この日、古島とじっくり向き合って一時間以上も語り合った。政権闘争に敗れた傷は深い。だが、ここで行動をともにしたことで、二人の距離はぐっと縮まった。

明治三十四年は一九〇一年、二十世紀の始まりの年でもあった。二月三日、脳出血の発作で病床にあった福沢諭吉が息を引き取る。六十六歳だった。

葬儀の日、前日から降り続いた雪はやみ、朝から真っ青な冬晴れの空が広がった。福沢の柩（ひつぎ）は慶應義塾の正門を出て三田の丘を下り、大崎村の菩提寺（ぼだいじ）へと向かった。沿道には旅立ちを見送る人たちが詰めかけ、寺の周辺にも一万五千人を超える人々が集まった。犬養も、その人波の中にいた。

これまで人生のあらゆる局面で、福沢に手を引かれて歩いてきた。人生の節目で迷った時、政党のあり様に疑問を感じた時、いつも福沢に相談した。その都度、励まされ、向かうべき方向を示してもらった。道標の消えた政界の荒野を、これからは自力で駆けていかねばならない。福沢の目指した「真の立憲政治」、それを育むことの難しさを痛切に経験したばかりの犬養にとって、福沢が残した宿題はあまりに重かった。

さらに同年の十二月には、気脈を通じた中江兆民も世を去った。もう一人の師、栗本鋤雲もすでに彼岸の人である。犬養の周辺は、世紀の変わり目に大きく変わった。独り進むその先に、暗く長い茨(いばら)の道が続いていた。

4、子規の遺言

古島一雄の生活は慌ただしかった。昼間は政治の取材をしたり政局に首を突っ込んだりで、夜になると『日本』の編集室へと戻ってきては記事を書いた。

古島の席のそばでは、正岡子規が原稿に埋もれるようにして仕事をしている。頻繁に咳込み(せきこ)み、従軍する前ほどの元気はない。色道行脚も、もうすっかりご無沙汰だ。その反面、気力はさらに増し、大車輪で仕事に取り組んでいる。従軍記事をまとめ、随筆を書き、小説にも挑み、和歌論に新体詩、俳句の批評もする。『日本』を通じて子規の名は全国に知れ渡り、弟子を名乗る者も増えた。俳句雑誌『ほとゝぎす』も創刊し、二足の草鞋で書きまくっている。

ある日、古島は子規の痛々しい様子に見て見ぬふりができなくなった。腰はくの字に曲がり、袴の布地には膿(うみ)のようなものがにじみ出ている。別室に呼び出して小声で問い質せば、脊椎(せきつい)カリエスを発症しているという。結核菌が脊椎に入り込んで骨を溶かし、患部を化膿(かのう)させ、社の椅子にただ座っているのも辛いのだと打ち明けた。

古島は、子規が口癖のように言う「余命」がいよいよ尽きようとしているのだと覚った。そのことは黙ったまま、子規に提案した。

「子規よ、文章を書くのはどこでもできるだろう。毎日ここまで出かけてこんでも、家から原稿を送ってくれれば載せてやるぞ」

子規は、古島の提案に飛びついた。実はここのところ、出社することができなくなれば仕事を失うかもしれないと恐れていた。入社時には十五円だった給料も今では四十円に昇給し、愛媛から呼び寄せた母と妹を養っている。

こうして根岸(ねぎし)の自宅が仕事場になった。それでも子規の旺盛(おうせい)な仕事ぶりは変わらない。自らの病すら題材にし、明治三十四年一月から随筆『墨汁一滴』を百六十四回にわたって連載、続いて翌年五月からは、また新しい随筆を書き始めた。

〈病牀六尺、これがわが世界である〉

新連載『病牀六尺』は、こんな書き出しで始まった。身体の痛みに七転八倒しながら、病床の六畳間から見える風景、感じる世界、蘇る記憶を旺盛に綴った。これがまた大変な評判を呼び、『病牀六尺』はとうとう『日本』の一面に陣取り、押しも押されもせぬ一番人気の連載となった。

子規は自宅から古島に原稿を送る時、状袋に筆で宛先を書いた。だが、身体の自由は日に日に利かなくなっている。

――自分はいつまで、この宛名書きができるだろうか。

心配になった子規は、古島に頼んで宛先を印刷してもらうことにした。百枚ほど刷ってほしいと頼んだのに、古島はついでだからと三百枚も送ってきた。

――三百枚といえば十ヶ月か。この紙が尽きる頃、僕はどうなっているのか。

分厚い紙の束を見ながら、子規はしみじみ考えた。

それから数ヶ月が経って、古島は記者の一人から「子規はもう立てなくなっているらしい」との話を伝え聞いた。最近、子規から送られてくる原稿も妹に代筆させているのだろう、筆跡が異なるものが増えている。古島は少し考えて決断した。

「いくら『病牀六尺』が人気とはいえ、病人に病気を売り物にさせて、毎日こんなきつい仕事をさせるのは人間の道に外れている。少し休ませよう」

編集長の一声で、翌日の紙面から『病牀六尺』が消えた。

すると昼を待たず、急の手紙を携えた男が編集局に駆け込んできた。手紙は子規からだった。怪訝に思った古島が手紙を開くと、そこにはこう書かれていた。

〈僕の今日の生命は『病牀六尺』にあるのです。毎朝、寝起きに死ぬる程、苦しいのです。その中で新聞をあけて病牀六尺を見ると、わずかに蘇るのです。今朝、新聞を見た時の苦しさ。病牀六尺がないので泣き出しました。どうもたまりません。もし出来るなら、少しでも（半分でも）載せて頂いたら、命が助かります。僕はこんな我ままを言わねばならぬほど弱っているのです。正岡子規〉

古島は、手紙を読み終わるや根岸まで人力車を飛ばした。

表の木戸を開けて沓脱を駆け上がり、子規が寝ている部屋の襖を勢いよく開けた。口を開こうとした瞬間、思わず言葉を呑み込んだ。床に伏せている子規は、まるで別人だった。すっかり窶れて頰はこけ、布団からはみ出た二本の脛は火箸のように細い。

古島はその場で正座し、畳に頭をすりつけた。

「すまん！　俺が悪かった」

子規は万年床から身体をよじりながら、天井から垂れた縄に手を伸ばした。床の周りの畳の縁にも、輪っか状に編んだ麻縄が幾つも縫い付けられている。子規はそれらを上に横にと引っ張って、寝返りを打ったり、痛む身体を起こしたりしているようだった。

古島は布団にいざりよると、起きようとする子規を制止して続けた。

「お前の気持ちはよく分かった、明日から毎日でも書け、死ぬまで続けろ。どんなことがあっても、貴様の原稿だけは必ず載せてやる！　死ぬまでだ！」

子規は小さく唸りながら半身を起こすと、ただうなだれて子どものように茫々と涙を流した。もう『病牀六尺』は書かせてもらえないのだと絶望していた。

「これは僕のわがままなのだ、すまん……」

古島に向かって頭を下げる小さな背中には、肋骨が何本も何本も透けて見える。

「頼む、頼む……」

子規はそう繰り返して、骨と皮だけになった手を伸ばし、古島の手を握ろうとした。その手も重ねるのがようようで、もはや力はない。この手で、どんな気持ちで先の手紙を書いたのかと思うと、古島は自分の軽率さがただ悔やまれた。

病牀六尺――。その部屋には、長閑な景色が広がっていた。庭には可憐な草花が咲き、竹で組んだ棚からはヘチマがぶら下がり、その左奥には上野の山が覗く。黙って子規の手をさすっていると、思わず両の目からボロボロと涙が溢れては落ちた。

社に帰る道すがら、古島は上野で人力車を停めた。

少し前、子規が「浅草にできた活動写真を見てみたい」と言っていたのを思い出し、玩具店を覗いた。そこで美しい写真が立体的に見える、木製の「写真双眼鏡」を見つけた。新橋駅の雑踏、向島の雪景色、上野公園の花見、小金井の桜、そんな風光明媚な写真と一緒に子規に送った。

半月ほどして、古島はまた子規に手紙を書いた。写真双眼鏡用にと手に入れた、田子の浦の波の写真に一葉の用箋を添え、こんな走り書きをした。

〈御無沙汰をしておって誠にすまん。実は、小提灯ぶらさげの品川行時代を追懐して、今日の君を床上に見るのは、余にとっては一の大苦痛である事を察してくれたまえ〉

子規の変わり果てた姿を見るのが辛く、どうしても足が向かなかった。

間もなく、子規から自筆の返事が届いた。珍しく三か所も書き直した跡があり、必死に筆をとったことがひしひしと感じられた。

〈今日も今日と非常に弱っている際、君の御手紙に接し、覚えず活気が出た。誠にうれしくてたまらんね。この頃は何でも悲しい代わりに、又何でもうれしい事がある。殊に今はモルヒネの呑みたてであるから、殊に早く愉快を感じるのだ。君、察してくれたまえ。今朝からもがきにもがいた果が、今、この小康を得たのだ。写真ありがたい。当分これで日が暮らせるだろう。ほしいのがあったら後から注文する。左様なら〉

手紙の最後に、踊るような伸びやかな筆で一編の句が書かれていた。

〈筍や　目黒の美人　ありやなし〉

二人で筍飯を食った目黒の夜。小提灯で夜道を送ってくれた女中のことが病床で懐かしく思い出されたのだろう。子規を東京の西から東へと連れ回し、ともに遊び、机を並べて仕事をした、そんな日々が確かにあった。

それから四ヶ月後の明治三十五年九月十九日、正岡子規は亡くなる。最後まで『病牀六尺』を書き続けた。三十四歳だった。

古島はあらゆる仕事を後回しにして、各方面に子規への追悼文を集めて回った。子規のために何か一つでも残してやりたかった。有り金をはたき、借金もして、大急ぎで『子規言行録』を刊行した。自ら筆をとって巻頭に緒言を記し、巻末には「日本新聞における正岡子規君」と題する長文を掲げた。

古島は子規を送る言葉を、こうくくった。

〈僕らが君に学んだのは、俳句にもあらず、和歌にもあらず、写生文にもあらず、即ち人間は如何にして外界の困難と戦うべきかの問題である。否人間の気力なるものが、如何ほどまで事業を遂行しうるかの問題である〉

5、貧乏所帯の夫婦喧嘩

子規が逝去して二年後の明治三十七年、日露戦争が始まる。この頃、政界は様変わりしていた。

四年前、山県と並ぶ藩閥の長、伊藤博文が「立憲政友会（政友会）」を結成。もはや政党の力を無視できなくなり、自ら総裁となって自由党系を母体に新党を立ち上げた。党名を政友「党」ではなく「会」としたのは、これまでのような政権と抗う党ではなく、政権と共同して政治を進めるという意を込めてのことだ。

そして長州・山県派からは、次世代の出世頭、桂太郎が政界に崛起した。伊藤総裁の後を継いだ西園寺公望と桂太郎は、交互に後継指名をし、争いなく政権を譲り合う「桂園体制」を築く。政党と藩閥による、十二年にも及ぶ政権のたらいまわしが始まった。

戦争景気の波に乗って政友会が党勢を拡大する一方、大隈・犬養が率いる憲政本党は万年野党に転落した。こうなると内部に不満が溜まってくるのは避けられなくなる。

「おい、古島君。君は随分と犬養贔屓のようだが、そろそろ距離を置かんと面倒なことに巻き込まれるぞ」

古島は旧知の連中からたびたび忠告を受けた。事実、ここのところ憲政本党ではやたらと大隈と犬養を誹謗中傷するビラがばら蒔かれている。

大隈は細かな仕事を嫌い、犬養に丸投げする。犬養は賄賂や買収工作を嫌い、二つの内閣に失敗した教訓から、何より政策を優先させた。だから政権から甘い誘いがかかっても、片っ端から撥ねつける。その徹底ぶりは「美味い酒屋に客が寄り付かないのは、番犬の黒犬が嚙みつくからだ」と新聞にからかわれるほどで、党員は干上がった。

党内の不満派は、表向きには党則の変更や組織改革を訴えて「改革派」を名乗ったので、犬養らは「非改革派」という、何とも響きの悪い呼び名で呼ばれるようになる。

——これも貧乏所帯の夫婦喧嘩だ、そのうち収まるだろう。

そんな古島の予想は見事にはずれ、火の手はみるみる大きくなっていく。

改革派は、桂太郎に接近し、党勢の回復を図ろうと試みた。山県・桂傘下に収まって政友会を放逐し、その代わりに政権の座に就くという作戦だ。そのためにはまず、山県と敵対する反藩閥の象徴「大隈と犬養」を党から追い出さねばならない。改革派は本部を乗っ取り、あらゆる決議を一派で固め、本格的に大隈・犬養の放逐運動を開始した。

間もなく、内紛に嫌気のさした大隈が深傷を負う前に、党総理の辞任を表明。内紛の火が燃え盛る大火事の中に、犬養を置いて去っていった。

党事務所から締め出され、後ろ盾の大隈を失い、むろん金もない。犬養は主義主張を守ろうとするあまり、政治家人生で初めてともいえる、絶体絶命の窮地に追い込まれた。

——犬養殺しの毒ガスが止まらんぞ。このままでは木堂が潰されてしまう。

古島はいよいよ腰をあげた。

事務所を追い出された犬養一派は、麴町内幸町の旭館の一室に陣取った。古島はそこに寝起きし、犬養陣営への加勢を始めた。

古島は今や、業界屈指の名物記者である。利権を嫌い、藩閥に抗い、浪人のような恰好で駆け回る野人記者は、若い記者たちから絶大な人気があった。長く編集長を務めた『日本』は陸羯南（くがかつなん）が病に伏して休眠状態になり、新たに『萬朝報（よろずちょうほう）』に請われて政治記者として活躍している。十万部を売る『萬朝報』の影響力は小さくない。

古島はまず、新聞社の垣根を越えた民党系の記者集団「火曜会」を立ち上げた。毎週火曜日の夜に集まり、桂園体制の体質を糾弾し、政党政治のあるべき姿を熱心に説いた。桂との連携を目指す改革派のやり方では、真の立憲政治は実現できないと訴えた。「火曜会」は若手記者たちの勉強会の様相を呈し、参加者は倍々で増え、犬養を支持する記者たちは着実に増えていった。

しかし、万難排して駆け回る古島が何より手こずらされたのは、犬養本人による「毒舌」だった。

例えば、結党から歩みを共にしてきた島田三郎の場合。仲間は改革派に走ったが、義は犬養にあるとみて態度を決めかねていた。新聞記者から「島田が迷っている」と聞いた犬養はこう言い放った。

「島田の奴、まだグズグズしているのか。あんなめぐり（月経）の上がった奴なんかどうでもいい」

親切心で犬養に事情を伝えた記者が絶句していると、さらに一言。

「島田シャベ郎はな、昔から愉快なほどによくしゃべる。じゃが中身は空っぽだ」

これを伝え聞いた島田が、すぐに改革派の下へと走ったのは言うまでもない。

改革派のあからさまな攻勢に、犬養は苛立っていた。党員のひとりが、犬養派を増やそうと無所属団体に交渉して十五人ほどの代議士を集め、憲政本党に合流させようとした時も然り。犬養はその労苦をねぎらいもせず、こう切り出した。

「おい、君は猫の子を貰う時に、頸玉(くびたま)をつまみあげる理由を知っておるか」

唐突な話に、党員はポカンと口を開けている。

「ネズミを獲る利口な子猫は両足を縮める。じゃがな、ぼんやりした奴は両足をダラリと下げる。まして人間を貰い受け、両足をダラリと下げる奴だったらどうする」

犬養にすればこれまでの経験から、政策をすり合わせぬまま頭数だけ揃えても仕方がないということなのだが、そういう丁寧な説明はしないのである。

「頭からお客を追い払う商売をしていて、店が繁盛するわけがない」

その党員も古島に怒りをぶつけ、仲間を引き連れ去って行った。

犬養の毒舌はあまりに辛辣で、側にいる古島までヒヤリとさせられた。古島がいくら地ならしをしても、犬養の一言が傷口を広げて計画をおじゃんにしてしまう。

とうとう古島は犬養家に出向き、千代子夫人を正面から怒鳴りつけた。

「奥さん！　毎朝、主人が出る時には必ず口を慎めと言ってくれ、必ずだ！」

そして犬養が旭館に出てくると、無理やり二階に押し上げた。

「頼むから、ここで好きなだけ碁を打っていて下さい。後のことはこの僕がやります」

生来の毒舌を封じるには、もう閉じ込めるしか手がなかった。

犬養がやりかけていた仕事は全て古島が引き継いだ。

今後の党の打開策として、犬養は持論の民党合同路線で「政友会との提携」を探っていた。桂ともたれ合う政友会とは相いれぬ点も多いが、党員の中には自由党出身で、民権運動時代の気迫を残す者もいる。そんな政友会の〝良識派〟と手を組み、あくまで藩閥官僚路線の山県・桂に対抗するというのが発想の原点にある。

政友会では、総裁の西園寺は汗して実務を執ることを嫌い、事実上、原敬と松田正久の二人が党務を引っ張っている。

原敬は、伊藤前総裁に請われて政友会入りした。その几帳面な性格をかわれ、党の財政運営を一手に任されている。松田正久は自由党出身で、生粋の政党人だ。民権派の首領で、犬養とも付き合いは旧い。清貧で茫洋とした風格を備え、人望で党内をまとめている。犬養が〝良識派〟と呼ぶ松田という存在には、古島も一定の敬意を払っている。

ある夜、松田邸で碁盤を挟み、古島は単衣の袖をたくし上げた。そしてピシリと小気味の良い音を立てて石を置くと、率直な物言いで切り出した。

「政友会はいつまで桂の言う通りに情意投合を続けるおつもりか。真の政党内閣を立ち上げることが本来の立憲政治でしょう。松田先生なら、そんなことは十分、お分かりのはずだ」

古島の意図するところを、松田はすぐに察した。

「憲政本党が、われら政友会と合同する意向があることは噂に聞いているよ。だがな、合同の相手が犬養となると、古島君よ、原が承知をせんよ」

「やっぱり原さんですか……。原さんは桂との間で『憲政本党とは絶対に連立内閣を作らない』という密約まで交わしているそうですな」

これは三浦梧楼から仕入れた話で確かな情報だ。

「君は評判どおりの情報通だな」

松田は、参ったなというような表情で頭を掻いた。碁盤の上では古島が優勢だが、両党の合同話の雲行きは詰みのようだった。

「実はな、先の西園寺内閣で原が内務大臣になった時に、西園寺公に『犬養を落選させることに傾注したい』と申し出たことがあるんだ。公は賢明だから『犬養は絶対に落ちない、その力で陣笠を沢山とれ』とたしなめられた。原はそれほど犬養を毛嫌いしているんだよ」

これでは合同話など進むわけがない。肩を落とす古島に松田は続けた。

「俺だって今のままでいいとは思ってない。両党の合同話は、暫く俺たちの胸にしまっておこう。君は記者とはいえ、もう犬養の一の参謀だ。また時機がくれば、君と俺とで話を進めればいいさ」

結局、政友会との合同は実現しなかった。だが松田と古島の密談は、そう遠くない将来、再び現実味を帯びることになる。

犬養は憲政本党の設立から約十年、政治の表舞台から姿を消した。議会演説も行わず、ひたすら党務と内紛の処理に追われ、何とも世知辛い野党生活が続いた。

この間、政府の伊藤博文は新聞記者にこんな話をしている。

「ある記事に、『伊藤死すとも殉死する者なし、然れども犬養死すれば殉死する者二十余名はあり』とあった。私は犬養毅という人を直接は知らないが、彼は確かに常に私利を追わず、自分の主張を曲げない点において一段の妙味がある。憲政本党の内紛では散々なようだが、それでも世間が犬養に同情し味方するのは自然なことだ」

その内紛の潮目が変わるのは明治四十二年、ある汚職事件の摘発からだ。

台湾の大日本製糖社が、自社に有利な法律を延長してもらおうと衆議院議員に金をばら撒いた。受け取ったのは、改革派の幹部たちだった。

古島の火曜会の影響を受け、それまでも犬養に同情的だった世論は、事件の報道を厳しいものにした。改革派は意気消沈して無条件降伏を申し入れ、自分たちが占めていた常議員の席もすべて明け渡した。犬養陣営では「許すべからず」との声も上がったが、犬養はこれを受け入れ、両者はようやく和解した。

古島は犬養の事実上の参謀として、初戦を制した。

時代は明治から大正へと、大きな区切りを迎えようとしていた。

同年十月、伊藤博文が中国のハルピンで暗殺される。伊藤は明治の立憲体制を確立し、政友会を作り、大きな時代の役割を終えた。

翌明治四十三年八月、日本はついに韓国を併合。強国として植民地を抱え、帝国主義列強として振る舞うようになっていく。

明治は終焉(しゅうえん)が近づいていた。

第七章 革命

1、優男、孫文

明治三十年から四十年代、政治の表舞台から離れていた犬養にとって、ひとつの重要な仕事が水面下で進行していた。

時は、松隈内閣が成立した翌年の明治三十年九月。一人の中国人が犬養邸に連れられてきた。「将来有望な革命の闘士」が来ると聞かされていた犬養は、三国志や水滸伝に出てくるような風采堂々たる豪傑を想像した。

ところが、やって来たのは小柄で色白な優男。頭髪は中国人特有の辮髪ではなく、短髪をハイカラに横分けし、丸顔で愛嬌のある顔立ちだ。流暢に英語も話す。背広を着ているが、生地は相当くたびれていて金回りが良くないことは一目で分かる。

男は、名を「孫文」と名乗った。

孫文を連れて来たのは、宮崎滔天と平山周。いわゆる「大陸浪人」だ。犬養から外務省の機密費を貰い、日清戦争後の中国の内情を調べる任務を負っている。滔天に日本語で紹介されている間、孫文は大人しく座り、こちらに目を合わそうともしない。ところがひとたび話が革命のことに及ぶと、俄然雄弁になった。

「中国には人民による政治が必要だ、それには共和政治しかない！　私は革命を起こして人民による議会を作り、中国四億の民を救う。西欧列強の支配という屈辱は必ず撥ね返す」

そんな意味のことを中国語で盛んに捲くし立ててきた。滔天の通訳が追い付かないので、犬養は得意の漢文を使って筆談で聞いた。

〈おぬしはフランス革命のようなことを考えているのか〉

孫文も筆談で返した。

〈清朝政府は三百年もの間、人民を目覚めさせないようにしてきた。人民の意識を低く保って、搾り取ってきた。その因習を打破したい〉

〈武力を以てということだな〉

〈そうだ〉

〈武器や金はどうする〉

〈それを、あなたに頼みたい〉

そこで犬養は大笑いした。

「はっははは。わしには金は無いぞ。そう簡単にいけば楽な話だわい」

孫文三十歳、犬養四十二歳のことである。

広東省の農家に生まれた孫文は十二歳の時、長兄を頼ってハワイに移住、自由な気風で知られるキリスト教系の私立学校に学ぶ。帰国後、腐敗した清朝政府と中国人社会の後進性に憤り、革命政府の樹立を志す。まず日清戦争の後、広州で武装蜂起を試みるも失敗し、清朝から懸賞金を掛けられてイギリスに逃れ、展望のない流浪の日々を過ごしていた。犬養家を訪れた頃は、まだ無名の志士である。

金の話が出たところで、犬養は滔天に向き直った。

「祖国を追われて身を寄せてきたからには黙って見てもおれん。孫君の日本での身分や住まいはどうなっておる」

「それを相談したくて来たとです。どげんしたらええもんか」

「まず政府の許可を得んと面倒なことになる。外務次官の小村寿太郎には、いい獲物を捕まえましたとでも言っとけ。大隈さんは浪人嫌いだから、わしから話そう」

「犬養先生、それで金のことですが……」

遠慮がちに切り出した滔天は、ぼやくような声を出した。

「中国の革命の資金どころか、わしら、孫さんの滞在費も持っとらん」

これには犬養も頭を抱えた。問題になるのは、いつも金だ。

「わしも一時なら何とかなるが、長期となるとのう」

暫く考えこんだ後、〝進歩党のドル箱〟と呼ばれる男の顔が浮かんだ。鉱山経営を手掛ける、玄洋社の平岡浩太郎（ひらおかこうたろう）だ。玄洋社には、金玉均（きんぎょくきん）の面倒をよくみていた頭山満もいる。彼らに頼んで、孫文の生計の道筋を付けた。

借家暮らしの犬養に、金を作る力は無い。だが政府と談判して機密費を出させたり、慶應義塾時代の友人や玄洋社に掛け合って資金を提供させたりと、金の余っている所から金の必要な所へ流れを作るのがうまかった。政治の「力」をそのように使った。

結局、孫文は中国語教師として東京府に登録し、麹町平河町の空き家に住む許可を得た。しかし、近くに清国の公使館があり、孫文は嫌がった。すると、ちょうど犬養邸の真裏に貸家が出た。犬養邸とは庭と庭で接しており、境の垣根すらない気安さである。

孫文は毎日のように庭からヒョコッと現れ、犬養家に食事や風呂をもらいに来た。とにかく風呂が大好きで、つかると決まって長風呂だ。次男の健（たける）は孫文になつき、その膝に乗っては広東の蓮の実の砂糖漬をねだった。食卓には庭の菜っ葉しか並ばないが、孫文は好き嫌いを言わず、酒も飲まない。不憫（ふびん）に思った千代子は、少し金が入ると、孫文の大好物オムレツを作ってやった。

ある時、千代子が鰡の切り身を焼いて出すと、孫文は目を丸くして喜んだ。片言の日本語でこんなお世辞を言った。

「オカミサン、今日ハ、大ゴチソウデスネ」

孫文に悪気はなかったが、鰡をご馳走と言われた千代子は複雑な溜息をついた。そばで会話を聞いていた犬養は、皮肉交じりの笑みを浮かべ、こうからかった。

「おぬしの日本語は、どこで覚えたか察しがつくぞ」

後日、孫文は滔天から「日本の普通の家庭ではオカミサンとは言わない、奥さんだ」と言われて事情を悟った。以後、孫文は日本語を一切、使わなくなった。孫文も犬養の毒舌にやられた一人だった。

犬養は孫文をかくまう傍ら、横浜に華僑子弟の教育のための大同学校（現・横浜山手中華学校）を設立。翌年には神戸にも同様の学校を作った。皆の居場所が欲しいという孫文らの希望を容れて、外務省に掛け合って資金を出させた。

犬養は孫文と親しくつき合ううち、その気性にすっかり感心した。普段は温厚で愛想の良い好男子だが、ひとたび清朝政府の腐敗ぶりや革命の必要性を説きだすと熱く、弁が立ち、気迫に満ちてくる。金が入っても右から左に仲間にくれてやり、自分は着古した洋服で平気でいる。人間として見栄や嘘が全くない。

――此奴は、生まれながらの革命児だわい。これは大物になるかもしれん。

孫文という青年は、どこか西郷隆盛と相通ずる熱情を持っているように思えた。

同じ頃、中国では清朝内部で主導権争いが勃発していた。

清朝の内からの改革を目指す官僚の康有為らが、若き皇帝光緒帝とともに近代化政策を推進しようとした。憲法や議会の制定など明治日本に倣う改革である。これに西太后一派がクーデターを起こして改革派幹部を次々と処刑する、いわゆる「戊戌の政変」が起きた。

康有為は日本公使館に逃げ込み、これも犬養らが保護した。犬養は、康有為のような立憲君主制を理想の政体として掲げる「改革派」と、清朝を打倒して人民政府の樹立を目指す孫文ら「革命派」を結びつけようと考えた。

犬養の呼びかけに、孫文は前向きだった。しかし、中国では最難関の官僚登用試験「科挙」に合格するほどの碩学である康有為は、孫文のような野蛮な連中とは組めないと頑なに拒んだ。名も無き青年、孫文が中国に大革命をもたらす英雄となるのは、ここからまだ十年以上先のことである。

犬養邸には中国人の他、インド独立運動家のラス・ビハリ・ボースやベトナム皇太子のクオン・デ侯ら、多くの亡命者がかくまわれた。彼らは皆そろって貧しく、気骨だけで生きていた。犬養は、大きな権力に抗う者たちに深く共感した。福沢諭吉が金玉均ら朝鮮の若者に抱いた「侠気(きょうき)」にも近い。だがそれは、慈善活動ではない。当然、政治家として冷徹に計算を働かせている。

幼い頃から漢学を学んだ犬養にとって、中国文化は親しいものだ。囲碁は本因坊秀栄と交流し、刀剣や硯は中国の物を蒐集(しゅうしゅう)し、その道を深く嗜好(しこう)した。中国の政治については、西太后の下に腐敗する清王朝に批判的だった。

日清戦争の後、列強各国は中国に触手を伸ばし、分割統治をしかねない情勢にある。犬養は、清王朝に代わる安定政権の登場を望んでいた。そして日本が、その勢力と提携して列強に対抗すべきと考えた。つまり、中国に親日政権を樹立するという壮大な思惑があった。

犬養の〝保護〟により、初期の革命本部が安全な状態で日本に置かれ、資金の援助も得られたことで、異国の志士たちは潜行して計画を進めていく。

2、武器密輸の誘惑

革命支援は、しかし一筋縄では進まない。常に持ち上がる問題が資金の不足、そして武器弾薬の手配を巡る揉め事である。明治三十二年、国内外の関係者を巻き込む大事件が起きる。犬養と古島も、その当事者となった。

ことの発端はフィリピンの内戦だ。米西戦争によってフィリピンの領有問題が勃発すると、その間隙を縫うように独立革命運動を率いるアギナルド（後にフィリピン革命政府の初代大統領）が蜂起し、武力衝突を引き起こした。

アギナルドは武器弾薬を調達するため、部下ポンセを日本に送った。日本政府に内密に支援を依頼するも、政府はこれを承知しない。そこでポンセは、同じ革命家の孫文を通して、宮崎滔天ら大陸浪人に助けを求めた。日本円で三十万円もの大金を渡し、武器弾薬購入の斡旋（あっせん）を依頼したのである。

しかし滔天には政府の尾行がついており、軽々には動けない。そこで、犬養のところに相談を持ち込んだ。

「フィリピンの独立は日本にとっても重要じゃ。アギナルドを支援してやりたいのは山々じゃが、武器調達のような仕事は吾輩にはできんからなあ」

犬養は暫く悩んだ後、適任者がいることに思い至る。

陸軍に伝手を持つ、憲政本党の代議士中村弥六（なかむらやろく）である。中村は杉浦重剛と大学南校の同期生で、条約改正問題の頃から新聞『日本』に出入りし、古島とは古い付き合いだ。古島が、犬養と中村を引き合わせて両者が懇意になったという経緯がある。

中村は、手際よく動いた。まず国内の軍需物資を一手に取り仕切る大商社「大倉組」を仲介にして、陸軍から内密に古い村田銃を払い下げさせた。布引丸（ぬのびきまる）という古船を買い取り、そこに武器弾薬を積み込んでフィリピンに向けて送り出した。ところが船は嵐で難破、密輸計画はアメリカ側に漏れた。海上の取り締まりが厳しくなり、結局、密輸は中止に追い込まれた。ことはこれで終わったはずだった。

間もなく、今度は孫文が率いる革命一派が中国・恵州（広東省東南部）で挙兵を計画、いよいよ実行に移ることになった。彼らも武器の調達には難儀していて、フィリピンに送るはずだった残りの武器を恵州に送ろうという話が持ち上がる。

ところが、どこを探しても武器が出てこない。残余の銃を転売して利益を得た人間がいるのではないか、そんな噂がたち始め、嫌疑は犬養にまで向けられた。

——まさか中村が何か隠しているのか。

犬養は、銃払い下げに関する書類を確かめることにした。書類は孫文が受け取り、横浜のホテルに預けっぱなしにしていた鞄の中にあった。そこから大倉組が中村に宛てた受取書が「二通」出てきた。一通は二万円、もう一通は一万五千円。犬養からこの話を伝え聞いた壮士たちは、中村が偽装工作をしたと騒ぎ始めた。

暫くして渦中の中村が、低徊去るに忍びずといった様で古島の下に駆け込んできた。

「おい、犬養がうちに壮士をしかけてきて困っとる。犬養は何か勘違いしておるようだ、お前が何とか仲介してくれんか」

フィリピンへの密輸計画が発覚してから、アメリカ政府は日本に正式に抗議を申し入れている。ことを荒立てると国際問題に発展しかねない。

古島は、滔天と二人で犬養邸を訪ねた。

すこぶる機嫌の悪い犬養を前に、古島が探るように聞いた。

「犬養先生と中村さんが内輪もめをするような事態は、われわれにとって何の得にもなりません。一体、何が起きているんですか」

犬養は、横浜で手に入れた大倉組の受取書を出した。

「これをよく見てくれ。二通ある。君はこの真贋（しんがん）をどう思う」

受取書の紙は粗末なもので、判子にいたっては大会社の大倉組が使うはずもない三文判。何より、署名の筆跡に古島は目を疑った。

「おいおい、これは中村の字じゃないか」

中村とは頻繁に手紙のやり取りをしているから、筆跡はすぐに見分けがついた。古島のすっとんきょうな声に、犬養の顔がみるみる怒りに歪んだ。

「なんだと……」

膝の上におかれた両拳がぶるぶる震える。

「わしを裏切るならまだしも、アギナルドや孫文を裏切ることは断じて許されんぞ！」

鋭い目をむいて声を荒らげる犬養に、古島と滔天は言葉を呑んだ。

「われわれは今、野党に甘んじておる。じゃが他日、順境になったら、わが党を誤るのは、こやつ中村だ！」

言い放つと、犬養はいきなり立ち上がった。

「古島君、おぬし、車か」

「は？　ええ、新聞社の車ですが」

犬養は黙って部屋の奥へ引っ込んだ。そして碁盤を抱えて戻ってきた。

「これを引き取ってくれ。君は前から碁盤が欲しいと言っておったろう」

ずっしりと重い、相当に高級な碁盤である。確かに少し前、「仕事場に碁盤を置きたいから余ったものをくれ」と犬養に頼んだことがあった。その時は「君らのたまり場に投げておくような碁盤はない」と突っぱねられた。

不思議に思って碁盤をひっくり返すと、〈中村弥六贈〉と書かれている。信州出身の中村が木曾の高級材で作り、犬養に贈ったものだった。

「まだ中村が悪行を働いたかどうか、確認はできていません。直接会って話をするまで、これはお持ちになっていては」

「少なくとも、奴が受取書の偽物を作っていることは間違いなかろう。受取書を小細工するような奴の贈り物など、見たくもない」

まるで汚物を扱うような態度だった。

後に一連の騒動が話題になるたび、古島は蛇蝎のごとく碁盤を放り出す犬養の顔を思い出した。「潔癖症もここまでとは」とつくづく思った。

古島がさらに調べると、思わぬ事実が判明する。受取書の偽造に加え、中村は布引丸を買うのに六万円を請求していたが、実際は三万円しか支払っていなかった。また布引丸に積み込んだ以外の残りの銃が、門司港の倉庫から見つかったのだが、どの銃も使い物にならない廃品だった。

市場に出回る古い銃には二種類ある。一つは型式が古い新古品や中古品。もう一つは、修理をせねば使えない銃。弾を発射することができないのだから、いわば薪同然だ。中村が買い取ったのは、その薪の方だった。しかし請求は新古品の値段で行われていた。差額はどこへ消えたか。同じ時期、中村は自宅を新築し、経営する会社の借入金も返済していた。

古島は困惑した。中村の不正は許せない。だが、内実を表沙汰にするわけにもいかない。静観していると、今度は横浜から孫文の同志が電報を寄こしてきた。

〈武器がなくて戦えない、仲間たちは飢えてしまう、早く解決してくれ〉

恵州で蜂起した革命軍は、日本からの武器弾薬の到着を今か今かと待ちかねている。

古島は、もう先延ばしはできないと腰をあげ、犬養と中村の会談を設定した。

犬養が料亭を使うのを嫌ったため、会場は憲政本党の党員の自宅にした。中村はそこで二時間にわたって延々と事情を説明した。ところが、犬養が例の受取書を黙って差し出すと、その顔から血の気が引いた。そしていっぺんに白状した。そこで中村が自宅を売って金を作って孫文に送ることで、その場は何とか収まった。

ところが、中村はなかなか金を返さなかった。

そのうち、話が新聞に漏れた。『二六新報』が、中村が大倉組から金を騙し取ったとすっぱ抜いた。『萬朝報』に至っては三十回近い連載で中村の不実を責め立てた。

今度は古島が中村の自宅に呼び出された。中村の態度は一変していた。

「古島君、代議士たるわしもここまで恥をかかされては黙っておれん。一連の武器密輸計画を公にして、全員を道連れに裁判で争うつもりだ」

こういう難しい仕事には裏交渉が付き物で、中抜きしたのは正当な手数料だと言い出す中村に、古島もとうとう切れた。

「よろしい、裁判になれば君だけでなく、同志も皆、罪に問われるだろう。だが、これだけは言わせてもらう。他の者は国事犯だが、君だけは破廉恥(はれんち)罪だ！」

すわ法廷闘争かというところで、壮士連中の中で怪物と恐れられる一木齋太郎が乗り出してきた。政府の大選挙干渉の時、犬養の用心棒として活躍した一木だ。一木は手下を引き連れて中村の家に乗り込み、目の前で自宅を売らせた。それでも家の値段など微々たるもの、回収できた金はわずかだった。

この事件が、アジアの革命運動に与えた傷は深かった。フィリピンでゲリラ戦を続けていた革命軍は武器弾薬が尽きて敗退。中国で武装蜂起した一派も清の大軍に全滅させられた。

後日、犬養は、事件に関係した浪人たち全員を自宅に招いて夕食会を開いた。再度の団結を誓うための夕食会も、しかし血を見ることになる。

会食の冒頭、中村の不正の詳細について、最初にこの話を持ち込んだ滔天に説明を求める声があがった。しかし、滔天は一言も答えない。裏事情がまた新聞沙汰になれば、犬養に迷惑が及ぶと恐れたからだ。すると激高した一人が、滔天に灰皿で殴りかかった。古島が割って入るも滔天は頭をかち割られ、全身血まみれで応戦。千代子の用意した料理はあちこちに飛び散り、犬養家の応接間は活劇の場と化した。

「死ぬまでやれ。どちらか死んだら、骨は吾輩が拾ってやる」

呆れ果てた犬養は、そう言い捨てて部屋を出た。

犬養毅という存在は、自由奔放に行動するばかりで意思疎通を欠いていた大陸浪人たちを政治的に結合させる役目を担った。同時に、革命支援の内実は、こんな蹉跌（さてつ）に次ぐ蹉跌の繰り返しでもあった。

3、白紙委任の男

明治三十八年、犬養の中国問題の側近に、ひとりの有力な実力者が加わる。

土佐出身の大陸浪人、萱野長知である。この萱野こそ、後に犬養の右腕となり、歴史の重要な歯車となる男である。

萱野は明治六年生まれ、犬養より十八歳年下だ。血色よく張った頬に二重瞼のぱっちりした瞳、頭髪は辮髪に変え、頭頂は青々と剃りあげている。「鳳梨（パイナップル）」という筆名を使ったのは、顔に沢山のアバタがあるからだ。

熱狂的な自由民権運動の地、土佐で生まれ育った萱野は、その影響を存分に受けた。十七歳で大阪に出て時事通信社の記者となり、同じ時期に大阪にいた同郷の中江兆民にも学び、その門下生、幸徳秋水とは竹馬の友だった。

その後、上海に渡って新聞通信員となり、清朝の圧政を目の当たりにする。「世界の二大専制国、清とロシアの政体を変革しなければ世界平和は訪れない」との信念を抱き、記者を辞めて孫文の配下に身を投じた。すこぶる理論家で、中国語もロシア語も自在に操り、情動や利権で動きがちな大陸浪人たちとは一線を画した。

孫文は、直筆で署名をした何枚もの「白紙委任状」を萱野に手渡していた。つまり萱野の決断は孫文の意志とみなされた。多くの浪人が跋扈した時代だが、後に成立する中華民国政府から「終身年金証書」を授かる日本人は、この萱野ただ一人である。

「日本で革命派を支援してくれる政治家は犬養毅しかいない」

萱野がそんな噂を頻繁に耳にするようになるのは、日露戦争の時に満州義軍（馬賊を中心とした部隊）で闘った頃からだ。仲間たちは「犬養大人」と尊敬をこめて呼んでいた。

そこで何度か東京の犬養邸を訪ねて話をしてみた。最初は、日本政府の情報を探るのに都合のよい存在くらいにしか思わなかった。その姿勢が一変するのは、ある武器密輸を巡る一件からである。

孫文は一時期、日本からベトナムに拠点を移し、またも蜂起を画策した。今度はハノイから北上して雲南、広東、広西へと攻略する計画だ。萱野は、武器の調達を頼まれて日本に帰った。あらゆる準備を整え、最後に犬養に相談しに行った。

「武器の見通しはたったのか」

犬養は、真剣に耳を傾けた。

「ええ、村田式小銃二千挺に弾丸は六百発、ピストルは三十挺ほど手に入りました」

「その鉄砲を運ぶ船は、どうなっている」

「紀州の船主から、幸運丸という二千八百トン級の船を借りる予定です。神戸に孫文を支援している三上豊夷（日本通運の前身となる会社の社長）がおりますから、三上が神戸港から茶を輸出する時に鉄砲を隠して運ぶ予定です」

「鉄砲もある、弾丸もある、船もある、良かろう。だが日本人はいるのか？　この仕事を現場で責任をもって取り仕切れる日本人は」

犬養は計画が現実的と察するや、事細かに事情を聞いた。萱野は、武器運搬の実行部隊として滔天が世話した陸軍大尉と、滔天の妻の弟ら七、八人が武器を持って船に乗る手はずであると説明した。犬養は、今後の出航のタイミングについて幾らか萱野に助言を与えた後で、こう切り出した。

「日本人の将校がおるなら、指揮刀がいるな」

「鉄砲の先に付ける剣ならありますが、サーベルなんぞ高級品に出す金はありません。船代金だって後払いなんですから」

「よし、じゃあ指揮刀は俺がやろう。土蔵にある、よく切れるのをやる」

犬養は根っからの刀剣好きだ。かっては『古剣堂』という号を名乗り、研ぎの名手、本阿弥平十郎(ほんあみへいじゅうろう)のもとで刀剣鑑定を徹底して学び、今や研究者が集まる講演会に講師として招かれるまでになっている。著名な今村長賀(ちょうが)の「正宗抹殺論」に学術的な立場から反論し、長い論争の末に勝利もしている。そうして苦心して少しずつ手に入れた刀剣を土蔵にしまい込んでいた。

愛蔵品を差し出そうという申し出に、萱野は驚いた。

「それは先生のお宝でしょう。戦場ではただの武器だ。二度と戻ってきませんよ」

「よいよい、戦闘で使われてこその刀剣じゃ。じゃが萱野よ、わが家から分からんように持って行けるか？　俺の所から持って行ったことが知れるとまずいぞ」

「できますとも」

「じゃが、君には密偵が尾いておろう」

「ええ、朝から晩まで、どこに行くのも政府の密偵と一緒ですわ」

「じゃあ、それをどうにかして撒いて出直してこい」

萱野には、滔天らと雑誌『革命評論』を出版するようになって、政府の密偵が尾くようになった。これが実にしつこい。この日も犬養家を出て、定宿の芝区南佐久間町の信濃屋旅館に戻るまで、とうとう撒けなかった。

日が暮れて部屋の窓から表を覗くと、男が宿屋の玄関前にのんびり腰かけている。張っているのは表だけのようだ。暗くなるのを待った。部屋の灯りをつけっぱなしにして裏口からそっと出た。追ってくる気配はない。近くの人力車の立場に滑り込み、そこから牛込まで一気に走った。牛込でまた人力車を乗り換え、犬養の自宅付近に待機させた。

「先生、密偵を撒いてきました」

息を切らして駆け込むと、犬養は用心深く念を押した。

「大丈夫か。すぐ先には交番がある、分からぬように持って行かにゃあならんぞ」

「絶対に大丈夫です」

犬養は、「じゃあ、やるか」と土蔵へ行った。二、三本かと思いきや、犬養はせっせと何往復もしながら、小さな身体で三、四十本もの刀を運んできて、眼前に積み上げた。一つ一つの刀剣を手に取ると、剣先の仄暗い光に目を輝かせた。

「こいつは関の孫六、こいつは長船……。革命のために働けよ」

虎の子を手放すというのに、どこか嬉しそうですらある。萱野は刀剣の束を毛布で巻いて抱えた。ズシリと重く、腰が砕けそうだった。

「しっかりやってこい」

犬養は裏口まで出てきて、皺くちゃな笑みを浮かべて萱野を見送った。

萱野は人力車にフウフウ言いながら積み込んだ。そのまま品川にある親族の家へ運び、幾重にもくるんで神戸に運送する手配をつけた。

万事が落ち着いてから、萱野は改めて思いを巡らせた。犬養は党の大幹部という地位にありながら、危険を冒して多年愛蔵する宝を差し出した。孫文の革命の成就を心から支援していなければ、できることではない。日本人は浪人に冷たい。無下に扱われることはあっても、こんな厚情に接したことはなかった。思わず、ほろりとした。

滔天から聞いた布引丸事件のことを思い出し、萱野は自身に誓った。

――犬養木堂は、男だ。刀の出処を詮議されるような事件が起きた時には、たとえわが身を切り刻まれようとも、木堂に累を及ぼしてなるものか。

結局、孫文らによる蜂起はまたも失敗に終わる。だが刀剣の一件を通して、萱野にとって犬養毅という存在は、孫文と並ぶ真の同志へと変わった。

4、女将の献身

明治四十四年、古島一雄は上渋谷の借家に住んでいた。

古家のすぐ前には渋谷川が流れている。夕方にもなると、近所の子どもたちが魚やエビを捕まえては歓声を響かせる。川の水は澄みきっていて、米搗きや精米に使う水車がゴトゴトとくぐもったような音を律儀に刻む。最近は電燈が行き渡るようになったせいか、風情のある水車も数が減るばかりだ。


待望の市電青山線がようやく渋谷に延びてきた。古島家の周りには電車の車掌たちが住むようになり、犬養はよく「貴様の住所はチンチン横丁」などと毒舌を吐いた。

そのチンチン横丁に秋風が吹くようになった頃、アバタに辮髪の珍客が訪ねてきた。

大陸浪人、萱野長知である。

萱野は辮髪を額にたくし上げ、擦り切れた畳にどっかり胡坐をかいた。大陸の戦場を駆け回り、幾度となく命のやりとりをしてきた男には、得も言われぬ凄みがある。

その口から、突拍子もない言葉が飛び出した。

「おい、貴様、議員になれ」

「なんだ、藪から棒に」

「先だって鳩山が死んだろう。今度、補欠選挙がある。そこから出ろ」

鳩山和夫は、この十月に死没したばかりだ。衆議院議員の被選挙権は三十歳以上で、鳩山の息子の一郎は年齢が満たず、東京市議会議員に留まる。そこで犬養派の人間を立候補させて当選させたいのだという。

あまりに唐突な話に、古島は呆れ返った。

「なんで浪人が選挙なんかする。選挙は簡単じゃない、金もかかる。僕は一介の新聞記者で金は一銭も無い。そんな馬鹿なこと、考えるだけ無駄だ」

「金など、そんな度量の小さいことを言うな。支那ではな、大規模な武装蜂起が起きようとしている。今度こそ成功する。だから次の議会は必ず支那問題が中心になる。だが支那問題が本当に分かる政治家は犬養先生だけだ。われわれの仲間から、考えのある奴を議会に送り込みたい。それであんたが適任ということになった」

捲くし立てる萱野に、古島は思わず怯みそうになった。

「ちょっと待て。選挙を甘くみるな。それこそ犬養先生に聞いてみたらいい。席が空いたからと言って立候補するなんざ無茶だ」

「じゃあ、犬養先生が貴様で良いと言ったら承知するな」

「おい、話をすりかえるな。僕が選挙に出るという話じゃない」

「分かった。では俺は犬養先生の所へ行って相談する」

言いながらもう立ち上がった萱野の背中に、古島は追いかける様に言葉を投げた。

「それは君の勝手だ！　おい、僕は知らんぞ」

萱野が余りに勢い込んでいたので、古島は予め犬養に釘を刺しておかねばと思った。

しかし家に電話は無い。それですぐに手紙を書いて投函した。

だが萱野はその足で犬養家へ直行、話を聞いた犬養は破顔した。

「そりゃ面白い、やらせい、やらせい」

萱野は膝を打って喜んだ。

「そうですか、犬養先生がそう仰るなら大丈夫だ」

犬養は煙管を吹かしながら、古島という男についてしみじみと語り始めた。

「あいつは言葉もぞんざいで風采も上がらん。どっか床屋のオヤジに似ておろう、それで『床一（とこいち）』などというあだ名がついておる。何とも冴えん奴じゃ」

その名づけ親は犬養なのだが、そんなことには触れず、煙を吹いて言葉を継いだ。

「だが、奴ほど材幹（さいかん）智略を持つ者はおらんぞ。政治家にも文人にもやたら人脈が広い。政界のごたごたを上手く収める手腕は抜群だ。ただなあ、選挙は苦手じゃろう。流行（はや）りの自家広告も下手で、出しゃばり嫌い、お世辞嫌い、演説嫌いときとる。声も妙に甲高くて、とんと迫力がない。おまけに金も無い。自分じゃ何ひとつできんだろうな」

だんだんと不安気な顔に変わる萱野に、犬養はぴしゃりと通告した。

「萱野よ、古島の選挙参謀は君がやれ」

驚いた萱野は、小一時間前に聞いたばかりの古島の言葉を繰り返した。

「俺は選挙のことは何も分からん！　浪人に選挙など、そんなの無茶だ」

「大陸で弾の下をくぐるのに比べれば、日本の選挙運動など朝飯前じゃ」

犬養は、無名の新人の短期決戦には萱野のような馬力が必要と考えた。萱野なら浪人連中の信望も厚く、金の計算もできる。古島は半日で外堀を埋められた。

十月十七日、玄洋社や黒龍会系の大陸浪人が作った「浪人会」が、日比谷松本楼で集会を開いた。三浦梧楼、頭山満、内田良平、宮崎滔天ら大物が勢ぞろい。古島にも「貴殿には是非出席を乞う」という、やけに丁寧な案内状が届いていた。

最初に〈支那革命に関する同情の宣言決議文〉が読み上げられ、拍手喝采で可決した。静観を決め込む日本政府の方針に逆らって、着々と進みつつある中国での革命運動を支援していくことを宣言した。

さらに発言者が手を挙げ、叫ぶように発議した。

「もう一つ、ご相談があります！　今度、東京市で衆議院議員の補欠選挙があります。この浪人会から候補者を一人立てたいと思うのですが如何でしょうか」

申し合わせた様に「賛成、賛成」と拍手が起きた。古島は、この成り行きに嫌な予感がした。発言者がもう一人立った。

「候補者の指名については、頭山さんに一任しようじゃないか」

また一斉に拍手が起きた。人前でめったに発言しない頭山がゆっくり登壇すると、腹の底から絞り出すような低い声で宣言した。

「この際、古島一雄君にご苦労を願おう」

それまで以上の割れるような拍手。足を踏みならす者もいて会場は揺れんばかりだ。大親分の頭山が宣言したからには、もはや後ろには引けない。古島は仕方なく登壇し、もたつきながら挨拶をさせられた。

「どうも私は議員の資格である肝心な弁舌が苦手で……、しかし思う所は決して皆さんに引けを取りませんで……、勝敗は度外視して、まあ、頑張ります」

大歓声に混じって冷やかすようなヤジが飛ぶ。その勢いで三浦梧楼が壇上に飛び乗ってきて、棒立ちの古島の肩をがっちり組んだ。

「今の政界は腐り切っておる！　吾輩は古島という男を昔から知っておるが、この男は近代の消毒薬だ。もし諸君の期待を裏切って不都合なことをしたならば、他人の手は借りん、この吾輩が成敗する！」

閔妃暗殺事件の一件を思い出し、古島はもう苦笑いするしかなかった。

その三浦は前年、枢密顧問官に就任した。閔妃の一件以来、政治の表舞台では隠居状態だった三浦を、陸軍の後輩で同郷の桂総理が「そろそろ役職に」と口説いた。枢密院は天皇直属の諮問機関で、その顧問官といえば最高の名誉だ。枢密院議長の山県は、三浦も身内に入れておけばそう無茶はしないだろうと考えた。

　盛大な浪人集会の後すぐ、三浦は山県から呼び出された。

「貴様には困るのう。枢密顧問官たる者が支那浪人の大会なんぞで演説するなど論外だ、枢密院の品位に関わる。古島というのは犬養の子飼いだろう、貴様の犬養贔屓もほどほどにしろ。こういうことは金輪際、慎んでくれ」

　密偵に報告されていた。長々と続く山県の説教に、三浦は苦虫を嚙みつぶしたような顔で黙り込んだ。三浦はこれ以降も政変の度に世間を騒がせるのだから、馬の耳に念仏である。

　帰り際、三浦は山県自慢の庭を見回し、わざと大きな独り言をつぶやいた。

「この庭は風雅がないのう。この筧（かけい）など竹で造ればよいのに、なまじ金があるもんだから銅で造ってわざわざ雑味を殺してやがる。そうなると犬養の庭は金がない分、自然味を生かして品格がある。いや犬養なら、いくら金があっても銅の筧など造らんだろう」

　山県の憎々し気にひん曲がった顔を、三浦は背中で笑って立ち去った。

新人、古島一雄の選挙戦はいきなり苦戦した。

選挙費用は、浪人たちから募金をかき集めて八百円ぽっち。事務所として借りあげた錦輝館（きんきかん）の部屋代もすぐに払えなくなった。

万事休すとなった時、果敢にも、この貧乏候補者の面倒をみようと名乗り出た者がいた。神田錦町の老舗旅館、松本亭の松本フミだ。二十九歳の若き女将は、犬養の熱烈な支持者である。

フミは初めて古島と会った時、少し呆れた。裸足に下駄をつっかけ、垢まみれの服に着古した棒縞（ぼうじま）のどてら、頭はフケだらけ。新聞記者どころか〈現場が忙しくて何日も風呂に入っていない大工の棟梁のようだ〉と思った。四十六歳という年の割には若く見えるが、口数も少なく、どう贔屓目に見てもパッとしない。

それでも何度か話をするうち、地味ながら一本筋の通ったところに惚れた。

「古島さん、あんたはぶっきらぼうだけど正直ないい男だ。演説が下手でも誠意は伝わる。けどね、その身なりだきゃ何とかしてもらわないと戦が始まらないよ」

「おいおい勘弁してくれ、外見を着飾るなど、僕のガラではない」

古島は抵抗した。だが、フミの押しの強さは並大抵でなく、やがて言われるがままになった。フミは古島のボロボロの古着を脱がせ、背広とネクタイを何着も新調した。まともな靴も靴下も持っておらず、一から揃えた。

フミの父は、旧徳川幕府の勘定奉行小栗上野介の配下で、かつては九段に広大な屋敷を構えた身分だ。幕末には彰義隊に加わり、明治新政府と一戦を交えた。その後、母が神田で旅館「松本亭」を始めると、全国から自由民権運動の志士たちが集まってきて、松本亭は反明治新政府の拠点となった。

そんな父母を持つフミもまた、薩長専制への怒りをバネに生きる反骨精神の固まりのような女傑に育つ。松本亭を継ぎ、女手ひとつで前夫との間にできた二人の女の子も育てている。

フミは、薩長閥と戦う者には誰にでも居場所を提供した。田中正造はじめ足尾銅山の活動家、幸徳秋水や中江兆民、大杉栄に頭山満、犬養一派、さらには神田学生街の学生たちまで、社会主義者も国粋主義者も左右の別なく様々である。

旅館に出入りする壮士や学生が逮捕されると、監獄には必ずフミの弁当が差し入れられる。ラッキョウの裏に隠されていたのは「高野豆腐にウィスキーをたっぷり含ませた特注品」だったと、やはりフミの世話になった大野伴睦（政友会・戦後の自民党副総裁）は自伝『大野伴睦回想録』に書いている。

「フミさんが男だったら、大政治家になったろう」

滅多に人を褒めない犬養の掛け値のない言葉には誰もが頷いた。

古島の選挙事務所となった神田松本亭は投票所である神田区役所の目の前にあり、

松本亭の玄関先に候補者の看板を出せるかどうかで当落が決まると言われるほどだ。

次々と応援の弁士がやってきた。『萬朝報』の黒岩周六、『二六新報』の秋山定輔、早稲田大学を卒業したばかりの緒方竹虎や中野正剛、東大の弁論部も演説を練習させてくれと押しかけてきて、「下手に喋らせると票を減らす」と心配された候補者の出番はほとんどなくなった。

相手候補は地元の裕福な勲章製造会社の社長だ。勲章を作っていたのが、勲章が欲しくなって金に飽かせて出馬したと噂された。

「古島など、しょせん上渋谷からの輸入候補だ」

そう気勢をあげたが、いざ集会になるとガラの悪い浪人連中がずらり集まるものだから、途中から立ち合い演説にすら出てこなくなった。

古島は、正式な選挙運動である「戸別訪問」をしなかった。一軒一軒訪ねて歩き、名刺の裏にそっと金を添えて手渡す。当選するには三万から五万円が必要と囁かれた時代だ。古島は、自分には金もないし芝居がかったこともできない、だから清廉選挙に徹すると表明、下手な演説でこう宣言した。

「僕は党利党略で選挙はしない。東京市の利害問題にも一切、くちばしは容れん。市には市会議員、府には府会議員がおる。だから僕は、あくまで帝国の代議士として行動する。それでよければ応援してくれ」

おりしも東京では、東京瓦斯(ガス)と千代田瓦斯の合併に対する独占反対運動が起きている最中で、勲章屋と古島の対決は「金権派対貧乏党」という構図をより鮮明にした。これに、金で面はられるのを何より嫌う下町の町人魂が奮起した。

まず東大赤門前の喜多床(きたどこ)はじめ理髪店の店主たちが、店員を引き連れて松本亭に居座り、選挙運動を手伝い始めた。噂を聞きつけた神田青物市場や日本橋の魚河岸にも支援者が増えていく。

かねて古島ファンを自任する岩波茂雄(いわなみしげお)(岩波書店の創業者)も、神田の書店を古島の選挙事務所の出張所にした。漱石全集の宣伝の立て看板を塗りつぶして古島の名前を書いたところ、警察から「看板の寸法が選挙法の規格外だ」と咎(とが)められ、ますます発奮した。

フミの選挙運動は、政党人も顔負けだった。以前、両親を苦しめた高利貸が選挙に立った時は、数年がかりで地盤を崩して落選させた。今回も神田書籍組合、洋服商工業組合、米穀商組合、薪炭商組合など業界団体の取りまとめに走り、詳細に票を読んだ。弱い地盤には古島の応援団を徹底して張りつかせた。

地盤も看板も鞄も持たぬ古島一雄の初選挙は、五千百三十六票で圧勝。次点の勲章屋は四百八十三票だった。使った選挙費用は、運動員の弁当代だけだ。江戸っ子たちは「金を一円も使わない理想選挙が成功した」と喜び、この貧乏候補者が政界を引退するまで、以後六回にわたって連続当選させる。それも一度は東京市最高の得票を得たほどだ。その裏には常に神田の女傑、松本フミの献身があった。

古島は早くに先妻を亡くした。後に後妻を貰うが、その時に見合いをした女性にはひとつだけ、こんな条件を付けている。

「僕の関係者に嫉妬をせぬこと」

戦友にも似た古島とフミとの関係は、古島の命が尽きる日まで続くことになる。

5、革命と失望

萱野長知が古島出馬への誘い水に語った、孫文一派の武装蜂起の話は現実になった。選挙の最中にも、大陸の革命は今度こそ急激な勢いで進んでいった。

十月十日、清朝政府の陸軍の中に潜む革命派三千人が、中国中部の武昌で決起。またたくまに主要都市の漢陽や漢口を占領し、十月下旬には日本から戻っていた黄興を司令官に据えた。蜂起は全土に波及し、二ヶ月もしないうちに清朝政府から独立を宣言する省は三分の二に及んだ。三年前に西太后を失い、わずか二歳の溥儀を皇帝に据えた清朝の命運はいよいよ尽きようとしていた。

犬養も自ら中国に行くことを決めた。

長年支援してきた康有為らの「改革派」と、孫文ら「革命派」の合同政権を樹立させる、それを足掛かりに親日政権を作る、そのための中国行きである。

日本は「桂園体制」の最中で、時の内閣は第二次西園寺内閣だ。武昌での武装蜂起が勃発して以来、様子を見ていた西園寺内閣は「情勢待ち」の外交方針を閣議決定する。主体的な戦略をとらず、列強の動きを見ながら革命の推移を見守るという姿勢である。

犬養は、中国へ渡る前に「革命に干渉しない」という政府の言質を取っておきたかった。出発直前の十二月十四日、初めて総理大臣官邸で西園寺に面会した。

「これから支那に渡ります。孫文は共和政治を目指すと言っております。彼らが新政府を樹立すれば、共和制を敷くでしょう。日本政府はこれを認めますね」

西園寺公望（きんもち）は犬養より六歳上。公家の名門で、十八歳で戊辰戦争に参加。井上毅（こわし）と同時期にパリに留学し、帰国後は中江兆民らと新聞社を立ち上げるなど民権派と親交が深い。伊藤博文の下で立憲体制の構築にも参画しており、おっとりとした自由主義者で知られた。

西園寺は、京言葉でゆっくり答えた。

「まあ、隣の国のことやからなあ。どんな政体になろうと日本には関係ないわなあ」

西園寺の大陸問題への態度は後々まで一貫していた。米英への同調を最優先する待機主義で、日本の突出した軍事行動は避ける。犬養はこの一言で十分と思ったが、慧（けい）

敏(びん)な西園寺は一言付け加えて結論を先送りした。

「まあ、外務のことは内田大臣が担当や、内田と相談してみる。それからや」

犬養は、西園寺の公家らしいやり方に眉を吊り上げた。

「こういうことは総理大臣の胸先ひとつではないんですかな」

「あんたもせっかちやなあ。そう怖い顔せんと、一日そこらのことや焦らんことや」

西園寺は腕を組んで控えめな笑みを浮かべた。

次の日、外務省から連絡が入った。外務大臣は、十月にアメリカから帰国したばかりの外務官僚、内田康哉(こうさい)。内田は会うなり、西園寺と正反対のことを言い出した。

「支那に共和政治が行われるようになっては甚(はなは)だ困ります。日本はこれに反対です。場合によっては武力を用いても、現在の君主政権を維持させるつもりです」

思わぬ言葉に犬養は色をなした。

「何だと、西園寺さんと話が違う。お前は軍の手先か。革命に干渉するつもりか」

「共和政治だけは困ります。君主国たるわが国に影響が出かねません。革命党の領袖にも是非、先生から伝えて下さい。政体は必ず君主制をとれと」

「そんな馬鹿な伝言ができるか」

犬養は椅子から身を乗り出して内田に迫った。

「共和政治は支那社会の大勢だ。それがわが国体に影響を及ぼすなど杞憂が過ぎるぞ」

それでも内田は額の脂汗を頻りに拭きながら、繰り返し革命一派への伝言を要請した。犬養は暫く黙って聞いていて、ピンときた。

「あんた、山県に何か言われたな」

内田はハッと顔を上げ、急に返答に詰まった。

「なるほど、隣国の共和政治がわが国に影響を与えるなど、いかにも山県が言いそうな話だ。西園寺さんも山県に気をつかって、あんたに山県の意見を言わしたな」

「そ、そうではない」

そう言ったきり、内田は口をつぐんでしまった。

「わしは、わが帝国のために行動する。邪魔したいなら、今この場でわしを縛れ！」

それを捨て台詞に部屋を出た。

実際、日本政府は、清朝政府から動乱鎮圧のための援助を要請されていた。同時に、日本から革命軍への武器供与も行われていた。確たる方針を持たない政府の姿勢は、犬養の大陸での行動を大きく制約することになる。

訪中の直前、犬養は夜遅くに神戸に立ち寄った。康有為と会うためだ。

二人は夜を徹して話し合った。もはや革命の成就は現実のものとなっており、康有為も孫文に協力して新政府を目指すことを受け入れた。この事実を一刻も早く孫文に了解させねばと、犬養は十二月十七日、偽名で門司港を出発した。

同じ頃、孫文は欧州各国で革命への理解と支援を訴えて回っていた。そして十二月二十五日、遅れて上海に戻ってきた。

上海はすでに革命軍の手に落ちていた。港は凱旋将軍を迎えるかのような人だかりである。十回にも及ぶ蜂起の失敗にもめげず、とうとう革命を成し遂げようとする孫文が船上に姿を現し、ゆっくりとタラップを下りてくると、民衆は大歓声で迎えた。

孫文は人ごみの中に小柄な犬養の姿を見つけるや飛んできた。

固く握手し、涙まで滲ませた。

「犬養先生……。本当にお久しぶりです。いよいよです」

そばにいた萱野が素早く通訳すると犬養も感極まり、より固く手を握り返した。

「ようやく革命の地で会えたな」

再会の感動も冷めやらぬ間で、孫文は犬養にいきなり訊ねた。

「ところで先生、われわれの革命に対して、日本の元老たちが清朝政府に君主立憲を保障したというのは事実でしょうか」

犬養は面食らった。

「それは無い。二、三の頑迷な者が私的に喋ったことが喧伝（けんでん）されとるだけだろう」

「わしは君らの主張を尊重するし、もっと良かろうと思う案も持っている」

「それはどういう案ですか」

「日本で康有為とよく話をしてきた。彼らは君たちと一緒にやることを了承した。彼らを取り込んでよく知恵を借り、新政府を作った方がうまくいく」

孫文はあからさまに眉を顰めた。

「康有為はしょせん、西太后に使われながら改革を目指していた男です。他にも許せないことは沢山あります。そんな者たちと協力するなんて真っ平です」

「そんな小さなことを言うな。この際、使える者は使ったほうがよい」

「革命が成就しそうな今になって一緒になろうとは、あまりに虫が良過ぎる」

「北方の袁世凱（えんせいがい）は手ごわい相手だ。下手をすれば、この革命を乗っ取られるぞ。康らの力も借りて対決せんと革命は成就せん」

「いえ、それにはまた別の方法があるはずです」

感動の再会は、いきなり意見のぶつけ合いになった。

問題は、強大な北洋軍閥を率い、イギリスとの関係を強める袁世凱をどう扱うかだった。清朝は、袁を内閣総理大臣に任命して革命軍の鎮圧を命じた。しかし機を見るに敏な袁は、革命軍と戦うふりをしながら、裏では孫文や黄興と秘密交渉を繰り返していた。

孫文は袁世凱と交渉を進めている事実を、犬養には知らせなかった。

中国の領海や内陸河川には、列強の軍艦が多数派遣されている。日本の砲艦、海防艦も相当数停泊していて、すわ干渉かという緊張感が漂っている。

孫文らは、日本政府はあくまで清朝政府を援助し、革命を抑圧すると信じ込んだ。そうすると犬養が革命を援助して共和政体の確立を支援しているのは、中国の分裂を図って漁夫の利を得ようとしているのではないか、そんな疑いまで持った。

もともと体調不良をおして駆け付けた犬養だった。上海熱に罹り、連日高熱を出して外出もままならなくなった。宿に籠り、浪人たちを走らせて情報を集めた。そしてとうとう、孫文が内密に袁世凱と交渉しているという事実を掴んだ。

――こんなことでは今回の革命も軟膏治療だ。本当に必要な切開をしないから、今にまた諸処に吹き出物がでるぞ。孫文は必ず袁世凱に裏切られる。

犬養の懸念をよそに、革命は着々と進んでいく。

明治四十五年（中華民国元年）一月一日、孫文はついに革命軍の首都、南京に入城する。

南京にはその時、天をもゆるがす歓声が響いた。萱野と同じ車に乗って入城した張継は、フランス革命の革命歌『ラ・マルセイエーズ』を高らかに歌いあげた。

孫文は臨時大総統に就任、中華民国の成立を宣言する。この「辛亥革命」により、三百年続いた清朝は倒れ、二千年にも及んだ中国の皇帝専制政治がついに幕を下ろした。

孫文はすぐ、犬養の所へ使者を遣わした。犬養に手渡されたのは、辞令だった。

〈右総統府政治顧問を委任す〉

その一文の横には、堂々たる大総統孫文の印璽が押されている。孫文からすれば、今までの犬養の恩に形だけでも報いたかった。しかし折角の辞令も、犬養を喜ばすどころか逆に怒りを煽るだけだった。

「わしに辞令を下すことができるのは、今上天皇陛下ただひとりだ。たとえ孫文が中華民国の大総統となっても、隣邦の志士に対して任官の命は下せん」

両者の意識の差は如実に露わになった。それから間もなく、犬養は日本へと引き揚げた。

革命派の中の孫文や黄興、宋教仁らの対立、袁世凱の権謀術数、そこから生まれる中国の政局は、犬養の最早想像のつかないものになっていた。それぞれが描く革命の青写真は異なり、犬養は、その力学の中から弾き出された。

革命家たちに日本政府の情報を的確に与えてきた犬養の役割も、終わったのである。

　孫文ら南京臨時政府が、袁世凱と妥協せざるを得なかったのは、軍事力に加えて資金不足の問題があったからだ。財政難は深刻で、革命を支える資金は明日にも尽きようとしている。最後は、借款だけが頼りだった。

　資金集めの任を担った萱野は、三井物産上海支店に飛び込んで借款を申し込んだ。額は百万元。すでに何度も革命軍に出金してきた支店長は唸った。

「三井としても新政府に一つの投資としてお貸しする気持ちはありますが、百万元というのは幾ら何でも額が大きい。ちょっと時間を頂きたい」

　萱野がイライラしながら南京で返事を待っていると、支店長の部下がやってきた。いやに鋭い目つきの丸眼鏡の男は、森恪と名乗った。

「百万元という額は支店に決済する権能がありません。本店で重役会に掛けて可否を決めることになりますが、さあて、どうなりますか」

　森は、萱野より九歳も若い。その物言いはいささか慇懃無礼だったが、萱野は何とか資金を調達したかった。

「その手続きには、どれくらいの日数がかかるんだ」

　森はニヤリと笑った。

「早くて一週間ばかりか。この寒中ですから重役は老人が多くてなかなか外出不如意で揃いません。火急の場合は間に合わないこともあります」

「そりゃあ困る」

萱野は頭を抱えて黙り込んだ。森は萱野を暫く困らせてから、恩着せがましく口を開いた。

「三十万元だけなら上海支店でも取り扱えます。とりあえず用立てましょうか」

「できぬことを言って日時を取っても仕方がない。大負けに負けて三十万元でよろしい、頼みます」

萱野の足元を見透かすように森はふっと鼻で笑った。

「分かりました、数日ほどお待ち下さい」

三日後、森が三十万元の現金を運んで来た。すぐ帰ろうとするので「受取証は」と聞くと、「そんなものは要りません」と言って萱野を驚かせた。

この話には余談が有る。森は上海支店の上司に黙って、さらに十五万元を革命軍に手渡している。このことを上司に咎められると、森はこう言い放った。

「揚子江一帯の利権を、三井すなわちわが帝国の手中に収めるための投資です」

森はこの後、孫文の側にさらなる交渉を持ちかけている。革命政府が「満州」を丸ごと日本に譲渡すれば「二個師団の武器と一千万円」を渡す、という取り引きだ。交渉は途中で破談になったが、森恪という男が一企業人でありながら、日本の大陸侵出の尖兵として暗躍していた事実をよく物語っている。

森恪と萱野長知。二人はともに、その満州を巡って起きる五・一五事件における重要な登場人物となる。両者の最初の出会いは、革命の最中にあった。

四月一日、孫文は早くも大総統を辞任し、代わって袁世凱がその地位に就いた。

辛亥革命は、犬養の危惧したとおり不徹底のまま終わる。袁は次第に自らの権限を強め、これに反旗を翻した孫文らを圧倒的な軍事力で一掃。その袁も、辛亥革命から五年後には病没し、大陸は各地に軍閥が割拠する動乱の時代へと移っていく。

*

酔客たちの姿はすでになく、湘南の海に浮かぶ燈台の灯がぼんやりと明滅している。それを見下ろす横浜杉田の西邸もすっかり夕闇に包まれ、夜気は重みを増している。

古島はアンカに深く身を沈めると、ひとつ大きな溜息を吐いた。

「こうして振り返ると、すべてが夢のようだ……」

そばに控えていた緒方竹虎が心配そうに口を挟んだ。

「これ以上ご無理をされては、お身体にさわるのでは」

何を今さらと言わんばかりに、古島が顔をあげてニヤリと笑った。

「これからが、君も興味があるところじゃないか」

「ははは、ご推察です。私も古島さんの選挙の後に新聞記者になって、明治と大正という時代の狭間に転機を迎えましたからね」

何か言いたげな緒方の口ぶりを察して、吉田茂が鼻眼鏡の奥にニヤリと笑みを浮かべて話を引き取った。

「大正という元号をスクープしたのは、確か君だったろう、緒方君。朝日の新人が入社そうそう世紀の特報を飛ばして一躍名を知らしめた」

明治四十五年七月、明治天皇は五十九歳で死去した。

天皇は十四歳で明治維新を迎え、三十六歳で憲法を制定。ちょうど働き盛りの頃、立憲政治をどう日本に定着させるかという役割を負った。憲法をよく学び、自ら調停役になって最低限の立憲政治を保った。

緒方が懐かしそうに振り返る。

「枢密院で元号を決める日に、私は三浦梧楼さんの小石川のお宅に待機していたんです。古島さんの紹介のお陰でご夫人には可愛がって頂き、家に上げてもらえた。三浦さんは帰って来るなり私を書斎に呼ばれて、『おい、元号は大正、タイショウと読む！』とおっしゃった。すぐ社に飛んで帰って号外を出しました」

緒方はそこで言葉を区切ると、つぶやくように言った。

「いよいよ大正か。すぐに憲政擁護運動の嵐だったな」

古島の頬に赤みがさした。

「あれは僕が国会議員になって、木堂と一緒にやった初仕事だ」

緒方も身を乗り出す。

「一日一日が激動で、時代が変わるのを目の当たりにしました。僕ら朝日新聞社も、本田精一（ほんだせいいち）や中野正剛らと総出で、家にも帰らず憲政擁護運動の事務所に詰めたんだ」

松本亭の元女将フミが、小気味のいい江戸ことばで切り込んだ。

「ちょっと緒方さん。事務所に詰めたって、わが松本亭でしょう。社から金が出ないってあんたたちが泣きついてくるもんだから、出世払いで部屋を貸してやったのさ」

全員が大笑いする中、古島が大真面目に付け加える。

「われわれと松本亭は、切っても切れん仲だ」

誰かが茶化した。

「そうそう、古島先生と女将さんは、来世でこそ夫婦だ」

「おや、上等な酒に悪酔いしたのがいるね」

間髪を容れずフミがやり返すと、その側でへの字の口から長い煙を吐き出した吉田が話を戻した。

「しかしな、憲政擁護なんて響きこそいいが、民衆のエネルギーっていうのは、なかなかやっかいなもんだぜ」

古島が深く頷いた。

「その通り。民衆の力は恐ろしい。明治という時代は、憲法をどう運用するかで手いっぱいで民衆などそっちのけだった。それが大正から始まる政治の激動は、政治家が民衆とどう付き合うかを試されたようなもんだ」

明治の終わり、隣の中国では三百年の歴史を持つ清朝が崩壊。そして明治天皇の死去。国家を超えて共通する時代の相は、社会に不穏な空気を充満させていた。

古島が、よいしょ、と小さな声を出して座り直した。

「とにかく僕にとって憲政擁護運動は輝かしい思い出だ。木堂が久しぶりに檜舞台に上がったんだからな。あんな経験は、政治家の一生でも滅多にあるもんじゃない。だがな、あの興奮の渦の真ん中にいても、木堂という男は恐ろしいほど冷静に時代を見据えていたよ」

男たちの話がまだまだ尽きそうもないことを察して、お手伝いが新しい酒と茶をたっぷり運んできた。

明るい月夜に照らされて、邸内の桜は静かに花びらを散らしている。

第八章　「憲政の神」

1、憲政擁護の嵐

大正の世になって最初の師走、夜もかなり更けてのことだ。

慶應義塾出身者の社交クラブ「交詢社」の一室に、三井や三菱で活躍する実業家たち十数人が集まった。福沢諭吉を師と仰ぐ朝吹英二や伊藤欽亮、福沢の娘婿である福沢桃介らは燃え盛る暖炉を囲み、「桂園体制」への批判を並べたてた。

「最近の山県や桂のやり方はちょっと目に余るな」

「政治がこう閥族に壟断されてばかりでは、たまらんぞ」

「この不況時に軍事費一点張りじゃ、経済はいつまでたっても回復せん」

十二年の長きにわたりもたれ合ってきた桂園体制は、音を立ててきしみ始めていた。

政友会を与党とする第二次西園寺内閣は〝毒殺〟されたばかりだ。殺したのは、山県と桂の陸軍一派である。

明治四十年、山県らが作った「日本帝国ノ国防方針」は、陸軍の平時兵力を二十五師団にすると定めた。現況は十九個師団で、財政上とても容易な話ではない。陸軍は手始めに「二個師団増設」を主張し、これを容れねば陸軍大臣を辞職させると西園寺に脅しをかけた。西園寺がこれを閣議で否決すると陸軍大臣を辞職させ、後任を推薦せず、内閣を総辞職に追い込んだ。両者の蜜月はこれで終わった。ところが、またも桂太郎が総理に就き、三度目の組閣を始めると、世間は「陸軍が内閣を毒殺した」と騒ぎ始めた。

交詢社の実業家たちは、時々の政権とうまく付き合いながら仕事を得ている。同時に、恩師福沢諭吉の唱えた「独立自尊」の精神も忘れてはいない。「民権支持」の立場から、党派を超えて同校出身の政治家たちを経済的に支えてもいる。

「桂と西園寺の情意投合も、これで終わりだな」

「福沢先生が目指されたように、憲政を正常な形に戻さねばならん」

昨今のあからさまな軍閥の横暴に、政界では裏方に徹してきた交詢社の面々が「大正維新」を起こそうと気を吐いた。

「まずは、倒閣運動の旗頭となる政治家が必要だ」

「適任者がいる、犬養毅（つよし）はどうだ」

「渦中の政友会ではあるが、尾崎行雄（ゆきお）もいるぞ」

「福沢門下の二人が揃うというのは妙案じゃないか」

交詢社の常議員でもある犬養は、憲政本党を巡る長い内紛の間に、民党系記者の支持を固めた。雑誌『太陽』の政治家の人気投票では、上位二十五人の最上位に輝いてもいる。清貧で汚れを知らぬ犬養像は、国民運動にはもってこいだ。

「犬養を口説くなら、古島一雄を通せばいい」

「それだ、あの強情な犬養が、古島の話だけは聞くらしいからな」

古島は、憲政本党の内紛の炎の中に飛び込み、犬養を勝利に導いた。その古島がとうとう議員になったことを、世間は「刀剣の鑑定に精（くわ）しき犬養氏は、この剃刀（古島）をも鑑識してその懐中に納めたり」と評した。

古島は後日、交詢社に呼び出された。そして、皆の依頼を犬養に伝える役目を担うことになった。

その日、犬養は冬枯れの庭に立っていた。頭には手ぬぐいを巻き、軍手に着古したズボン。腰には擦り切れた布切れを引っ掛け、どこから見ても庭師のいでたちだ。

枯れ木となったバラの木の根元に、馬糞と稲わらを混ぜた肥料を丁寧にすき込んでいく。この時期に寒肥をやるかどうかで、次の季節の成長が全く違う。春には、丹精込めて育てた枝に新芽が噴き出す。固い蕾が徐々に膨らみ、色鮮やかな大輪を咲かせる様は何にも替えがたい。美しい時期は短いが、そこにまた趣がある。

東洋趣味の犬養が、バラ栽培にすっかり魅入られた。四季折々の施肥（せひ）に虫取り、摘蕾（てきらい）と手間はかかるが、その世話に集中していると平素の雑事もすっかり忘れられた。

気がつくと、庭の入り口で、靴底から這い上がる寒さに唇を紫色にした古島が立っていた。

「何だ、君か」

「まあ、この寒いのに精が出ますな」

手を休めることなく鍬を動かす犬養に、古島は少し呆れ顔で言った。

「こんな枯れ木でも、しっかり生きとる」

「たった花一輪、咲かせるのに、まあ随分と根気が要るもんですな」

「無駄口を叩いとらんで、さっさと上に行け。先にこれを済ましちまう」

書斎に駆け上がると、古島は大きな火鉢を抱くようにして暖を取った。ここに立ち入るのを許されたのは、つい最近のこと。以来、二人の会合に応接間は使っていない。

遅れて犬養が上がってきた。首からかけた手ぬぐいで額の汗を拭（ぬぐ）うと、バラの棘で傷だらけになった手で煙草盆を引き寄せ、長く一服してから言った。

「西園寺も、とうとう毒殺されたか」

「ええ、桂太郎は自分が総理になっている間に、いよいよ新党を作る気らしいです」

「軍人政治家が政党人に早変わりか」

「これも山県さんの支配から独立するためですよ。伊藤博文さんが政友会を作ったように、自分が自由にできる政党を持とうとしているんです」

桂園体制だけでなく、陸軍内部にも軋轢が重なっていた。これまで山県に引き立てられて出世してきた桂だが、二度も総理大臣を務め、韓国併合の功で公爵にまで叙せられて山県と同爵になると、山県の意のままに動かなくなっていた。新党の結成はその延長線上にある。

古島は、旧知の記者たちから得た情報を犬養に説明した。

「桂は自分の新党に、国民党から相当数を引き抜くと吹聴しているそうです」

「旧改革派は、もともと桂と合流しようとした奴らだ。脱党は止むをえん」

二年前、犬養は内紛の続いた憲政本党を解党し、無所属議員を集めて「立憲国民党（国民党）」を結成した。政友会の二百四人に次いで、九十二人を抱える野党第一党である。桂は、かつて反犬養で闘った旧改革派に目を付け、秋波を送ってきている。

犬養は煙管をいったん置いて腕組みした。

「それで、本題は何だ」

古島はようやく火鉢から手を離し、交詢社からの伝言を詳しく話した。犬養はすんなり話に乗ったが、一つだけ条件をつけてきた。

「確かに桂内閣は倒さねばならん。だがな、政友会も参加しなければ国民的な運動にはならんぞ。長く桂と情意投合してきた政友会には批判もあろうが、ここは対閥族で政党の側が一致団結することだ。政友会の参加が絶対条件だ」

桂新党の立ち上げが現実になりつつある今、犬養は再び政友会との合同を目論んでいた。原敬に一度は阻まれた計画だが、交詢社が仕掛ける運動に政友会を参加させ、ともに桂内閣を倒して合同し、強大な政党内閣を作る、という筋書きだ。

古島はその足で、政友会の幹部、岡崎邦輔の築地明石町の自宅を訪ねた。

岡崎は裏工作が得意な政界の寝業師で、「右手にマッチ、左手に水を持つ男」と呼ばれている。いわゆる「マッチポンプ」屋だ。

「その話、のった」

山県と桂一派に毒殺された政友会で、岡崎もマッチを片手に次なる打開策を探していた。

「原敬は、桂との情意投合の窓口になってきたしがらみがあるから嫌がるだろうが、私が加わる以上は必ず黙認させる。原の代わりに、表には松田正久を引っ張り出そう。犬養にはそう伝えてくれ」

原敬と松田正久は、ポスト西園寺を競い合っている。その松田を運動に引っ張り出すという岡崎の言葉はそれなりの重みを持つ。古島はすぐに犬養に伝えた。

「ようし、政友会がやる気なら、わしも動こう」

「ようやく出番がきましたな。桂内閣など蹴散らしましょう」

「じゃが、政友会がどの程度、われわれと共同の働きができるか、それが問題だ。あいつらには、この十数年の間に権力と妥協する癖がついておる」

犬養は古島に用心深く念押しした。

「わしも約束したからには表に出る。君はこの際、政友会の監視役を務めてくれ」

数日後、交詢社を会場に、政友会と国民党の幹部が集まり、運動発起人会が開かれた。

福沢桃介が、明治維新の時の「尊王攘夷」に匹敵する合言葉が必要だと言い出した。菊池武徳（きくちたけのり）が「憲政擁護」を挙げ、鎌田栄吉（かまたえいきち）は「排閥興民」はどうだと提案した。挙手をして「憲政擁護」が選ばれた。そこに古島が付け加えた。

「ちょっと響きが弱いな。語感を強めるために『閥族打破、憲政擁護』と並べてはどうだろう」

全員が賛同し、旗印が決まった。宣言書は政友会・国民党の両党一致で起草された。

その日の夜、憲政擁護運動に向けて最初の懇親会が開かれた。

大勢の支援者に囲まれた犬養はいつものように後ろ手で立ち、ストーブで尻をあぶっている。ようやく訪れた政界再編の機運に、機嫌は上々だ。そこに、遠くから尾崎行雄が近づいてきた。

尾崎は、政界で存在を忘れられかけていた。「共和演説事件」により文部大臣を辞任させられた後、大隈に離反して憲政本党を除名され、政友会に飛び込んだ。だが政友会も長くは続かず、すぐに党を出た。九年ほど東京市長を務め、議会対策でさんざん苦労して辞職、再び政友会に出戻っていた。交詢社の誘いにも「自分はこれまで進みすぎて失敗したから今度は慎重でありたい」と腰が重かったが、少し遅れて犬養と共同歩調をとることを決めた。

尾崎の姿に気づいた古島が、犬養の隣をさっと空けた。尾崎は、少しバツの悪そうな笑顔で語りかけた。

「いやあ、犬養君、久しぶりだ。また君とやれるのは純粋に嬉しい。こっちは前線から長く離れてだいぶ錆びついているが、宜しく頼む」

犬養も力強く言葉を返した。

「君もあちこちで苦労して政治家として成長しただろう。今回はそれを生かしてくれ」

尾崎は口端に苦笑いを浮かべた。

「相変わらず手厳しいな。でも、その通りだ。気は昔と変わらんよ、頑張ろう」

犬養は、尾崎の肩を叩いて固く握手した。もっと強く、尾崎が握り返した。二人とも、その手をなかなか放さなかった。周りから拍手が起きた。すっかり交流の途絶えた二人だったが、この夜、民権運動の先陣を切った兄弟の関係が復活した。

すでに新聞各社は運動の後押しを始めている。「二個師団増設」を巡る陸軍の横暴を書きたて、山県や桂のやり方は、陸軍長州閥の専横と手厳しく非難。交詢社の暖炉の種火は燎原（りょうげん）の火のごとく、政界を揺るがす大火となる。

十二月十九日、銀座の歌舞伎座で「第一回憲政擁護大会」が行われた。周辺一帯には「閥族打破　憲政擁護」と書かれた幟（のぼり）が掲げられ、三千人を超える聴衆を集めた。参加者は歌舞伎座の建物からも溢れ出した。

不景気の上に日露戦争後から続く増税。人々の生活は苦しく、民衆の憤懣（ふんまん）は地下のマグマのように噴き出す先を探している。攻撃対象を見つければ一気に爆発しかねない、そんな波乱の兆しはすでにあった。

この大会に、七十五歳になった板垣退助が姿を見せたことは人々を驚かせた。白髪の翁（おきな）となった板垣の登壇は、まだ憲法も議会もない明治の動乱期、若者たちが立憲政治を求めて奔走した古き良き時代を思い起こさせた。「閥族を打破せよ」という、古老のか細くも切実な訴えに、会場は否が応でも盛り上がる。もっとも、この集会には入場料二十銭で弁当と二合瓶が付いていた。盛り上がったのは、予め聴衆に飲酒させるという演出があったことも否定できないのだが。

それから尾崎ら数人が順に演説に立ち、大トリに犬養が登壇した。

一輪の白バラを胸に、フロックコートに身を包んだ犬養が演台に立つと、興奮した何人かの聴衆が、臨監に座っていた警視庁方面監察官に向かって怒声を浴びせた。

「憲政の神様の登場だ、お前も脱帽しろ！」

数人が臨監席に飛び上がると、監察官は思わず帽子を取った。聴衆は水を打ったような静けさで演説を聞いた。

「閥族の打破、憲政の擁護ということは多くの議論を用いるまでも無い。総ての党派間の境界を去れ、総ての私情的拘束を解けということだ。桂が閥族の根底を固めるために色々と画策しているが、憲政確立を念とする者が団結すれば天下の事は成る！

帝国の存立上、ある程度の国防は片時も疎かに出来ない。しかし、政略と軍備問題の混同は避けなければならん。今回の二個師団の増設は、長閥の徒がこれを政権奪取に利用した。本日ここに会した諸君は悉く吾人の同志である。政国両党、及び無所属の一団は、憲政の大道に立脚してあらゆる情実上の小問題を棄て、堅く連合して閥族に当ろう！」

満場熱狂の拍手である。

犬養は五十七歳、尾崎は五十四歳になろうとしていた。政治家として脂の乗った二人が久しぶりに轡を並べて出陣する光景は「団十郎と菊五郎」が登場したかのように民衆に歓迎され、「憲政の二柱の神」とまで囃された。

憲政擁護の運動は政党の枠を超え、東京から地方へと広がり、新聞社や学者らを巻き込んで国民運動の勢いを見せ始める。最初は及び腰だった政友会も、党内の大半が運動に雪崩れ込んできた。

古島は、これまで経験したことのない手ごたえに興奮した。行く先々で、犬養の獅子吼に民衆が熱狂する。民衆の力が、時代を動かそうとしている。長く内紛に身をやつしてきた犬養を売り出す、千載一遇のチャンスが到来した。

2、冷めていた「憲政の神」

今日は大阪、明日は名古屋と、犬養は全国各地を遊説し、華々しく活躍した。熱狂の渦の中で「神」を演じながらも、しかし頭の中は冷え切っていた。

桂が新党の旗揚げを宣言すると、国民党の地盤が音を立てて崩れ始めた。大石正巳、島田三郎ら旧改革派が脱党届を提出。犬養の予想した通り、五領袖と呼ばれたベテラン代議士が全員、国民党から去った。

犬養は、地方の支援者にこんな手紙を書いている。

〈自分の統率力のなさを露呈して慙愧に堪えないが、これも長い戦いの延長線上のことで仕方がない。これから選挙資金のことでは特に苦労するだろう。孤立無援で困ったことではあるが、何とか工夫をせねばならない。自分は自宅家財も売り払って裸になっても血戦を戦い抜く覚悟である〉

運動が成功して桂内閣が倒れれば、いずれ総選挙が行われる。著名な代議士がごっそり消えた国民党が苦戦する風景が、犬養には見えていた。

——憲政擁護運動の目的は文字通り「閥族打破」じゃ。つまり桂内閣の打倒であって、その先の展望は何もない。言ってみれば「政策なき戦い」だ。それでも桂園体制に終止符を打つには、今は民衆とともに突き進むしかなかろう。

国民党の分裂も覚悟のうえ、犬養は運動を率いた。残された希望が「政国合同」である。それはいよいよ切迫した問題となった。

二月に入り、犬養は古島を従えて、原と松田ら政友会幹部と芝の三縁亭で会合を持った。三縁亭は、原が自分の家に近いこともあって贔屓にしている料理店だ。古島が気を利かせて用意した。

「桂新党はかなりの数を集めるだろう。この際、君ら政友会とわれわれで組んではどうか」

犬養は、国民党として正式に政友会に合同する意志があることを伝えた。

すでに一度、古島と政国合同について話し合った松田が、慎重に口を開いた。

「とにかく議会が始まれば、桂への内閣不信任案は共同で出そう。ただ、両党の合同ということになれば西園寺総裁の意向も無視できないから、ちょっと待ってほしい」

「分かった。とりあえず内閣不信任案でまとまろう。原君はどうだ」

原は口をへの字に固く結んだままだ。古島は〈やはり原は変わらんか〉と思った。

犬養がムッとしてたたみかける。

「おぬしは敵が倒れれば直ちに翻って敵と妥協しかねんからな。桂園以来、山県や桂との関係も深い。今回の不信任案も本当に一緒にやるつもりだろうな」

原に代わって、松田が慌てて答えた。

「それは必ずやる。合同はちょっと分からんが、不信任案は絶対だ」

それでも、用心深い原は口を緘(かん)して片言も漏らさない。

――やはり、政国合同は原が障壁だ、これでは何も動かんぞ。

古島は斜め向かいに座る原の仏頂面を見ながら、事態の難しさをひしひしと感じた。

暫くして座がほどけて雑談になった時、それまで巌(いわお)のように口をつぐんでいた原が急に犬養の隣に腰を下ろした。どうでもいい世間話の合間にさりげなく聞いてきた。

「時に犬養さん、お幾つになられました」

「五十七だ。あんたは」

「いや、あなたの一つ年下ですよ」

原はそう言うと、また黙りこんだ。

犬養は原の心中を察した。

――こいつは政友会総裁になるための序列を考えているな。今でも松田より年下だから、合同なんかしたら俺の後になって余計、序列が下がると思ってやがる。

結局、政友会と国民党の合同は先送りにされた。表向きには、合同すると手続き上、一旦「解党」しなければならず、それは桂新党に切り崩しの糸口を与えかねないという理由からだ。

原は、とにかく犬養の存在を煙たがった。「犬養は枢密院あたりがはまり役だ」など毒づきながら、日記には皮肉たっぷりにこうしたためている。

〈犬養は政局の前途もよく見えるし、自信勇気もある。あっぱれ好個の政党首領だが、惜しむらくは余りに正邪の念が強すぎる。余りに聡明すぎる。要領を得ることが余りに早く、かつ適切すぎるので、政党首領として必要な清濁併呑などの気が起こらない。これを収容同化していく大度量、悪く言えばそんな手ぬるい仕事は到底できぬ男である〉

古島は、二人の決定的な違いを国会議事堂の廊下でよく目撃した。

犬養は敵対する相手とすれ違うと、眼光炯炯（けいけい）として射るがごとく睨みつける。原はつい今しがた激しく応酬した相手にも、気持ちがいいほど丁寧に、笑顔で目礼する。

古島からすれば、二人はともに肝の据わった優秀な政治家だ。だが犬養が山県を「憲政の敵」として一度としてその門をくぐらぬのとは対照的に、原は常に山県にも至れり尽くせり、政権を握るためなら水をも漏らさぬ構えである。

政党政治の理想を追求する犬養、そして現実路線の原敬。きれいごとでは終わらぬ政界の荒波を、元老や貴族院と妥協しながら器用に泳ぐのは原の方だ。現実に、政友会を着実に太らせている。

一月二十一日から停会させられていた議会が再開する二月五日。内閣不信任案が提出される見通しのこの日、議会に異常事態が起きる。

開会は午後一時。しかし朝の九時頃から傍聴人入り口に希望者が詰めかけた。十時には入り口を開け、臨時階上まで傍聴人を入れた。それも十二時少し前に満員となって入場謝絶の札が掲げられたが、なおも群衆が押し寄せてくる。

民衆は、政友会と国民党の提携によって、桂内閣が倒れる瞬間をわが目で見届けようとした。

「廊下でもいいから入れてくれ！」

議事堂内は、廊下までびっしり二千人もの傍聴人で溢れ返った。あぶれた者たちが喚きながら入口の扉に殺到し、警官隊と揉み合う。さらに外では、何千という民衆が議事堂を幾重にも取り囲んだ。

かつてない異様な雰囲気の中で議会が始まる。さっそく、政友会と国民党が内閣不信任案を提出。賛成議員は二百九十九人にのぼる見込みで、圧倒的多数で内閣不信任が可決されそうな情勢になった。

その中を尾崎行雄が提案理由の説明に立ち、桂を一喝してみせた。

「あなた方は口を開けば『忠愛』を唱え、まるで忠君愛国は自分たちの専売特許のように唱えている。しかし実際には、玉座の陰に隠れて政敵を狙撃するばかりではないか」

これまで桂は危機に陥るたびに、即位して間もない大正天皇に詔勅を出させては事態を収拾してきた。久方ぶりの議会演説ながら、尾崎特有の激した論調が際立っていく。

「あなた方のやり方は、玉座を以て胸壁と為し、詔勅を以て弾丸に代えて政敵を倒さんとするものだ！」

天皇の権威を利用して自分勝手な政治をするな、と尾崎がもう演壇を離れて桂を指さしながら総理大臣の席に詰め寄った場面では、さすがに桂も腰を浮かした。拍手と怒号は止まず、議場はどんどん熱を帯びていく。

続いて桂が弁明演説を行い、さらに島田三郎が不信任案反対演説を行おうとする直前のことだった。また詔勅により、議会はいきなり五日間の停会を命じられた。不信任案が可決される直前に、桂が得意技を繰り出したのだ。政友会も国民党も、そして詰めかけた群衆も肩透かしをくらった。

この日の夜、政友会と国民党は築地精養軒に集まり「白票懇親会」を開いた。白票とは「内閣不信任案賛成者」の意だ。

ここに、初めて原敬が顔を見せて関係者を驚かせた。原は権力の底力をよく知り、夢のような理想は決して語らず、種々の政局で現実的に数の力を読んで橋を渡ってきた。今回のような熱に浮かされぎみの運動には最も距離を置く信条だが、その原さえも、昼間の熱狂を目の当たりにして腰を上げざるを得なくなった。

懇親会では、誰ともなくバラの話が持ちあがった。犬養が最初の大会で胸に差して登壇した白バラが評判を呼び、それに倣おうと言い出した。

「次の議会では、同志議員はバラの花を胸に付けるようにしよう。目下、三越にて調整中だ」

一同からそれは妙案だと拍手があったが、別案も出た。

「白よりも赤いバラの方が派手でいいんじゃないか」

「バラはバラバラで縁起が悪い、止した方が良い」

そう混ぜっ返す者もいた。院外団からも意見が出た。

「われわれ院外者は、白い桜と決める。われわれの意見を容れず、議員が赤いバラにして群衆から見誤られて殴られても責任は負わんぞ」

「じゃあ、やっぱり白バラにしよう」

次に議会が開会する二月十日、皆がそろって白バラを胸につけることに決まった。運動の想像以上の盛り上がりに、関係者はどこか浮かれていた。

桂は、いつもとは全く違う今議会の空気に驚いた。民衆を甘く見過ぎたことにようやく気づいた。この熱狂を鎮めるには、自分が長州閥の軍人ではなく、政党人になった姿を一刻も早く披露せねばならない。

停会中の二月七日、急ぎ帝国ホテルで新党招待会を開いた。新党は、軍閥の支配から一定の距離を置き、藩閥と官僚、政党を横断的に合流させる新しい形の組織であることを盛んに売り込んだ。

桂のあだ名は「ニコポン」。ニコッと笑って、ポンと肩を叩く。桂が人を懐柔するときのやり方だ。この日も盛んにニコポンを繰り出したが、内心では焦っていた。

集まった議員は、国民党からの脱党組四十六人と、藩閥官僚派の中央倶楽部など合わせて約九十人。国民党は半数近く切り崩したが、政友会からはほとんど集まらなかった。総勢九十人では、再開した議会で不信任案を覆すことはできない。

新党招待会がはけてから、桂は慌てて宮中へ飛び込んだ。またも窮余の策で天皇に頼み込み、政友会総裁たる西園寺に対して勅語を出してもらうことにした。

〈宜しく朕の意を体して賛襄（さんじょう）する所あれ〉

先帝の喪が明けぬ今は静かに政治を行え、つまり「内閣不信任案を撤回しろ」との意だ。桂はなりふり構わず、何が何でも政権の座を死守しようとした。

勅語は、宮中の使者を通して極秘に西園寺に伝えられた。公家出身の西園寺にとって詔勅は至上の命令だ。桂の捨て身の攻勢に、今度は西園寺が追い詰められた。

憲政擁護運動の行く先は、まさに風前の灯となった。

3、密教と顕教

議会再開を翌日に控えた二月九日の夕方、政友会の幹部たちが駿河台の西園寺邸に密かに集まった。

西園寺が受けた勅語をどう扱うのか。これまで国民党と一緒になって憲政擁護運動を牽引してきながら、命ぜられるがまま内閣不信任案を取り下げるのか、それとも天皇の意に背いて民衆の側に立つのか。

運動の最初から国民党と積極的に行動をともにしてきた尾崎行雄と岡崎邦輔は、西園寺から話を聞いて顔を青くした。桂の策動とはいえ、こと詔勅となると重みが違う。

「自分としては詔勅に従うしかない」

西園寺が一同を前にそう訴えると、尾崎が慌てて声を上ずらせた。

「そういう御沙汰を、西園寺さんは軽々にお受けするべきではなかった」

西園寺は不機嫌そうに撥ねつけた。

「すでに奉答後や。いまさら取り消すことなどできん」

岡崎も、いかにも策士らしく大袈裟なまでに額に皺を寄せて言葉を絞った。

「しかし、不信任案はわが党だけのものではない。勅語が下ったからと言って、さっさと取り下げるというわけには、さすがに……いくらなんでも」

原敬だけが妙に快活に西園寺に賛成した。

「いやあ、ここはもはや選択肢はない。この際われわれも西園寺総裁を助けて、聖旨を奉ずるほかないでしょう。不信任案は撤回だ」

原はこれを機に桂に恩を売り、早くも政権に返り咲く方策を考えている。すると、原の隣でじっと考えていた松田正久が慎重に口を開いた。

「詔勅には従わざるを得んだろう。だが、これまでの経緯を考えると、急に手のひらを返すようでは党として恰好がつかん。岡崎の言うとおり、不信任案はわが党だけのことではない。国民党の犬養の意見も聞かねばならんのではないか」

原は露骨に眉をひそめたが、岡崎がすがるように賛同した。

「そうだ、犬養を呼ぼうじゃないか」

西園寺も〈あの男なら、もしや妙案を出すやもしれん〉と思った。

「確かにな、友党である犬養の意見を聞かんとならんな」

尾崎は憮然として席を立った。いくら犬養を呼んだところで天皇の命に背くことなどできない、犬養に合わせる顔がないと、障子を叩くように閉めて足早に出て行った。


その日の夜、古島は犬養とともに二頭だての馬車に揺られていた。

馬車はガラガラとけたたましい音をたて、土煙を舞い上げて走る。道路の凸凹が激しく身体に跳ね返ってくる。向かうのは、駿河台の西園寺公望邸だ。二人が西園寺邸に足を踏み入れるのは、もちろん初めてのことだ。

二度にわたる議会の停会期日も、いよいよ明日で切れ、桂との戦いも決着がつく。この日、古島と犬養は朝から国技館で開かれた憲政擁護大会で演説をこなし、桂内閣打倒を叫んだ。そして日が暮れてから代議士会に出席するため国民党本部に詰めた。

そこに西園寺の秘書、原田熊雄から「犬養先生にすぐに来てほしい」と電話が入る。風雲急を告げる連絡は小一時間ほど前、午後九時頃のことである。古島も、犬養から立会人として同行を命じられた。

――西園寺公がこんな夜遅くに木堂を呼び出すとは、よっぽどのことが起きている。政友会め、まさかここで寝返る気か。

馬車は白木造りの大表門の前で砂煙を立てて停まった。

二人は門脇の勝手口をすり抜け、玄関までまっすぐに続く籬の間を急いだ。玉砂利が足をとってもどかしい。隣を歩く犬養は道中ずっと無言のままだ。

「夜分に御足労様でございます」

玄関の手前に設けられた枝折戸の前に、原田熊雄が立っていた。彫りの深い顔を和ませて頭を下げ、珍しい客人二人を丁重に出迎えた。

西園寺邸のしきたりでは、客人はまず「竹の小屋」と呼ばれる別棟の応接間に通される。そこで原田が用件を確認してから母屋の西園寺に面会させる段取りを踏む。だが今夜、二人は直に母屋へ通された。

襖が開けられると、床の間を背に西園寺がひとり神妙な面持ちで座っていた。紗の着物に、仕立ての良い上品な帯。上目遣いに二人を見やると、向かいに座るよう促した。広い和室には大き目の火鉢がひとつ置かれているだけだ。豪華絢爛な大隈邸に比べると潔いほど簡素な構えだが、その佇まいからは何百年にもわたって守られてきた公卿の品格のようなものが漂う。

西園寺は、勅語が下った顛末を犬養に詳しく伝えた。

「さて、貴下の率直な意見を聞かせて欲しい」

――桂め、この期に及んでまたこの手できたか……。

古島は、臍を噛むような思いに駆られた。

切れるような寒さの中、犬養は差し出された火鉢の埋火に手もあてず、腕組みのまま端然と座っている。暫し黙考した後、逆に西園寺に問うた。

「まず、西園寺公のお考えはどうなのですか」

「自分の立場では、御沙汰を奉じて処決するしかないであろう」

――政友会を逃がすわけにはいかないが、勅語とあっては木堂といえども手が出せん。これは苦しいぞ。

古島が黙って見守る前で、犬養はゆっくり頷いて言った。

「確かに、貴殿の門地閲歴の上からは、そのようにお考えになることは仕方ありません。しかし、時局が紛糾するたびに御沙汰で解決するようなやり方は、陛下を煩わし奉るのみならず、何より憲政の運営上、看過できません。簡単に答えを出さず、さらに御一考を願いたい」

打ち返された西園寺は真剣に考えこんだ。犬養も腕組みで目をつぶった。物音ひとつしない静寂の中、時間だけが過ぎていく。古島も心中、唸った。

――うむ、ここは勝負所だ……。

長い沈黙は、あたかも西園寺が熟考しているかのようである。実際は、犬養からの直球に手詰まりとなっていた。暫くして西園寺は腰を上げた。

「実は、別室に幹部の皆が集まっておるのだ。一同と会見してくれまいか」

渡り廊下を音もなく進む西園寺の後に二人が続いた。

こぢんまりした庭園には、膨らみ始めた三日月の仄暗い光が差しこんでいる。古島がふと犬養に目をやると、その痩せこけた頬は寒風に冷やされて白く引き締まり、両の眼は爛々と前を見据えている。それは目の前の西園寺の背など見ておらず、まるで獲物を捕らえようとする間際の狼の眼のようだった。

西園寺が障子を開くと、幹部たちが気まずそうな表情で座っていた。誰ひとり犬養と目を合わそうとしない。西園寺が各人に発言を促すと、原がまず口を開いた。

「御沙汰があった以上は、もはや命を奉ずるほかないでしょう」

早々に切り出す原に犬養が問うた。

「それは政友会としての決定か」

松田が慌てて答えた。

「いやいや、まだ決定というわけではない。だから君に相談したいのだ」

釈明する松田の声も、語気は弱い。古島は、すでに政友会の形勢は決しているとみた。

――こいつら、とうとう土壇場で寝返った。しょせん西園寺も政党の総裁とはいえ、公卿出身で藩閥に近い水陸両棲の生物だ。

古島があきらめかけた刹那、犬養が深々と息を吸って言った。

「自分は、他党である貴殿らの意思決定にくちばしを容れるつもりはない。しかし、行きがかり上、率直に意見は申し上げたい。西園寺公は皇室との御関係から、勅命に従わねばならんと仰るのはやむを得ない。しかし、天下の公党である政友会までが、大義の前に理由もなく膝を屈してはならんのではないか。詔勅は西園寺総裁個人に下ったのであって、政友会に下ったわけではない」

ここで犬養は一旦、言葉を区切った。政友会の面々が怪訝そうに犬養を見る。犬養は十分に時間をとってから、少し声を張って続けた。

「西園寺公は勅命に従われ、同時におひとりで総裁を辞職なさるがいい」

政友会の連中は、あっと口をあけた。古島も思わず腰が浮きそうになった。犬養は続きを最後まで喋った。

「そして、松田、原の両君が先陣に立ち、政友会は最後まで憲政のために闘うべきです。それが本筋でしょう」

皆、「ほお」と言わんばかりに目を見張った。西園寺は一層、深刻な表情で黙りこんだ。原は不貞腐れたように白け切っている。松田が頬を紅潮させて沈黙を破った。

「よし、党議にかけようじゃないか。党員には説明が必要だ。とにかく明日の午前中は、議会を自分らの方から休会しよう。戦は昼からだ」

犬養は問い詰めるような眼差しを松田に向けた。

「保証できるか」

松田の表情は、まるで憑き物が取れたかのように晴れ晴れとしている。

「大丈夫だ、きっとやらせる」

犬養は最後に、高らかに宣言した。

「わが国民党は、君ら政友会の幹部専制と違い、共和制だ。ここで吾輩一人が決めたからといって必ずしも党の意見とは言えん。じゃが、国民党は最後の一党となろうとも初志を貫徹し、憲政擁護のため内閣不信任で突き進むだろう」

犬養と古島の二人が西園寺邸を辞したのは夜中の十一時過ぎ。会合は、まさに犬養毅の独壇場だった。

明けて二月十日午前、朝から再び群衆が議事堂周辺に集まり始め、不穏な空気は高まっている。

衆議院の開会を前に、政友会は議員総会を開いた。西園寺は二百人を超える全党員の前に立ち、挨拶をした。

「私個人としては、臣子の分として陛下の御言葉に従わねばなりません」

こう切り出したが、内閣不信任案については一言もふれなかった。

「皆には、十分に慎重に考慮あらんことを希望します」

そう言って、暗に仄めかした。西園寺なりに犬養の意見を咀嚼（そしゃく）した語り口だった。

政友会は西園寺の総裁辞職を経て、不信任案の方針そのままに突き進むことを決した。

政友会の代議士会が「不信任案を撤回しない」と決したとの一報が政府に伝わると、桂は思わず腰が砕けそうになった。

追い打ちをかけるように、薩摩出身の元海軍大臣、山本権兵衛（ごんのひょうえ）が約束もなく桂邸に乗り込んできた。そこで桂に言い放った言葉は、後の政治をも動かすことになる。

「政局がここまで紛糾した責任は桂公、あなたにあるぞ。もうこの際、解散などの小細工などせず、男らしく辞職するほかはない。辞職あるのみ！」

まるで盗賊のようにいきなり現れた山本に、桂も思わず怒声で答えた。

「私に代わってやる人がいれば、いつでも譲る！」

後継が現れれば辞職するとの失言は、あっという間に政友会と国民党の側にも伝わり、倒閣の気運はますます高まっていく。

議会は午後からの開会が決まった。昼近くになって、護憲派の代議士たちが白バラの徽章（きしょう）を胸に登院してくると、待ち構えていた群衆がいっせいに声をあげた。

「白バラ軍、万歳！　万歳！　万歳！」

議事堂のバルコニーに両党の議員が立ち、手を挙げて歓声に応えた。

その中央で、犬養が右胸からすっと白バラを抜いて高々と掲げるや、ウォーと唸るような大歓声が議事堂を揺るがした。天中には、この瞬間を祝福するかのごとき切れるような青空に、冬の太陽がさんさんと輝いている。

古島の腹の底から、喩えようもない感動が込みあげてきた。

――犬養木堂こそ、わがシーザーだ。

精悍で誇らしげな犬養の横顔を、古島は一生忘れまいと思った。

それから国会議事堂周辺はにわかに戦場のような光景になった。雪崩を打って押寄せる四、五百人もの民衆を、騎馬警官の馬蹄が蹴散らしていく。帽子が、下駄が、宙に飛ぶ。民衆が砂利を警官に投げつけ、砂煙が辺りを覆う。現場は殺気立ち、第二の日比谷焼き討ち事件が起きるかもしれない、そんな危惧が関係者の頭をかすめた。

午後一時、桂は大岡育造衆議院議長に面会を求め、議会を解散したいと告げた。どこまでも粘る桂に、弁護士出身の大岡が渋面で言い渡した。

「閣下、外の様子はご存知でしょう。解散すれば、もう内乱が勃発するのは明らかです。閣下はそれに対する責任を負えるのですか」

これがとどめの一刺しとなった。桂はここでいよいよ諦め、内閣総辞職を決めた。

組閣以来六十二日間、ただ詔勅を濫奏して混乱を深め、とうとう力尽きた。

桂派の代議士が議事堂から出てくると、群衆は罵声を浴びせ、物を投げつけた。議員の車は四方を取り囲まれて蹴られ叩かれ引っくり返された。これに三千人の巡査が抜刀し、地面に倒れた民衆を引きずって連行し、余計に群衆を煽った。

数万の人々のエネルギーは国会の外へと向かう。まず御用新聞社の都新聞を取り囲んで放火した。桂系として知られる国民新聞社や読売新聞社、やまと新聞社などを次々に襲撃。日比谷ホテルや帝国ホテルにまで投石した。警察署は七か所が破壊され、派出所は四十九か所が放火されるという凄惨たる事態になった。

日本が近代国家として出発して以来、初めて民衆の暴動が内閣を倒した。藩閥政治の行き詰まりを予兆するかのような騒動は、後に「大正政変」と呼ばれることになる。

最後まで戦い続けた国民党は満身創痍、党員を四十四人にまで減らした。それでも党の控室では、踏み留まった者たちが興奮気味に勝利の祝杯をあげた。

古島も仲間たちと盃を酌み交わしながら、感慨にふけった。

——昨晩の西園寺と木堂の局面は、この政局で最も重要な場面だった。表向きには群衆が暴動を起こしたことばかりが目立ったが、実際は、西園寺への詔勅が木堂の意見によって実践されなかったことが時代を動かしたんだ。

明治の世、天皇の詔勅は絶対だった。それによって政局も随分と決着されてきた。ところが大正の世に入り、その詔勅が局面によって適宜利用されたりされなかったりと、天皇の位置づけが暗黙の裡に変わってきた。

折りしも、この三月には東京帝大の美濃部達吉と上杉愼吉の間で「天皇機関説論争」が激しく闘わされ、美濃部の側が圧勝した。「天皇は国家の一つの機関である」という美濃部の論旨は、実際の政治の場面で、犬養の政友会への説得に体現された。事実、犬養と西園寺の一件を嗅ぎつけた新聞はそれを批判するどころか「新時代の新精神」と称えた。

犬養は、大日本帝国憲法下の立憲主義の実践に熟練していた。政治の局面のある所では「天皇絶対主義」（顕教）を声高に叫び、ある所では「国家機関」（密教）として現実的に扱う。その使い分けには危うさこそ孕んでいるが、問題は何のために、どの方向に向けるかだ。憲法は運用次第、それは恩師福沢諭吉の教えでもあった。

明治十四年の政変で井上毅が圧勝し、犬養はそこで政治の何たるかを学んだ。そして三十年後の大正政変では、自らの利害を超えて立憲主義の立場を貫いた。

大山鳴動した憲政擁護運動も、その終着点は、犬養の目指した場所とは遠くかけ離れたところに落ち着くことになる。

直ちに元老が宮中に召され、桂の後継総理について評議した。陸軍関係者を排除するうちに名前が挙がったのが、海軍薩摩派の山本権兵衛である。

混乱の最後に桂邸に乗り込んだ山本は、「桂の介錯人」として名をあげた。政界ではさほど知られていないが、それゆえに大きな傷も負っていない。海軍大臣として日露戦争に勝利した実績もあるし、軍人ながら議会政治にも一定の理解がある。

犬養には一切知らされぬまま、事態は水面下で動いた。

山本に、いち早く西園寺との間を繋ぐ工作をやったのは松田正久と原敬だ。「与党がない」と逡巡(しゅんじゅん)する山本に、すかさず「政友会が与党として協力する」と政友会と薩派の提携を申し入れた。

政友会は、長州の桂から薩摩の山本に見事に乗り換えた。犬養とともに憲政擁護運動を闘いながら、最後の五分で寝返ったのである。

とはいえ国民党との運動の末の政権復帰であり、政友会も犬養を無視するわけにはいかない。そこで犬養を「個人として」入閣させることを満場一致で議決。約束の反古(ほご)を、大臣の席で埋め合わそうとした。

「最初に話した通りだろう。やっぱり政友会は最後の最後に妥協した。政友会は、利は追求しても理は追求しきらんのだ……」

遅れて事情を知った犬養は古島にこう嘆き、入閣の要請を断じて撥ねのけた。

古島には、犬養の気持ちは理解できた。他の議員なら喜んで飛びつく大臣の椅子も、犬養からすれば傷を負った病人を温泉に入れて保養させるくらいにしか映らない。だが現実は厳しい。桂新党に国民党の半数を奪われた今、犬養が入閣を断われば、党は先細る一方だ。参謀としてはやはり、政友会との復縁を匂わさねばならない。

「確かに、政友会のやり方には腹もたちます。ですが、それでも国民党にとっては今後ますます、政友会との距離の取り方が重要になってくると思います」

奥歯に物が挟まったような言い方だが、犬養自身、頭では古島の意図するところを痛いほど分かっている。

「この内閣は、確かに専横の程度は少ない。純官僚が作った桂内閣に比べると、相当な分子を政党人から入閣させているだけましだ。だがな、政党内閣を主張してきた者の眼からみれば、奴らを責めてもこれを許す理由は無いぞ」

犬養は意地を張り通した。

大正二年六月、山本権兵衛内閣は政友会の変節に対する世論の攻撃をかわそうと、陸海軍大臣の現役武官制を撤廃し、盛んに山県の牙城（がじょう）に切り込んでみせた（武官制そのものは残る）。

だが、好事魔多し。議会が開会している最中に、海軍をめぐる国際的汚職事件「シーメンス事件」が発覚すると、内閣はその余波を受けてあっけなく倒れた。

その後を継ぐことになるのは、何と七十六歳になった大隈重信だった。大隈再登板という椿事（ちんじ）には、一筋縄ではいかぬ根深い事情があった。

犬養は三十三年にわたり仕えてきた大隈と、いよいよ訣別の時を迎えることになる。

第九章　「神」の憂鬱

1、訣別

まだ日も上がって間もない麻布狸穴町（まみあなちょう）の急坂を、古島一雄（こじまかずお）は一目散に駆け上っていた。

つい先ほど耳にしたばかりの話が、頭の中をグルグルと巡っている。一刻も早く、この情報を犬養に伝えねば手遅れになる。大通りに出ても人力車は見当たらず、気は焦るばかりだ。

この辺りは江戸の昔、タヌキの住む穴があったとかで「狸穴町」などという奇妙な地名がついたと聞いたが、暗い穴倉から出てきたのはタヌキどころか〝大熊〟だ。その裏事情を、とうとう摑んだ。

山本内閣が倒れた後、次の総理はなかなか決まらなかった。憲政擁護運動の熱もまだ冷めやらぬ中、元老は誰も火中の栗を拾おうとしない。そこに唐突に名前が挙がったのは、政界から引退状態にあった七十六歳、大隈重信。

大隈は憲政本党の党首を辞して以降、自由闊達な文化活動で耳目を集めている。早稲田の大邸宅は各界の著名人の社交場となり、大隈は早稲田大学の野球部をアメリカに遠征させたり、日本の南極探検隊を支援したり、人生百二十五歳説を唱えたりと、今やすっかり新聞の寵児だ。

古島は大隈再登板の噂を耳にして以降、情報収集に走っていた。元老たちが長く敵対してきた大隈を口説くとすれば、昔から大隈と悪くない井上馨が窓口になるにちがいない。その井上の側近にはひとり心当たりがあった。枢密顧問官の都筑馨六だ。

元外務官僚の都筑は井上馨の養女を娶り、麻布狸穴町にちょっとした洋館を構えていた。数年前に病を患い、今は井上の私設秘書のような仕事をしている。古島は記者時代、都筑の俳句を新聞に載せてやったり囲碁を教えてやったりと幾らか付き合いがあった。

この日、記者の朝駆けのごとく都筑邸を訪ねた古島に、都筑はすこぶる愛想が良かった。古島が睨んだ通り、大隈は井上馨との間で総理就任に向けての下交渉を進めており、それを都筑らが手伝っていた。

「古島君、次はもう大隈で決まりだよ」

都筑は、朝食後の紅茶をゆっくりすすりながら続けた。

「大隈はこれまで政友会にやられっぱなしで、これを酷く憎んでる。そこで山県さんと利害が一致した。桂が遺した同志会を与党にして大隈内閣を作り、政友会を潰させる。そこに犬養と尾崎の二人が入閣すれば、国民も大喜びだろう」

桂は、大正政変の年の十月にあっけなく癌で急逝。その後を継いで、外務官僚の加藤高明が「立憲同志会（同志会）」を立ち上げていた。国民党の脱党組を母体に代議士約九十人、若槻礼次郎や浜口雄幸といった優秀な官僚を次々に入党させ、確かに政友会に対抗しうる勢力に膨らみつつある。

しかし都筑の話には、どこか疑問の欠片が引っかかった。あの山県が政友会憎さだけで、維新の頃から確執の深い大隈を本当に推すだろうか。古島の元記者の直感がざわついた。しつこく詰め寄ると、案の定、都筑は真相を漏らした。

「実はな、山県さんは総理候補にある条件をつけた。懸案の『陸軍二個師団増設』を実現することだ。桂内閣が倒れた因縁の増師だから、再び議会にかけるのは至難だ。だがな、なんと、その話に大隈がのったんだよ」

大隈は増師の密約ばかりか、山県の腹心、大浦兼武を内閣の中心たる内務大臣に据える条件まで呑んだのだと、都筑は愉快そうに付け加えた。大浦といえば、桂と一緒に国民党からの代議士引き抜きに駆け回った張本人だ。

――大隈は総理に返り咲くために、元老に約束手形を乱発している。

ふつふつと湧く憤りは、すぐに不安にとって代わられた。

――木堂は義理人情の男だ。長年仕えた大隈から入閣を懇願されれば断れんだろう。しかし入閣すれば行く先は地獄、増師の踏み絵まで させられるぞ。

すっかり押し黙った古島の様子に、都筑はようやくしゃべりすぎたことに気づいたようだった。都筑は声をひそめて念を押した。

「おい、古島君、増師に大浦のこと、これは極秘だぞ。君が口の堅い男だと見込んで話したのだ。君ら国民党は同志会に色々と恨みもあろうが、元は同じ釜の飯を食った仲間だ。ここは大局に立って、君から犬養に入閣するよう説得してほしい」

人力車の揺れが、古島の焦る気持ちを一層高ぶらせる。「憲政の神」に道を誤らすわけにはいかない、今はその思い一点だ。四谷の町を突っ切って暫くすると、東の前方に早稲田の水田が見えてきた。古島はそれを睨みつけた。

牛込馬場下の交番前を左に曲がると、犬養家の黒い板塀が見えてきた。

玄関の式台の前には、もう幾つも革靴が並んでいた。応接間では国民党の代議士たちが歓談し、その中を泳ぐように書生が茶を注いで回っている。皆、犬養の入閣話を嗅ぎつけ、早くも猟官運動を始めているようだ。十六年もの野党生活に耐えた犬養陣営にとって、大隈再登板の噂は久々の明るい報せに違いない。

　二階に駆け上がって書斎に飛び込むなり、犬養の背中に声をかけた。

「大隈さんから何か打診はありましたか」

「ん？」

　犬養は硯を研ぐ手を止めて、こちらに向いて座り直した。古島は遠慮なく犬養の正面にどっかと腰を落とすと、一気呵成に吐き出した。

「なぜ山県が急に大隈支持に変心したか、不思議でならなかったんです。それで色々と調べたら、大隈さんは二個師団増設を通すという条件を呑んだらしい。それだけじゃない、山県の子飼いの大浦兼武を内務大臣にすることまで受けたそうです」

「なんだと」

　犬養が眉を吊り上げた。

「おぬし、よく聞き出したな」

　矢も楯もたまらず、古島が噴き出すような勢いで続ける。

「そもそも憲政擁護運動は、山県が増師をごり押ししたのが原因だ。これにあなたが入閣して増師を通しでもしたら、筋が通らん」

「当然だ」

「われわれは大浦に積年の恨みこそあれど、それを許す義理はない」

「もちろんだ」

「しかし、党員たちはもうあなたの入閣を心待ちにしている」

「それとこれとは別問題だ」

古島はそこで初めて、胸につかえた思いをはっきり口に出した。

「それでは、先生の入閣はなしですね」

「いくら大隈さんから頼まれても、そんな変則内閣になど入れるもんか」

犬養は入閣固辞を明言した。古島は胸をなでおろした。

「そのうち大隈さんから直に連絡があるでしょう。私はもっと情報を探ります」

犬養は「よしっ」と小さく一言、覚悟したように頷いた。

数日後、古島は三浦梧楼から呼び出された。鼻の利く三浦は、政局が煮詰まると必ず熱海の別荘から東京・小石川の本宅に戻ってくる。

用件は「組閣」に違いないという古島の予感は的中した。

「おい古島よ、次は大隈だぞ。権兵衛火事を消すために、早稲田の消防ポンプを引き出すことにした。犬養も長い間、苦労した。今度こそ内閣に入れ」

まさか三浦も山県ら元老とつるんでいるのか。古島には判断しかねた。

「党員も懐が寂しくてピイピイしておる。犬養を入閣させれば少しは潤うだろう」

犬養贔屓の三浦である、親心には違いない。少し気は引けたが、古島は一芝居うった。

「ご親切はありがたい。ですが犬養も今や国民党という一党の総裁です。内閣の中心たる内務大臣でなければ、お話を受けるのは難しい。内務大臣なら、私が犬養の首に縄を付けてでも引っ張ってきます」

「それならわけはない。大隈に話をつけるから待っておれ」

それから数日後、古島はまた三浦邸に呼ばれた。案の定、前と違って元気がない。

「どうでしたか」

「それがな、大隈は『犬養と尾崎は俺の関羽と張飛だ。必ずこれを提げて立つ』とは言うのだが、内務大臣はどうとかこうとか、どうもはっきりせんのだ」

三浦は、大隈の煙に巻かれていた。古島は「それでは、この話はなかったことに」と告げ、その足で犬養邸へ取って返した。

犬養は玄関先で数人の新聞記者たちに囲まれていた。古島の姿に気づくと、丁重に人払いをして二階に上がって口火を切った。

「たった今、大隈さんから電話があった。相談があると呼ばれたが、差し支えがあると言って後日にしてもらったところだ。それでおぬしの帰りを待っていた」

「情報通の三浦将軍ですら、内務大臣の件は一切、知りません。増師も内務も、どうやら本当に大隈さんと元老の極秘事項のようです」

二人が角を突き合わせる書斎に、お手伝いのテルが遠慮がちに顔を覗かせた。尾崎行雄が下の応接間で待っているという。二人が急いで下りると、頬を紅潮させた尾崎が椅子を蹴飛ばして、威勢よく立ち上がった。

「おい、犬養君、大隈がやるぞ！　いよいよ俺たちの出番だ！」

尾崎は松隈内閣での文部大臣就任以降、十六年ぶりに大隈から入閣の誘いを受けて舞い上がっている。

「ただな、内務大臣だけは止めておけ。同志会の奴らが怖がっている。選挙の時に君に復讐（ふくしゅう）されると恐れてるんだ。だから内務は俺がやってもいい。その代わり、君は他に何でも好きな大臣になれ、大蔵大臣なんかどうだ」

三浦梧楼から「犬養内務案」を突きつけられた大隈が同志会に手をまわし、事前に話を潰そうとしているのだろう。尾崎が内務大臣になれるはずもなく、彼が同志会に都合よく使われているのは語るに落ちている。古島はいたたまれなくなって、黙って応接間を出ていった。仕方なく犬養が口を開いた。

「おい、おぬし、いつから総理大臣になった」

「なに？」

「組閣を任命されるのは大隈さんだろう。ここでお前と約束をしたって何にもならん」

「いや、それはそうだが……」

「俺はまだ早稲田には行かんよ。お前は先に行って、それこそ内務大臣でも何でも好きな席を決めてくればいい」

どこか冷めた犬養の態度に、尾崎は怪訝そうにしていた。

四月十三日、大隈重信に大命が下る。

犬養もこれ以上、大隈との会見を先延ばしにできなくなった。古島を同行させるか迷ったが、ここは政治家として大きな岐路だ。自分一人で向き合うのが筋だろうと、ひとりで家を出た。

牛込馬場下の細い路地をゆっくり歩き、早稲田の大隈邸を目指した。

麗(うら)らかな春の陽射しがじんわりと暖かい。こうして田園地帯を歩くのは久しぶりだ。間もなく田植えが始まるのだろう、どの田もたぷたぷと水を張っている。ふと、故郷の庭瀬を思い出した。家々を縫うように走る庭瀬の用水路も、そろそろ水面を忙しく動かしている頃だ。

しかし美しい景色とは裏腹に、気分は憂鬱である。

大隈はすでに、「自分の子分である犬養と尾崎の二人は必ず入閣する」と方々で吹聴している。まだ国会すらない明治の世に、改進党を立ち上げた三人が揃い踏みするという筋書きは、誰が見ても出来過ぎだ。入閣を断れば、裏切り者扱いは間違いない。

入閣してもしなくても、先にあるのは茨の道だ。

大隈邸が見えてきた。空をさえぎる老桜の立ち枝を見上げながら、犬養は思いを巡らせた。今まで幾度、この大庭園の美しさに目を奪われながら、仁王像に睨まれながら通ってきたことだろう。

その昔、事前の約束もなしに入室を許されるのは、自分と尾崎くらいだった。初めての選挙の時、松隈内閣を作った時、憲政党が誕生した時、いずれも大隈重信という神輿をどう担ぎ、どの方向へ向けるかの「策謀」を巡らしに来た。

――大隈さんを担いで立憲政治を実現することは、福沢先生の遺志でもあると信じてきた。だが、あまりに大隈さんに付き合いすぎたな……。

何度考えてみても、これまで自分が担ぐ神輿としては大隈しかいなかった。

大隈もまた、珍しく早めに応接間のソファに腰を沈め、考え込んでいた。

数日前、三浦梧楼を介して犬養が内務大臣を要望してきたのには驚いた。犬養という男は元来、地位には恬淡（てんたん）とし、黙って空いた席に座るものと思っていた。大臣の末席に取り立ててやり、同志会の加藤と両刀使いにするつもりでいた。

しかし振り返れば憲政本党の内紛以来、犬養は早稲田にとんと顔を見せていない。指折り数えると、その無沙汰は五年近くに迫ろうとしている。

だが、大隈には揺るがぬ決意があった。

——政友会も伊藤がいた頃はともかく、今や国家予算で己を肥やす群盗同様。政権から引きずり下ろせば、寄生虫のごとく死ぬ。だが議会ではまだ多数だ。次の選挙までは同志会と国民党が結束せねばならん。犬養が政友会にすり寄ろうものなら、力ずくで党員を奪うまでだ。

確かに犬養は、これまでよく大隈に尽くした。だが権力を摑みに行く戦において無用な情は命とりになることを、大隈は冷徹なまでに知り尽くしている。

「閣下、犬養先生がお越しになりました」

何とも神妙な面持ちで犬養が応接室に入ってきた。実は尾崎と加藤も同じ時間に呼んでいた。一気に話をまとめようと考えていたのに、約束の時間には随分と早い。

——さすが犬養め、奇襲してきたな。

「犬養君、よく来てくれた。いやあ、顔を見るのも随分と久しぶりじゃないか」

大隈は大袈裟なくらい歓迎の言葉を並べ、犬養の肩を抱いた。そして大きな分厚い手で何度も固い握手を交わした。

「吾輩も、もう七十六になる。これから老骨に鞭打って、最後の御奉公に励むつもりだ。君も、もちろんやってくれるな」

犬養は握られた手をそっと離した。長広舌が始まる前にケリをつけるつもりだった。

「やってくれと仰いますが、もうほとんど決まっているのでしょう」

「何を言う、組閣はこれからだ。君と尾崎によく相談して決めたいのだ」

「では、内務大臣はどうなさるおつもりで」

いきなりの直球に大隈は少し言葉に詰まった。

「いや、内務だけは難しい。色々と注文があってのう。誰を立てても反対が出るから、これが悩ましいのである。君もよく知っておるように組閣というのは難しいものだ」

犬養はこれ以上、下手な芝居をしたくなかった。

「内務は、もう大浦で決まりなのでしょう」

大隈がギョッとしたのが分かった。

「あなたと私の間です、水くさいことは仰ってくださるな。内務は大浦でしょう」

「いや、その、まだ何も決まってはおらん。皆、色々と噂はするけれども……」

後の言葉は続かない。

「そういう献立ができているのに、今さら私などが入っても仕方のないことです。今回、私は外から総理をお助けします。では」

犬養は小さく一礼すると、あっという間に扉の向こうに消えた。

一人残された大隈は椅子に座ったまま、すぐに次善策を考えた。まさか犬養が、極秘のはずの大浦の名前を口にするとは考えもしなかった。

――さすが想像以上に内情を摑んでおるな。しかし不愛想ながらも「外からお助けする」とは言いおった。同志会につくのなら、国民党にはまだ使い道がある。

大隈はその後も二度、尾崎ら複数の代議士を同席させて犬養に入閣を口説いた。その都度、記者たちとの会見を設けた。一徹な犬養の決心が変わらぬことは承知の上だ。そうやって繰り返し入閣を要請する姿勢を広く見せつけておくことが、今後、世論をして犬養の動きを封じ込めるのに好都合だと考えた。

間もなく、第二次大隈内閣が成立する。

同志会を与党に、外務大臣は加藤高明、大蔵大臣は若槻礼次郎、司法大臣は尾崎行雄。内務大臣だけは大隈が兼任した。新聞記者には「内務の席を空けて犬養君を待っている」という姿勢を見せたが、実際は犬養に詰め寄られた手前、山県との密約通り大浦を据えるわけにいかなくなった。大浦には因果を含め、次の選挙まで農商務大臣にして待機をさせた。

民衆に歓迎された第二次大隈内閣の顔ぶれは、実は憲政擁護運動が倒した第三次桂内閣とほとんど変わらない。

「大隈侯が桂公にかわり、それに尾崎が飛び込んだだけ」

そう犬養がぼやいたように、違いといえば、司法大臣と逓信大臣の座が党人派に与えられたくらいだ。この皮肉な現象は、大隈人気の高さ、そして政友会の評判の悪さくらいでしか説明がつかない。世論はいつも気まぐれである。

入閣を断った犬養には、案の定、批難の矢が突き刺さった。

同志会が出資する複数の新聞社は、高齢をおして大隈が百難の衝に当たろうとしているのに、犬養が同志会憎さで入閣を引き受けないのは偏狭の至り、あまりに恩知らずだと書きたてた。

もとより仁義の厚さで知られる犬養である。全国の支援者たちからも国民党本部に問い合わせが殺到した。金のない国民党は機関誌を持たない。仕方なく、古島が掲載枠を用意してきた雑誌『太陽』に、〈新内閣観と我が党の態度〉と題して歯切れの悪い言い訳を書かねばならなかった。

〈大隈伯の勧誘をお断りするのは忍びなかった。自分としては大隈伯とは長い歴史があるが、政党の主義政綱を没却してまでも閣員の列に加わるべきではない。異分子の多い閣員に加わり、少しでも私の本領を発揮しようとしても、他と衝突を来たすようでは、老伯に対しても気の毒なことになる。よくよくその辺の事情を尽くし入閣を断ったのである〉

この頃、古島は特に用がなくとも犬養の家に努めて足を運んだ。

大隈人気に乗った同志会は、国民党の切り崩しを露骨に再開している。犬養は大隈に文句のひとつも言えず、黙って手足をもがれるような立場にある。ここはまず犬養の憤懣を自分に向かって吐き出させ、外での要らぬ毒舌と衝突を防ぐことだ。今はただ我慢の時である。

この日も古島が書斎に姿を現すや、犬養はまくしたてた。

「おい、同志会の奴らは酷いもんじゃ。わしを中傷するならまだしも、党員に密かに官職を与える約束をして何人も引き抜きおった。残った者にも、次の選挙資金を出すと申し出ておるらしい」

古島は、薄っぺらい毛氈にゆっくり腰を下ろした。

「ここまで先生について来た党員ですから、もう信じるほかない」

犬養の憤懣は嘆きに変わる。

「飲み水に毒は流すわ、ダムダム弾は発射するわ、国民党も早晩、四十を割るな」

「巷の大隈人気はすごいですよ。反骨が売りの『萬朝報』の黒岩涙香（るいこう）まで応援団の旗を振ってます。山県も大隈人気の陰にこっそり隠れているし、今の情勢で大隈さんに歯向かっても一利もない」

「大隈総理と山県の密約など誰も知らんからのう。全く文句を言う先がないわい」

「そのうち必ず尻尾（しっぽ）を出しますよ。その時までの辛抱です。今はとにかく口をつぐみ、無用な反感を買わぬよう徹して頂きたい」

「うむ、分かっとる。じゃが、大隈総理も今の財政ではとてもじゃないが、二個師団の増設なんかには踏み切れんじゃろう」

実際、第二次大隈内閣が発足した大正三年は長引く不況で税収が落ち込み、日露戦争で抱え込んだ外債の重圧もあって、国家財政はかつてないほど悪化していた。増税しようにも、同志会はつい先ごろまで野党として営業税などの「三悪税の廃止」を掲げてきた手前、減税方針を撤回することもできない。幸運だったのは新内閣が発足したのが四月で、翌年度の予算編成までかなりの猶予があったことである。その間、事態は急転していく。

六月、野党に転落した政友会で、原敬が西園寺に代わって総裁の座に就く。犬養と気脈を通じ、次期総裁の本命だった松田正久は前年に体調を崩し、三ヶ月前に急逝した。もし松田が総裁になっていれば、大隈同志会を相手に政国合同は一気に実現したかもしれない。犬養は運に恵まれなかった。

七月、政権に思わぬ「天祐」が訪れる。欧州を舞台にした第一次世界大戦の勃発だ。戦争があらゆる異論を封じ、国政を一気に動かす成功体験は、日清・日露という二度の戦によって大隈も学習済みである。

八月、大隈内閣は前のめりで参戦を決める。ドイツに対して宣戦布告し、ドイツが中国から租借して東アジアの拠点にしている「青島（チンタオ）」攻略に踏み切った。参戦には慎重だった山県も、これも増師の好機と見て批判を封印した。

大隈自身、山県の言いなりになるつもりは毛頭なかった。当面は増師の実現を餌に、元老の支持を取り付ける。そして次の選挙で政友会を徹底的に叩き潰し、圧倒的な勝利でもって元老の影響力を排除するという筋書きだ。明治維新からしぶとく生き抜いてきた老獪な二人の、まさに神経戦である。

十月、大隈内閣は、世論が参戦を強く支持し続けているのを確認し、いよいよ時機来たれりと「二個師団増設案」の閣内での決定に踏み切った。

十二月、第三十五回帝国議会に因縁の増師案が提出された。

耐えに耐えてきた犬養に、ようやく行動を起こす時がやってきた。

2、バタ臭い男

増師問題に、どう反論するのか。世論を敵にまわすに等しい大隈批判には一点の矛盾も許されない。下手をすれば、裏切り者の烙印を押されるだけだ。犬養の軍事研究には余計に熱が入った。

まず陸軍が作成した日露戦争の報告書を入手し、隅から隅まで目を通した。騎兵や歩兵による正面突撃は火線に阻まれて敗退し、砲撃の精度がものをいっている。つまり肉弾の時代から兵器の時代へと移行する傾向が見て取れた。つい先ごろ、圧倒的な砲撃力でドイツ軍に勝利したばかりの青島攻略もそれを証明している。

続いて、今まさに欧州で始まった世界大戦の情勢を探ろうと、英字新聞を取り寄せて片っ端から目を通した。しかし、報道で伝えられる海外の情報には限りがある。現地に詳しい専門家を探すうち、有望な人物がいるとの噂を耳にした。

その男はイギリス帰りで、明治大学で教鞭を執っているという。半信半疑だったが、今はひとつでも情報が欲しい。まずは人定めにと、手紙を送って面会を依頼した。

約束の日、犬養は早めに家を出て、神田錦町の松本亭に立ち寄った。そこから明治大学までは歩いてすぐである。

女将のフミは、犬養を歓待した。「竜吟窟（りゅうぎんくつ）」と書かれた犬養の扁額（へんがく）を飾った、中庭が見渡せる特等席に犬養を座らせ、あれこれ世相の話をした。犬養が茶菓を馳走になりながら明治大学に行く用件を話すと、情報通のフミはクリクリとした大きな瞳を輝かせた。

「木堂先生、それってミスターウエハラ、植原悦二郎さんのことでしょう。植原さんといえば、もう学生たちの間で大変な人気です。雄弁会の会長もされていて、うちで開かれる学生の勉強会にも何度かお越しになったけど、とってもハイカラな男よ」

「植原教授は、そんな有名か」

「ええ。自由な気風で知られた明治大学もね、今じゃ司法科試験の予備校になったたって言われてるとこに、イギリスから自由主義者が舞い降りたってね」

松本亭を出て、神田駿河台のニコライ堂の金の十字架を眺めながら、柳の揺れる川沿いを暫く歩いた。大学に着くと、教授はまだ講義中という。フミの話を聞いて、好奇心が湧いてきた。

――さて、どんな男かちょっと覗いてみるか。

事務員の案内で教室へ向かうと、外の廊下にまで学生が溢れ返っている。つま先立ちで教室を覗き込む者もいれば、廊下の隅に座り込んで必死にメモを取る者もいる。教授の姿は見えず、やたら甲高い声だけが聞こえてくる。時おり、英語でまくしたてている。事務員によると、海外で最新の政治学を学んだ植原の憲法学を聞こうと、東大や京大からも聴講に詰めかけてくるのだという。

「いやあ、お待たせしてすみません、なんせ学生の質問が多くって」

講義を終えた植原が大学の応接室に現れたのは、約束の時間を四半刻（しはんとき）ほど過ぎてからだった。

仕立ての良い薄桃色のシャツに蝶（ちょう）ネクタイを締め、吊りズボン姿だ。ソファに腰かけると、絹のハンカチでしきりに汗をふいた。髪は七三分けに梳（と）かしつけ、肉付きのよい頰をぷっくり膨らませて人懐っこい笑顔を作る。身体が動くたび、どこかふんわりと甘い香りが漂う。犬養家にたむろする大陸浪人たちとは、まるで違う人種だ。

植原は、犬養から繰り出される質問に熱心に耳を傾け、日本ではまだ珍しいマーブル模様の万年筆でサラサラと要点を書きつけた。

新進気鋭の政治学者、植原悦二郎。後に政界入りし、戦中は東条英機に非戦論を説いて不遇の時を過ごすも、戦後は吉田内閣の国務大臣として日本国憲法の制定に深く関わる男だ。その経歴は極めて稀有なものである。

長野県の元庄屋の家に生まれたが生家は没落し、幼い頃から生活に困窮した。小学校を出た後は、製糸工場で検番として働く。明治三十二年、金を貯めて自力でアメリカにわたり、働きながら高校を出てワシントン州立大学に入学、アメリカ屈指の政治学者に師事して卒業を果たす。

植原は、こういう話にありがちな苦学生ではなかった。自ら週刊誌を発刊したり、電力会社の代理店をしたり、学生ながらシアトル日本人会の副会長も務め、五千ドルもの貯金をこしらえた。その金を持って、さらにイギリスに渡る。明治四十三年には名門ロンドン大学大学院で、世界的な政治学者グレーアム・ウォーラス教授の下で博士号を取得。博士論文『日本政治発展史』は上流階級が使う格調高い英語で書かれ、イギリスの著名な論文集の一巻として出版もされた。

帰国後も、旺盛な活動は止まらない。植原は明治憲法下でも国民主権論は成立すると主張し、吉野作造の民本主義の先を行く民主主義を唱えた。帝国大学出身者やドイツの法学者ばかりが重用される日本の学会からは異端視されたが、植原は大正という時代を引き連れ、次々に論文を発表しては世を驚かせた。

犬養からの相談を一通り聞き終えると、植原は明快に言ってのけた。

「二個師団の増設など、私に言わせれば話になりません」

そして、犬養に喜んで協力したいと申し出た。

「私が外国で学んだことを、先生が政治の場で活用して下されば、これほど嬉しいことはありません。なんせ今、世界の潮流は大変な過渡期にきています」

植原は、次々と話を進めた。

「先生もご存知のとおり、日露戦争でわが国は国家予算の七倍を超える戦費を国債と増税で賄いました。こちらは全力投入、ロシアは片手間。だから辛うじて勝てた。日本の勝利は奇跡といっていい。ですが今後、近代国家が激突すれば、国民経済や生活までも巻き込む戦いになります」

こちらが口を挟む間もない勢いで植原は続ける。

「欧州の戦争では今、毒ガスや潜水艦、新型の戦車に飛行機など新兵器が次々に投入されてます。銃後の別なく国民を動員し、兵器を増産しながら戦闘を続けています。国家総力戦はもう現実の話です。ですが日本の工業生産力はアメリカの三十六分の一、ドイツの十六分の一。それも主力は紡績業で、兵器の製造に必要な鉄鋼も石油も乏しい。資源のない日本は、総力戦はとても戦えません。だから私は、日本の政治家の最重要の任務は、戦争を回避することだと確信します」

植原との出会いで、犬養にも暁光が見えてきた。この日から、犬養はたびたび植原の知恵を借りた。イギリス政治に深い憧憬（しょうけい）を持ち、健全な議会政治の発展を訴える植原には、犬養と相通じる土壌があった。犬養は間もなく、独自の「経済的軍備論」を完成させる。

十二月、議会が始まる。犬養は連日のように登壇し、とことん引き絞られた弓から矢を放つように、二個師団増設案に真っ向から批判を浴びせ始めた。

「日本陸軍は海外に比べ、あまりに後れを取っている。大戦での質的な変化に対応せず、裸体に等しき軍隊を二個師団ばかり増やしたところで後年の大戦には勝てない。まずは軍事と経済の力を均衡させ、兵役年限を短縮して経費を抑え、その分を予備役に回して兵力の動員を可能とする。今、必要なのは小手先の増師ではなく、国力に見合った国防体制を根本から見直す一大変革である」

犬養は日本の政治家として初めて「国家総力戦」にふれた。

〈木堂の演説は刀に喩えれば村正、一度鞘（さや）を払えば血をみなければすまぬ。黙っていれば温厚だが、いったん口を開けば相手をバラリズンと切りまくらなければ止まらぬ論客である〉とある雑誌が評した通り、犬養の完膚なきまでの糾弾は、毎晩午後十一時を過ぎるまで続いた。長州出身の陸軍大臣、岡市之助（おかいちのすけ）は返答に窮して演台で立ち往生し、犬養は「増師反対軍総帥」との異名を取った。

総理大臣席に深々と座る大隈は、小さな身体で獅子吼する犬養の横顔をジッと見つめた。かつては自分の世話女房とまで呼ばれた一番の参謀が、ついに反旗を翻してきた。

ある晩、深夜に議会がはけると、大隈は側近にこう嘆いてみせた。

「吾輩は、『ブルータスよ、お前もか』という心境である」

翌日、植原が朝一番で国民党の議員控室に顔を覗かせた。植原は、部屋の隅で立ち話をしている古島を見つけるとすぐに駆け寄ってきた。

「古島さん、ご存知ですか。さっき記者から聞いたんですが、大隈さんは昨晩、『ブルータスよ、お前もか』とぼやいたそうですよ。犬養先生の昨日の質問は鋭かった、あれは相当に堪えたでしょう」

豊かな頬を緩める植原に、古島は真顔になって否定した。

「おいおい、冗談じゃない、木堂にとって大隈さんはジュリアス・シーザーじゃないぞ。木堂の前でシーザーを名乗れるのは、福沢諭吉と栗本鋤雲（じょうん）の二人だけだ」

植原はニヤッと笑うと、まっすぐ犬養が新聞を広げている席へと向かった。連日の諫言を浴びせ始めた。

猛烈な追及を称えるのかと思いきや、挨拶もそこそこに立て板に水の勢いで諫言を浴びせ始めた。

「犬養先生、昨日のような些末なことではいけません。最大の問題は陸海軍大臣の武官制です。憲法は大臣の資格は定めていません。陸海軍だけが軍人でないといけないなんて憲法違反です。文部大臣は教育者、逓信大臣は逓信技官だとでもいうのですか。今のままでは無政府状態を作る権限を軍に与えているのに等しい。先生はこういう問題こそ提起すべきです」

朝一番の一方的な口撃に、さすがの犬養も苦笑いで応じている。植原がしゃべり始めると暫くは終わらない。興奮すると早口の英語もポンポン飛び出す。周りの議員たちは「バタ臭い奴だ」と煙たがり、「ミスターウエハラ」と呼んでからかった。だが、古島はもうすっかり感心していた。

――こいつは木堂の掘り出しもんだ。国民党にぜひとも入党させねばならん。

この頃から、古島もまた明治大学に頻繁に足を運ぶようになる。何かにつけて「イギリスでは」と始める植原は確かにバタ臭くはあったが、日本での最終学歴は古島と同じ小学校。それを互いに自慢しあうほど意気投合した。

民本主義の最左派としての植原の活動は留まるところを知らない。

この年、時代を牽引する雑誌『第三帝國』に独自の憲政論を発表。植原は憲政発達の九大障害として、元老・枢密院・貴族院の存在、皇室と内閣の力関係、選挙制度等を並べ、最後に日本国民の「好戦的性癖」を挙げた。日本国民は戦争になるといつもこれを歓迎するが、戦争は必ず専制体制から起きる、好戦的な国民は結果として専制に服することになる、憲政発達の最大の敵は武断攻策だと、予言的な警告を発した。

植原の指摘はやがて現実のものとなり、それは日本の針路を誤らせ、犬養自身の命をも奪うことになる。その時、血まみれの犬養の身体を自らの腕に抱きかかえることになろうとは、植原自身まだ知る由もない。

十二月二十五日、「二個師団増設要求」は国民党と政友会の反対多数で否決される。大隈はすぐに議会を解散、待ちかねた総選挙へと踏み切った。各地の警察を動員して野党の選挙運動に徹底して干渉させ、膨大な機密費を選挙運動へと注ぎ込んだ。潤沢な資金と兵隊を持つ大隈陣営と、常時金欠の犬養陣営。両者の戦いには、まるで迫撃砲と竹やりほどの差があった。

犬養は南船北馬、寝台車もない夜汽車を乗り継ぎ、町から町へと遊説に走り回った。国民党の候補者にとっては犬養人気だけが頼りだ。それを見透かすように同志会は「改進党以来の大先輩に弓を引いた背徳者」という人格攻撃を仕掛けてくる。

「老人ならば、どんな政治をしてもいいのか！　政策をよくみてほしい」

犬養は声を嗄らして訴えた。しかし、大戦の影響で国内景気はにわかに回復。増師の問題など、民衆はあっという間に忘れ去った。

資産を持たぬ犬養にとって、党員の選挙資金を調達するには「書」しかない。今や「木堂の書」は高名な書家と並んで高値で売買されている。犬養は書きに書いて書きまくった。車、列車、旅館には常に木堂専用の文房四宝が置かれ、寝る前はもちろん、旅館を出発するまでのわずかな時間にも腕がしびれるほど書いた。もはや趣味どころか重労働だ。新聞には〈木堂、書地獄に堕つ〉と書かれ、原敬まで「犬養君はなまじ芸があるから苦労するが、自分は無芸だからその心配はない」と同情を寄せた。

書地獄の中からも犬養は支持者に手紙を送り、〈政府の干渉は激しい、機関誌もない、兵糧は不足、金もない、自分ひとりで遊説するには手が回らない〉と嘆いた。

古島も自身の選挙は松本亭の女将フミに任せ、犬養と手分けして当落線上にある候補者の応援に走り、塩辛声を張り上げた。

「弁士、注意！」「弁士、中止！」

大隈内閣批判を始めるたび、内務省から派遣された警官に演説を中止させられ、集会を解散させられた。接戦を闘う同志の中には、選挙参謀や秘書が警察に引っ張られて拘留され、陣営を切り崩される者も続出した。

大正四年三月、同志会は圧勝、協力政党を含め二百を超える議席を獲得する。政友会は八十議席減の百四議席に落ち込み、犬養国民党に至っては、とうとう二十七議席にまで減らした。かつては堂々たる野党第一党が、存続の危機に直面しかねない惨憺たる負け戦となった。

　評論家の三宅雪嶺はこんな同情まじりの記事を書いている。

〈犬養氏は乾分が二十七名で云うに足らぬが、兎に角献身的な者が二十七名である。犬養氏の下に居っても、入閣は勿論の事、参政官、副参政官にもなれない事は知って居るが、何にしてもあの痩せた死にそうなものを戴いて、共に事をなして居る〉

　四月に入り、古島と犬養は国民党の事務所で書類の山に囲まれ、虚しい敗戦処理に当たった。事務員を雇うような余裕はもはやない。犬養の頬は削げ落ち、目の周りの影もより濃く、狼顔と呼ばれる相貌はますます凄みを増している。

　不慣れな事務仕事に一区切りつけると、犬養は窓際の席に移った。

　硝子戸を開け、植原が差し入れてくれたイギリス製の両切煙草を取り出して一服した。ころあいの陽だまりの中で目を閉じてゆっくりと、そして細く長く煙を吐き終えてから古島に切り出した。

「同志会のやつら、いよいよ国民党も断末魔だと気勢をあげとるわい」

「議会の交渉団体は最低二十五名です。我々は首の皮一枚をもって生き残った」

古島は語気を強めて言葉を重ねた。

「二十七人の同志は、どんな誘惑にも屈しない、筋金入りの純正犬養派ばかりです」

「組織は小さくなれど結束は固まった、とでも言うか」

「確かに与党は倍増しましたが、加藤外務大臣の対華二十一ヵ条の要求は、支那から相当に抵抗を食らってます。これは今から揉めますよ」

古島の励ましにも、犬養は珍しく弱音を漏らした。

「わが生涯は苦戦の歴史だ……。それというのも、出発点において根本思想が同じでない人と事を共になしたためだ。それで一生の苦痛を招いたわい」

大隈と袂(たもと)を分かったこれから、少数政党としてどう影響力を保つのか。

「党が小さくなればなおのこと、具体的な政策を磨かねばならん。政策を一つでも実現していかねば、党の存在意義がなくなってしまう。幸い、植原悦二郎という見つけものがあった。これからは植原のような者が政治を変えるかもしれん」

「ええ、彼はまだ政治家には興味もないようですが、もうすっかり犬養先生の信奉者です。次の選挙には必ず出馬させますよ」

犬養は根本まで吸った煙草を竹筒の灰吹きにそっと落とすと、椅子から立ち上がった。窓の方へくるりと向くや、後ろ手で小さくぼやいた。

「この春は、桜を愛(め)でる暇もなかったわい」

花の時期を終えた桜の枝には、もう新緑が吹き始めている。犬養はそれを見るでもなく見つめている。選挙のたび勢力を減らす万年野党、その党首の小さな猫背に漂う哀愁は隠しようもない。

大正という時代は激しい。このわずか四年の間に、国民党は憲政擁護運動の旗頭に立ったかと思えば、総選挙では大敗北、上を下への大嵐に見舞われている。背後にあるのは、かつての元老でも藩閥でもなく、摑みようのない民衆という存在だ。

犬養がくるりとこちらを向いた。その眼差しは少しばかり力を取り戻している。

「今回の選挙には色々と考えさせられた。結局、あれほど憲政擁護運動で批判を受け、桂内閣まで倒した増師問題が、いくら声を嗄らして回っても争点にすらならなんだ。それも、今回の議会が解散するきっかけだったのにだぞ」

「民衆というものは、どうも摑み切れんですね。内閣を倒すほどの力になると思えば、あらぬ方向に扇動されて暴走もする」

「ああ、民衆の声が常に正しいとは限らん。もし今、大西郷のような人気者が出てきて、いざ憲法を無視して圧政を始めても、民衆はわれ関せずだろうな」

「それに民衆の爆発は長続きしませんしね。諸外国でも政権を倒す革命のようなことはできても、その後の統治となると、どこも失敗してます」

「だからこそ、われら政治家がしっかり政策を掲げて国民を主導していかねばならんと思ってきた。じゃが、そんな上意下達の考えは、そろそろ改めねばならんようだ」

「とおっしゃると」

「今の選挙は特権階級だけのもので、民衆にとってしょせん、政治は他人事じゃ。祭りのように熱したかと思えば、すぐに冷えてしまう。そろそろ国民を直に政治に参加させ、結果に責任を持たせることが、国家の運営には必要なのかもしれん」

犬養はそう言ってまた黙り込んだ。

民のエネルギーを吸収し、政治に活かす装置をつくる。その危険かつ壮大な計画を実行に移すには、植原悦二郎という存在が国民党にとって得難いものであることに犬養は気づいていた。

3、神の座を下りる

大隈重信にはわが世の春がやってきた、はずだった。

政友会征伐の夢を叶え、圧倒的多数の与党を抱える大総理となった。六月、大隈内閣は懸案の「二個師団増設」を含む追加予算を再上程。犬養らによる激しい追及をものともせず、採決であっさり成立させて数の力を見せつけた。

しかし、政界にあって一つの球が強く弾かれると、次の連鎖反応が起きる。増師が可決され、山県の念願は叶った。微妙な力関係の上にあった大隈内閣が、崩れ始める。

きっかけは古島の予想通り、中国への「対華二十一ヵ条の要求」だ。

旅順・大連の租借期限と、満州における諸権益の期限の延長が最重要の項目だ。特に満鉄の租借期限は十年後に迫っていて、急ぎ解決せねばならない。しかし、陸軍から次々に要望が追加され、要求の中身は膨れ上がる。外務大臣の加藤高明はそれを絞り込むことなく、二十一もの項目に羅列し、丸ごと中国に突きつけた。

その中には「警察権を日本にわたす。日本製の武器を使う。政治財政軍事に日本人顧問を雇用する」など、強圧的な要望が並んだ。この内容が中国から列強にリークされると一転、厳しい日本批判が巻き起こる。

「日本は欧州の大戦のどさくさに紛れて、中国で火事場泥棒をしている」

中国全土で激しい排日運動が勃発する。日本の要求を幾らか削りながらも、交渉を呑んだ五月九日は「国恥記念日」とされ、日中関係は過去にない勢いで悪化していく。

国内では、大浦内務大臣の贈収賄事件が明るみに出た。増師に反対する議員らに計五万円を渡した容疑だ。もはや元老の庇護も得られず、内閣の要である外務大臣も内務大臣も辞任に追い込まれた。それでも大隈は政権に留まり続け、人心は離れていく。

政界の黒幕、枢密顧問官の三浦梧楼が動いたのはその頃である。

三浦はある日、犬養と古島を東京の自邸に呼びつけた。すでに大隈内閣に見切りをつけた三浦は、いつになく真剣な面持ちで切り出した。

「大隈内閣の失態はこれ以上、見過ごせん。対華二十一ヵ条の傷は深いぞ。日支の関係を早く改善せねば、取返しがつかぬことになる」

三浦は、早くも次の策をあたためていた。

「内閣が変わるごとに国の政策がコロコロ変わるようでは、列強に足元を見られるだけだ。少なくとも外交と国防問題だけは、政府が更迭されても一定不動のものにしておかねばならん。乃公(おれ)は、そのための枠組を作らねばと思っている」

至極まっとうな意見に犬養が頷いた。

「私も国防問題だけは、党派を超えた国防委員会のような組織が必要と考えています。しかし、議会で対立しながら、そこだけまとまるというのはなかなか難しい」

「それは簡単だ。お前たち政党がつまらぬ喧嘩を止めて、政友会、国民党、同志会の三党首で話し合いの場を持てばいい。今後、誰が党首となっても、外交と国防にだけは混乱を来さぬよう、大枠で一致点を見出しておけばいいことだ」

古島が慌てて口を挟んだ。

「同志会の加藤が応じるはずありませんよ。犬養と原の両党首に散々やられて辞任にまで追い込まれたんですから」

「ほら、それだ、いつまで湯呑の中の争いをする。まあ、ここは乃公に任せておけ」

三浦の行動は意外に早かった。野党暮らしの原敬はすぐ話に乗ってきた。加藤にも強引に面会の機会を作らせ、会合に出席する約束を取り付けさせた。

大正五年五月二十四日、東京・小石川の三浦邸に三党首が集まった。

そこに新聞記者が大挙して押しかけた。犬養毅、原敬、加藤高明という三党首が一堂に集まるのである。すわ政変かと騒ぎ立てた。

だが三浦は記者たちを前に明言した。

「本日、三党首はここでわが国の将来を話しあうのであって、今日明日の些末なことは議題としない。よって内容は極秘である」

こうして一切余人の出入りを禁じた。

三党首は、狭い和室に神妙な面持ちで座っていた。部屋の中には何とも気まずい空気が満ちている。少なくとも世間話ができる三人ではない。誰ひとり目を合わそうともせず口も開かない。

そこに、新聞記者を追い払ったばかりの三浦が意気揚々と入ってきた。三人の前にどっかりと座り、大仰に切り出した。

「今日はよくぞ集まられた。御承知の通り、憲政を確立してゆくには政党が協力せねばならん。たとえ元老であっても、この矩(のり)を踰(こ)えることは許されん。そこで今日はまず、諸君の腹蔵なきご意見を賜りたい」

あまりに漠とした話に、身構えていた三人とも肩透かしをくらって苦笑した。原が丁寧な口ぶりでまっとうな意見を述べた。

「先生の御趣旨はごもっとも、反論する余地もございません。ですが、どういう点でわれわれが話し合えばよいのか、腹案をお示し頂きたい」

　すると三浦は、懐からそっと紙を取り出した。

「吾輩に、かねての考えがある」

　寒風の中を粘っている旧知の記者たちに対応するため、奥の間で耳をたてていた古島は〈さては、あらかじめ犬養に作らせておいた私案だな〉と察した。その紙を、三者が順番に回して読んだ。

〈一、元老の容喙を許さぬこと　二、対支外交を根本から見直すこと　三、軍事費はあらかじめ国費のうちで歩合を定めておくこと〉

　最初の「元老の容喙」という言葉に、いきなり原と加藤が眉をひそめた。山県ら元老と微妙な関係を結びながら党の伸長を図ってきた二人からすれば、露骨すぎる。そこで三浦が「趣旨を変えず、言葉を和らげればよい」と提案して「元老」の二文字を削除し、「外界」と書き換えた。

　二つ目の対支外交には、加藤が難色を示した。自分の失策を「根本から」批判されているのも同然だからだ。そこでまた三浦が仲裁案を出し、「対支外交の匪跡を改める」と表現をやわらげた。三つ目の軍事費については、三人とも異論はなかった。

会談は一応まとまり、加藤も、半ば三浦に脅されるようにして合意書に署名した。三人はそのまま三浦のはからいで食事を共にし、場の空気も少しばかり和んだ。そして今後も定期的に会談を重ねていくことを約束して散会した。

ところが次の会合から、加藤が頑なに参加を拒んだ。原が「約束違反だ」と怒り、自ら迎えの車を差し向けたりもしたが、加藤は逃げ続けた。結局、せっかくの三党首会談も、そのまま立ち消えた。もともと党員を引き抜かれた恨みのある犬養は、加藤をますます毛嫌いするようになる。

それから間もなく、息も絶え絶えの大隈内閣が倒れた。

対華二十一ヵ条の要求を巡る交渉で政党が失策を重ねたと批判があがり、憲政擁護運動以来、久々に藩閥内閣が堂々と息を吹き返した。山県の推挙によって総理に就いたのは、長州の軍人、寺内正毅（てらうちまさたけ）（元帥陸軍大将）である。

世界大戦は依然として続き、日中関係は悪化の一途だ。これに対応するため、与党を持たない寺内内閣は奇策を打ち出す。外交問題だけは政争の外に置いて取り組むべきとして、主要閣僚に加えて政党の代表も入れて「臨時外交調査委員会」を設置すると打ち上げた。藩閥内閣としては異例の呼びかけである。

――超党派の外交調査委員会とは、どっかで聞いたような話だな。

古島が怪訝に思っていると、またも三浦梧楼から呼ばれた。

裏で糸を引いていたのは、やはり三浦だった。三浦は三党首会談でやろうとした続きで、寺内内閣に犬養、原、加藤の三党首を入れて、日中外交の回復にあたらせようと考えた。山県は内閣に政党を入れることに反対したが、三浦が寺内に押し切らせた。三浦の思い入れにはかなりのものがある。

「おい、犬養を外交調査委員会に入らせろ。待遇は国務大臣と同等にしたから、犬養も少しは楽になる。加藤は駄々をこねておるが、原はもう参加を決めたぞ」

古島は少し考えてから口を開いた。

「会の趣旨には木堂も賛同するでしょうが、ただ寺内は長州ですからね、さあ、あの木堂がどう反応するか……」

山県を頂点とする長州閥と戦ってきた犬養である。三十年にわたる政治人生で薩摩とは接近しても、長州閥の内閣には近づいたことすらない。先の選挙でも三浦が「寺内から選挙資金をぶんどってやる」と申し出たが、突っぱねている。

「そんなことばかり言っておったら、奴も国民党もジリ貧だぞ」

三浦は、犬養の強情に苛立ちを隠さなかった。

「結局、憲政擁護運動も、政党の無力で中途半端に終わった。政党が力をつける迄は、藩閥とも協力せねばならん。貴様からよく言って聞かせろ、それでも詭弁を弄するなら、犬養とは金輪際、絶交だ！」

三浦の言う通り、国民党に今後の展望は見えない。強固な民党路線を叫ぶだけでは、早晩行き詰まる。政府の内部に入れば、あらゆる外交情報が入手でき、党の政策を立案するにも有利に働く。

翌日、古島は、犬養と膝詰め談判の覚悟で向き合った。

「外交調査委員会に入れば、長州に取り込まれたと批判もされるでしょうが、考えようによっては、山県が一手に握る軍の力を弱めることにも繋がります」

「どうせ加藤の臆病太郎は、原や吾輩に苛められるのを恐れて入らんよ。本当は三党首が揃わねば、三浦が言うような真の目的は叶わないんだがな」

犬養は、意外と素直だった。あくまで国民党の政策をひとつでも実現させるためと算盤を弾いたようで、外交調査委員会への参加を受けた。

「良かった、三浦さんも山県さんの反対を押し切って作った外交調査委員会だから、形になるか心配しておられました。原政友会と犬養国民党が揃えば、まあ上出来だ」

「昨日の晩、植原悦二郎が突然、わが家に来てな、誰から聞いたか外交調査委員会に入れと力説しとった。不完全な形でも、軍事と外交において内閣の権限が強化されると考えれば、そこに政党の存在を入れ込む意義は大きいとな」

事前に植原を差し向けたのは古島である。「あいつはいつから君の参謀になった」と犬養は苦笑した。

犬養が寺内内閣への協力姿勢を示したことで、「犬養が変節した」と責め立てる新聞も少なくなかった。世論は、犬養がどんな苦境に陥っても徹底して長州閥に対峙する姿を期待している。しかし憲政擁護運動の結果も然り、そんな世論の期待が、政治家としての犬養を太らせることはない。

憲政の神も、いつまでも神のままではいられないと、古島も腹をくくった。「理想の政治家」像に安んじることのできぬ現実は、少数政党であるがゆえの悲哀でもある。犬養が是々非々主義に舵を切った以上、これからも説明しにくいことは増えていくだろう。それでも党の政策をひとつでも実現させていくことが、少数野党の存在証明なのだ。

4、老いる木堂

ある日、交詢社で碁を打っていた古島は、千代子夫人からの電話で呼び出された。犬養は静養に出ていて留守だ。怪訝に思いながら馬場下町を訪ねると、その犬養のことで折り入って頼みがあるという。

——さては体調のことだな。

犬養は数年前、胆石を患った。〈疼痛、激痛、ほとんど死してまた蘇るというありさま〉と犬養自身が地元の県議に宛てて書いたように、七転八倒するほど苦しんだ。選挙応援には常にモルヒネを持ち歩き、近くに駆け込める病院がある場所にしか足を運ばないほどだ。

案の定、千代子は困っていた。犬養が東京にいると、どうしても頻繁に来客があって仕事をしてしまう。そこで懇意にしている鈴木梅四郎（国民党幹事で財政担当）の伊豆長岡の別荘を借り、しばらく静養させることにした。数日前、古参のテルを付けて送り出したのだが、当の本人は休むどころか早くも東京に戻りたがっているという。

「看護婦と女中をつけるので、古島さん、悪いけど話し相手になってもらえますまいか。主人はこの間の選挙で目方がまた減ったし、少しは休まないと、この先が心配でなりません」

古島はあくる朝、伊豆行の列車に飛び乗った。

――最近、天下の木堂もちょくちょく寝込むな。

頰の削げ落ちた犬養の顔を思い浮かべた。

もともと犬養は身体が弱い。若い頃からよく風邪をこじらせ、熱を出した。贅肉ひとつない身体だから、少し床に臥せただけでげっそり弱って見える。

犬養自身、「成長盛りの時期に貧乏で食うや食わずの生活を続けていたためだ」と言って用心はした。常に腹八分の少食に徹し、外食を避け、酒もやらず、医者の言いつけはよく守る。食事の前には深呼吸をして胃を働かせ、夜の九時には必ず灯りを消し、来客は一切受け付けない。

健啖家で知られる政友会の高橋是清は、犬養の碁打ち仲間だ。官僚出身の政治家とはたいがい反りの合わぬ犬養も、高橋とは互いに苦労人で、財政政策も似ていて仲が良い。その高橋が贔屓にするフグ屋に犬養を誘った時、「わしはフグなど食わん」と無下に断った。高橋は「フグを断る野暮な男など見たことがない」と冷やかして回ったが、用心深い犬養が、わざわざ毒のある食べ物を口に運ぶ冒険をするはずがなかった。

「世の中にはやりたい放題のことをして長寿を保つ者もいるが、自分の場合は一生懸命に養生して、それで何とか身体を保存している」

犬養はいつ頃からか、そうぼやくようになった。

長岡駅に着くと、そこは本当に何もない田舎の温泉地だった。これでは湯に入って碁を打つより他にやることがない。犬養もさぞや暇を持て余しただろうと同情した。

犬養の碁は、古島より一目から一目半ほど強い。ひとたび隙に乗ずれば単騎敵陣に迫るといった棋風で、決して長引かない。技量が伯仲する碁打ち仲間、牧野伸顕のそれとは対照的で、牧野を信玄とすれば犬養は謙信だ。古島との対局も一時間半を超えることはまずない。

ところが数日して、珍しいことに勝敗が半ばし始め、ついに犬養が続けて負け出した。負けず嫌いの犬養だから、自分の負けを承服しない。

「サァこい、サァこい」

そう言って挽回しようと挑んでくる。

連戦するうち、古島はある法則を見出した。朝は犬養が強い。昼くらいまで勝ち続ける。それが夕方には負け始め、夜には完敗。夜が更けても打ち続けるから、結果として古島の勝ちが増える。

――ははあ、これは碁の力ではないな。体力が落ちて負け始めるんだ。これは碁の力でなく体力の差だ。

犬養には、碁が難しくなると爪を嚙む癖がある。右手はすでにボロボロだ。

二人は看護婦の忠告にも耳を貸さず、朝から深夜まで碁盤を挟み、風呂にも行かなくなった。食事を運ばせ、ご不浄以外には座布団から動かず、まさに落語の「笠碁」の世界である。

そんな生活が七日ほど続いた夕方、看護婦から密告を受けた千代子夫人が東京から飛んできた。

「話し相手をお願いしたのに、あんたさん、何をやってらっしゃる！」

夫人は決して犬養を怒鳴らない。怒りは全て古島に向かう。

「あなたもあなたなら、あなたもあなたです！」

あなたとは、全て古島のことだ。古島は年甲斐もなく女の雷に打たれた。それからは幾らか湯にも入ったが、碁盤の上の形勢はついぞ変わらなかった。

囲碁について、古島は新聞業界では第一人者としてならした。『萬朝報』時代、棋界の両大関である本因坊と方円社の対抗戦を新聞社主催で開いたのは古島の発案だ。連日の対戦結果を紙面で報じて評判を呼び、これが新聞社と囲碁界を結びつける嚆矢(こうし)となった。

古島の書いた「ざる碁政談」という記事にはこうある。

〈永田秀次郎(ながたひでじろう)は東京市長をやめた途端に一、二目弱くなり、上山満之進(かみやまみつのしん)は台湾総督の呼び声が高くなるにつれて急に一、二目強くなった。柴原和(しばはらやわら)は千葉県知事時代、房総(ぼうそう)二州の天地にただ一人も敵は無くも、知事を辞めると三目おいても勝てなくなった〉

たかが囲碁、されど囲碁。そこには政治力の隆盛が見出せる。

囲碁に限らず、政治の世界も最後の最後は体力勝負。体力は気力とも言える。一党の党首がギリギリの判断を求められた時、そこには何より不屈の精神力が求められる。

——木堂は、自分の限界が迫っても簡単には引き下がらんだろう。だが、判断を誤って晩節を汚すようなことは絶対にさせてはならん。その時が来たら、犬養の背を押すこと。それこそが参謀たる自分の最大の使命ではないか。そんな思いがざわざわと胸の中で蠢き始めた。千代子夫人にも仲間にも相談できるような話ではない。犬養に悟られるのはもっとまずい。長岡での碁打ちから感じた事々は、ひとまず胸のうちにしまっておくことにした。

参謀の懊悩を知ってか知らずか、犬養は「今回は病み上がりでやられたが、次からはそういかん」と古島にしきりに噛みつくのだった。

いつの間にか、犬養も六十の峠を越えた。幾つもの矛盾、本意ではない妥協、それに伴う苦い痛みを引きずりながら政界の荒野を駆けてきた。そこに、命の問題が影を落とし始めた。政治家としての人生は、一つずつ清算を迫られる地点へと近づきつつあった。

長くともに歩んだ大隈重信との訣別も、その一つである。

大隈は総理在職時に満七十八歳を迎え、歴代総理の最高齢記録を作って政界を引退した。二年半に及んだ激務が祟ったか、その後ひどく体調を崩した。重病説が流れた時、犬養は大慌てで早稲田へ駆けつけた。

しかし――。これまで何度もくぐったその扉は、開かなかった。犬養は一歩たりとも大隈邸に足を踏み入れることを許されなかった。

「お引き取り下さいませ」

大隈の容体を尋ねても、ただ同じ言葉が繰り返された。

犬養毅と大隈重信。長く父子のように伴走してきた。本人どうしが面会すれば確執など水に流し、様々に語り合えたことだろう。喧嘩をしても後を引かぬ二人の性格、そして三十年を超える情誼は一時の対立など吹き飛ばしたに違いない。

だが大隈夫人を始め、周囲はそれを許さなかった。熱烈な大隈門下の中には、大隈が体調を崩したのは犬養の裏切りのせいだと露骨に怒りをぶつける者もいた。

犬養は何度も大隈邸へ通った。その都度、来た道を虚しく引き返した。そしていよいよ大隈危篤という情報が流れた時も足を運んだ。

だが、とうとう最後まで大隈邸の重い扉が開くことはなかった。

第十章　普選の代償

1、普選、始動

大正七年五月、国民党は大きな転機を迎えていた。

全党員を前に演台に立つのは、新入りの植原悦二郎。前年の総選挙で長野から国民党公認で立候補し、当選したばかりである。

「諸外国では、もはや普通選挙は時代の趨勢です。わが国では、選挙といえば特権階級の専有物で、明治から何ひとつ変わっちゃいない。第一、兵役の義務は金持ちも貧乏人も同じなのに、参政権が与えられないなど不平等この上ないことです」

結党以来、初めて「普通選挙」という言葉が党の議題にのぼった。

すぐに何人かの古株が口を挟んだ。

「国民党はあくまで王道を進んできた。急進的な改革案で、わが党が社会主義にすり寄っているように見られては困る」

「各党の協力を得られなければ、絵に描いた餅になってしまうぞ」

最前列の中央に座る犬養は、腕組みをしたまま黙って議論を聞いている。

大正に入って労働運動や社会主義運動が盛んになり、普通選挙の実現を求める声は日に日に高まっている。実は第一次憲政擁護運動の時も、普選は民衆の要求の一つに挙げられていた。しかし政党の議員たちはこれに関心を払わなかった。犬養もまた、時期尚早として静観してきた経緯がある。

普選への慎重論に、植原がさらに反論する。

「現在の選挙制度では、議員はみな有権者の地主しか見ない。富裕層に向かってのみ政治の力を使おうとするから利権漁りが横行し、贈賄事件が後を絶たない。真の政党政治を実現するには、選挙権を拡大して富裕層の影響を低めていかねばなりません」

今度は、若い議員たちが植原に加勢し始めた。

「今の政治体制では、わが国民党もジリ貧だ。普選で新勢力が台頭すれば、それと組んで新しい政党を作ることだって夢じゃないぞ」

「去年のロシア革命の影響で、わが国でも階級闘争が起きんとも限らん。そういう勢力も選挙という正当な手続きを経て政党になれば、国会で発言できる。そうなれば暴力的な衝突は回避できるじゃないか」

そこで犬養が、ようやく口を開いた。

「普通選挙の導入は、これまでの政治基盤を根底から作りかえる一大改革だ。問題は、その社会変革をどういう早さで進めるかだな」

皆が一斉に顔を上げた。犬養が初めて、普選の必要性を認めたからだ。

「われわれと薩長閥の戦いを振り返ると、今や名士で知られる大石正巳は政府へのテロを画策してダイナマイト事件で牢屋にぶちこまれ、尾崎は東京焼き討ちを唱えて追放され、小松原英太郎という温厚な官僚までも記者時代には革命論を唱えて二年半も牢屋生活をした。帝国議会が始まっても、政党は政府と大衝突を惹起し、これを何十年も繰り返した。今にして思えば、無用な争いで大切な年月を徒費した。最初に大衝突を為すと、その情力は何年も続く。だからこそ最初が肝心だ」

普選の必要性は認めながらも、変革は穏やかに行われるべきだと犬養は語った。若き日に反藩閥に血道をあげ、恩師の福沢諭吉から「官民調和」を諭されたことがあった。自省を込めた回顧でもある。

犬養の隣でジッと聞いていた古島が、咳払いをしてまとめに入った。

「現実的に考えて、いきなり普選は難しかろう。植原君が掲げる理想形を目指して、犬養先生が仰るように少しずつ枠組みを作ればいい。まずは、選挙権の緩和からだ。そうして協力政党を増やしていこう。普選は既存政党の権利を脅かす大改革だ。これを政党の側から発議して、さらに枢密院と貴族院の合意を取り付けて実現させるなんて並大抵じゃない」

そこまで言うと、古島は卓を揺るがして立ち上がり、声を張った。

「だからこそ、普選はわが国民党の新しい旗印になる。男子の本懐これに尽きる、一世一代の大仕事じゃないか！」

植原に続いて全員が一斉にガタガタと椅子を蹴って立ち上がり、賛同の拍手を送った。この日、国民党は最終的な目標を普通選挙の実現に据えて、選挙権を拡大する法案に取り組んでいくことを全員一致で了承、具体的な立案作業に入った。

その国民党も内実は苦しい。党勢の回復はままならず、所属議員は二十七人から二十九人をいったりきたりで、ギリギリの低空飛行が続く。犬養の目が黒いうちに、議会の交渉団体資格二十五人を割るようなことは許されない。

古島は一人でも仲間を増やさねばと、無所属議員を訪ねては不慣れな人材探しをして回っていた。

植原の入党は吉報だった。犬養と古島の再三の説得にとうとう折れ、犬養がつきっきりで初戦を戦い抜いた。植原は、自身の政治生活の目標のひとつに「普通選挙の実現」を掲げ、期待どおり大車輪の活躍を始めている。

しかし、新入りの多くは訳ありだった。

少し前のこと、国民党幹事で犬養の腹心、前川虎造が古島のところにやってきた。

「古島さん、いい知らせです。入党希望者がおります」

「なに、それはありがたい」

前川は元新聞記者だが、その前は自由民権運動の指導者、大井憲太郎の壮士だ。第一次憲政擁護運動で犬養に心服し、国民党入りした猛者である。

「秋田清といいまして、前は新聞社の経営もしておって弁もたちます」

「君の紹介なら大丈夫だろう、すぐ入ってもらおう」

秋田清は、明治十四年生まれ。古島より一世代以上若い。党本部で会ってみると如才ない男で、経営している森林会社からかなりの献金も申し出た。同時に、入党にあたって二つの条件をつけてきた。

「まず犬養先生にお目通り願いたい。それから私の入党については、幾らか了解をとって頂きたい人がおります」

古島はさっそく、秋田を犬養に引き合わせた。すると秋田はいきなり「新政党の樹立論」をぶった。政友会と合同して新党を立ち上げるという話で、新米にしては少し行き過ぎた感じがした。それから秋田が紹介する大物議員に頭を下げて回った。ところが先方は「どうぞご自由に」といった風で、別に義理立てする必要もない様子だ。

何人目かでようやく気が付いた。

――ははあ、こいつは面倒な奴だ。こうやって自分に箔を付けておるんだな。

うさん臭いとは思ったが、身辺を洗うような贅沢は許されない。

その後、秋田は新入りながら、財にものを言わせて党の中で強い影響力を持つようになる。例えば、ある選挙の時。国民党は相変わらずの金欠で、党の財政をやりくりしてきた鈴木梅四郎も病気がちで万事休すとなった。

「少し覚えがあるので、私が手当てしましょう」

秋田が名乗り出た。古島は資金調達を任せた。

ところがである。秋田の用意する金の額が、大きい。これまで国民党で用意できた額とは一桁違う。いくら森林会社の景気がいいとはいえ、あまりに多すぎる。

秋田の金回りを不審に思った古島は、選挙が無事に終わってから密かにその身辺を調べた。すると、思わぬところに行きついた。秋田は、出身の日本法律学校（後の日本大学）の同窓会に強い人脈を持っており、その中には「甲州財閥」がいた。雨宮敬次郎や根津嘉一郎ら、養蚕や生糸で得た金をいち早く鉄道や電力に投資して巨万の富を築いた財閥だ。秋田は、その総帥的立場にある若尾家の入り婿、若尾璋八（後の東京電灯社長）と昵懇で、選挙資金はそこから出ていたことが分かった。

――若尾は政友会だ。鉄道に電力、ぜんぶ政友会の利権絡みじゃないか。

古島はハッと我に返るような思いがした。資金も議員も、喉から手が出るほど欲しい。しかし、こういうことを続けていれば、いずれ犬養の晩節を誤る。問題になるのは、いつも金の話ばかりだ。人知れず、古島は苦悩した。

翌大正八年三月、国民党は「選挙権の拡大案」を初めて議会に提出した。選挙資格の納税額を十円から二円に、年齢を二十五歳から二十歳に引き下げ、兵役の義務を終えた者には全員、納税の有無にかかわらず選挙権を付与するという内容は、いわば政治改革である。少数党の国民党としては大政党に先んじて、政策で新しい局面を切り拓いていく覚悟である。巷には普選を支持する任意団体が多く結成され、新聞各紙も盛んに声援を送った。

ところが、ここに思わぬ強敵が現れる。前年の九月に総理大臣に就任した、原敬。またも原が犬養の前に立ち塞がった。

前年の夏には、米騒動が起きた。民衆の力を突きつけられた元老たちは、原政友会による政党内閣の誕生を許した。爵位を持たない初の平民宰相は、大衆に大歓迎された。原内閣は、悪化するばかりの中国との関係改善に乗り出し、高等教育の拡張、貿易の振興を掲げ、精力的に動き始めた。

原にとって重要なのは、いかに政友会を太らせるかだ。そのためには道路や鉄道、港湾といった政友会の基盤である財閥向けの政策を強力に推進せねばならない。

「普通選挙は、政治の混乱の元になります。無産階級に選挙権を与えなどしたら、危険思想を蔓延させるだけであります」

原は、貴族院で普選の時期尚早論を強調し、国民党の動きに予防線を張った。

国民党は、翌大正九年の議会でさらなる攻勢をかける。

古島一雄を提案者として、いち早く財産要件を撤廃した議案を提出。これに、国民党とは犬猿の仲である憲政会（旧同志会）が条件付きながら賛同して議案を統一することで合意したその矢先、原が先手を打った。いきなり議会を解散し、総選挙に踏み切ったのである。政友会はすでに多数を占めており、側近すら予想しない不意打ちだった。

原は、犬養と民衆が結託すれば「犬養に十倍の力を与えることになる」と警戒した。階級打破を叫ぶ野党を牽制しようと、各地で実業家たちを多く立候補させた。前の議会で、すでに小選挙区制度の再導入を決めている。小選挙区は大政党に有利に働く。

原の狙いは大当たり、この選挙で政友会は一気に百議席以上増やし、四百六十四議席のうち二百七十八議席を獲得。歴史的大勝をあげた。

これまで藩閥勢力との提携で政権を握ってきた原も、一度でも圧倒的多数を得て、思う存分に自分の政策をやってみたかった。その基盤をとうとう築いた。

一方の憲政会は百十議席に減らし、国民党に至っては二十九議席を辛うじて死守するに留まった。これでは全野党を結集しても、巨大与党には遥かに及ばない。

この結果は、普選案が棚上げされたに等しいことを意味した。

投票日の翌日、犬養と古島、植原の三人が、芝南佐久間町の党本部の一室に顔を揃えた。

三人とも選挙戦は勝ち抜いた。だが、言葉は少ない。犬養は広げていた新聞を机に置くと、珍しく覇気のない顔で参謀二人に弱音を漏らした。

「これから十年は、原の時代を覚悟せねばならんな……」

怪訝そうな表情を浮かべる植原に、古島が解説した。

「小選挙区では小党は生き残れん。僕らも、次の選挙で政友会と憲政会の挟み撃ちにあったら、それこそお陀仏だ。野党共闘といっても、まさか加藤の憲政会と組む選択肢はないしな」

政友会との合同は何度か模索してきたが、これまでの経緯から考えて、原敬が総裁でいる間は絶望的だ。全くの袋小路である。

「では、普選はもう十年は棚ざらしということですか」

普選の実現に全力を傾注してきた植原の落胆は大きい。

「原内閣でようやく本格的な政党政治が始まると思ったのに、これじゃ、時代は後戻りじゃないですか」

犬養は黙ったまま何も答えない。「十年後」といえば犬養は七十五歳。古島だって現役でいられる保証はない。古島は「普選どころじゃないぜ」と言いそうになったが、それを呑み込んで前向きに言葉を繋いだ。

「政界の一寸先は闇だ。何が起きるか分からん。そう悲観せず、僕らは政策を磨こう。普選案は産声を上げたばかりで、あちこち修正する余地があるだろう、これからじっくり育てていこうや」

言葉だけは飾ってみせた。それでも、またしても原敬にしてやられたという思いは拭えなかった。

原内閣は向かうところ敵なし、積極財政を突き進む。

大正十年度の予算総額は、前年比で二億円増の十五億九千万円。四年前の二倍に膨らんだ。政友会は地方各地で鉄道の建設や道路の敷設、港湾の整備を進め、膨大な利権を手中に収めてゆく。

党が肥える一方で、満鉄疑獄事件、アヘン問題疑獄事件などが続発した。東京市議会ではガス料金の値上げを巡って大がかりな贈収賄事件が発覚、十七人の政治家が取り調べを受けたが、そのほとんどが政友会で、数人は原敬の年来の友人だった。

原総理は新聞記者から「金権政治」を追及され、こう答えている。

「誰も彼も金を欲しがるではないか。金を欲しがらない社会をあつらえてこい。そうしたら金のかからぬ政治をしてみせる」

原敬と犬養毅——。明治十四年、郵便報知新聞時代から始まった積年のつばぜり合いも、原の圧勝という一方的な展開となりつつあった。飛ぶ鳥を落とす原の眼中に、もはや犬養の姿はなかった。

しかし、二人の戦いの歴史には、唐突ともいえる、乱暴な終止符が打たれることになる。

大正十年十一月四日、原敬は政友会近畿大会に参加するため東京駅に入ったところ、若者に刺されて絶命する。

犯人は、十八歳の鉄道技師だった。技師は取り調べに対して、疑獄事件が増えたこと、原が財閥中心の政策を行ったこと、そして普選に反対したことを挙げた。現役の総理大臣が暗殺されたのは、国会が開設されて初めてのことである。

政党政治の行く先に、一筋の不吉な影が差し込んだ。同時に、原によって棚上げにされていた普選は再び動き出すことになる。

2、さらば国民党

古島は、犬養邸に向かうタクシーの中で窓の外を見上げた。

東の空には朝から厚い雲の塊が垂れこめている。今年は小満を過ぎる頃から雨がよく降り、梅雨の始まりも早そうに思えた。犬養邸に到着する頃には空も泣き出し、沛然たる雨が激しく地面を叩いた。

犬養はいつものように書斎で待っていた。この日は事前に電話を入れ、珍しく面会の約束を入れておいた。人払いをしてもらうためである。古島が手ぬぐいで頭を拭き拭き書斎に入ると、犬養は筆を止め、それを静かに置いた。

「今日は、ご判断を仰ぎたいと思って参りました」

返事はない。落ち着き払った様子は、すでに用向きを察しているようだ。古島は一気に切り出すしかなかった。

「国民党を、解党する時がきたように思います」

もともと甲高い声が、力を入れ過ぎて思わず上ずった。

前年の原敬の死後、普選を巡って政界がざわつき始めた。憲政会では、尾崎行雄ら十人の議員が財産要件の撤廃を訴えて党を除名された。さらに無所属倶楽部の中野正剛や安藤正純らも、普選の実現を打ち上げた。普選に賛同する議員たちが、一斉に国民党に秋波を送ってきた。国民党が看板を下ろし、新しい組織の引率者として各勢力を結集してほしいというのである。

巷ではすでに「普選のために国民党が解党して他の勢力と連合する」という噂が公

然と人々の口の端に上る。だが、当の犬養が沈黙を守ったままだ。その意向を探ろうと、古島のところには連日、他党の者が詰めかけてくる。党員も皆、疑心暗鬼に陥っている。これ以上の先送りは許されないと、古島は犬養に切り出した。

「憲政会の脱党組と無所属議員を合わせると五十人近くになります。皆、わが党の普選案に乗る気です。ここは一丸となって、来る議会に臨むべきです」

　犬養はいつもの煙管を取ろうともせず、黙って聞いている。

「普選に反対している政友会ですら、ダルマさん（高橋是清・政友会総裁）一派が、普選は時代の趨勢だと言っているとの内輪話も漏れ伝わっています。国民党を解体して新組織を立ち上げれば、政友会からも取り込める可能性がある。普選断行で、政界再編が起きるかもしれません」

　言いながら古島は心苦しかった。国民党は、遥か国会が開設される前の改進党から始まり、進歩党、憲政党、憲政本党と、結党からの精神を受け継いできた。多くが脱党して旧同志会に流れ「系図は残れども財産を失った」とも揶揄された。しかし、異分子の去った後の日々は貧乏こそ底なしでも、精神は黄金時代だった。十二年もの間、犬養が満身創痍になりながら血と涙で守ってきた国民党なのだ。

「それより外に、方法はなかろうな」

　ようやく、犬養が口を開いた。その視線は窓を叩く雨を見つめ、どこか感慨にたえないような面持ちだ。党の行き詰まりは犬養自身、誰よりも痛感している。

古島は感情を排して淡々と説明を続けた。

「新党は、政党として厳しい縛りをつけず、ゆるやかに横断的な連携を保ち、時々に色んな勢力を取り込んでいける身軽な形態を考えています。いわば、次なる政界再編に向けた準備組織のようなもので……」

古島が今後の計画をひとしきり伝え終わる頃、遠くで稲妻が閃き、雨はさらに激しくなった。ガラスを伝って流れ落ちる雨粒が、古島にはまるで犬養の涙のように思えた。

犬養は小さな溜息をついた後、何とも力の入らぬ声で言った。

「うむ、分かった、それで進めてくれ。後のことは君に任せた」

それだけ言うと、くるりと背を向けて机に向かい、再び筆をとった。その背中は、これ以上、声をかけてくれるなと訴えているようだった。

七月中旬、梅雨が明ける頃までに、古島は犬養信者の多い秋田県を始め、全国各地に党員を訪ね歩いた。そして解党に至らざるをえない事情を懇々と説明し、ほぼ全員から同意を取り付けた。あとは臨時党大会を開いて議決するだけだ。

八月、犬養は来客を拒み、ひとり山荘にこもった。一週間、二週間経っても、東京に戻ってこない。新しい組織の誕生を待ち望む無所属議員たちは「犬養はなぜグズグズしている」と古島をせっついた。

――こういうところが犬養木堂という男の人間味なんだ。

古島には、犬養の行動が理解できた。犬養のような男がやろうと思えば、解党の手続きなど瞬時に済ませるだろう。しかし、千辛万苦を嘗めながらも、犬養についてきた同志の心情を思えば、この時間は必要なのだ。古島は催促することなく、ただ待った。犬養がようやく東京に戻ってきたのは、八月も末のことである。

九月一日午後一時、国民党最後の党大会が始まった。

芝の党本部には評議員、代議士、前代議士、常議員らが全国から集まり、連合協議会を開いた。

古島が冒頭に経過報告を行った後、犬養が登壇し、解党を宣言した。

「これまでわが党は、改進党以来の主張を守ろうと苦難を耐えてきた。党勢の不振は、常に理を貫き、無理な手段を採らなかったからだ。多年、維持してきた党を解くのは、私情に於いて忍び難い。しかし互いに一時の私情を捨て、国家の大局から考えよう。今、国民党の十二年の歴史に幕を下ろそうと思う。われわれの精神的な団結は解体しない。新政党の樹立も遠くない。党員諸君は安心して精進されたい」

党員たちに笑顔はなかった。この十二年、様々な迫害に晒されながら、国民党の看板だけを誇りに戦ってきた。福岡選出の太田太兵衛は、最後まで断固として反対した。それでもすんなり解党が議決されると、太田は明治四十三年以来ずっと本部に掲げられてきた古い看板を黙って取り外し、それを抱えて帰った。〈国民党本部〉と犬養が力強く揮毫した看板だった。

十一月、「革新倶楽部」が結成される。「革新」の二文字には、普選を実現させ、政治を変えるとの意志が込められている。旧国民党、憲政党の脱党組、無所属の議員らあわせて四十五人、加えて院外からも数人が参加した。ようやく議会の交渉団体二十五人という境界線の恐怖から遠ざかり、古島は安堵した。

革新倶楽部は党首は置かず、運営費は会費制とし、事務所は、ここに集まる者たちが一度は世話になったことのある神田の松本亭に決めた。

犬養と尾崎、二人が久々に一つの組織に収まった。尾崎は憲政本党を除名されて以降、政友会を二度脱退し、憲政会からも除名され、同志研究会、政交倶楽部、興猶会に中正会と目まぐるしく党を渡り歩いてきた。その尾崎に支持は集まらず、犬養が事実上の党首として率いていくのは自然な流れだった。

日本の憲政は、原敬の死を境に後戻りを始めていた。

総理を指名する元老は山県を喪い、新たに西園寺公望が加わって、松方正義との二人体制である。原敬の後を継いだ高橋是清内閣は短命に終わり、次の総理となった加藤友三郎（元海軍大将）も在任中に死亡。そこにシーメンス事件の余波で退陣させられた冤をすすごうと、薩派が十年ぶりに山本権兵衛を推薦。それを元老二人が受け入れた。こうして政権は二度も政党を素通りした。

大正十二年八月下旬、山本権兵衛に二度目の大命が下る。

――またも藩閥内閣だが、木堂にはチャンスが巡ってくるかもしれんぞ。

古島がそう予感した理由は、大正政変直後にまで遡る。

海軍高官がドイツのシーメンス社から賄賂を得た事件が発覚すると、与党政友会は、山本を断崖絶壁から突き落とすように見放した。同志会（現憲政会）は、山本を盗賊のごとく罵った。薩派に伝手のある犬養は、山本本人が事件に関わっていないことを確認し、山本を擁護した。そのため「犬養は造船所から賄賂を貰っているから海軍に甘い」と裏切り者呼ばわりされたといういきさつがある。

実際、山本は廉直な軍人で、金目には綺麗な男だ。犬養が気脈を通じた西郷従道の直系で伊藤博文にも近く、もともと犬養との相性は悪くない。

古島は「もしや」と思って組閣の行方を見守った。

政党が関わることのできない組閣だけに、情報はなかなか漏れてこない。だが、八月二十八日夕刻になって、薩摩出身の官僚、樺山資英が総理の側近たる書記官長になるらしいとの噂が耳に入った。樺山は、旧進歩党が提携した「松隈内閣」の総理秘書官で、古島とは相当に行き来をした仲だ。年も近くて気安く、自宅も歩ける距離にある。

東京の残暑は厳しい。すり鉢状の谷あいにある上渋谷は、夕方にもなると熱がこもり、風ひとつ立たない。古島は容赦ない西日に首の裏をジリジリと焼かれながら家を出た。汗を拭き拭き、半時をかけて大小の坂道を越えて樺山の自宅まで歩いた。置き手紙をして帰るつもりが、思わぬことに本人が顔を出した。

「これはいいところに」

応接間に上がるや、いきなり組閣の話が始まった。

「古島君、山本閣下は一党一派に偏することなく、厳正無私の政治をやるおつもりだ。各方面から有力者を集める方針だが、政友会と憲政会には恨みが深い」

「ああ、君らの気持ちは察するよ」

「とはいえご存知の通り、先の内閣も一年余で倒れ、閣下には政治経験が少ない。そこで、ぜひとも犬養先生の力をお借りしたい。政党の領袖のお立場でわれわれの内閣に入るのは難しいご判断かもしれぬが、ここは曲げてお願いしたい」

予想した通りの入閣要請だ。間の悪いことに、犬養は真夏の東京の暑さに体調を崩して一週間前から信州に静養に出かけている。古島は平静を装い返答した。

「少しだけ待てるか」

「もちろんだ。しかし数日内には陣容を固めねばならん、そう長くは待てんぞ」

樺山の家を飛び出した古島は、「電話、電話」とつぶやきながらタクシーを捕まえた。党本部のある神田松本亭へと走らせながら考えた。

——果たして木堂が藩閥内閣への入閣を受けるかどうか。寺内内閣の時は、世論の批判を承知で外交調査委員会に入ったが、こと大臣としての入閣となると重みが違う。足下の革新倶楽部がより先鋭的な集団になっている今、可能性は五分五分だ。

松本亭に着くと、古島はフミの事務室に陣取って電話に嚙り付いた。

犬養の居場所を探すも、数日前に信州を出て、名古屋方面へ向かったきり連絡がつかないという。暫くして、福沢桃介が建設を進める岐阜の大井発電所に視察に行ったことが分かった。発電所は木曾川の遥か上流で、通信手段がない。グズグズしていたら好機を逃してしまう。古島は必死に電話をかけ続け、ようやく犬養がその日の夜、桃介の別荘に泊まるという情報を得た。

別荘に向けて急電を打った。

〈ヤマモトゴンベイカッカニタイメイクダル　スグキキョウヲコフ　コジマ〉

数時間後、犬養は今夜の夜行列車で東京に帰ってくると電報を返してきた。

古島はフミの弁当を抱えて東京駅へ直行、そのまま時刻表と睨めっこしながら電車に飛び乗り、沼津駅を目指した。

名古屋方面からの列車は、御殿場にかけての足柄越えが急勾配のため、必ず手前の沼津駅に停まる。馬力のある機関車に取り替えたり食堂車を取り外したりするためだ。だから沼津で待ち伏せすれば必ず落ち合える。

夜も更けて、古島は沼津駅の乗降場に仁王立ちしていた。

駿河湾から吹きつける海風が、昼間に蓄積された暑気を払ってゆく。心地良い夜風にも、古島の心は落ち着かない。樺山から入閣を打診されて、はや半日が過ぎた。明朝すぐに行動できるよう、一刻も早く犬養の意志を確認したかった。政局が動く時には、数時間のすれ違いが命とりになる。

午前二時、機関車の汽笛が闇夜を切り裂いた。小気味よいブラスト音が段々と音量を上げて近づいてくる。夜行列車は、シューッと空気を抜くような音をたてながら乗降場へと滑り込んだ。

古島はすぐさま寝台車の階段を駆け上がった。一部屋一部屋、詫(わ)びを入れながら確認してまわり、ようやく犬養がぐっすり寝こんでいる二人部屋に行き当たった。

「すみませんが、今回ばかりは急用です」

遠慮なく叩き起こし、列車の端にある喫煙室まで引っ張って行った。犬養は薄手の寝巻に上着をはおり、しきりに目をこすっている。「そんなに慌てるな」とでも言いたげだ。板張りのベンチに腰掛けるや、古島は機関車のように口からも鼻からも煙を吐きながら迫った。

「山本権兵衛が先生に入閣を要請してきました。どうされますか」

眠そうに俯いていた犬養の目が一瞬、光った。

「普選で勝負しよう」

それだけ言うと、犬養は再び寝台車に戻った。

翌二十九日、日が昇り切った頃に列車は東京駅に到着した。

古島は駅から樺山に電話をかけ、犬養と山本の二人きりで交渉をさせてほしいと申し入れた。樺山は、飯倉町（いいくらちょう）の水交社（海軍の親睦団体）で待っていると即答。何とか間に合った。

犬養の昨夜の一言は「山本内閣が普選を実現する気があるならば入閣しよう」という意味だ。国民党解体の大義名分である普選の実現には、もはや犬養の政治生命がかかっている。こんな重大な話を詰めるには、山本とさしで話をさせるほかない。

犬養は駅から水交社に直行した。古島は犬養邸に向かった。そのまま書斎に陣取り、イライラしながら主の帰りを待った。夕方近くになって犬養が戻ってきた。寝不足にもかかわらず、その眼差しには力があった。

「どうですか」

「やれそうだ」

「では、山本さんは普選を受けたのですね」

「普選のことはよく知らんから、宜しく頼むということだ」

「よし、すぐに動きましょう」

古島は、革新倶楽部の面々にすでに予令を出していた。その日のうちに全員を神田松本亭に招集し、この間の経緯を伝えた。緩やかな組織といえども、事実上の党首の入閣を勝手に進めるわけにはいかない。党員には薩長閥を嫌悪する議員も多い。

集まった党員たちを前に、古島が昨晩からの経緯を伝えた。

「山本権兵衛との間に、念書のようなものはない。だがこれは男どうしの約束だ。先生が入閣すれば、一歩でも二歩でも普選を進めることができる。藩閥内閣ではあるが、まずは足掛かりを築かねば、この難しい法案を進めることは到底できない」

意外にも反対意見は出なかった。「普選をやる」という一点で満場一致、犬養の入閣は承認された。古島は久しぶりに政党人の心意気を感じた。

山本は犬養の入閣に敬意を表して、内務大臣の席を用意した。最高の重量級ポストだ。そこにやはり入閣予定の後藤新平（ごとうしんぺい）が古島に電話してきて「内務の席を譲ってほしい」と横やりを入れてきた。普選実現のために敵を作ることはない、閣内に居さえすれば情報は得られる。古島は、一番暇な大臣といえば逓信だと聞いたことがあったので、この際、犬養にこう持ちかけた。

「内務の席は後藤さんに譲って、自由に動ける逓信大臣あたりはいかがですか」

「どこでもええわい」

犬養は歯牙(しが)にもかけなかった。古島はその足で水交社に向かい、樺山の承諾を得てから後藤の自宅に走った。「犬養からの使者」を名乗り、いの一番に内務大臣内定を知らせておいた。

犬養にとっては、憲政党内閣でわずか十二日間だけ就任した文部大臣以来、二十五年ぶりの入閣である。革新倶楽部では案の定、大臣秘書官を希望する者が名乗りを上げて諍(いさか)いが起きかけた。猟官は常に抗争の火種となってきた。

「いやしくも代議士たるものが、鞄持ちを競うなど不見識な真似をするな!」

犬養は一喝し、政務調査を担当する若い事務員をさっさと秘書官に据えた。人事を巡る内輪喧嘩などもうこりごりだった。大臣の手足となって現場を統括する参事官には、気鋭の植原悦二郎を抜擢した。

関東大震災が起きたのは、その翌日、大正十二年九月一日午前十一時五十八分のことである。

震源地は相模湾北西部、マグニチュードは七・九。火災によって被害は広がり、東京と神奈川を中心に被災者三百四十万人、死者行方不明者十万五千人という未曾有（みぞう）の事態となった。犬養も古島も怪我はなく、自宅も一部壊れたが倒壊は免れた。

次期山本内閣は組閣の真っただ中、大惨事に総理大臣がいない。その間にも、軍や警察が米騒動の経験から民衆の暴動を恐れて出動し、前の内閣が「戒厳令」を発令、紛擾（ふんじょう）する事態に拍車をかけた。

二日の夜、第二次山本内閣が大慌てで発足する。間に合わせの兼任大臣が何人もいるままの親任式は、赤坂離宮の庭にある萩の茶屋のそばに仮テントを張って行われた。蠟燭（ろうそく）の灯りだけを頼りに、皇太子の摂政宮裕仁（ひろひと）が野に立って各大臣を任命した。

古島が閑職（かんしょく）だからと犬養に勧めた逓信省も大混乱に陥った。電話に電信、郵便までも途絶し、国民の貯金を預かる郵便局は倒壊して焼失している。

犬養は役所のバラックが建つまで、自宅を逓信省の役所と定め、そこに局長全員を集めて訓示した。

「非常時には、非常の手段を以て向かわねばならん。従来の法律や因習にとらわれることなく、罹災（りさい）者のためになることは遠慮なくやってくれ。他日、責任問題になるようなことがあれば、すべて『大臣の命令で執行した』と答えてよろしい。この瞬間から、あらゆる責任は全て吾輩が引き受けた」

逓信省の役人たちは意気に感じて作業にあたった。

そこに次なる問題が起きる。郵便局の臨時窓口には市民が払い戻しを求めて殺到、しかし罹災者は通帳を焼失し身分の確認ができない。郵便局の側も貯金台帳を焼失し、口座の内容を確かめる術がない。

参事官の植原から報告を受けると、犬養は改めて幹部を集めて指令を飛ばした。

「預金を引き出したい者には、保証人を立てさせればよい。保証人を用意すれば、現金は言うまま払い戻してやれ。国民にとっては今こそ金が必要なのだ」

局長のひとりが顔を青くした。

「残高を確認する方法がないのに、それは無茶です」

「真偽を確かめるための台帳を焼いたのは、われわれ逓信省の責任だ。こんな非常事態に、虚偽の申告をする者はいないと吾輩は信じておる」

常に法律規則を主眼に考える官僚にとって、大臣の指令は破天荒にしか映らなかった。そこで植原が幹部職員の尻を叩いて回り、各地でいっせいに貯金の払い戻しが始まった。作業は順調に進み、後に行われた検証作業では、不正な貯金引き出しは皆無だったことが確認された。植原は、「人間は結局、善良のものであるとさえも立証されたかに思われた」と興奮気味に書いている。

しかし、未曾有の災害が浮かび上がらせたのは、人間の善良性だけではなかった。それは時代の奥底に溜まりつつあった様々な〝悪〟をも攪拌（かくはん）し、噴出させた。

各所で火災が発生した。原因は朝鮮人による放火で、日本人に虐げられている朝鮮人が逆襲を企てているという流言飛語が一気に広まる。軍隊と自警団による虐殺が繰り返され、日本人、中国人もあわせ犠牲者の数は官庁の記録に残るだけで約五百八十人、吉野作造の調査では二千六百人以上。実際は遺体の見つからない犠牲者も多く、全容がつかめぬほどの惨事となった。

思想弾圧も便乗して牙（きば）を剝いた。無政府主義者、大杉栄が狙われた。憲兵隊の甘粕（あまかす）正彦（まさひこ）大尉の指示で、恋人と六歳の甥（おい）まで連行され、三人は首を絞められ井戸に投げ込まれた。関係者は軍法会議にかけられたが、甘粕は懲役十年。それも三年で仮出所し、後に満州映画協会理事長に就任して権勢を振るう。

労働運動家も狙われた。劇作家としてプロレタリア演劇を率いていた平澤計七（ひらさわけいしち）ら十人が亀戸（かめいど）署に連行され、朝鮮人らとともに銃剣で刺殺された。しかし事件に関わった者たちは、戒厳令下の適切な対応として不問に付された。

大災害による混乱は、一般の人々の心の奥に潜む排他的な感情を掻き立てた。植民地下にある朝鮮の人々を蔑み、社会主義者など少々弾圧されても当然といわんばかりの空気が充満し始めた。震災は、放漫な社会への天誅（てんちゅう）だといった懲罰めいた話が広がり、民間右翼の活動が活発になり、思想統制を求める声も高まっていく。

自由と解放の風が一瞬、吹き抜けた大正という時代の終わりはすでに始まっていた。

犬養が全力で臨んだ普選案の審議も、一筋縄では進まなかった。

山本総理の肝煎り（きもいり）で「普通選挙調査特別委員会」が発足し、具体的な検討作業に着手した。犬養が根回しに走り、納税資格の撤廃を閣議で決めたところまではよかった。

しかし、十二月に議会が始まると、多数を握る政友会が普選反対運動を始める。すると巨大野党と調和を保ちたい山本の腰が引けてくる。後藤新平だけは犬養に協力する姿勢を示したが、もともと閣内に犬養のほか政党人はおらず、普選への空気が冷えるのは早かった。

「この内閣じゃあ、とうてい普選はできん。吾輩は間もなく辞めるぞ」

犬養が度々、愚痴をこぼし始め、古島も八方塞がりに頭を抱えた。

時を同じくして事件が起きる。十二月二十七日、摂政宮裕仁が無政府主義者から発砲された。「虎ノ門事件」である。ステッキ仕込みの散弾銃から発射された弾は、皇太子の車の窓を突き破り、東宮侍従長に軽傷を負わせた。山本権兵衛という男は武運にこそ恵まれたが、政治の運にはどこまでもツキがなかった。

犬養にとっては渡りに舟。自ら率先して内閣の引責を求め、「地震内閣」はわずか四ヶ月で崩壊。古島の必死の奔走も、ひとまず成果は先送りとなった。

3、将軍の気炎万丈

翌大正十三年、大海をさまよう普通選挙法案の帆に、これまでにない強い追い風が吹き始めるのは、松も明けた頃からである。その風は、熱海から吹いた。

古島一雄の上渋谷の借家に、三浦梧楼から久しぶりに電報が届いた。

三浦の熱海別邸「雲棲居（うんせいきょ）」は、険しく切り立った崖の上にある。遠い海原に初島への定期船が白い波を立てる景色こそ絶景だが、三浦の天邪鬼（あまのじゃく）な性格を表すように、崖のあちこちに廊下で繋がれた部屋が点在するという奇妙な造りである。

三浦は相模湾を一望する座敷にちんまりと座って待っていた。今年、七十七歳。久しぶりに見るその身体は少し小さくなったようで、さすがに老いの影は隠せない。

薄着の古島に火鉢を勧めると、三浦は八年前の三党首会談を画策した時と同じような調子で語り始めた。

「おい、今の政治のざまは一体なんだ。憲政が敷かれて三十年、今頃は政党内閣が実現されておらねばならぬはずなのに、いまだ藩閥の変態内閣ばかり続いて、むしろ憲政は逆転しておるじゃないか。お前ら政党も相変わらずのバラバラだ」

三浦の嘆息には理由があった。

政権は三度、政党を素通りした。山本権兵衛に続いて大命が下されたのは、貴族院の清浦奎吾（きようらけいご）。元老の西園寺は、衆議院の任期が四ヶ月後に満了する情勢に鑑み、政党に関わりのない清浦を選んだ。

肥後出身の清浦は、山県有朋の直系である。その庇護を受けて警察、司法畑を歩み、枢密院議長にまで登りつめた官僚中の官僚だ。清浦は、外務大臣と陸海軍大臣以外すべての閣僚を貴族院議員で固め、かつてないほど徹底した超然内閣を作った。

あからさまな政党排除の姿勢は、逆に政党人たちを刺激した。

犬養ら革新倶楽部は、組閣の日に党大会を開き「特権内閣打倒」を叫んだ。野党生活も十年に迫ろうとする加藤高明（たかあき）率いる憲政会も抗議の声を上げた。だが犬養と加藤は犬猿の仲。歩み寄ろうとはしない。高橋是清の政友会も、清浦内閣につくかどうかで内輪もめが起こり身動きが取れない。

ここぞという時にまとまりきれない政党の姿が、三浦には歯がゆく映った。

「貴族院内閣を倒すには、各党が小異を捨てて合同するしかない。乃公（おれ）は今度こそ、三党首をまとめてみせる。その覚悟を表明するためにも、自ら職を辞す。全ては足の裏の飯粒を取ってからだ」

三浦は、枢密顧問官という最高の地位をも投げ出す覚悟だと言い出した。

——これは、相当な本気だな。三浦も、人生の閉じ方を考えているのかもしれん。

もし三党がまとまって貴族院内閣から政権を奪取すれば、普選を通すのに絶好の機会が生まれる。古島は、ここは三浦に賭けてみようと思った。

　しかし、三浦から「すぐに辞職の手続きをとってくれ」と頼まれ、はたと考えこんだ。枢密顧問官を辞職するような前例は聞いたことがない。

「まずは枢密院議長を通して、天皇に一筆さしあげるしかないのでは」

「では即刻、辞職願を書こう」

　三浦は筆を執ったが、上等の美濃紙がない、それを用意する時間もない。そこで手元にあった巻紙の障子紙をクルクルと広げた。

「おい、ところで何と書けばいい」

「普通は病気を理由に辞職するもんでしょう」

「吾輩は健勝だ。陛下に嘘はつけん」

　そう言うと三浦は一気に筆を走らせ、大きな字で堂々と書きつけた。

〈感ずる所あり　自免仕る〉

　それを古島が即日、東京に持ち帰り、枢密院に提出。すぐに新聞各社を集めて三浦の辞任を発表した。

　――政界の黒幕、三浦梧楼が政界再編のために枢密院を飛び出したらしい。

　噂は一気に広まった。

　古島が各党を駆け回り、革新倶楽部の犬養毅、政友会の高橋是清、憲政会の加藤高明の三党首が、三浦梧楼を仲介人に立て、一堂に会することを受諾した。日時は四日後の一月十八日、東京・小石川の三浦邸である。

その翌日、日の出を前に、神奈川県西部をマグニチュード七・三の大地震が襲う。前年の関東大震災の余震だ。東京西部の交通は再び完全に遮断され、三浦のいる熱海も陸の孤島となる。三党首会談もすわ流れるかとの憶測が飛び交った。

この時、三浦が猛然と動いた。

熱海の漁師に頼んで小さな発動船を用意させ、荒波の中を潮まみれになりながら国府津の港に辿り着く。そこから小田原駅に引き返すと、今度は電車が止まっている。夜通し車を探したが、車はあれども運転手が見つからない。そこで警察署に駆け込んで消防自動車を出動させ、その助手席に乗って老いた身体に鞭を入れながら東京へと乗り込んできた。すでに喜寿を迎えた老人の並々ならぬ執念は関係者を驚かせた。

予定通り一月十八日正午、三党首が次々に三浦邸へと入った。

玄関前には、ほぼ全社の新聞記者が山と詰めかけている。三浦は、その後の記者会見を約束して三党首との会談に臨んだ。

「憲政の本義に則り、今こそ一致団結して政党内閣の確立を期してほしい」

冒頭でこう宣言すると、三浦は力を込めて続けた。

「過去を振り返れば、政党は〝仏作って魂入れず〟の恨みがある。吾輩が老体をおして駆け付けたのも、官の職を辞したのも、この魂を入れたいという老婆心に外ならぬ。

清浦内閣の倒閣など障害物を取り除くにすぎず、真の目的は政党内閣の樹立である」

三党首は、その場で握手を交わした。清浦内閣を倒して政党内閣を樹立した暁には、普通選挙を実現し、貴族院を改革するという二大目標を掲げた。

会談は一時間足らずで終わる。古島は、政友会幹部の小泉策太郎と慎重に三党首の意志を確認して回ったうえで、記者たちを前に宣言した。

「政友会、憲政会、革新倶楽部、三者はこれから護憲を掲げてともに戦う！」

翌日、各紙は「護憲三派が成立」と一斉に報じた。第一次憲政擁護運動以来、十二年ぶりの民党共闘、それも今回は単なる倒閣ではなく「普選の実現」という大義がある。その普選も、犬養がすでに前内閣で納税資格を撤廃する閣議決定を通していて、足掛かりもできている。

その刹那、大きな反作用が起きた。結党以来四半世紀もの間、金城鉄壁の団結を誇ってきた政友会が真っ二つに割れた。松田正久、そして原敬という大黒柱を失って以降、党内の結束は崩れかけていた。

あくまで普選に反対し、清浦内閣の与党に収まろうとしたのは、原敬の元側近、床次竹二郎率いる主流派だ。これまで政友会が採ってきた「情意投合」路線を目指す勢力で、こちらの方が数は多い。一方の高橋是清総裁一派は、情意投合と決別し、犬養と提携する方針を固めた。

「大政友会の総裁が、そう犬養にかぶれてもらっては困る」

床次から責め立てられる高橋に、犬養は発破をかけた。

「政党も明治二十七、八年頃までは命がけじゃったが、段々と真剣みを失い、今では刀を抜いても竹光じゃ。光ることは光るが、少々切られても生命には関わらん。ここは思う存分やってくれ」

高橋が奮い立った。

自ら爵位を返上して一平民となり、次の選挙は原敬の選挙区から立つことを宣言、政党政治家となり、身を挺して貴族院内閣と戦う覚悟を示した。すると床次ら百四十九人の党員がいっせいに脱党し、「政友本党」を結成。残る高橋政友会は百二十九人と数こそ減らしたが、かえって結束は固まり、護憲三派の中心に構えた。

それから間もない一月三十一日、清浦内閣は議員の行動を批判して、いきなり議会を解散、総選挙に突入した。これが「懲罰解散」と呼ばれ、ますます各界の怒りを煽った。

選挙戦は護憲三派による選挙協力が功を奏し、三派で二百八十一議席を占める大勝となる。清浦内閣はあっという間に総辞職に追い込まれた。

元老西園寺も、とうとう政党の力を無視できなくなった。組閣の大命は、護憲三派の中で最も多く議員を当選させた憲政会の加藤高明に下る。元老の意向ではなく、選挙の結果によって政権交代が起きたのは、明治憲法が施行されて初めての快挙である。

国会開設から三十四年の時を経て、政友会と憲政党が交互に政権を担当する二大政党政治時代が幕を開ける。そして、普選が本格的に動き出す。

4、妥協の産物

護憲三派内閣も、その内部には複雑な思惑が交錯した。

——今は皆が仲良く盛り上がっているが、三者の連立はそう長続きはせんぞ。

古島がそう睨んだのには理由がある。

巨大政党、政友会の分裂により、漁夫の利を得たのが憲政会だ。第二次大隈内閣以来、待ちに待った政権復帰である。ただし今回は、政友会と革新倶楽部というコブつき。これをなるべく早く振り払い、単独内閣を作りたいはずだ。

犬養にしても、憲政会との確執は深い。政変のたび党員を引き抜かれ、煮え湯を飲まされた。両者の関係は、古島をして「兄弟喧嘩ほど深刻なものはなく、その感情は犬養の一生を支配した」と言わしめるほど冷え切っている。

古島は、護憲三派内閣に亀裂が走る前に、全力を傾注して普選案を通過させねばならないと考えた。そこで組閣に際して一計を案じた。

久々の政党内閣の誕生に、三党とも入閣を待ち望む大臣未経験者を送り込もうとした。犬養も、長年の古島の労に報いようとしたのだろう、古島本人に入閣を勧めてきた。しかし古島は、「僕は大臣なんてガラじゃない」と笑い飛ばし、別の作戦を持ちかけた。

「犬養先生、十年前に三党首会談を反古にしたのは加藤です。彼は信用できん。恐らく、憲政会の単独内閣を作るため、どこかで解散を仕掛けてきます。それを封じるには、内閣に強力な人物を送り込むべきです。政友会からダルマさん、革新倶楽部から犬養先生、両巨頭が入閣して『犬養・高橋・加藤の三頭政治』にする。誰の内閣か分からんようにして解散を封じ、その間に普選を通しましょう」

加藤総理の下に収まれという古島の提案に、犬養はすぐにウンとは言わない。だが反対もしない。ただおし黙って聞いている。

その様子を見て、古島はまず高橋に先に入閣を決断してもらう必要があると考えた。総理大臣まで経験した高橋が加藤の下に膝を屈して入閣すれば、犬養もその意気をかうに違いない。そういう男気でしか、犬養は説得できないと思った。

古島はさっそく、政友会の幹部会議に出席して「加藤の解散封じのまじない作戦」を提案した。しかし、犬養をよく知る岡崎邦輔(おかざきくにすけ)や小泉策太郎は一笑に付した。

「犬養の加藤嫌いは、目を開けんでも分かる。同じ内閣を作っただけでも奇跡なのに、犬養が加藤の風下に立つなんざ、そりゃありえんよ」

「いや、高橋が三派のために節を屈して加藤の下に入れば、犬養は必ず入る」

「高橋も、加藤のことは毛嫌いしている。もし仮に高橋が入ったとしてもだ、犬養が入ることはないぜ」

「いや、犬養は絶対に入る、この僕が請け合う」

そんな押し問答を経て、まず政友会幹部が高橋の説得を試みた。呑み込みの早い高橋はすぐに入閣を引き受けた。

その報せを受けるや、古島は政友会幹部が集まる高橋邸に、犬養本人を呼び出した。そして皆の面前で問うた。

「高橋総裁が入閣を決められましたが、どうなされますか」

犬養は破顔して即答した。

「おお、高橋が入るんか、そんなら俺も入ろう」

居合わせた全員が「オォッ」と声をあげ、拍手が湧いた。別室で待っていた高橋が部屋に入ってきて二人は固く握手し、今後の相談が始まった。

本来なら大御所二人が大蔵や内務といった重要閣僚に座るのが筋である。しかし、そこは憲政会に花をもたせ、高橋は経験のある農商務大臣を、犬養は再び逓信大臣を選んだ。ポストなどどうでもいい、全ては普選を実現させるためである。

明治以来の選挙の仕組みを根底から覆す普選の審議は、しかし簡単には進まなかった。議論は二転三転し、過去の議会で誰も経験したことのないほどの激しい駆け引きが繰り広げられる。

まず与党三党から十五人の委員を出して、有権者の資格について話し合った。ところが連日のように集まっても、意見は食い違うばかりで全くまとまらない。

とうとう犬養が声を荒らげた。

「修正だとか、鵜呑みだとか、枝葉末節の議論に埋没している場合ではないぞ！」

犬養が押さえつけたのは、先進的な主張を掲げる自身の参謀、植原悦二郎だ。選挙権について、女子を取り下げさせて男子のみとし、年齢も二十歳以上から二十五歳以上に妥協させた。植原は今にも不満を吐き出しそうだったが、各党の手前よく堪えた。犬養は自党の要求を抑える姿勢を見せつけ、三派案を一気にまとめた。

大正十三年十二月、第五十回議会が召集される。

与党三党による協定案を基にした「政府原案」が提出され、枢密院に回された。政府が提出する法案は、必ず枢密院の承認を得なくてはならない。その後さらに貴族院という大関門が待ち構える。

枢密院の二十数人の顧問官は、ほとんどが元勲や元高級官僚だ。彼らも、さすがに護憲三派が多数を握る現状で普選案を潰すのは難しいと考えた。そこで、法案を骨抜きにしようと目論んだ。

その動きを察した古島は、一般には公表されない政府原案を緒方竹虎にリーク。東京朝日新聞に全文を特報として掲載させた。政府原案を国民の目に晒すことで、枢密院による露骨な干渉を少しでも防ぎたかった。

それでも枢密院は怯まない。選挙権を二十五歳以上から三十歳以上に修正した上、欠格条項にまで手を入れてきた。「生活のため公費の救助を受くる者」という政府原案を、巧妙に一字だけ変えて「生活のため公私の救助を受くる者」と修正。親から学費を出してもらっている学生や、親と同居する子など、知識階級の若者たちを新しい政治から締め出そうとした。

「ここで交渉をぶち壊しては、普選は永遠に成立せんぞ」

犬養は荒ぶる党員たちをなだめ、枢密院と粘り強く交渉を続けた。最終的に、枢密院の主張する「公私」には触らず、「救助」という単語を、貧窮者に恵みをもたらすという意味を持つ「救恤」と訂正する案を呑ませた。「救恤」にすれば、親子間の扶助だけは除外できる。

さらに貴族院の壁が立ちはだかった。先に護憲三派が倒した清浦内閣は貴族院内閣だ。両者の確執はまだ生々しい。

貴族院は、容赦なく攻勢をかけてきた。「救恤」の文字を「救助を受け、又は扶助を受くる者」と再修正し、それまでの二ヶ月がかりの議論を根底からひっくり返した。

犬養はじっと辛抱し、既知の政治家たちの間を回り、妥協点を探った。

その最中に、思わぬ事態が起きる。護憲三派の中心たる憲政会が、急に交渉に及び腰になってきたのだ。加藤総理は、次に単独政権をとった時に備えて、貴族院との正面衝突は避けたいと考え始めた。すると加藤の態度は卑怯だと政友会が激怒し、三派の足並みが乱れてきた。

ある晩、古島の家に、政友会幹部の小泉策太郎がやってきた。ともに護憲三派の立ち上げから奔走してきた小泉が、こう耳打ちをした。

「おい、加藤にはもう我慢ならん。ここはひとつ、普選で加藤をひねろう」

加藤をひねる、とは、敢えて普選の審議をぶち壊して護憲三派内閣を崩壊させ、政友会と革新倶楽部に野党を加えて連立する、つまり「憲政会外し」である。

古島は思わず声を荒らげた。

「おい待て、われわれ護憲三派の本来の目標は何だ。貴族院改革が実現しそうもない今、普選まで自分たちの手で潰してしまったら何が残る」

それでも小泉は、加藤をひねらねば気が済まんと譲らない。

――このままでは政党内部から崩壊して、普選は潰えてしまう。

古島はその足で築地明石町へ向かった。すでに夜も深いが、ことは一刻を争う。訪ねたのは、同じ政友会の策士で、小泉とは敵対関係にある〝マッチポンプ〟岡崎邦輔の家だ。

岡崎は、第一次護憲運動の後、政友会が山本権兵衛と秘密交渉をして与党に収まった時、犬養への義理をたてて党を一時、離れた。犬養に詫びて坊主になろうとしたのを周囲が止めた。油断のならぬ寝業師ではあるが、大筋は外さない男だと信じていた。

風呂を出たばかりのどてら姿の岡崎に向きあうと、古島は肩で息をしながら、小泉から持ち込まれた一件を包み隠さず開陳し、真剣に訴えた。

「小泉が言うように加藤をひねれば、三派内閣は潰れる。そんなことをすれば、民衆への約束を反古にし、それこそ政党の信用は地に落ちるぞ。ここはひとつ、君にひと肌脱いでほしい。党利党略を離れて、政党政治のために起ってくれ」

岡崎は考えた。犬養と古島には、国民党を裏切った時の借りがある。天敵、小泉に党内で好き勝手をさせるわけにもいかない。何より普段は人を食ったような態度の古島がこの深夜に頭を下げ、犬養のために懇願する姿を意気に感じた。こうなると理屈よりも男気だ。

「うん、俺も加藤のやり方は気に入らんが、普選は可愛いよ」

岡崎は協力を快諾した。それから岡崎は三派協議の場に自ら委員として加わり、積極的に智恵を絞り始めた。

会期は二度も延長された。欠格条項について、貴族院はいっさい譲ろうとしない。これに「加藤潰し」を狙う政友会の小泉一派が便乗し、わざと審議を紛糾させては解散に持ち込もうとする一触即発の事態が続いた。

この日も審議は深夜にまでもつれこみ、古島と植原は松本亭に泊まり込んだ。

時計の針は、もうてっぺんを回っている。フミが軽い夜食と熱い茶を運んできたが、植原は疲れ果てて手も出ない。紫檀の長火鉢の鉄瓶が、盛んに白い蒸気を上げている。フミはそこに炭をたっぷり足して、黙って下がった。

「僕は、ちょっと勘違いをしていたようだ」

二人きりになると、植原が蝶ネクタイを緩めて切り出した。胡坐をかいて壁にもたれかかり、天井を仰ぐようにして続けた。

「最初の三党会議で、犬養先生は全員の前で僕を叱りつけたでしょう。僕が苦労して党の政策審議会を通した条件を次々に取り下げて、普選を骨抜きにするつもりかと腹もたった。でも、こうして審議の様子を見ていると、とてもじゃないが、あんな案を出していたら火に油だった」

「分かってくれてありがたいよ。あの時は、君が拗ねて二日間も委員会を欠席するもんだから、木堂も相当に気にしてたんだぞ」

植原は苦笑いして、ようやく特大の梅干し入りの握り飯を頬張った。それを茶で飲み下すと言葉を繋いだ。

「こうして一つの政策を政治の中に落とし込んで実現させることがいかに大変か、ようやく分かったよ。政治と大学の教壇とは大違いだ。古島さんなんか、各党との折衝で朝から晩まで僕らの何倍も走り回っている」

「ああ、ここまで苦労したんだから、絶対に形にしないとな」

「でも貴族院は、江戸の仇(かたき)を長崎で討つ気だ。清浦内閣の恨みを普選潰しで晴らそうとしてる。もうこれ以上、会期は延長できんし、手はないような気がする」

古島は漬物をつまんで音をたてて齧(かじ)ると、どこか自信ありげに答えた。

「いや、希望はあるさ。政友会の中に、種は蒔いてある」

古島の思惑通り、最後の切り札を放ったのは政友会の寝業師、岡崎だった。

岡崎は、党内の反対派を抑えて新たな案を議会に提出した。貴族院案の「生活のため公私の救助を受け、又は扶助を受くる者」という文言の冒頭に「貧困に因り」という一語を付け加えるものだ。つまり貴族院の案に全くさわらぬまま、親子や兄弟間の扶助を排除する巧妙な妥協案だった。これでようやく決着のめどがついた。

妥協に妥協を重ね、息も絶え絶えながら、普選案は衆議院を通過した。しかし、その実現には、ひとつの代償を伴った。普選の審議にほぼ見通しがついた二月中旬、内務大臣の若槻礼次郎は「治安維持法案」を緊急上程する。

法案は、共産主義対策だ。その第一条は「国体もしくは政体を変革し、または私有財産を否認することを目的として結社を組織し、または情を知りてこれに加入したる者」を十年以下の懲役にすると定めた。これまでの治安立法は行政処分で、具体的な「行為」を制限した。新法案は、国体変革などの「思想」を取り締まるものだ。

治安維持法は、実は普選を実現するための取引条件だった。その交渉に、犬養も関わっている。先の山本内閣で、普選反対の急先鋒として動いたのが司法省だ。その動きを察知した犬養は、司法大臣の平沼騏一郎（ひらぬまきいちろう）と交渉し、普選を通す引き換えに「共産主義を禁ずる法律」を認めることに同意した。護憲三派内閣で、三派の協定案が司法省からさしたる抵抗を受けることなく政府原案としてまとまったのにはそういう裏事情があった。

二度も護憲運動の先頭に立ってきた、犬養毅。彼は安定的な国家経営を最優先に据える政治家でもある。緩やかな改革を目指すその平衡感覚が、平沼との交渉を成立させた。

天皇を狙うテロそして未曾有の震災に彩られた時代は、治安維持法を容認する空気を醸成していた。新聞の論調にも、継続的な反論は出なかった。修正されたのは一点だけ、取り締まりの対象である共産主義と、新聞報道や議員活動が混同されぬよう、第一条から「もしくは政体」という一語を削除すること。法案は圧倒的多数で可決された。

この治安維持法は、確かに共産党員でなければ罪に問えなかった。だが三年後の法改正により、思想統制に猛威を振るう悪法として歴史に汚点を残すことになる。

こうした幾つもの代償を払いながら、大正十四年三月二十九日、普通選挙法は両院を通過、成立した。

可決の瞬間、古島は議員席から政府委員席に目をやった。犬養も、もう七十歳。瘦躯鶴のような身体を一礼させたまま、暫く頭を上げなかった。この四ヶ月間、議会の内外を必死に走り、方々に手を尽くし、とうとう大仕事を成し遂げた。

選挙権は二十五歳以上の男子と定められ、有権者は全人口の二割にあたる千二百四十万人、これまでの約四倍に増えた。

同時に、普選の一点でのみ保たれていた護憲三派の結束は、一気に崩れ始める。法案成立からわずか五日後、政友会の高橋是清が政友会総裁を辞職し、さっさと大臣辞任を表明する。

護憲三派内閣は空中分解か――。犬養の去就に注目が集まった。

5、政界を去る日

犬養が住み慣れた馬場下町を引き払い、初めて自分の家を建てたのは三年ほど前のことだ。

四谷南町、省線・信濃町駅のすぐそばの高台である。政治家といえば青山や赤坂あたりに居を構える者が多く、「なんぼ安くても線路の上を買わんでもよかろうに」と笑われた。確かに懐の事情もあった。だがそれよりも高台ゆえ日当たりと風通しは抜群で、前に家が建つこともない。豊かな井戸水が湧き出るこの場所を、犬養は迷いなく選んだ。

ライト式と呼ばれる洋風建築を選んだのは、床の間のある和室は人間に序列をつけるものだと嫌った福沢諭吉の影響だ。ようやく普請の資金繰りがついたのは、勲一等旭日大綬章を受けて終身大臣待遇となり、七百四十円の年金が支給されるようになったこともある。

家の中で一番広いのは千代子が仕切る台所で、約二十畳。流しは一間もあり、洗槽や釜が幾つも並ぶ。食い詰めた浪人がいつやってきても食事ができるよう、大きなヤカンには煮えたぎる湯が音を立て、釜では米がひっきりなしに炊かれ、調理台の側には大盛りのたくあんやら使い回しの饅頭やらが切らさぬよう用意されている。

「さあ、さあ、ここは政治家の家でござんすからね！　次は第一応接室の食事ですよ、お分かりかえ！」

千代子夫人が戸口で手を叩くと、お手伝いたちの動きがいっそう忙しくなる。

招かれざる客も多かった。犬養が普選に取り組むことを「国士が民権論者の手先になった」とか「犬養が国賊に堕した」と難癖をつけ、仕込み杖や、時には抜き身の刀を光らせて玄関で脅し文句を吐く者もいた。そんな荒くれ者も、千代子が家に上げて飯を食わせれば、たいがいおさまった。

「四谷に行けば、たくあんのしっぽだけの飯でも、何か食わしてもらえる」

犬養邸は駅の待ち合い室よろしく、食い詰めた浪人たちがたむろした。

普選は無事に成立した。しかし古島には息をつく暇も訪れない。この日も日曜というのに朝から関係者の家を走り回り、ようやく夕方になって犬養邸にやってきた。

新しい書斎は二階だ。床は畳敷きで、大きなガラス窓は見栄えこそ良いが、夕暮れになると麴町方面からの西日をまともに受ける。その日差しも今や傾き、力を失いかけている。

古島が腰を下ろすと、犬養はまるで田舎の翁のような風情で背を丸めて胡坐をかき、刻み煙草を手に取った。十分に一度は家のすぐそばを列車が通り、ゴットンゴットンと律儀な音を響かせる。犬養は目をつぶったまま煙を吐き、ここ数日の動きを報告する古島の言葉にじっと耳を傾けた。

「政友会の田中義一総裁と話を詰めてきました。田中は、自分は政治は素人なので、犬養先生に指導を宜しく頼みたいと頭を下げておりました。われわれの長年の主張『産業立国』『経済的軍備』『地方分権』、この三点全て、呑むそうです。政友会として正式に議決までしましたから、口約束ではありません。これでわれわれも筋は曲げずに済む」

政友会との合同――。それは、犬養が悩みに悩んだ末につけた筋道だった。

次の選挙は憲政会と政友会、二大政党の激突になる。先の選挙こそ護憲三派の連携で乗り切ったが、もはや少数党がどうあがいても党勢の拡大は難しい。党の事務所を置いた神田松本亭も震災でやられ、今では羽振りの良い秋田清の個人事務所に間借りするという体たらくだ。

少し前、犬養は古島を前にこんな風に嘆いた。

「小さな船といえども、吾輩は船長だ。乗組員は皆よく働いてくれた。来る日も来る日も雨の日、風の日ばかり。今や波は高まり、ボロ船は傾こうとしている。吾輩自身は船と運命を共にする覚悟はあるが、乗組員のことを思えばそんなわがままは許されん。是が非でもこの船をどこかの港に漕ぎ着けねばならん」

港とは政党である。憲政会につくことはありえず、相手は政友会しかない。それも、何かを実現させるための前向きな合同ではない。事実上、吸収されるのだ。

清貧の革新倶楽部に、利権の政友会。選挙も敵味方に分かれて戦ってきた。間の悪いことに、政友会の総裁は旧知の高橋是清から、陸軍出身の田中義一に代わったばかりでもある。

だが政友会の党員になれば、同志は政治家として身分を保証される。かなりの公認料も得られ、選挙資金の心配もなくなる。筋の通らぬ合同と世間の批判もあろうが、党の政策さえ政友会に呑ませれば、犬養の下で政策立案に奔走してきた植原悦二郎や星島二郎（ほしじまにろう）といった精鋭たちも生き残っていける。そんな犬養の意志を汲み、古島は水面下で政策協議を進めていた。

政友会が政策を引き継ぐことを呑んだという古島の報告を受け、犬養は決断した。

「よし、合同するぞ」

そのまま間髪を容れず、

「その代わり、俺は引退する」

そう断言した。古島は思わずウッと胸を射貫かれたようだった。犬養に、腹の奥まで見透かされている気がした。

「引退、私もお供します」

今度は犬養が目を見開いて古島を見た。まだ五十九歳、引退にはちと早かろうとでも言いたげな犬養を制して、古島が先を続けた。

「今、先生が引退を表明すると、政友会との合同はできません。先生が引退するのなら、自分たちが先生の孤塁を守ると言い出す者が絶対に出てきます。だから引退の宣言は、政友会との合同を為した後にして下さいませんか」

「もちろんそうする」

「では、これからのことは私に一切を任せて下さい。誰にも関わらせず、私一人でやりとげます」

植原にだけは相談しようかと迷ったが、ことは政治家の引退という一大事。当事者である自分が進めるしかない、そう決めた。

その日、古島はなかなか寝つけなかった。上渋谷の古屋で目をつぶれば、ガタゴトという水車の鈍い音が夜風にのって運ばれてくる。

犬養の政治人生を振り返れば、「三尊（伊藤・山県・井上馨(かおる)）」の門はとうとう潜らなかった。戦いばかりの長い道のりの先に、普通選挙法の成立という一大事は成し遂げた。果たして、これで花道は飾れたのだろうか——。

少し前、犬養の晩節を誤りそうな出来事があった。

大臣を補佐する政務次官制度が始まり、古島は犬養から「利権屋の追い払いをしてくれ」と頼まれ、逓信省のその席に座った。事務仕事は大の苦手で「大きいことは犬養に、小さいことは植原（参与官）に」と言ってやり過ごしたが、ある時、事務次官が弱り果てた顔で相談にきた。逓信省の土地を安く買わせろと執拗に迫る議員がいるという。

古島は机の上に両足を投げたまま「そんな馬鹿な話はさっさと断れ」と放言した。すると次官は、気まずそうな顔でこう言い出した。

「それが……、犬養さんはそういうことをしない人だと聞いていたんですが、革新倶楽部の副総裁、関（直彦）さんからのお話なんです」

思わず身を正してよく聞けば、関はその土地を転売した差額を党の運動費にすると説明したという。話はすぐに潰したが、まさか身内から利権屋がくるとは思わなかった。これもそれも金がないからだ。

大政治家、犬養毅の引退である。あたかも名優が花道際で極まり、六方を踏んで退くようにありたい。やり残したことはないと胸を張らせ、衆人の前を堂々と退かせたい。しかし今、金なくして全うな政治はできぬという現実がある。腹の底には、道半ばで退かざるを得ぬ無念の叫びがある。「政友会と合同して犬養が晩節を汚した」との声もあがるだろう。こんな終わり方は、どこか呆気ないように思えた。胸の中を寥々たる風が吹き抜けてゆく。

――いや、木堂が決断した今こそ潮時なのだ、ここは迷ってはならん。

眠れぬ夜は幾日も続いた。

そうするうちに政友会と革新倶楽部の合同は広く伝わるところとなった。もちろん犬養の引退は伏せたままの話である。

五月九日、いよいよ革新倶楽部の協議会を開く前夜になって、数人の議員が血相を変えて上京してきた。犬養に、政友会との合同を思いとどまるよう直訴するというのである。多くは退けたが、滋賀県選出の清水銀蔵(しみずぎんぞう)は聞かなかった。仲間を募ってでも合同を阻止すると鼻息は荒い。

犬養は出せない。代わりに古島と千代子夫人が応接間で対応した。正論をまくしてる清水が一通り喋り終わると、古島がポツポツと言葉を置くように喋り始めた。

「清水よ、一切の理屈を抜きにして同意してほしい。もし多数を以て合同を阻止しようというなら、先生と自分だけで政友会に入るしかない。矢は既に放たれた。今回だけは、ただ先生に盲従してくれ。これは友人としての願いだ」

言葉尻は、涙声になった。ただ頭を下げる古島の悲壮な面持ちに、こともあろうか千代子夫人まで泣きだした。清水はそれ以上、言葉を発することができず、肩を落として帰っていった。

翌五月十日、革新倶楽部の代議士、地方の代表者が一堂に集まった。

政友会との合同が議題であることは皆、承知のうえだ。国民党の解党から、まだ三年も経っていない。古島が事前の根回しから得た感触は、賛否は半々といったところだ。

犬養は黒い背広に身を包んで登壇した。緊張感を漂わせる党員たちを前に、党首として最後の演説を始めた。

「これからの最大の問題は、普通選挙の運用である。新しい勢力が台頭してきても、旧勢力との交代に十年はかかる。その過渡期に旧勢力が新勢力を抑圧せず、混乱を来さぬよう努力しなくてはならない。われわれは長年、政友会と戦ってきた。しかし、これからは政友会に『非行』をなさしめないことに傾注したい。ここに政友会と合同し、多年の逆境の中で鍛えた勇気をもって、政友会の改善に力を尽くしたい」

続いて、三人の党員が続けざまに強硬な合同反対論を展開した。彼らの方が筋は通っている。古島は反対派に言いたいだけ言わせるつもりだった。

議長は、犬養の熱烈な信者である岡山出身の西村丹治郎（にしむらたんじろう）だ。事前に進行の打ち合わせは済ませている。三人の演説が終わるや、西村議長が声を張って賛否を問うた。

「では議決に入りたいと思います！　合同に賛成の方は挙手を」

パラパラパラパラ、と手が挙がり始めた。

反対派の叫び声を制するように、西村議長がこれでもかと大声を張り上げた。

「多数と認めます！」

その刹那、反対派がいっせいに賛成派に殴りかかった。

「木堂先生を誤る者は、なんじら策士なり！」

古島もそこに飛び込んで、右からも左からも殴られながら双方を抑えにかかった。

そして賛成派の元大陸浪人、佐々木安五郎の姿を見るや、「今だ、いけ！」と背を押した。佐々木は靴を履いたまま机の上に飛び乗った。よく通る野太い声で、吠えるように叫んだ。

「お互い兄弟どうしだ！　また逢う日を楽しみに、今日は笑って別れよう！」

党大会は大乱闘のうちに合同を議決した。嘆く者あり、怒る者あり、悲しむ者あり、みな一様に涙している。ひとり犬養だけが壇上で歯を食いしばっていたが、古島に促されて会場を後にした。

〈木堂が貧乏に耐えかねて変節した〉

〈犬養は政友会から相当な金をもらって党を売った〉

〈戦い疲れた犬養は気の毒なほど晩節を汚してしまった〉

世論も新聞も、同情と侮蔑をないまぜにして騒ぎ立てた。

誰も犬養の引退の気配には気づいていない。千代子夫人にすら伝えておらず、漏れる先はない。ただ、高橋是清が閣外に去ってすぐに犬養が続けば、加藤潰しの芝居と取られかねない。古島は二月の時をじっと我慢し、淡々と逓信省の仕事をした。

決行の前日、古島は記者の目を避けるため、朝からひとり銀座に芝居を観に行った。夕方までぶらぶら時間を潰し、日が沈んでから衆議院議長の粕谷義三の自宅を訪ねた。二枚の辞職願を手渡すと、不意打ちを食らった議長は慌てふためいたが、これは政治家の一生一大事の問題だからと、きつく口止めをして帰った。

深夜、逓信省に詰めた。口が堅いことで犬養の信の厚い渡邉勝太郎秘書官に命じ、二人の引退声明を密かにガリ版で刷らせ、翌朝に記者発表を行う手はずを整えた。犬養の最後を、それらしく決行するため水をも漏らさぬ覚悟だった。

翌五月二十八日午前十時、逓信省は犬養の大臣辞任と引退、あわせて古島の政務次官辞任と引退を発表した。街頭では各紙の号外が乱れ飛んだ。

「こんな話は聞いていません！　先生がお辞めになるなら私も従います」

涙をのんで政友会入りしたばかりの仲間たちからは悲鳴があがった。植原悦二郎は、いの一番に犬養邸に駆けこんできた。

「私が泣く泣く政友会入りしたのも、木堂先生あってのことです。先生なくして、もはやその理由もなくなりました」

植原の地盤は政友会と激しい戦いを続けてきた選挙区で、植原の政友会入りを巡っては有権者が離反する騒動があった。植原自身、政友会の存在は常々、厭忌（えんき）してきた。それでも植原は犬養に黙って従ったのだ。

犬養のそばで待機していた古島が言葉を発しかけた時、先に犬養が口を開いた。

「植原君、君には本当に世話になった」

思わず植原が涙ぐんだ。

「普選は、君がいなければ到底、実現しえなかった。審議の時も、君には随分と我慢をしてもらったな」

植原の震える肩に、古島が黙って手を置いた。犬養は滔々と続ける。

「現在の普選は、とうてい君の満足のいくものではなかろう。だが、それでも選挙が始まれば様々なことが起きる。民主主義の何たるかを知る君こそが政友会に残り、真の普通選挙を実現してくれ。わが党の政策を実現できる人物は、君をおいて他にいない」

植原は古島にも促され、男泣きで政友会に留まることを誓った。

古島は、とうとう犬養の引退をやり遂げた。発表された古島の引退声明は、犬養に対するあらゆる批判を一身に受けようという、悲壮なものだった。

死ぬるまで戦ってくれと言いたかった。しかし僕らは余りに個人の力を頼り過ぎた。個人の力を頼ることが、すでに国民政治の本義にあらずと考えた時、しかも七十一歳の老翁の顔を見上げた時、僕はこれを強いる力が無かった。翁のいわゆる理想を、正当なる手段によって実行せしめんと欲する時、僕はそこに十分なる自信がなかった。ああ金力か権力がなければ現代の政治に生きて行くことが出来ぬと思えば、僕らの胸にも悲憤の焔が燃える。三十年来の同志に対して、節に殉ぜよとは言えるが、翁に殉ぜよとは何として言われよう。同志の前途に対する情熱と、国家の前途に対する責任を思った時、翁も泣くに泣かれぬ思いがあろう。

僕は同志をして翁に殉ぜしめず、翁をして同志に殉ぜしめたかった。これがために己を欺き、世を欺いた。国民党を誤ったのも僕の罪だ。倶楽部を誤ったのも僕の罪だ。しかして翁の最後を誤ったとすれば、これも僕の罪である。僕、ここに政界を退きて同志および天下に謝する。

犬養は、高橋是清と田中義一総裁に引退の了解を求めた後、正式に声明を発表した。辞職をしたと決めても、決して退隠したのではなく、国事を放棄したのでもない。

これからも徹頭徹尾、国家への御奉公をするつもりだ。素っ裸の浪人となって敵もなく味方もなく、広き世間を十方無限に渡ろうと思う。自分の年齢と健康から考えると、余すところの活動時間は五、六年に過ぎない。この短い日月をいかに使用せば国家に御奉公ができるかの問題で、日暮れて途(みち)遠し、非常の駆け足でなくては追い付かぬ。

残年を国家に捧げるにも、政治に生きて政治に死ぬのである。

熱海の海は、日が昇るにつれて色を変えていく。明け方までの冷たい灰色は少しずつ鮮やかさを取り戻し、やがて真っ青な海原が遠くへ遠くへと広がってゆく。

ごつごつした石の転がる浜辺を、小さな女の子が声をあげて走り回っている。犬養が目に入れても痛くないほど溺愛(できあい)する、孫の道子(みちこ)だ。まだ四歳、喘息(ぜんそく)を患っている。道子の病を治すため、次男の健一家は東京を離れ、空気の良い熱海で過ごしている。

白樺派の作家として文筆家の道を進んだ健は、この年、二十九歳。政界を引退した日の父の様子をこんな風に書いている。

〈僕の父はあの隠退の折に、それこそ永年の手垢(てあか)のついた七つ道具を放り捨てて、浴衣一つで一目散に林間へ走ったのである。綺麗サッパリ、といいたいが、事実は同志の泣き顔を振り返り振り返り、平常に似ず痛快味を放棄して、わが家の書斎へ戻ったのである。何もかも娑婆(しゃば)の話はもう聞きたくないという顔付であった。（中略）僕は隠退の声明を発表した折の父の顔をよく覚えている。（中略）僕は著述家の直観力をもって信じたのである。僕の父はこの瞬間全く政治を断念したのである。金の要る政治を断念したのである〉

古島と犬養は、旅に出た。突然の引退に伴う各所の騒ぎがそれなりに落ち着いてから、しばらく東京を離れるかと、どちらからともなく言い出した。

目的地は、どこでもよかった。まずは同志の多い秋田に詫びに行った。

秋田を訪ねる犬養のもう一つの目的は、若かりし日、激しい恋に身を焼いたお鉄の墓参りだ。事あるごとに仕送りをしてきたが、とうとう前月、お鉄が亡くなったとの連絡が入っていた。一つ一つ、区切りをつけていくような旅になった。

それから二人は、どうせなら西の端まで行ってみるかと、筑前(ちくぜん)博多の太田太兵衛に会うことにした。博多っ子の太田は俠気に富んだ畳屋で、国民党が解党した時、党の看板を泣きながら持って帰った男だ。政界の荒波の中を命がけで漕ぎ続ける身では、大切な仲間にすら正直に伝えられぬことが多すぎた。

話を聞きつけた福岡の政友会支部や旧国民党の党員たちが歓迎会を開きたいと言い出したが、その類の誘いは全て断り、太田と三人で旧交を温めた。

そのまま東京に戻っても、もはや大した用事はない。国会に行くこともない。九州からの帰路、二人は熱海に寄った。次男夫婦、そして可愛い盛りの道子と一月ほどのんびり過ごすことにした。

無数の岩を洗う潮騒の音だけが、律儀に繰り返されている。

「おい、みっちゃんよ、リンゴの一番うまいところ、どこか知っとるか」

意地悪そうな笑みを浮かべた古島が、きょとんとする道子の顔を覗きこむ。

「ううん、知らない、それ、どこ」

「それはなあ、皮と果肉のちょうど間のところよ。そこはな、すごくうまいんじゃが、ちと取るのが難しい。じいさんにそう伝えて、食べさせてもらったらええぞ」

道子は祖父のところへトコトコ駆けて行った。そして古島に言われた通り、皮と実の間のところを食べたいとねだって犬養を困らせた。

浜辺に敷いたゴザの上に道子を横にならせ、日光浴をさせながら、その脇で犬養が必死にリンゴの汁を擦り始めた。

その姿に、古島がヒイヒイと声を殺して笑う。

古島は海水をバケツに汲んできては、喘息の道子の胸や背中に塗ってやる。道子はふたりの翁を家来に従え、わが世の天下だ。そうするうち、雲の合間から太陽が機嫌良さそうに顔を出した。

「おお、やっとお天道様が出てきたわい。こうやって身体に汐が効いとるうちに、しっかり日を浴びて元気にならんといけんぞ」

古島が道子にせっせと海水を塗っていると、汗だくの犬養が真顔で割って入った。

「ほれ、道公。これを飲むといい。古島のじいさんが言うとおり、リンゴの皮の下をたっぷり搾って、蜂蜜も入れておいたぞ」

二人はまるで宝物を扱うように幼い道子を可愛がった。

雑事から離れ、ようやく海原に息をついた。

幼い道子と戯れながら、それでも二人がどこかもの寂しい感じを拭えなかったのは、政界を退いたせいばかりでもなかった。

普通選挙法の成立を見届けて暫くして、熱海の住人、三浦梧楼が七十九年の生涯を閉じた。

三浦との出会いを振り返れば、犬養の胸には、この国がまだ動乱の最中にあった西南戦争の日々が蘇る。若き日の将軍は浴衣姿で横になり、二十歳を超えたばかりの戦地探偵人を相手に国のこれからを熱い眼差しで語った。あの戦いを最後に、自分たちは、政党も憲法も選挙も国会も、この国のかたちを一つずつ築き上げてきた。

目の前には、真っ青な海が果てしなく広がる。足下には、遥か沖から繰り返す波が打ち寄せるばかりである。

大海原の彼方に、犬養は西郷隆盛を思った。

政争に敗れ、膨大な富も名誉も全て放り捨てて、一路、故郷の鹿児島へと戻った西郷。犬養は今、西郷に聞いてみたかった。

あなたは、それで本望だったか。己の命を国家に捧げんとする胸の焰を、消し去ることはできたのか——。

この年の暮れ、長く病床にあった大正天皇が崩御。「昭和」という新しい時代が幕を開ける。

第十一章　見果てぬ夢

1、白林荘

信州富士見は、標高約三千メートルの八ヶ岳（やつがたけ）の裾野に広がる村だ。陽が傾く頃、峻厳（しゅんげん）な八ヶ岳の裾野は夕映えに染まる。鮮やかな朱色は深い茜（あかね）色へと移ろい、やがて七彩凛（りん）として空を射る。山々の峯（みね）から東へと落ちる水は千曲（ちくま）川に、西への流れは諏訪（すわ）湖に入って天龍川に、釜無（かまなし）の山々を通る流水は甲州から富士川へと注ぎ込み、八峯（はっぽう）は信州の分水嶺（ぶんすいれい）を為す。

遠山の蒼翠（そうすい）、近山の青緑、稲田の黄雲を一面に見わたす高原の風致を、犬養木堂は晩年の地として定めた。

省線の富士見駅から十分ほど歩いた丘の上に、ささやかな別荘を建てた。亭々たる赤松に映える白樺の林が気に入り、「白林荘（はくりんそう）」と名付けた。塀もなければ表札もなく、入り口の辺りに「白林荘」と書きつけた板切れをぶら下げただけの構えである。だが眺めはすこぶる壮大だ。右を見れば赤岳を中心に西岳、編笠岳、阿弥陀岳が空を突き、左を眺めれば入笠山から続く連峯の後ろに駒ケ岳が、晴れた日には正面に富士山が望める。

近くの軽井沢は開発が進み、道行く洋装の紳士淑女が都会的な空気を醸し出す。片や富士見の町は素朴そのもの、たっつけ（モンペ）姿の農夫が畑仕事に精を出す。背広を脱ぎ棄てた犬養も、そのたっつけを愛用した。片手に鍬を担ぎ、懐から取り出す煙草は十本入り六銭の「蝴蝶」。

「どうじゃ、わしもこれで立派なプロ（レタリアート）じゃろう」

真っ黒に日焼けした顔で老人がおどけると、そばを歩く村の青年たちが声をあげて笑う。

東京から高名な犬養木堂がやってくると聞いた時、村人はどんなギラギラした男だろうと想像した。ところが、現れたのは農夫姿の好々爺だった。青年たちは木堂信者となり、白林荘の周りに白樺を植林するのを手伝うようになった。

田中義一が用意した枢密顧問官の地位も断り、山奥に隠遁した老政客に周囲は戸惑った。闘犬木堂が本当に隠居などするか。山奥で、何か策略を練っているのではないか。東京の新聞記者たちは、はるばる白林荘に見分にきては日々の生活を取材し、結局、こんな記事を書いた。

〈この日も木堂は、青年たちと昨日の続きに取り掛かった。鍬を肩に、朝の気立つ林を歩く鶴のごとき姿が見える。一同と木を運ぶ翁の姿が見え隠れし、次にはバケツを持った姿が現れる。その細った身体は、不断に動いて休息するのを見たことがない。ここは、俗界から望を断った赤裸の木堂が身を寄するに恰好の地である〉

一日の仕事を終えると、白林荘の敷地にある小屋に皆が陣取る。老人と青年は囲炉裏端を囲み、山菜や肉鍋をつついては夜を過ごす。

「これはわしが少し封を開けておるけれど、よければ……」

下戸の犬養が気を遣いながら提供する新品の酒を、若者たちが喜んで分け合う。宴もたけなわになると、木綿の粗服に身を包んだ翁が煙管片手に語り始める。それを皆が息を呑むようにして聞き入る。

早くに父を失った岡山庭瀬での日々、金もないまま彷徨（さまよ）った東京、西南戦争での戦地探偵人、栗本鋤雲に福沢諭吉先生、そこから始まる政治談議は、青年たちが間もなく参加する普通選挙の意義を説いて終わるのが常だった。

小屋の隅にあぐらをかいて手酌で酒を飲みながら、犬養の一夜語りにニヤニヤと耳を傾けるのは古島一雄である。

政界を引退してから、古島は三浦梧楼の別荘を定宿に、よく熱海で過ごした。だが、その度に犬養から〈如何帰、如何帰〉と帰京を促す手紙が届く。その犬養は四月から半年以上、手伝いのテルを連れて富士見の人となるのだから、古島の足も自然と富士見へ向かった。

「富士見の青」と呼ばれる青空は、東京のそれとは比べようもなく高く遠く澄んでいる。目を閉じれば、聞こえるのは梢の声と鳥のさえずりばかり。夏が近づくと、群生する山百合の芳香が部屋の中にまで漂ってくる。

そんな清閑の地で古島がまず驚いたのは、犬養があれほど好きだった碁を自らに禁じたことだ。漢詩づくりと土いじりに時を費やし、日がな閑雲野鶴の日々を過ごしている。

しかし、一方の古島はそうもいかない。碁を愛好する人々の間で、古島の名は知れ渡っている。木堂の智嚢にして碁の名手が富士見にいるらしいとの噂が広まるや、腕に覚えのある近隣の村人たちが碁盤を抱えて続々と押しかけてきた。

追い返すのも気の毒で相手をすると、これが一人何時間も粘る。その数はどんどん増えていき、古島はとうとう音をあげた。それからは月に一、二日を「碁の日」と定め、昼には弁当を出し、たまに講釈もたれた。他日は囲碁禁止令を出した。

そうするうち古島も、白林荘に寄宿してばかりではいられなくなった。なけなしの金を掻き集め、犬養や村の青年たちの助けを借りて林を切り拓き、白林荘の側に小屋を建てた。八ヶ岳から富士山へ向けて三方に傾斜する地形から「三斜荘」と名付けた。二人は相変わらず支那からの亡命者を匿うことも多く、白林荘と三斜荘はたびたび彼らの無料宿泊所になった。

富士見での生活が落ち着くと、犬養が熱心に手掛けたことが二つある。

一つは、愛孫、道子を呼び寄せることだ。湿気の少ない高原の生活を選んだ理由のひとつに、喘息を患う道子を養生させるのに適しているということがあった。

道子は、両親とともに熱海にいる。子どもにとっては、山よりも海だ。なかなか富士見には足が向かない。そこで犬養はせっせと手紙を書いた。

〈オテガミヲアリガトウ　スナアソビノバショト　スベリダイト　スグコシラエルカラ　ライゲツキテオクレ　ヲジイチャマワ　キンジツ（四谷に）カエリマス　ソシテマタ　フジミニ　キマス〉

植原悦二郎は、地元の諏訪湖畔で夏を過ごした時、犬養の思わぬ姿に接した。

植原の別荘に、犬養が道子の手を引いてやってきた。植原には二人の子がおり、子どもたちはすっかり仲良くなった。犬養は二人の子を白林荘に泊め、よく面倒をみた。植原が迷惑をかけるのではないかと心配すると、「なあに、子どもは可愛い」と顔をほころばせた。

「先生は稀に見る剛毅の人であったが、その反面に於ては溢れるがごとき仁愛と温情の人であった」と、後に党の機関紙に書いている。

犬養が取り組んだもう一つが、農業振興だ。八ヶ岳の山麓は痩せ地で、不毛の大地と呼ばれている。産業といえば養蚕くらいで、農民の生活は楽ではない。犬養は、世話になっている村に何か還元できないかと思案を巡らせた。

そこで馬鈴薯やトウモロコシ、水稲、豆類の種子や苗木を移入し、農民たちに栽培させた。それも、あてずっぽうではない。まず農林省の役人に相談し、耐冷・耐病・多収の優良種を厳選、それを地元の実科中学（現・富士見高等学校）の校長に頼んで栽培させる。生育の様子をよく観察し、順調に育ちそうなものを選んで農家に渡した。

この時、犬養が富士見に持ち込んだ豆は「イヌカイ豆」と呼ばれ、遥か昭和の終わりまで栽培が続くし、耐冷病種の陸羽百三十二号という水稲にいたっては高原の風土によく合ったのだろう、富士見に限らず全国の高冷地に普及していった。

「あのまま生きながらえて富士見におったら、よい村長になったであろうに……」

後年、古島がそう嘆いたのも無理からぬことだ。長い風雪と蹉跌の歳月の後に、ようやく辿り着いた穏やかな晩年に思えた。大悟解脱した僧侶のような自適隠棲の日々は三年半ほど続く。

しかし昭和政界の激動は、犬養毅という政治家が信州の山奥に韜晦し、そこで静かに生涯を閉じるというささやかな幸せを全うすることを許さなかった。

2、初夏の南京

昭和四年五月二十日午後八時四十五分、犬養と古島を乗せた列車が東京駅を出発した。そばには旧知の萱野長知や頭山満らもいる。総勢十数人、翌日には神戸港を出て中国・南京へと向かう一月余の長旅だ。

孫文が清朝を倒して中華民国を建国し、幾つもの挫折を経て逝去してから四年の歳月が過ぎていた。孫文の遺体は、北京西郊の西山碧雲寺に安置された。それが、このほど中華民国の首都南京に「中山陵」が完成し、中国国民党をあげて「移霊祭」が行われることになった。

国民政府を率いる蔣介石にとっては、自らが孫文の遺志を継承したという正当性を内外に誇示する絶好の機会だ。犬養と頭山には、直に招待状が届いた。孫文が信を置いた闘将、萱野も民国国賓として出席を要請された。

東京を出て三日後の早朝、犬養は狭い船室で早くに目が覚めた。この時期はバラの栽培が忙しく、日の出前に起き出す癖がついている。十八年ぶりに中国の地を踏むことにも、どこか興奮していた。

ひとり甲板に出て、夜明けを待った。水平線の彼方から重たい雲を持ち上げるようにして、太陽の光がじんわり広がってくる。紫、濃赤、橙と、色彩と影が混じりあって階調を織り成す光景は言葉に尽くしがたい。革命に失敗するたび海を渡ってきた孫文も、どんな思いでこの光景を見たかと思うと感慨深かった。

日が昇るにつれ、海面は少しずつ茶色に混濁してゆく。遥か西蔵(せいぞう)地方(チベット)を源に四千里も続くという長江の水が流れ込んできた。船は、幅四十里にも及ぶ広大な河口に吸い込まれるようにして遡上(そじょう)し、上海に着いた。

専用列車に乗り換え、一路南京へと向かった。列車は国賓用の特別列車で、一行専用の接待員まで乗り込んでいる。しかし国民党の歓待ぶりとは対照的に、上海を出て蘇州(そしゅう)、揚州(ようしゅう)、そして南京へと至る車窓に、犬養はもはや修復しがたいまでに広がった両国の断絶を見るような気がした。

「おい、古島君、酷いな、これは」

同じことを考えていた古島も、溜息まじりに答えた。

「ええ、日本人が考えている以上ですな、まさかここまでとは」

沿線のあらゆる建物に〈打倒日本帝国主義〉〈日貨排斥、国貨提唱〉〈日支経済絶交〉などと喧伝(けんでん)する紙がベタベタと貼られている。停車場の壁にも、城門にも、排日の文言がペンキで塗りたくられている。揚州では船から見上げた橋の裏にまで〈打倒日本帝国主義〉と赤々と書き殴られていた。

古島が、しかめっ面で付け加えた。

「昨日、萱野が聞いた話では、われわれが通る沿線だけは、党が地元政府に命じて看板を外させたり落書きを塗り潰させたりしたそうですよ、それでもこの有様なのだから……」

「やはり、去年の済南での衝突に、張作霖の一件が大きかったな」

中国では南軍（国民党・蔣介石）と北軍（張作霖ら地方軍閥）に分かれて内戦状態が続いている。南軍による「北伐」が始まると、政友会の田中義一総理は山東省の日本人居留民の安全が脅かされるとして数千人規模の兵を三度にわたって送り込んだ（山東出兵）。済南で起きた日中の軍事衝突では、中国側に数千人もの犠牲者を出した。

山東出兵に乗じて、軍は一気に満州にまで兵を進めようとした。日露戦争後のポーツマス条約により、中国東北部の関東州と満鉄線の沿線が日本の権益となって久しい。満州にはすでに日本から二十万もの移民が入植し、その保護を理由に実質二個師団もの関東軍が駐留している。満州の広さは日本の三倍、肥沃な大地に天然資源も豊富だ。軍の内部には、満州の覇権を握る張作霖の支配を奪い、日本の傀儡政権を作って植民地化するという謀略があった。

しかし田中総理は途中から舵を切る。陸軍時代から伝手のある蔣介石や張作霖に直に連絡を取り、平和裏に共同で満蒙経営を行うことで満州での権益を拡大しようとした。政友会顧問である犬養も田中から相談を受け、この路線を支持していた。

間もなく、田中と張作霖が調印するという最終段階に漕ぎつけた、その矢先、関東軍が実力行使に出た。北京から奉天に帰還する張作霖を列車ごと爆破する、いわゆる「張作霖爆殺事件」を起こしたのである。

古島は、車窓の排日看板を見ながら続けた。

「山東出兵までは邦人保護という理由がつきました。だが張作霖の一件は違う。関東軍は国民党のやったことだと言い張ってますが、若き天皇もお怒りだそうですね。でも田中総理の動きは鈍いらしい」

犬養の表情も硬い。

「ああ、田中も日本の恥を世界に晒すのを恐れて、このまま処分を曖昧に済ますかもしれん。元陸軍大将ですら軍にたがをはめることができんとなったら、軍の規律などあってないようなもんだ」

犬養には、軍との関係では譲れない一線がある。

大正元年、陸軍の増師を阻止する時は国民党が先頭に立った。シーメンス事件で海軍粛清を実行したのは政友会と同志会だ。第一次世界大戦後、四師団三万人もの削減に踏み切ったのも護憲三派内閣である。政党が議会で正当な手続きを踏み、軍を制御してきた。軍が、政府の意向を無視して外国の要人を暗殺するなど許されることではない。

――一国の総理というものは、もっと権力を振るって軍を抑えねばならんのに……。

田中義一の苦境は、犬養にとってももはや他人事には思えなかった。犬養は、ただ林間に遊ぶ隠居老人ではない。実はその身は今も、現役の代議士として国会に籍を残しているのだ。

話は四年前、大正十四年春にまで遡る。

犬養が五月に引退を表明すると、多くの関係者はその決断を静かに見守った。しかし、どうしても引退を許さぬ者がいた。地元、岡山の支援者たちだ。

彼らは、七月の補欠選挙に向けて犬養を再選させようと勝手に動き出した。驚いた犬養は「再選は断じて受けじ」と書簡を送り、使者を送り、重ねて出馬を固辞した。それでも支援者たちは本人不在で選挙戦を戦い、なんと犬養を再選させてしまった。

彼らは四谷の犬養邸を訪れては涙ぐましい申し入れを続けた。

「先生は、息のある間は岡山の代議士です、我々は辞退を許しません」

「先生が当選を受諾されなければ、私らは承諾書を偽造します。監獄に入って冷たい飯を食っても、先生をたてる覚悟です」

ついには、こんな思いを口に出す者もいた。

「私らは四十年もの間、先生の言われることを黙って聞いてきた。今度一回くらいは、私たちの言うことを聞いてもらいたい」

苦り切って口もきかなかった犬養もとうとう観念した。

「いつまでもは困るぞ。最初の一年だけやって、それで辞めるからな」

選挙といえば「犬養毅」の三文字以外書いたことのない支援者たちが、一年だけの約束で終わらせるはずがなかった。犬養は信州富士見で引退同様の生活を送りながらも、議会には出席した。ただそれも、政友会の最後列に座り、ポツネンと頬杖をつき、じっと議場を眺める淋しい姿でしかなかった。

富士見に、東京から政界の使者がたびたびやってくるようになるのは、孫文の移霊祭に向かう前月頃からだ。政局は動き始めていた。古島を訪ねてきた一人が、政友会幹部の小泉策太郎。護憲三派内閣で「加藤をひねろう」ともちかけてきた策士は、次なる作戦をあたためていた。

三斜荘で碁盤に向かいながら、小泉は心底困ったような表情で切り出した。

「どうも最近の政友会はいかん。張作霖事件の後始末がうまくいかんから、田中義一は早晩だめになる。かといってオガヘィ（小川平吉）ではまだ貫禄が足らん。政友本党から出戻りの床次（竹二郎）も、鈴木（喜三郎）と喧嘩ばかりで、どちらを立てても分裂する。ここは皆が納得する総裁を持ってくるしかない」

「おい、まさか」

「そのまさかだ。ここは大御所の犬養に総裁をやってもらうしかない」

古島は指先で弄んでいた碁石を放り投げて声を荒らげた。

「冗談じゃない。木堂はようやく富士見に落ち着いて、いい気持ちになってるんだ。あの老人を山から引きずり下ろすような不人情なことができるもんか！」

　あまりの古島の剣幕に、小泉は慌てて言葉を足した。

「いや、ずっとじゃない、少しの間でいい」

「こともあろうに木堂を暫定に借り出すなど、俺は断じて反対だ！」

　小泉は、すごすごと東京へ戻っていった。人を替え、こういうことが何度かあった。古島は少し迷ったが、犬養に事情を伝えた。犬養は黙って聞き流す風だったが、この頃から犬養の眼がかつての鋭い光を蓄え始めたのを古島は見逃さなかった。


　昭和四年六月一日、犬養ら一行は中国・南京でその日を迎えた。

　南京は、三国志の時代から栄えてきた古都である。町の西側には雄大な長江が緩やかに蛇行し、東側には標高四百五十メートルの紫金山がこんもり緑を茂らせる。

　午前六時、孫文の柩を載せた霊柩車が、市内中心部の国民党本部を出発した。車の前後には喪装の軍隊、世界十七ヵ国の使節が付き添い、三里半の道のりを三時間かけて厳粛に進んだ。沿道には数万人が詰めかけ、英雄の葬列を静かに見守った。

　午前九時、犬養らが待ち構える紫金山の麓に柩が到着し、車から降ろされた。

ここから中山陵まで、なだらかな丘陵だ。麓に造成された通路には真っ青な石畳が敷き詰められ、そこから三百五十段もの石段が陵前へと連なる。その一段一段は、まるで孫文の歩んだ革命への道のりの長さを示すかのようである。

遺族を先頭に、犬養、頭山、列強の大使が柩の綱を曳きながら石段を登り始めた。

六月とはいえ、南京ははや真夏の空気だ。中天にかかろうとする太陽が容赦なくジリジリと照り付ける。モーニング姿の犬養の額からは汗が噴き出し、ポタポタと顎を伝っては落ちる。それを拭おうともせず、自分の短い影を踏むようにして黙々と足を運ぶ。

長い階段を上り切った先に、巨大な白亜の霊廟が待ち構えていた。中央には「天下為公」という孫文の筆をかたどった扁額が掲げられている。

荘厳な鉄門から先、入場を許されるのは三人だけ。蔣介石、イタリア公使、そして犬養だ。中国政府が、今や敵国と見なす日本の犬養を最高の儀礼でもてなす。その様子を、古島は葬列の後方から見つめた。

——民国政府は政治的思惑を超えて、孫文と犬養の情誼を真に理解している。犬養の存在こそ、これからの日支関係を打開する唯一の希望だ。

犬養は霊廟へと進んだ。ガラス張りの柩は、大礼堂に厳かに奉安された。ようやく、柩の中に眠る孫文にゆっくりと向き合った。真っ黒な支那服をまとい、顔は少し赤褐色を帯びてこそいるが頬の肉も豊かで、穏やかな表情は生前と変わらない。中国の技術は、孫文のこの顔を一千年は保存しうるという。

安らかな寝顔を見つめていると、革命の合間に覗かせた愛嬌のある笑顔が思い出された。裏庭から現れては犬養家で長風呂につかり、次男の健（たける）を膝に乗せ、千代子が作るオムレツに舌鼓を打った。時代が違えば、孫文にもまた別の人生があっただろう。

杜甫（とほ）の詩に「蓋棺事定（がいかんじてい）」という言葉がある。人の真価は、その柩が蓋（ふた）に覆われた後つまり死後に定まるという。孫文は長い苦闘の果てに、皇帝の世を終わらせた。その名は「建国の父」として永遠に民の記憶に刻まれる。中国における数千年の悠久の歴史の中で、彼は確かに帝王の覇業の列に加わった。

孫文の功績を、犬養は心から労った。

翌六月二日の夜、南京市内で犬養と頭山の歓迎会が開かれた。主催したのは、日露戦争の後、革命の母体となる「中国同盟会」を東京で結成した懐かしい同志たちだ。いわば革命の芽吹きから共に歩んできた身内だけの集まりは、日本からの一行にとって忘れがたい会合となる。

冒頭、今や革命の元老と呼ばれる張継（ちょうけい）が挨拶に立ち、これまで日中の関係者が口にするのを避けてきた苦い過去に踏み込んだ。辛亥革命の時、中国に駆け付けた犬養と孫文らの間に生まれた〝誤解〟について語り始めた。

「忘れもしません、犬養先生は『袁世凱とは断じて妥協してはならぬ、そのようなことでは革命は貫徹できんぞ』と申された。大変申し訳ないことではあるが、あの時、先生の発言は吾らのためではなく、革命派と袁世凱を対立させ、その機に乗じて日本の野心を全うせんとする策略だと疑った者がおりました。

然るに今、先生のご忠言は、事実が証明しております。今にして当時を思えば、先生に対して相済まぬことで、お詫びの言葉を呈せねばならぬと思うております」

場が静まり返る中、犬養がすっくと椅子から腰を上げた。これからの両国の関係に希望を託す確かな語り口調で、張継の挨拶に応えた。

「国家の間には、時として衝突も免れない。併してそれがお互いの国の利益になるかどうかということは、国民と国民との目から見て判断せねばならん。これからも友人として意見を交換したい。そうして互いに誤解が解けたならば、国と国の利害の衝突なども案外、容易に解決を見ることができるだろう。同志の間に国境はない。残された人々が、東洋平和のために奮闘されることを心から願います」

会場には一斉に拍手が響き、双方が立ち上がって抱き合った。

古島はふと、隣に座る萱野が黙って涙を拭うのに気づいた。孫文直系の革命軍幹部であり、犬養のことも深く敬愛する萱野が、あの時、両者の板挟みになっていかに苦しんだか。萱野は一切そのことを語らなかったが、古島にはその心中を察して余りある気がした。

六月二十八日午前八時、一行は大軍楽隊の演奏と大勢の関係者に見送られて北京を発った。そのまま天津市街を抜けて渤海沿いの大沽の港に着き、午後三時には海路で日本を目指す予定だった。

ところが出航間際、天気が急変。いきなり台風が直撃したかのような大嵐に見舞われた。黄砂が天に巻き上げられ、辺りは新月の夜のように真っ暗になり、そのうち大雨が激しく地面を叩きつけた。季節外れの蒙古風である。まるで日本と中国のこれからを占うような荒天だった。

嵐が過ぎ去ると、天候は嘘のように回復。船は一時間遅れで出港した。

暮れなずむ海上に、山東の山々が遠ざかってゆく。風雨に洗われた穏やかな夕陽が、船室の丸窓から差し込んでくる。しばし万感の思いに浸ってくつろぐ犬養の部屋に、古島が電報片手に駆け込んできたのは、出航から一時間もしないうちのことだった。

「大変です！　田中義一内閣が総辞職を決めたそうです」

塞がりかけていた犬養の目がぎろりと光った。

そのうち、政友会本部から送られてくる第二、第三の電報によって事情が分かってきた。昨年の張作霖爆殺事件に関して、首謀者の処分に踏み切れなかった田中総理を天皇が叱責し、それが内閣の崩壊に繋がったということらしい。

古島は興奮気味に言った。

「これで田中総裁の後継問題が一気に激しくなりますよ」

「関東軍を処分しきれん田中も田中じゃが、天皇の叱責が政党内閣を壊すなどということは、立憲政治において本来あってはならんことだ」

犬養の嘆きは、ことの深刻さを言い当てていた。

政党、軍部、そして天皇――。三者はこれまで幾度もの軋轢を経ながら、明治憲法という縛りの下で曲がりなりにも均衡を保ってきた。その政体が、鈍い音をたてて軋み始めていた。

電報は次々に飛び込んでくる。政友会に代わり、民政党（旧憲政会）の浜口雄幸に大命が下るらしいという見通しもおっかけ入った。政友会は野党に転落するも、政党内閣が維持されるということだけは吉報だった。

数時間して、日本からの怒濤のような電報もようやく途絶えた。犬養も古島も、それぞれ狭い客室に籠って固いベッドに身を横たえた。窓の外はいつしか日も落ちて漆黒の闇に包まれている。船は音もなく夜の黄海を進んでゆく。

山を下りる時が近づいている――。

二人は違う方向を見やりながら、同じことを考えていた。

3、政友会総裁

高原の秋は早い。

信州富士見の山々は裾野から色づき始め、下界よりひと月も早く美しい紅葉に染まる。それなのに、白林荘にも三斜荘にも主の姿はなかった。

実は、南京から帰ってひと騒動あった。八月二十二日の早朝、犬養は白林荘の庭で小さな段差を踏み外し、腰を酷くひねった。数日間、布団の上で身動きもできなかった。犬養は痛みをこらえる時、必ずハンカチを握る。この時も脂汗を流しながらも「痛い」とは一言も言わず、ハンカチをギュッと握って堪えた。

この怪我が新聞各紙で伝えられると、富士見の小さな郵便局には全国から見舞いの手紙が殺到し、普通郵便が扱えぬほどの騒ぎになった。村人たちは「先生に、たまには身体をこわしてもらうと富士見の宣伝になる」と言い、政友会幹部の内田信也(うちだのぶや)は〈尻餅(しりもち)で天下ゆるがすおやじかな〉という句を詠んで笑いを誘った。不慮の怪我は、犬養人気が決して衰えていないことを内外に示した。

ようやく歩けるようになった犬養がそろそろと山を下り、湯河原(ゆがわら)の天野屋(あまのや)で湯治を始めたのは九月も半ばに入ってからだ。湯に浸かりながら、のんびり散歩して徐々に身体を馴らそうと思っていた。

そこに待っていたかのような事態が出来する。九月二十九日、前日まで元気だった政友会の田中義一総裁が心臓マヒで急逝。くすぶり続けていた総裁の後任選びは火急の事態となった。

――犬養の湯河原湯治、そして田中の急逝。万事、山を下りる流れにあるな。

古島も早々に富士見を引き上げた。

長く住んだ上渋谷の借家を出て、経堂に小さな家を構えたのは二年前の昭和二年。ちょうど新宿と小田原を結ぶ小田原急行鉄道が開通し、経堂にも駅ができた。新宿駅から急行で十二分と便利な場所だが、駅の周りはまだ一面の田園地帯。東京の中心部に家を買う余裕のない者たちが、安価な家をポツポツ建て始めていた。

東京に戻るや、古島の周辺もにわかに騒がしくなった。新聞記者や政客たちが、朝に夕にと古島の様子を探りにくる。皆の関心はただ一つ、一度は引退を表明した犬養が、政友会総裁就任を受けるかどうか。

政局におけるツボを古島は心得ている。党として正式な決定が下るまで安売りはできぬとジッと口をつぐんだ。要らぬ憶測を呼ばぬよう、犬養のいる湯河原にも足を運ばずに過ごした。

その丸眼鏡の男が経堂を訪ねてきたのは、十月七日の夕方である。

政友会幹事長、森恪（もりつとむ）、四十六歳。若手ながら党内に着々と驥足（きそく）を展（の）ばし、今や政友会の五奉行と評される実力者だ。森のどこか晴れやかな表情を見て、古島は〈ついに政友会も腹を決めたな〉と察した。

「古島君、きょうはオヤジのことで折り入って相談がある」

十七も年下の若造が、大先輩の古島を君付けで呼ぶ。森は誰に対してもそうだ。ただ犬養ほどの大物になると、さすがに君付けはできないようで「オヤジ」と呼んだ。その響きには、どこか尊敬に似た親しみが込められているように聞こえなくもない。

「先ほど党の最高幹部会を開いた。一人だけ最後までウンと言わんのがいて少し手間取ったが、われわれは、オヤジを次期総裁に擁立することを決めた」

古島は用心深く念押しした。

「それは政友会として、正式な決定だな」

「そうだ。これから湯河原へ行く。ついては君に同行してもらいたい。もしオヤジが断るようなら、俺と一緒に説得してほしい」

——犬養から総裁就任の承諾を得れば、こいつの株は上がる、もし断られた時は僕に説得させようということか。全くぬかりのない男だな。

森恪の経歴は異色だ。三井物産の元社員で上海支店が長く、中国には二十年近くいた。辛亥革命の時、萱野長知に領収書なしの三十万元をポンと手渡した男だ。その萱野から、森の武勇伝は聞いている。

日露戦争の時、森はバルチック艦隊が上海に入港して炭水を補給するとの情報を得るや、上海中の艀（はしけ）を買収して艦隊に補給をさせなかった。さらに上司の命令を受けてヨットで追跡、艦隊がバタン諸島で補給するのを確認、その石炭の量と航行距離を計算し、艦隊の航路を予想して軍に伝え、戦況を有利に導いた。

その後、桂内閣に「満州買収計画」を提出したのがきっかけで政界と接点ができ、原総裁時代に五万円もの個人献金をして政友会に入党。いきなり満鉄の疑獄事件に関わって落選もし、若いながら酸いも甘いも知り尽くしている。

森は前の田中内閣で、外務省の政務次官として様々な策動をした。その内情は、森の下で外務参与官を務めた植原悦二郎から詳しく聞いている。森は三井時代から軍と関係が深く、張作霖爆殺事件も、それに便乗しての満州への出兵計画も、森が田中の裏をかいて関東軍と連絡を取り合っていたというのは関係者の間では知られた話だ。

――こやつとは少し距離を置かねばならんな。

古島はそう直感し、森の命令調の依頼を突っぱねた。

「夜遅くに湯河原へなど行けるもんか。そんなこと、僕は真っ平ご免だね」

古島のぶっきらぼうな物言いに、森は小さな目をまん丸くした。古島はお構いなしに続ける。

「総裁の件は木堂自身が決めることだ。説得なんか、あったもんじゃない」

だが犬養の片言隻句、挙措進退からその心を読んできた古島にとって、犬養が話を受けるであろうことは想像に難くない。むろん、犬養はそれを待っている。

古島は森に、敢えてこう付け加えた。

「犬養という男はな、釣り鐘みたいな男だ。大きく叩けば大きく響くし、小さく叩けば小さくしか響かん。貴様が本当に犬養を出したいと思うのであれば、そのつもりで思う様ぶつかれ。僕は明朝、湯河原へ行く」

森は〈食えん男だ〉という風な表情を浮かべたが、古島の言葉に前向きな感触を得たのだろう、取り巻きを引き連れ、その足で湯河原へ向かった。

釣り鐘の喩え話は、坂本龍馬の言葉だ。龍馬が勝海舟に対して、西郷隆盛という人物を説明する時に語ったと伝わる話である。古島はこれを聞いた時、まるで犬養の人物像と重なるなと思った。ただ龍馬の話には続きがある。龍馬は鐘を叩く自分自身を省みて「その鐘をつく撞木(しゅもく)が小さかったのが残念だ」と言い添えた。そんな殊勝な言葉は森のような男には分からんだろうから割愛したまでだ。

翌朝、古島は経堂から一番列車に乗り、湯河原の天野屋に駆け付けた。すると、森が丸眼鏡を朝日に白く輝かせながら、ニコニコ顔で玄関から出てきた。

「いやあ、良かった。オヤジ、承知してくれたよ」

挨拶もそこそこに写真屋を引き連れて慌ただしく車で去っていった。

古島は犬養の部屋へと歩いた。三和土から覗き込むと、犬養はひとり広縁に座って新聞を広げている。

窓の外にそよぐモミジの葉はまだ青々としており、すぐ前を流れる藤木川の涼やかなせせらぎが温泉郷の静寂を埋めている。こんな静かな朝は、もう訪れないだろうと思った。

「腰の具合はいかがですか」

犬養がひょっとこちらを振り返った。

「おお、君か、迷惑をかけた。長い間湯に浸かっておったから、もう大丈夫じゃ」

「さっき、森から聞きました」

「うむ、そういうことだ」

「忙しくなりますな」

「今さら会社員にでもなれと言われたら難しいが、車引きが車を引けと言われておるのだから仕方がない。お互いまた煩わしいことになるのう」

これからもよろしく頼むという犬養らしい挨拶だ。だが、自分と犬養との距離はこれまでとは違うものになる、というのは古島がこの数ヶ月ずっと考えてきたことだ。

原敬亡き後の政友会の派閥争いは熾烈だ。大小の策士連が跳梁し、一つの党の中に幾つもの小党があるようなものだ。田中義一が総裁に就いて以降、軍に近い議員も入り込んでいる。そこに議員でもない自分が割って入れば、総裁の命令系統を乱しかねない。

古島は、ここのところ温めてきた計画を犬養にぶつけた。

「政友会ともなると、党の中も外も敵だらけだ。先生に、心底尽くす者が必要です。私の東京の選挙区には支援者がそのまま残っておりますから、そこから健を出して、秘書として働かせましょう。文学三昧もそろそろよかろう」

犬養は新聞を手から離すと、古島の方をまじまじと見つめた。古島は続ける。

「親父が命がけの戦に臨むのだ、イヤとは言わせませんよ。文学者でも新聞で昨今の政情くらいは知っておろう。いやまさかあいつ、目を通すのは文芸欄だけじゃなかろうな」

そこでようやく犬養が笑った。

犬養の実子であることに加え、健にはもう一つ強みがある。政友会の総裁ともなれば、これまで何かと敵対してきた元政友会総裁で元老の西園寺公望との連携が欠かせない。さらにその上を目指すのであればなお、元老との関係は生命線だ。古島に元老への伝手はない。だが健は、奇遇にも西園寺に最も近い秘書である原田熊雄の息子と同級生で、原田家に出入りし、毎日連絡を取り合う仲なのだ。

「月末までには熱海から健一家を四谷に呼び戻します。これからはなるべく健をそばに付かせて、一緒に新聞に写ることも忘れんで下さい、それも選挙運動だ」

古島は湧いてくる力を発散させるように、大きく伸びをした。

「よおし、久々に選挙だ、また畑を耕すか。民政党はこの年末か年明けには必ず解散を打ってくる、忙しくなるぞ」

十月十二日、政友会は臨時の党大会を開いた。そして満場一致で、犬養毅の総裁就任を正式に決定した。

〈第六代政友会総裁に犬養毅 七十四歳〉

翌日の新聞各社の一面は全て、犬養新総裁の記事で埋め尽くされた。

犬養はこの日、一片の漢詩をしたためた。

猿鶴應嘲笑
山翁還出山
出山何所就
只道済時艱

今まで慣れしたしんだ猿や鶴も笑うだろう、山の老人が再び世に戻ることを。私は山から出て何をするのか。ただ難しい時勢を救うのみである。

その通り、まず足元の政友会からして難しい状態にあった。田中総裁は、犬養の期した方向とは逆路線を突き進んだ。犬養の置き土産である普通選挙こそ実施したが、同時に特別高等警察や思想憲兵を全国に拡大し設置、治安維持法の改正案を緊急勅令で強引に成立させ、思想の取締りを強化した。約束通り、「産業立国」にも取り組んだが、犬養が軍縮で浮かせた金を財源とするとしたのに、田中は積極財政を展開。原敬張りの鉄道敷設計画を進めては疑獄事件の温床を作った。

新総裁として、党の立て直しが急務だ。しかし、婿入り総裁と揶揄されるとおり、旧革新倶楽部系は二十人足らずと足場は弱い。当面は得意の政策立案で主導権を握り、森恪幹事長が所属する最大派閥、鈴木一派とうまく付き合いながら、衝突なく党運営に当たることが肝要だ。

犬養はまず、持論の「産業立国」を立て直すための実地調査に着手した。党員を全国に派遣して農村、漁村、都市部の現状を調べさせ、具体的な経済対策を練った。

間もなく「産業五ヵ年計画」をまとめる。生活困窮者への救護法の実施（田中内閣で成立するも浜口内閣が施行延期）や失業対策、低金利政策、列強諸国で行われている「奢侈税（贅沢品への課税）」の導入も入れた。選挙制度では、二十五歳以上の女性に参政権を認める「婦人公民権法案」を策定。ただし軍縮は党内の強硬派に配慮して、行財政改革のひとつに留めた。

これらの政策は民政党幹部をして「かなりに勉強し、かなりに努力した」と危機感を抱かせるほど民主的な内容となった。

十一月、新総裁の地方遊説が始まる。

利権まみれの印象が染みついた政友会としては、犬養総裁は悪評除けの護符だ。「清貧」の老政治家を全国行脚させ、選挙の前に党の評判を少しでも回復させたい。犬養からすれば、新政策を自ら訴えて回る恰好の機会である。

秋田、岩手、青森など東北地方を皮切りに、北信八州、中国、四国、東海十一州を回った。強行軍だが、犬養は意気揚々と動いた。見習いの健を従えて裏方を務める古島には、白林荘での三年の日々は、この時のための休養であったかのように思えた。

一行が盛岡に着いた時のことだ。森恪が犬養に気軽に頼みごとをした。

「オヤジさん、原敬の墓参りをしようじゃないか。それを新聞社に撮らせて写真を載せたら、地元の支援者は大喜びだ」

森の新聞対策はぬかりがない。平素から複数の記者に小遣いを与え、自分の部屋で党の仕事をさせているほどだ。犬養は、現場で汗をかく森の希望にはなるべく応えていたが、この時だけは愛想もなかった。

「これから戦をしようという時に、死んだ者の墓参りなどしてどうする」

森は「一分だけでいいから」と重ねて墓参を頼んだが、犬養は頑として応じない。

「君から説得してくれ」と泣きついてくる森に、古島も「頼むだけ無駄だ」と笑い飛ばした。

政友会を太らせたのは確かに大宰相、原敬だ。しかし犬養にすれば、政友会を悪くしたのも原である。両者の溝はどこまでも深い。

この話には続きがある。東京に戻ってから犬養は党本部の総裁室に森を呼んだ。

「おい、森君、本部の大広間に歴代総裁の肖像画が掲げてあるだろう。じゃが、板垣退助の顔だけがないじゃないか」

「ああ、あれは自由党だから」

「それはおかしい」

犬養は立ち上がって総裁室の片隅を指さした。

「あれを見ろ、総裁室には板垣の肖像がちゃんとある。それなのに、党員の皆が集まる大広間にないというのはおかしいじゃないか」

森は〈オヤジめ、この忙しいのにそんな細かいことを言ってくれるな〉と言わんばかりの迷惑顔だが、犬養にとっては重大事だ。

「おい、政治家たるもの歴史をよく見ねばならんぞ。政友会の始祖は決して伊藤博文ではない。自由党の板垣こそ開祖だ。森君、君の父君だってそうだろう」

森の実父、作太郎は自由党結党以来の国士だ。大同団結運動時代には犬養とも交流があった。父親を引き合いに出されては仕方がなく、森は板垣の肖像画を急ぎ手配した。画が届くと犬養は自ら大広間に足を運び、その位置までも細かく指示して掲げさせた。古き良き自由党の時代を知る古株の党員たちは大いに喜んだ。

原の墓参を拒み、板垣の肖像にこだわる犬養。そこには〝明治の政治家〟としての誇りがあった。犬養にとって政友会は、あくまで明治の自由民権運動に根を持つ政党、そうであらねばならなかった。

年が明けて昭和五年二月、総選挙に突入する。もともと政権与党に有利な選挙で、野党政友会としては議席の減を最低限に抑えなくてはならない戦いだ。

東京二区からは、犬養の次男、健が政友会公認で立候補した。選挙事務所は、古島の時と同じ神田錦町の松本亭。古島と女将フミが裏方を取り仕切った。

神田、小石川、本郷を抱える東京二区は定員五人、大物が乱立する激戦区だ。民政党からは浜口雄幸総理の側近である中島弥団次（なかじまやだんじ）、著名な社会主義者の安部磯雄（あべいそお）、さらには同じ政友会の先輩、鳩山一郎の地盤でもあり、政友会の票が割れる恐れがある。

古島は連日、松本亭に泊まり込んで選挙戦を率いた。子分の東京市議会議員たちを従え、檄を飛ばした。

「木堂の御曹司の初陣だ、油断するな！　この選挙は党の面子がかかった戦いだ！」

総裁である犬養は党員の応援に駆け回り、息子の選挙になど絶対に顔を出さない。自分の選挙ではほとんど演説をしなかった古島が、この時ばかりは方々の演説会に出向き、健の前座で塩辛声を張り上げた。

民政党と政友会による二大政党政治が緒に就いて四年余、両党の戦いは先鋭化し、選挙は熾烈を極めた。

政友会は、不景気の原因は民政党の無策だと激しく攻撃。ポスターに「景気か、不景気か」というスローガンを掲げ、「偽善の面皮を剝げ、虚喝の舌根を抜け」と書きつけたビラが全国津々浦々にまでバラ撒かれた。

民政党もまた「借金で見栄を張る政友会」と逆襲し、政友会議員の汚職を暴き立てた。前年には政友会の鉄道大臣小川平吉の疑獄事件が起きた、と思えば民政党の文部大臣小橋一太の収賄事件まで明るみに出て、まさに泥沼の戦いである。

そうして迎えた開票日、新人の犬養健は定員五人中、三番目の得票数で初当選を果たす。鳩山一郎も当選したが、大方の予想に反して健の票が鳩山を上回ったのは、木堂の懐刀の知名度と噂された。

民政党は、その風貌から「ライオン宰相」として人気の高い浜口総理の統率の下、二百七十三議席の多数を握った。政友会は約四十減らして百七十四議席だが、想定の範囲内の負け戦である。

念願の普通選挙が施行されて、二度目の選挙でもあった。

政界の浄化が期待された普通選挙も、いざ蓋を開けると理想は大きく裏切られた。せっかく選挙権が与えられたというのに都市部では棄権が多く、新しい政治勢力の姿は見当たらない。有権者が増えて大がかりな買収が行われ、起訴される買収犯は急増、候補者の選挙費用額も平均六万円と倍増した。

そんな普選の現実を目の当たりにした古島は、『木堂雑誌』にこう嘆いた。

〈普選に棄権が多いと聞いた時は裏切られた思いがした。理想選挙どころか、富豪の息子たちが湯水のごとく金を撒き散らし、一番金を撒いたところが一番棄権が少ないという有様だ。急造の団体的ブローカーが跋扈し、二重帳簿も横行し、これでは普選の立法が罪人をつくりあげるということになる〉

本来であれば、〝普選の父〟たる犬養総裁が立て直しに走らねばならないところだ。しかし時代はもはや、そんな悠長な仕事に犬養が関わることを許さなかった。

4、分かれ道

昭和五年四月、特別議会が始まる直前、森恪が痺れを切らして総裁室のドアを叩いた。

いつもは余裕をもって提出される犬養総裁の演説原稿が、まだ手元に届いていなかった。森は総裁席の前に立って丸眼鏡の底を光らせ、いかにも改まった口調で切り出した。

「私が先ごろ、ロンドン軍縮条約を批判する幹事長声明を出したことは、総裁もご存知でしょう。今回の軍縮について、どのような演説をなさるおつもりか、お聞かせ願いたい」

犬養は顔も上げず、こともなげに答えた。

「いや、君らの邪魔はせんよ」

その返答に、森はまず胸を撫でおろした。犬養にいつもの調子で軍縮賛成論でもぶたれでもしたら、森の面目は丸つぶれだ。森は、もう一押しした。

「では、私が幹事長声明で主張したのと同様、総裁も、内閣の『統帥権干犯』にご同意ということでよろしいですね」

「浜口総理のやり方は、ちと強引すぎる。総理大臣という立場にあれば、軍令部の意見はもう少し丁寧に聞いてやらんとな。その辺を浜口に説いてやるつもりだ」

森は、微妙にかわされた気がした。

この一月から、ロンドンで海軍軍縮会議が始まった。浜口内閣は、元総理の若槻礼次郎や財部彪海軍大臣ら全権を派遣、三月十四日に協定案を成立させる。日本海軍の補助艦の総括的比率は、対米で「六・九七五割」という内容となった。

ところが前の田中内閣で、海軍の軍備は対米で「七割程度の兵力」と閣議で定め、全権の出発前には「七割死守」が叫ばれたという経緯がある。協定案は七割にわずかながら満たない。だが、日本側の要望を満額で満たせば今度はアメリカ議会が収まらず、両国にとってギリギリの落としどころに結着した。

この案が天皇の裁可を得るために日本に持ち帰られると、「海軍省（条約派）」は同意し、「海軍軍令部（艦隊派）」は反対を表明、海軍内の対立が露わになった。

「海軍省」は海軍大臣を頂点に内閣に隷属し、軍政や人事を担当する。一方の「軍令部」は陸軍でいう参謀本部で、天皇に直属する独立組織だ。作戦の立案や用兵を行う。複雑な二重構造は、かつて山県有朋が陸海軍の中枢機能を政治から切り離すために作ったものである。

海軍省と軍令部、どちらが軍縮の規模を定める決定権を持つのか。対立が深まる最中の三月下旬、浜口総理は天皇から「ロンドン軍縮の決裂は避けよ」との優諚を得た。これに自信を得て、軍令部への根回しもそこそこに、海軍省に軍令部を説得させるかたちで一気に政府回訓案を作った。

浜口のやり方に「倒閣の芽」があると睨んだ森恪は、すかさず幹事長声明を発表。政府の回訓案は「統帥権を持つ軍令部の意向を無視したもの」として「憲法上、許すべからざる失態」、つまり内閣による統帥権の干犯だとぶちあげた。

森一派の攻勢に、一度は政府に抑えこまれた軍令部もにわかに活気づき、再び態度を硬化させ始めていた。

森は、目の前にちんまりと座る老人をしみじみと見つめた。

犬養は黙って手元の書類の頁を繰っている。平素は機嫌良さげにニコニコしているが、この老人がただの温和な年寄りでないことは委細承知のこと。かつて大隈重信には「爆裂弾」と呼ばれ、しぶとく半世紀も政界を生き抜いてきた男だ。その老獪さは、身内であっても油断はできない。

犬養の持論は軍縮だ。外交や軍事は政争の具とせず、超党派で取り組むべきだと繰り返し訴えてきた。ロンドン会議が終わる直前にも、「日本のような貧乏所帯で軍艦競争をやられてはたまらない」と新聞記者たちを前に散々語っている。

森は、煮え切らない犬養からもう一息、言質を取っておきたかった。

「軍令部もやる気になっています。政友会としては、ここは一気に浜口内閣に攻勢をかけねばなりません」

「うむ、そうだな……」

気の抜けたような返事に、森は苛立った。そこで田中内閣の時、自身が外務省の政務次官として直面したパリ不戦条約の一件を持ち出した。

「記者どもは軍縮を政争の具にするなと騒ぐでしょうが、われわれも民政党には手酷い目に遭っています。彼らはパリ不戦条約に賛成しながら、いざ批准する段階になって憲法問題で難癖をつけて議会を紛糾させ、総裁が可愛がっておられる植原悦二郎（外務参与官）まで詰め腹を切らされた。今度はわれわれの番ですよ」

「うむ、君が言いたいことは分かっておる」

「では内閣の統帥権干犯については、ご同意ということでよろしいですね」

「それは、さっき言ったとおりじゃ」

犬養は、それ以上の言質は取らせなかった。

「分かりました、では具体的な質問は鳩山一郎にやらせますから、総裁演説では軍令部の顔は必ず立てて頂きたい。原稿は明日にでも拝見させて頂きます」

森は何度も念押しし、ようやく部屋を出ていった。

この時の犬養の苦境を、評論家の馬場恒吾（ばばつねご）は著書『現代人物評論』でうまく表現している。

〈政友会は図体は大きいが政策はない、だから犬養はこの党を政策で引き摺り回すことは容易だと見た。しかし、ここに矛盾が存在する。政党を大きくするには無主義、無節操で、ただ党を大きくすることを考えるのがよく、なまじっか政策を行おうとすれば党は小さくなる。

二十年前、憲政本党が改革・非改革派の争いを起こした時、改革派は犬養を主義主張に囚われ過ぎると批難した。これに反対して犬養は孤塁を守らんとする態度に出た。世間は彼の壮烈なる意気に同情した。しかし彼の政党は段々に細っていくばかりだった。事実として党は無主義で太り、主義主張に忠実で細る〉

政友会総裁の権力を象徴するような、だだっ広い総裁室に一人になると、犬養は目をつぶった。そして、じっと進むべき道を問い直した。

――軍縮は、今や世界の流れじゃ。あの程度の協定案なら、わが政友会が政権にあっても調印させねばならん。

森にねじ込まれるがまま、持論の軍縮を曲げるなど容易なことではない。

――しかし。

犬養は腕組みをして、さらに考えた。

――もはや自分は小党の党首ではない。大政友会の総裁だ。何のために山を下りて、この身体に鞭を打ってきたか冷静に考えろ。

犬養の胸は波立ち、頭は研ぎ澄まされていく。民政党は、浜口の統率がよく利いて団結は強い。だが、昨秋から始まったアメリカの恐慌のあおりを受けて、国内経済は一向に上向かず、浜口内閣が行った金解禁は最悪のタイミングとなった。

――浜口は今が絶頂、今後は下るばかりだ。政権交代はそう遠くない。

政友会も派閥闘争が激しく、犬養に代わる総裁を簡単に担ぎ出せる情況にはない。就任当初は暫定総裁などと揶揄されたが、今や犬養の時代はまだまだ続くというのが大方の見方だ。もはや時流の例外的な存在ではいられない。

――あと少し、もう少しだ。総理大臣になれば、大政友会を与党に抱え、吾輩が目指してきた真の政策を実現できる。

犬養はこの時、自らのうちに燃え上がる野心を確かに見定めた。

政治家たるもの誰もが一度は手に入れたいと願う、総理大臣の椅子。その見果てぬ夢を叶えるために、持論を手放さねばならぬとすれば、それも仕方なかろうと思えた。変節は一生ではない、ひと時のことである。それは極めて現実的な選択であり、同時にファウスト的な取引だったかもしれない。

犬養の駆ける先に、分かれ道はなかった。荒野を貫く一本の大きな道が、ただまっすぐに延びていた。

ロンドン条約の協定案について、犬養の導き出した理屈は巧妙だった。軍縮には賛成するが、七割を切った内容には反対する、つまり「総論賛成、各論反対」である。

条約を決裂させて国際的な孤立を招くつもりは毛頭ない。すでに天皇の優諚を得て政府回訓案は作られており、最終的に落ち着くところに落ち着くだろうと読んだ。

四月二十三日、波乱含みの第五十八回特別議会が召集される。

演台に立った犬養は、減税や失業問題など四つの主張のうち、冒頭に短くロンドン軍縮会議の問題にふれた。

「今回の軍縮会議の結果に至っては、わが国防のために憂慮を禁じえない。政府は本当に軍令部と協調して手続きを取ったのであろうか。総理大臣が言うところと、軍令部が言うところと、いずれが真であるのか。こんなことでは国民は安心できない、国力不足を招くとすれば政府の責任である」

——まあ、平和主義者のジイさんが軍縮に賛成しないだけ上等だろう。

事前に原稿を確認した森は少し不満にも思ったが、当面はこれでよしとした。

浜口総理もまた巧妙だった。景気対策や綱紀粛正については答えたが、統帥権については一言もふれなかった。先の総選挙で多数は握っている。ここで統帥権の範囲を決定させて軍令部の反発を煽るよりも、曖昧にやり過ごして数の力で押し切ればいい。

浜口は政友会の質問打ち切りを動議し、力ずくで衆議院を通した。

続く枢密院でも、強硬姿勢を貫く。法案に反対する枢密顧問官の罷免をちらつかせ、政友会に煽られた反対派を次々に切り崩した。そして、みごと法案を成立させた。天皇の支持を背景に、軍部の対立を利用しようとした政友会を押し切ったのである。

この間、犬養は政友会の劣勢を横目で見ながら、時に加勢もしつつ、激しい演説は身内の会合にのみ留め、党内で大きな傷を負うことなく事態を乗り切った。

日曜の夕暮れ、古島一雄は銀座の交詢社に向かっていた。

経堂駅から小田急線で新宿に出て、そこから銀座まで全て電車の路線が繋がった。どこに行くのも人力車を探した頃に比べると、東京はずいぶん便利になった。しかしその小田急線も、ここのところ便数がぐっと減った。運行本数を減らし、従業員の昇給も止め、何とか経営を続けていると人の話に聞く。

車窓に流れる見慣れた風景も、どこかくすんで見える。アメリカの恐慌の余波を受け、生糸や農産物、鉄鋼の価格は暴落し、中小企業は倒産、夜逃げが頻発。町には失業者が溢れ、大学出の若者ですら就職先が見つからない。農村では娘の身売りが横行している。

古島は複数の新聞社から請われて顧問を引き受け、それで生計をたてていた。編集局に顔を出すと、連日、「統帥権干犯」を巡る議論が熱く交わされた。犬養の煮え切らない態度に、記者たちは苛立った。「犬養総裁も老いぼれて政友会の言いなりだ」と批難する者もいた。

そんな時、古島は、硬六派を率いた頃の策士犬養の姿を思い浮かべた。

常に調停者として奔走し、持論を曲げてでも敵対勢力を抱き込む。相手の裏の裏をかく謀略、政権を獲るためには毒をも食らわんとする覚悟。それは政治家の本能のようなものだ。犬養のそれには、経験を重ねてきたがゆえの辛抱強さが加わっているようにも思える。

交詢社の待ち合い室では、すでに植原悦二郎が葉巻片手に座っていた。いつもの薄桃色のシャツに蝶ネクタイと洒落た装いながら、その表情は暗い。

「全く、最近の犬養先生は何をお考えになっているのか」

植原は、いきなり義憤めいた言葉を吐き出した。古島は苦笑いして煙草入れに手を伸ばすと、深く一服してから言った。

「小僧（森恪）の言い分も容れてやらんと、党内がまとまらんのだろう」

「森は、海軍省と軍令部の対立を煽って派閥闘争に火をつけて回ってる。統帥権を体制の転換に利用しようとして、軍に知恵をつけてやったようなもんだ」

実際、海軍では内閣に協力的な「条約派」の幹部が更迭され、強硬な「艦隊派」が台頭しつつあった。

古島は続けざまに煙を吐き出すと、言葉を選んで冷静に語った。

「統帥権のことは、まあ、美濃部達吉や吉野作造らが批判しておる通りだ。そもそも統帥権の本質は政治と軍事の分業を定めるもので、権限を争うべきものじゃない」

「そんなことは犬養先生も分かってるはずだよ。先生は、第一次山本内閣の時に『臨時国防会議』の建議を出して、そこですでに仰っているんだから」

犬養は大正三年、「統帥権」への危惧を議会で表明した。山県ら軍首脳部が、内閣を無視して独断で国防計画の策定を進めるのを問題視し、軍部（統帥）の議論に内閣が参画する「臨時国防会議」を設置するよう求める建議を議会に出した。この時、犬養は「統帥権」は「官制上の不備」とまで断言している。結局、議会はシーメンス事件で散会となったが、犬養の建議に危機感を抱いた山県が、「軍令権の独立擁護に関する建議」を起草して対抗しようとした経緯がある。

植原は本当に心配そうな顔で続けた。

「軍縮続きで、若い将校には不満が溜まってます。彼らは、森のように軍に近づいてくる政党人を利用して勢力を回復させようとしている。ミイラ取りがミイラになりかねませんよ」

古島はここで初めて犬養を弁護した。

「そうはさせないのが政治家の仕事だろう。そんなことは、木堂は百も承知だよ。軍の要望も理があれば容れる、国民の世論も聞く、国際的な要望も必要なものは容れていく、その調整をするのが政治家だというのが、木堂の信念だ」

古島は、そう言って言葉尻に力を込めた。

実際、健が報告してくる日々の動きを聞けば、犬養の意向は明らかだ。犬養は最近、政友会の中間派、前田米蔵(まえだよねぞう)を重用している。前田は和歌山出身の元弁護士で、政策通の間で〈小型の徳川家康〉と評される知恵者だ。古島は植原に説いた。

「君も知っての通り、木堂は内閣権限を強化する法律を準備しているだろう。前田米蔵を使って、枢密院に根回しも始めてる。それも、政友会が政権を握る時に備えてのことだ。木堂の目の前には、もう一本の道しか見えてないよ」

犬養は着々と総理就任に向けて布石を打っていた。張作霖の爆殺以来、内閣は何かと軍に圧され気味だ。軍を統制するための内閣制度の改正は、十年も前から植原が繰り返し犬養に進言してきたことでもある。

「ええ、その立案には私も関わってますから、期待はしているんです。それにしても、犬養先生は複雑だな。最近は一体、何が真実なのか、時々分からなくなる。政治家という生き物は、僕には難解すぎる」

植原は苦笑しながらも、何とか溜飲を下げたようだった。

昭和という時代は、一刻として止まる時を知らない。これから数日後の十一月十四日、またも東京駅を舞台に総理大臣が銃撃され、重体となる。

浜口雄幸を撃ったのは、民間の右翼団体の青年だった。青年は、浜口内閣による

「統帥権干犯」を動機の一つにあげた。

政友会が主導した統帥権の政治問題化は、民政党攻撃の「きっかけ」に過ぎなかった。同時にそれは、政党政治が瓦解する重大な「きっかけ」になりつつあった。

十一月二十二日午後六時、犬養を乗せた特急列車が鹿児島駅に着いた。

上下黒の背広にシルクハットをかぶった小柄な犬養と、すぐ後ろに侍従のように付き添う健に向けて、真っ白なフラッシュがこれでもかと焚かれる。新聞には連日、重体の浜口総理の血圧や脈拍が刻々と伝えられ、倒閣の空気は否応なく高まっている。

翌日、政友会鹿児島大会が開催された。鹿児島訪問は、前年から続けてきた政友会地方大会の総仕上げだ。

会場の護国神社は境内から聴衆が溢れ出し、市街にかけての道路一帯が二万人を超える人々で埋め尽くされた。犬養総理の誕生を期待する異様な熱気の中、登壇者は次々に「民政党内閣打破」「不景気内閣打倒」の叫びを響かせた。この時、政友会はまさに昇り竜の勢いにあった。

二時間の大会が終わると、犬養は待っていたかのように取材を振り切り、健を従えて車を走らせた。車に乗り込むや、運転手に頼んだ。

「南洲翁が最後を過ごされたという、城山の洞窟に連れていってくれ」

案内されたのは、巨大な岩の下側をくりぬいた、浅い穴倉だった。まるで西郷が見た風景を味わうように、犬養はそこに感慨深げに座り込んだ。そして西郷が首を切り落とさせた岩崎谷までの急な山道を、一歩一歩踏みしめるように歩いて下りた。当時を知る村人にも会って話を聴いた。記者さながらの動きに、健は「親父の西郷熱もこまでとは」と驚きながら、ようやく気付いた。

――鹿児島行の目的は、当時やり残した取材を完結させるためだったのか。

続いて犬養は、西南戦争の志士たちが眠る南洲墓地へと向かった。

墓地は城山から東北へ約二キロ、城山総攻撃の後、志士たちの遺体が見分された浄光明寺のすぐ上に造成された。若き戦地探偵人は、その浄光明寺で西郷の遺体に向き合った。志士たちの血を洗い流す掠雨に打たれながら、言葉にならぬ涙を流した。

南洲墓地に屹立する七百四十九もの墓石は異様なまでに大きく、一つ一つがまるで慰霊碑だ。村田新八、桐野利秋、別府晋介らの名が刻まれた墓石の前を歩けば、彼らの囁き合う声が聞こえてくるようだ。それらを従えるようにして、西郷隆盛のひと際大きな墓が中央に聳え立つ。

犬養はその前で静かに膝を折り、線香を供えて手を合わせた。そして、問わず語りに語り始めた。

「軍事に関しては、西郷より大村益次郎が一枚上だ。政事に関しては大久保利通が実効を上げておる。だがな、一たび生死の問題になると西郷の独壇場だ。晩年の西郷は、死を求めず、死を怖れずの絶大無辺の境地に達しておった」

犬養は立ち上がって後ろを振り返り、眼下に広がる鹿児島の町並みに目を向けた。錦江湾（きんこう）は夕暮れに染まり、雄大な桜島はもうもうと噴煙を噴き上げている。

「それも永年の修練の結果だろう。曾国藩（そうこくはん）（清朝の軍人政治家）の日記に、日々向上を求める苦心が刻まれておるが、まさにあれだ。戦いの最中にも、弾丸が飛来する場所には強いて出ず、求めるものが手に入らんと分かっても命を無駄にせんかった。天に与えられた己の命をとことん生き抜いて、己に課された役割を果たして散った」

そこまで語ると、犬養はようやく健の方を見て笑った。

「人間というのは、幾つになっても命は惜しいもんだ。なかなか、西郷のような最期は遂げられるものではないぞ」

そんな父の姿に、健は西郷の晩年を重ねずにはいられなかった。西郷が安寧の日々を打ち捨て、再び西南戦争へと奮起したように、父にもいよいよ起つ日が迫っているのか。原敬そして浜口雄幸がテロルに倒れた今、その道は決して平坦（へいたん）ではない。

翌昭和六年八月、浜口雄幸が闘病の末に息を引き取る。

その翌月の九月十八日、満州事変が勃発。関東軍は奉天郊外で満鉄の線路を爆破、それを中国軍の仕業とでっちあげ、自作自演で軍事衝突を引き起こす。独断の軍事侵攻がとうとう始まった。

満州を台風の目に、四方（よも）の海は波が高まっていく。日本の進む先に、大きな嵐がゆっくりと輪転し始めた。

この年、西暦の一九三一年を、い（一）く（九）さ（三）はじまる（一）、と読む易者がいた。その予言どおり、後に十五年戦争と呼ばれる昭和の戦争が幕を開ける。ひたひたと迫りくる政党政治の終焉を告げる晩鐘が、重く低く鳴り響いていた。

第十二章　最後の闘争

1、大命降下

その日、昭和六年十二月十二日、犬養毅は朝から書斎に籠り、その時をじっと待っていた。

昼過ぎになって、古島一雄がノソリと玄関に現れた。折り目の立った黒袴の一張羅だ。徐々に数を増す新聞記者たちをもてなす千代子夫人も、五つ紋の黒留袖（とめそで）である。

九月に関東軍が引き起こした満州事変は、若槻内閣の不拡大声明もなし崩しに侵攻が進んでいる。十月、この危機に対応するため、民政党と政友会による「協力内閣」構想がにわかに持ち上がった。しかし、閣内で意見が割れ、若槻はとうとう政権を放り出した。内閣が総辞職したのはつい前日のこと。軍部の攻勢を前にした政党の自殺と囁かれた。

今夜中にも大命が下る。憲政の常道に則れば、野党第一党たる政友会総裁、犬養がその任に就くのが順当だ。しかし、宮中にはまだ、協力内閣を支持する声も根強くある。再び若槻に大命が下り、政友会と連立させるという線も消えてはいない。関係者は固唾(かたず)を飲んで大命が降下する先を見守っていた。

書斎から見える茜雲は、明朝の冷え込みを予兆するかのように真っ赤に染まっている。凶々(まがまが)しいまでの椋鳥(むくどり)の大群が、その中を悠然と泳いでゆく。

古島は所在なさ気に窓の外を覗いたり、天井を見上げたりするばかり。そばでは、犬養が黙って読書を続けている。そこに健が血相を変えて飛び込んできた。

「原田熊雄さんから電話です！　西園寺公が至急、駿河台に来てほしいと」

古島がいぶかし気な声をあげた。

「奏請前に元老から呼び出しとは、聞いたことがないな」

犬養はちらりと時計を見た。長針は午後四時半を回ったところだ。西園寺は今朝方、静岡・興津(おきつ)の別荘を出たとの情報が入っている。昼過ぎには東京に着き、その足で宮中に参内して後継の総理候補を奉答しているはずだ。その西園寺からの連絡である。

犬養はすぐ背広に着替え、外套を羽織って党の車に乗り込んだ。

駿河台の西園寺邸を訪ねるのは、これで二度目。前は大正二年二月、忘れもしない憲政擁護運動の時だ。あの日の夜も冷え込んだ。乗り物はまだ馬車で、隣には古島がいた。西園寺は犬養の進言を容れ、ともに桂内閣を倒した。今やその犬養が政友会総裁となり、西園寺が元老として君臨する。

「急なことで、ようお越し下さった」

正絹の着物に羽織姿の西園寺が自ら丁重に出迎えた。後ろには秘書の原田が平身低頭にかしずいている。この日、西園寺は夕方には興津に戻る予定だった。それを急ぎ変更して犬養を呼んだのは、天皇から「大命降下の前」に、自分の意を犬養によく含ませてほしいとの命を受けたからだ。

シャンデリアが輝くフランス風の洋間で、二人は向き合った。西園寺は八十二歳、犬養は七十六歳。互いにしぶとく政界を生き抜き、歳を重ねた。

「先ほど陛下に、次は犬養のほかに方法はないと奉答したところや」

犬養は黙って頭を下げた。見果てぬ夢がとうとう手中に入った。その感慨に浸る間を与えぬ早さで西園寺は続けた。

「陛下は、今日のような軍の不統制、つまり軍部が国政や外交に立ち入り、かくの如きまで押し通すのは国家のために憂慮すべき事態と深甚に堪えぬご様子だ。組閣に当っては注意をして人格者を選び、強力な内閣を作ってほしいと切望しておられる」

ここで一拍置いて、犬養の目を正面から見据えた。

「協力内閣のことが各所でかまびすしいが、それについてはどうお考えか」

犬養は、〈西園寺は自分を試しているな〉と思った。

宮中では、内大臣の牧野伸顕が協力内閣を強く望んでいるという情報を古島から聞いている。犬養自身は端から単独内閣の意向だ。政友会の幹部には、古島が「単独内閣は木堂の処女権だ」という彼らしい言い方で、犬養の意を伝えて回ってきた。そのことは西園寺の耳にも入っているはずだ。敢えて今、それを問い質す理由は何か。もし天皇と西園寺も協力内閣を樹立する方針で、犬養が単独内閣を主張すれば、政権は政友会を素通りする。

腹をくった。

「協力内閣は……できません」

政権を逃せば総裁を辞すのみ。

「公もご承知の通り、私は幾つも連立内閣に関わってきました。松隈内閣、隈板内閣、いずれも短命に終わり、成果をあげた内閣は一つもない。人事、政策、全てにおいて、連立すれば必ず争いが起こる。協力内閣は不統一の原因になります」

実は西園寺の意向も同様だった。軍との関係が決定的に破綻しておらず、党内の派閥の均衡の上に巧妙に乗る犬養ならば、防波堤になると踏んでいた。だが、そのことにはふれず、顔色ひとつ変えることなく淡々と用件を続けた。

「それから陛下は、外交については現在の方針でいってほしいと仰せだ」

国際協調を軸とする穏健な幣原外交を引き継ぐこと。そのことへの対抗路線を打ち出してきた政友会にとって易しい話ではない。だが犬養はすでに覚悟を決めている。

「外務大臣に、私は政党人を置かないつもりです」

即ち外交問題は党に委ねず、自身が乗り出すとの意だ。西園寺は黙って頷いた。老練な政治家どうしの会談は多くの説明を必要とせず、ものの十数分で終わった。

午後六時三十七分、犬養家に宮中から連絡が入った。

午後八時に参内を命じる電話である。大命はついに政友会総裁、犬養毅に降下した。犬養はフロックコートに身を包み、シルクハットをかぶり、健ひとりを従えて宮城へと向かった。

一時間ほどして二人が帰宅すると、四谷南町には提灯行列が繰り出し、祭りのようになっていた。家の前には新聞社がテントを張って取材基地を作り、人垣の山だ。祝電が紙吹雪のように舞う。祝いの四斗樽が次々に運び込まれる。あちこちで祝杯を挙げる声があがる。祝いに駆け付けた人たちが家に入りきれず、庭にまで雪崩れ込む。

犬養も興奮したか、つい土足のまま玄関を上がろうとして笑われてしまった。

午後十一時を回ると、ようやく人波が引き始めた。古島は応接間の隅に黙って座り、懐手で待っている。犬養は古島に目配せすると階段を駆け上がった。

「さあて、始めようや」

書斎の扉を閉め切ると、犬養は本棚の陰で死角となっている場所から「よいしょ」と電話機を引っ張り出してきた。つい先ごろまで、書斎に電話などなかった。いつの間に引いたのか。東京の電話は磁石式の壁掛け方式からダイヤル式の卓上電話機に変わりつつあり、書斎のそれは最新型だ。

古島は〈なんと用意のいいことだ〉と思いながら腰を下ろし、懐から巻紙を取り出した。犬養から頼まれて作っておいた〝組閣名簿〟である。

犬養はそれを受け取って机に広げ、どこか愉快そうに言った。

「よおし、虫のつかぬ奴を選ぼうな」

二人は早くから組閣の腹案を練ってきた。名簿はほぼ埋まっていたが、要の大蔵大臣だけが空欄だ。軍の要求に応じて湯水のように金を出す大臣では困る。

犬養は最初、党の政務調査会長として辣腕を振るう山本条太郎(やまもとじょうたろう)を考えていた。三井物産から政界入りした山本は財界随一の中国通で、満鉄総裁に就任した時には経営を著しく改善した。しかし、古島の身辺調査で問題が発覚。山本はかつてシーメンス事件で嫌疑がかかったが、裁判では無罪になった。実際は深い傷を抱えており、弁護士がまだその証拠を握っていたのだ。

古島は、名簿の空欄を見ながら腕組みをした。

「さて、大蔵はどうしますかね」

間を置かず犬養が答える。

「ああ、大蔵はさっき高橋に決めた。宮中からの帰り道に家に寄って頼んでおいた」

――なんと、ついさっきは家に土足で上がろうとして、さすがの木堂も舞い上がっておるわと思ったが、すでに大仕事を済ませていたとは。

古島は胸を撫でおろした。大蔵大臣として幾度も苦境を切り抜けてきた高橋ならば新内閣の金看板になる。何より閣内に本当の味方ができた。

「それは良かった。でも、ダルマさんがよくぞ入閣を引き受けましたね」

「なあに、俺が政友会総裁を受けたのもな、正直を言えば森に頼まれたからじゃない。事前に高橋が来てな、じきじきに頼んでいったからだ。俺にこんな苦労をかけておいて、一世一代の時にイヤとは言えんよ」

そこへ接客を終えた健が飛び込んできた。古島はさっと犬養の隣を空けて別室に移った。これからは、健がいる時は犬養と適当な距離を置くと決めた。健には古島の下請けではなく、総理大臣秘書官としての責を負わせなくてはならない。

犬養に命じられるまま、健が片っ端からダイヤルを回す。先方が電話口に出たところで犬養に代わる。「君は内務大臣」「君は司法大臣」という具合に、疾風怒濤のごとく組閣が始まった。相手が待遇に不満で躊躇(ちゅうちょ)すると、「あ、そうか、そんならあとでいい」と電話を切ろうとする。だが、その「あと」に保証はない。だから先方は即座に受ける。一人一分足らず、余人をして割り込み運動をさせる余地のない手際である。

それでも犬養が深夜に組閣しているらしいとの噂が広がるや、入閣に漏れた数人が犬養家に乗り込んできた。そのたびに古島が呼ばれた。

「おい、古島君、おるだろう」

古島はそそくさと応接間に出て行っては不満組の対応をこなした。

しつこく粘ったのは、政友会幹事長の久原房之助だ。この間、民政党幹部と通じて協力内閣の樹立を目指してきた久原は、民政党からも入閣させせろと言って譲らない。久原は、後の日産自動車の基盤となる大財閥を率いる総帥で、軍と近い。挙国一致内閣を作って国を挙げて満州経営に当たれば、そこに商機があるとみた。

結局、犬養が言うことをきかぬと分かると、辞表を叩きつけて出て行った。後日、辞表は撤回したが、「犬養のところに兵隊でも差し向けるかな」などと脅したり、書生を装った密偵を犬養家に差し向けたりと何かと足を引っ張った。その昔、久原は三浦梧楼に全く頭が上がらなかった。三浦の不在は大きかった。

真夜中の電話組閣は、小一時間ほどで片がついた。想定より少し時間がかかったのは、自宅にじっとしておれず料亭に出かけた者の居場所を探すのに手間取ったためだ。

新しい閣僚が犬養家の客間に勢ぞろいしたのは、午前三時。

大蔵大臣は高橋是清、内務大臣は中橋徳五郎、陸軍大臣は荒木貞夫、海軍大臣は大角岑生、司法大臣は鈴木喜三郎、文部大臣は鳩山一郎、農林大臣は山本悌二郎、商工大臣は前田米蔵、逓信大臣は三土忠造、鉄道大臣は床次竹二郎、拓務大臣は秦豊助。

儀礼的な挨拶を交わして乾杯した。一見なごやかな応接間には、しかし火種があちこちに垣間見えた。ともに内務大臣を希望していた鈴木と床次は目を合わそうともしない。両派のバランスをとるため、内務には最長老の中橋を据えた。

陸軍大臣は荒木貞夫。鼻下の八字髭をピンと張り、不敵な笑みを浮かべている。犬養は、田中義一の直系で前陸軍大臣の南次郎を希望したが、軍は南を出さなかった。結局、「青年将校を抑えられる唯一の陸軍高官」と言われる強硬派の荒木が座った。

健にとっては、森恪が内閣書記官長に就任したことが気になった。軍にべったりの森をなぜ内閣に入れるのか、犬養に尋ねた。

「野放しにしておくと危険だ。だから側に置いておく」

内実は、犬養から相談を受けた古島が決めた人事だ。古島は森を警戒し、総理大臣を補佐する、つまり身勝手には動きにくい書記官長の席に敢えて座らせた。

祝いの場に、重責の外務大臣だけが不在だった。就任したのは、犬養の女婿でフランス大使の芳澤謙吉。シベリア経由で帰国するまで一月はかかる。その間、犬養は自ら外務大臣を兼任し、かねて温めてきた計画に着手するつもりでいた。

一連の騒動が落ち着くと、犬養はさっさと寝室に引き上げた。

——天下の木堂も、どうせ今夜は眠れやせんだろう。

古島は応接間で健と二人きり、一献祝うことにした。

健は、手酌でクィッとあおった。まだ興奮冷めやらぬ様子だ。文学青年も、ここまではよくやった。健も正式に内閣総理大臣秘書官に就任。明日にも犬養と一緒に総理官邸へ居を移すことになるだろう。

「健君、君が出馬してくれなかったら、今ごろお父っさんはぶっ倒れていたぞ」

古島の労いにも、健は笑わなかった。どこか戸惑うような眼差しを古島に向けた。

「宮中に召されたのは、初めてです」

「そうか、そうだろうな。僕だって行ったことがない」

健の表情が曇る。

「ほかの誰にも言えないことですが、陛下は労いの言葉を並べられた後で、父にこう仰ったんです。『犬養、軍部の横暴を抑えてくれ』と……」

「そうか」

「父は自分の命を賭けてでも、というような返事をしましたけど、今の時勢でそれが簡単じゃないことは僕にだって分かる」

古島は健の盃をグィッと引き寄せ、満々と酒を注いだ。

「森恪らは、これまで木堂をうまく操縦してきた気になっている。だが、木堂も狸だ。好々爺としてウムウムと聞き流しながら、重要なところでは絶対に譲らん。軍部に政友会、まあ、どっちを向いても戦いだな」

ますます沈痛な面持ちになる健に、古島は笑って言った。

「ま、やるしかないさ。そのために総裁として二年も我慢したんだ。木堂の腰は据わっているよ。なあに、南京に行く前に遺書は書いてあるしな、はっははは」

軽い冗談のつもりが、遺書、という言葉に健は絶句した。古島は慌てて明るい口調で健の肩を叩いた。

「くよくよするな、僕らはとにかく犬養総理にどこまでもついていく、それだけだ」

祝いの酒は覚悟の酒でもあった。古島はそれを噛むように味わった。政界引退を表明したのは六年前。あの時、犬養は最後の挨拶をこう締めくくった。

〈吾輩は政治に生きて政治に死ぬ〉

皆に隠れるようにしての引退は、どこか虚しかった。無念でもあった。だが「政治に死ぬ」と言った木堂は、本当に政治を離れる気などなかったのかもしれないと今、改めて思う。古島自身、六年前のあの時よりも、ずっとすっきりしている。

——政治家として、これ以上ない舞台が整った。何が起ころうと本望じゃないか。

古島は何度も勢いよく盃をあけた。

徐々に近付く轍の響きに目が覚めた。少しだけ横になるつもりが寝込んでしまった。健の姿も、もうない。古島は毛布を撥ね除け、家に帰らねばと起き上がった。

真っ暗な廊下に、ぼんやり小さな灯りが漏れている。たとう紙の擦れあうカサカサと乾いた音が聞こえてくる。千代子夫人の部屋だ。千代子は畳に座り込んで、山のような着物を整理していた。

「おや大変だ、早くも親任式のご準備ですか」

古島は暇（いとま）の挨拶がわりに声をかけた。前夜から動きっぱなしの千代子は、目の下に隈のできた疲れ切った顔でキッとこちらを睨んだ。

「主人のことですから、今日か明日には公邸にひっこしでざんしょ。その時が夏なのか冬なのか春か秋か、いつなのか分かりゃしませんから、全種類、用意せにゃならんと思うて」

千代子が手にしていたのは、喪服だった。部屋の隅に置いてある総桐の長持には、白い紙が貼り付けてあった。墨字で【喪服（家族全員用）】と書きつけられていた。

犬養家を出て、省線の線路沿いを新宿方面に向かってぼちぼち歩いた。

まだ明けきらぬ師走の空気はピンと張り詰め、身を切るように冷たい。だが、それすらもどこか心地よかった。風が身体の中を飄々と吹き抜け、祝い酒の名残を消してゆく。酔漢の声すら聴こえぬ深い暁闇も、東の方角から白んでいる。間もなく夜が明け、新しい一日が始まる。昨日までと違うのは、この国の総理大臣が犬養毅になるということだ。夜明けとともに、戦いの火ぶたが切って落とされる。

このままもう暫く独りで歩いていたい、そう思った。

2、密使

その料理屋は、東京・日比谷の雑踏の中にあった。

東京で本格的な中華料理が食べられる店といえば、ここ「陶陶亭」の名がまず挙がる。料理人は全員、中国人で本場仕込みだ。鉄筋五階建ての一階がグリル、二、三階が洋間、四階が日本間の宴会場で、最上階の五階に店の主、萱野長知が住んでいる。

萱野が中国の同志たちの支援のために陶陶亭を立ち上げたのは大正八年。資本金は十万円、株式は日本人と中国人が折半した。日本側で出資したのは頭山満や宮崎滔天、梅屋庄吉、山田純三郎らである。陶陶亭の名付け親は、亡き孫文だ。土地は中山侯爵邸の跡地を買い取った。孫文が初めて日本に来た時、その中山邸の門柱の表札を見たのがきっかけで「孫中山」と名乗るようになったという因縁の場所だ。

この年、萱野は五十八歳。犬養から総理大臣官邸に呼ばれたのは、大命降下から三日後の十二月十五日夕刻のことだ。

萱野は、生まれて初めて官邸に足を踏み入れた。すると総理は外務省にいるという。その足で外務大臣室へ向かった。まず便所に立ち寄ると、偶然そこに犬養の小さな後ろ姿があった。驚かせてやろうと、ヌッと隣に立って大声を浴びせた。

「先生、おめでとうございます！」

犬養は萱野の方をチラと見ると、用を足してからこともなげに言った。

「萱野、すぐ発てるか」

「は？　どこへ」

「支那に決まっておろう」

話の続きは総理公邸へと移り、古びた旅館のようなだだっ広い日本間の隅で始まった。怪訝そうな萱野を前に、犬養は一息に語り出した。

「このままでは満州事変も拡大するばかりじゃ。武力で満州を征服するなどもってのほかで、わが国に満州を経営する財源の当てなどない。日支関係の悪化どころか、国民生活を逼迫(ひっぱく)させることになる。満州の主権は中国に返し、その上で日支協同で経済活動を行えばいい。それなら支那も顔が立ち、日本は列強を抑えて実利を得られる」

そこまで言うと、犬養は声を潜めた。

「萱野よ、極悪時局を打開するため、南京に行って国民党政府と交渉してくれ」

総理直々の依頼に、萱野は武者震いした。

「この萱野、全霊をかけてやり遂げます」

「この件はわしらの間だけの秘密事じゃ。よいか、書記官長にも陸軍大臣にも、誰にも話すな。連絡役は息子の健にやらせる。今度のことは日本が生きるか死ぬかの瀬戸際じゃ、きっと成功してくれ」

犬養には、勝算があった。つい二年前、自ら中国を訪ね、国民党の幹部たちとは交友を深めたばかり。萱野の非公式ルートを駆使すれば、事変解決の糸口を摑めるはずだ。

国の命運に関わる大仕事が、萱野の双肩に託された。

翌十六日深夜、萱野は言われたとおり四谷の犬養邸を訪ねた。そこに、犬養と古島、健の三人が待っていた。中国で誰と交渉するか、その内容についても細かく打ち合わせた。通信手段はすべて暗号電報を使う、その暗号も二通り用意した。

翌十七日、萱野は腹心の浪人二人を従えて東京駅を発つ。そして神戸港から上海行の諏訪丸に乗り込んだ。密命を下されてから出発まで二日足らずである。

計画が破綻するきっかけは、すでにこの船中にあった。

諏訪丸には偶然、ある軍人が乗り合わせた。陸軍中将の松井石根（まついいわね）（後に南京大虐殺の罪で東京裁判で死刑）だ。中国駐在武官を務めたことのある松井は、萱野ほどの人物がこの時期に中国へ渡るという事実に敏感に反応した。松井から渡航の目的を聞かれた萱野は、「犬養の使者」として訪中すると告げた。内容は話しておらず、特に気にかけることもなかった。

十二月二十一日午後二時、諏訪丸は上海に着く。

埠頭には、中国国民党の司法院長（司法大臣）の居正が出迎えた。萱野とは、ともに革命を闘った戦友で、蔣介石の斡旋で居正の娘を萱野が養女にするという姻戚関係でも結ばれている。居正の他にも徐瑞霖や馬伯援ら、党の要人がずらり顔を揃えた。犬養総理の使者を、彼らは下にも置かぬ扱いでもてなした。

その様子を見届けた松井中将は、すぐに上海駐在の重光葵公使に伝えた。密使萱野の派遣は正式な外交ルートではない。自分を飛び越された重光が快く思わないのは当然だ。重光は外務省本省に向けて、萱野の訪中を伝える。噂が広まるのは早い。

南京に到着後、萱野と居正は膝詰め談判し、今後の交渉案の下地を作った。その内容を携えて、翌二十四日、孫文の息子、孫科と面会した。

孫科は鉄道部長（日本では大臣級）の地位にあり、この四日後には蔣介石の後を継いで行政院長（総理大臣）に就任することが内定している。つまり萱野の交渉は国民政府の最高幹部レベルに達し、先方にも国の威信がかかることになる。

「犬養総理はこれまでの政友会の方針はとらない。満州問題は遺憾に思われている」

萱野は流暢な中国語で切り出し、居正と打ち合わせた通りに提案した。

「和平に向けて、満州に日華双方から代表者を送り込み、そこで胸襟を開いて話し合いたい。関東軍に先んじて共同声明を発表し、政治が主導する新たな時代を拓きたい。これは犬養総理たっての望みである」

孫科は、難色を示した。すでに日本軍との衝突で多くの中国人の血が流されている。排日の気運は凄まじい。ここで日本との交渉に応じれば〝売国奴〟として失脚する恐れもある。孫科はその夜、自宅に籠って煩悶した。しかし父、孫文の大恩人である犬養と萱野たっての働きかけだ。その事実は無視できなかった。

「満州を、日本の傀儡政権として独立させないという犬養総理のご意志は、南京政府と同一です」

翌朝、孫科はそう言って、居正を代表として日本と交渉を始めることに同意した。

二十五日、萱野は犬養に打電する。

〈中国政府は、居正を主任とした東北政務委員会を立ち上げることを決定〉

ところが、日本から返信がない。翌日、萱野は続けて送信した。

〈前電ご異存なくば中国側に同伴し、小生も満州に直行す。ウナ返（緊急電報）待つ〉

日本では二十七日まで議会が開会しており、犬養も健も官邸にいる。なぜ返信してこないのか、四信には萱野の焦りが滲み出た。

〈前三電ご覧ありしや否や、ご指導待ちかねる。急！　急！〉

中国政府からは今後の日程を詰め寄られ、萱野は気が気ではない。第七信。

〈前数電に対するご返信なきため、小生のみならず、孫、居、馬、陳、その他要人ことごとく面子相立たず焦燥心肉を削るがごとし。ご指導を待つ〉

三十一日、第八信。

〈先生より前数電に何の返電もなし。困窮その極みに達す、切にお取計らいを乞う〉

年が明けて昭和七年一月一日午後、ようやく返信が届いた。

〈伊勢神宮参拝のため返事が遅れた。張学良は数日中に錦州（満州南部）を退く模様。その以後即ち一月十日頃、居正君に満州に向けて出発を乞う。日本よりも満州へは然るべき重要の人物を派遣すべし〉

犬養らは議会を終えた二十七日夜から三十日深夜まで、文部大臣の鳩山一郎を従えて、恒例の伊勢神宮参拝に出かけていたという。

待ちに待った返信に、萱野は叫び出したいほどだった。

満州に派遣する日本側の代表は、出発前の打ち合わせ通り、山本条太郎が内定したとの続報も届いた。いよいよ和平交渉が始まるかに思えた。

犬養は一月二日、旧友で東洋史学の碩学、内藤湖南（京都大学名誉教授）に宛てた新年の挨拶に〈満州のことは数日中に軍事は終わりの見込みである〉と認め、四日の仕事始めには、宮内省で内大臣の牧野伸顕に事態の進捗を極秘に報告もした。

ところが同日夕方、東京の健から萱野に不可解な電報が届く。

〈貴電に驚く。総理の手に貴電全て入り居らず、郵便局を調べる。暗号も変えたし〉

萱野は首を傾げた。これまで十回、電報を送っているが、健が手にしたのは直近の数通だけだという。初期の電報はどこへ消えたのか。不吉な予感がした。

さらに翌五日、健から帰国を命じる急電が届く。

どういうことか戸惑っていると、追いかけるように犬養総理自身からも直々に電報がきた。変更したばかりの暗号を解読すると、次のようになった。

〈キデンミタ　キカノキキョウヲマツ　シュッパツノトキデンポウセヨ　イヌカヒ〉

同日、上海の邦字新聞が特報を飛ばす。萱野長知が犬養総理の密使として中国政府と交渉をしているが、日本の外務省はこれを認めず打ち消したというのである。内密のはずの萱野の旅館に記者たちが殺到した。この瞬間、萱野は交渉が破綻しつつあることを悟った。だが、日本で起きていた事態は想像以上に深刻だった。

萱野が犬養にせっせと打ち続けた電報は、全て軍に摑まれていた。暗号は途中から解読され、国民政府との間に刻々とまとまる内容も筒抜けになっていた。犬養側の対応を一日でも遅らせようと、年内に届いた健宛ての電報を全て差し押さえたのは、森恪である。

「おい、最近、君のところに妙な暗号電報が中国から大量に送られているそうじゃないか。陸軍は怒っているぞ」

森が健にこう言い放ったのは、犬養一行が伊勢から帰った大晦日(おおみそか)のことだ。

年末年始の時点で、犬養も健も、軍に電報が渡ったとしても、暗号が解読されているとまでは思わなかった。満州で署名捺印(なついん)するための協定書も作りかけた。軍に先んじて両国の方針を世界に発表すれば、満州経営をその方向へ引っ張っていける。

ところが間もなく、関東軍から「山本条太郎がこちらに来るならば一刀両断にする」という脅しが入る。軍の若手と通じる外務省幹部も〝二重外交〟を批判する声を上げ始めた。正式な場で萱野のことを追及されれば、犬養も「萱野は政府の使節ではなく、現地の空気を探りに行ったに過ぎない」と弁明せざるを得ない。

両国による協定書の調印は、抜き打ちで発表されることが最低条件だった。計画は、潰えた。

「総理、申し訳ありません」

和平工作が水泡に帰したその日の夜、健は父の書斎の入り口に突っ立ち、床に頭がつくほどに腰を折って詫びた。

「議会対応に手いっぱいで、私が電報の管理をもっと徹底しておけば……」

「頭を上げい、もういい」

漢書が山積みのままの書斎に、犬養は座っていた。

多くを語らないのはいつものことだが、その瞳には、悄然（しょうぜん）たるものが隠しようもない。萱野の派遣は、満州事変を止める手段は、犬養が総理に就任する前から練りあげた奇策だった。それが失敗した今、満州事変を止める手段は、もはや国内対策だけだ。しかし、議会で軍を制御するという正攻法がいかに困難かは、官僚の粋を集めた民政党内閣の無策が証明している。

「森を、処分されないのですか」

温厚な健が、珍しく怒りを露わにした。

「森は、僕宛ての電報を握りつぶした。森は危険です。総理は以前、『危険だから手元に置く』と仰いましたが、こんなやり方は、もはや背任です！」

涙目で声を震わせる健に、犬養は背を向けた。

「いくら文句を言ったところで取り返しはつかん。もういい、休め」

健は黙って書斎を引き上げた。その足で古島の家に向かい、悔し涙を零しながら交渉が破綻した経緯を報告した。

一月十五日、古島が陶陶亭で萱野の帰国を出迎えた。

古島を選挙に引き出した時は容赦なく尻を叩いてきた豪傑が、気の毒なくらい肩を落としている。古島は犬養のために取り寄せていた秋田のきりたんぽを持ち込んで、二人きりの慰労会をした。

萱野はここでようやく、日本側で起きた一連の経緯を古島から聞かされた。

「わしが今さら何を言っても愚痴になるが、本当に、あと一歩だったのだ……」

萱野は、軍や民間右翼から「敵国と通じた男」となじられ、数日のうちに暗殺するとの脅しまで受けていた。だが、自分のことよりも犬養の今後を案じた。

「わしの使命が失敗に終わったことで、木堂が打てる手は狭まった」

「そんなことは貴様が心配することではない、さあ、飲め飲め」

萱野を慰労しながらも、古島自身、犬養内閣の進む先は大嵐になると覚悟した。

ぶつける先のない萱野の怒りは、森恪へと向けられる。

翌日の夜、萱野は書記官長官邸や、森が定宿としている帝国ホテル、赤坂の愛人の家まで探し回った。だが、森は不在だった。どうにも気持ちが収まらず、森の本宅がある千駄ヶ谷を訪ねた。

玄関先で森の名を呼ぶと、着物姿の本人が奥の方から顔を出した。

「お前が総理への電報を握りつぶしたのか」

萱野は挨拶もなく詰問した。

「それが書記官長の仕事か！」

すると森は内玄関の裸電球に丸眼鏡を鈍く光らせ、意気昂然と答えた。

「大義親を滅す、だ」

「貴様の大義とは、軍部に媚びへつらうことか！」

森は答えない。

「泥棒の尻押しなど止めてしまえ！」

森は憮然として突っ立ったままだ。萱野の相貌はみるみる険しさを増し、ついに目にも留まらぬ速さで鉄拳が飛んだ。森の丸眼鏡が宙を舞い、小さな身体が玄関から奥の廊下へ吹っ飛んだ。

「貴様のやったことは、私文書横領の汚らしい犯罪だ！ 卑怯者めが！」

萱野は玄関の木戸がバラバラに壊れそうなほど叩きつけて踵を返した。森は唇に血を滲ませながらも、抵抗しなかった。目前の敵は、もはや萱野ではない。

萱野の件が破綻するのと相前後して、犬養の下に一通の親簡が舞い込んだ。

軍の郵便検閲を避けるため、極秘裏に人の手から手を渡り、最後は旧知の大陸浪人が袖に隠して運んできたものだ。封筒は上等な純白のリネン紙で、封緘の上に深い緑色で縁取られた「張」の一字が浮き出る極上の細工が施されている。

差出人は、関東軍の憎悪を一身に集める闘将。三年前、関東軍によって爆殺された張作霖の長男。その眉目秀麗な様から「青年元帥（ヤングマーシャル）」の異名を取り、総勢二十万といわれる東北軍総司令官として抗日の最前線で闘う張学良だ。

張はこの時、錦州から北平（北京）で病気の治療をしていた。革命の恩人である犬養が総理大臣に就任したことを知り、尊父を慕うような気持ちで筆をとった。西欧の貴族が好んで使うような特注品の封筒は、天津辺りのドイツ人の店で作らせたものだ。

封を開けると、封筒と揃いの上品な便箋、そして幾ばくかの金子が入っていた。手紙には、犬養の総理就任を祝う言葉に続き、達筆な漢文でこうしたためられていた。

〈閣下の中国理解の深さに信を置き、ここに私信をしたためます。両国の懸案である満州事変については、わが国は国際連盟に提訴し、その裁断を待っているところです。その件とは別にお願いがあります。満州で日本軍が持ち去った、父張作霖と私の一切の私有財産をお返し頂きたい。金銀の財宝ではありません。代々、民族の遺産として大事に護ってきた書物、古美術、拓本の類です……〉

目上の人への礼節を重んじる中国人は、手ぶらで頼みごとはしない。同封された金子は、総理に労をとってもらうための謝礼だ。押収された張家の貴重な品々が日本本土に持ち去られていれば、それを返却するための輸送代になる。

犬養は、几帳面に綴られた一字一字にじっと目を通した。日本の総理大臣に届く確証もない手紙に、張が込めた願いを思った。これは単なる私有財産返却の要求ではない。父の愛した民族の遺産を一品でも手元に置きたいという息子の叫びだ。

密使派遣に失敗した今、張学良の意に少しでも応えることが、今後の満州問題を切り拓くための糸口になるかもしれないとすら思えた。

犬養は、総理公用至急電報で、現地の総領事館はじめ関係各所に電報を打った。

〈押収した張作霖、張学良の私有財産は至急、返却せよ、違法な掠奪は許されない〉

総理大臣直々の指令に、しかし返事はこなかった。

3、四面楚歌

昭和七年一月二十一日、犬養は衆議院を解散する。

議会で多数を握って強力な政権を作れば、軍部を抑えることはできる。これまで、どの内閣もそうやって敵対勢力を抑えてきた。いわば議会政治の王道である。

時を同じくして、軍も新たな行動に踏み切る。ここから三ヶ月半にわたる犬養と軍部の壮絶な戦いが始まる。

一月中旬、関東軍司令部の元奉天特務機関長で奉天市長の土肥原賢二（どいはらけんじ）から極秘指令が下された。

〈満州国独立を推進するため、上海に事変を起こせ〉

世界の目を上海に集め、その隙に満州国の建国を進める。同時に、中国との和平に密使を派遣するような犬養内閣の打つ手を徹底的に潰さねばならない。

一月十八日、上海公使館附陸軍武官補の田中隆吉や川島芳子らが、上海の中国人を扇動して日本人僧侶を襲撃させた。これを機に、日本人居留民と上海市民の間に乱闘騒ぎが起こり、暴動へと発展していく。

犬養は直ぐに手を打つ。芳澤外務大臣に、ことを荒立てず和平処理を行うよう指令を出した。僧侶襲撃の裏事情が暴露されるのは戦後のことだが、事件をでっちあげ、それを口実に軍事侵攻をするのは軍の常套手段。犬養はそれを警戒した。

一月二十一日、村井倉松総領事と呉鉄城上海市長の間で交渉が始まる。交渉期限最終日の二十八日、上海市長から謝罪文の提出とともに、僧侶を殺害した加害者の逮捕、治療費と慰藉料を支払う意思が伝えられた。日本側の要求を満たす満額回答に、犬養は遊説先から芳澤に指示して妥結を訓電した。

ところが同日、上海に展開する海軍は軍事行動に踏み切り、「上海事変」が勃発する。「居留民保護と治安維持のため」として呉淞上海鉄路沿線一帯を占領、遅れて陸軍も加勢し、戦闘を拡大していった。

閣議は連日、荒れに荒れた。

「わが軍の増派を認めぬということは、大陸の兵士を見殺しにすることになります。

そんなことは国民が許しません」

増派一点張りの荒木陸軍大臣に、大蔵大臣の高橋是清が応酬する。

「荒木君、君はまだ若い。海に喩えれば、君は沖から波が一つ来たといって『大変だ、大変だ』と騒ぎ立てる。私はその後ろの波、さらにその後ろの波を予測して対策を練り、出兵に反対している。内閣の承認も得ずに事変を起こし、現地に言われるがまま金を払い、君らは日本の財政を破綻させる気か」

日本の国家予算に対する軍事費は三割に迫る。アメリカでも二割弱、イギリスも一割強で、日本のそれはもともと突出している。そこに昨秋から「満州事件費」の名目で二度も追加予算の要求がなされ、財政は逼迫している。

このまま引き下がれば面子がたたない荒木も必死だ。

「お言葉ですが、大臣が景気を回復させれば、財政難も解消する。しかし今は上海に暮らす日本人居留民の明日の命が知れない。大臣は、まさかそれを放置しろとおっしゃるのですか」

荒木の強気には、自分が世論を引き連れているという自信があった。

上海周辺の中国軍は戦闘経験が豊富で、激戦が続いている。敵陣の鉄条網を爆破させて命を落とした日本人兵士三人を、荒木は「爆弾三勇士」と誉め称え、戦果を強調。新聞はその英雄譚に飛びつき、「神ながらの民族精神」「国家の英雄」と賛辞。大小の映画会社が「爆弾三勇士」を映画化すると、歌舞伎や文楽、漫画やアニメもそれに続き、顕彰歌まで作られ、遺族には全国から万単位の募金が集まった。

四ヶ月前に満州事変が勃発した時、事変を支持した新聞社は大幅に部数を伸ばし、事変を批判的に伝えた朝日新聞には不買運動が起きた。二万、三万と部数を減らす朝日が、姿勢を転じるのに時間はかからなかった。つい二年前、ロンドン軍縮条約で軍縮を支持した新聞社が一転、大陸への侵攻を煽る構図が固まった。新聞の熱狂的な事変支持には、荒木自ら「謝辞」を述べたほどだ。

強気の荒木に、しかし高橋も譲らない。

「居留民が危ないのなら、派兵などせず、さっさと引き上げさせればいいではないか」

「今からでは間にあいません！」

「相手の立場になってみろ。満州をかっさらわれ、今や華北のどこまで日本が出てくるか見当もつかん。これで戦争が起こらん方が不思議だ。まずは根本の差し障りを取り除かねばならん時に、上海での事変など、もってのほかだ」

高橋の正論に、犬養が加勢する。

「荒木君、まさか君は、支那と百年戦争でもおっぱじめるつもりかね」

「とんでもない、私は事変を拡大させぬよう努めてはおるのですが、現地には現地の事情というものが」

「アメリカやイギリスが、わが国への経済封鎖をちらつかせておる。現実になれば、それこそ支那の抵抗はますます激しくなるぞ」

列強諸国が経済活動を展開する上海。そこでの軍事行動の影響は満州の比ではない。すでに国際連盟の理事会では日本への経済制裁が議題にあがっている。イギリス、特にアメリカを敵に回すことは、第一次大戦以降、犬養が最も避けるべき事態と訴えてきたことだ。

犬養は荒木を睨みつけたまま視線を逸らさない。

「わしは、これまで色んな軍人政治家と戦ってきた。桂太郎とも散々やった。じゃがな、奴にはひとつだけ偉業がある。日露戦争の時、新聞がもっとやれやれと煽っておる最中に切り上げて、わが国に勝利をもたらした。日清戦争も然りじゃ、山県も伊藤も陸奥も大山も皆、引き時を知っておった」

荒木は八の字の髭を微かに震わせた。

「真の軍人は、戦争の止め方を知っておる。荒木君、君はそう思わんか」

「ですが、支那での安全保障はどうなさるおつもりで……」

「それは外交の仕事じゃ。陸軍大臣の仕事は戦争をすることばかりではないぞ。国家の利益を考えることじゃろう」

やりこめられて右往左往する荒木を、森恪が黙って睨みつける。だが、その森でさえ、閲歴に勝る両巨頭の正論を前に反論は難しい。

日本への国際包囲網が高まる中で、犬養は敢えてイギリスとフランス、アメリカに調停を求めた。上海事変を利用して英米仏との関係を築くという逆手の外交戦術である。両国との関係を切らず、後に満州事変を解決する時の糸口にするという狙いがあった。

犬養は各地で選挙戦を戦いながら、芳澤外務大臣に粘り強く交渉を続けるよう檄を飛ばした。

二月中旬、総選挙が終わって数日して、古島は総理大臣公邸を訪ねた。

「やはり、ここでしたか」

古島の声に、犬養が振り返った。

犬養は深く思惟を巡らせる時、必ず庭に出た。幸い公邸の庭にもバラの木が植えられている。引っ越した翌日、そのことに気づいた犬養は、まだ芽も吹いていないのに「こいつは白い花が咲く」と言い張った。古島が「僕は赤色に賭ける」と言うと、「赤白、両方咲くと紅白で縁起がいいな」と笑った。そのバラの木の前に、犬養は佇んでいた。

「君は選挙の間も高みの見物で、ちょっと肥えたんじゃないか」

相変わらずの毒舌に、古島は少し安心した。

選挙は二月二十日に投票が終わり、政友会は三百一議席という歴史的大勝をあげた。高橋大臣の手腕で景気が持ち直し、「犬養景気」と呼ばれて支持を得た。満州そして上海への進軍が政友会を勢いづかせるという皮肉な結果でもある。実際、穏健路線を訴える民政党は一気に百議席以上も減らした。

「まさか三百議席を超えるなんて、全盛期だった原敬を超えましたな。ここまで圧勝すると、またぞろ派閥が動き出しますね」

「まあ、役所の人事は難しいが、政党のことなら、わしは目をつぶってでも歩ける。党内のいざこざは適当なところに落ち着かせるさ」

「今回の選挙で演説会を聞いて回りましたが、政友会の候補者は皆、支那への侵攻を盛んに叫んでおりました。民政党のような弱腰ではいかんと」

犬養はこういう時、冗談交じりの口をきく癖がある。

「ああ、満州も上海も、民衆にとっては祭りのようじゃ」

「わが家の近所の小学校からは毎朝、爆弾三勇士の歌が聞こえてきます。新聞が煽るせいもあるんでしょうが、事変とはいえ、これじゃまるで戦争だ」

「公邸でも、女たちがせっせと慰問袋を作っておるわ」

犬養のぼやきに、古島も苦笑した。

この間、国内ではテロが相次いでいた。

要人に近づきやすい選挙期間を狙って、二月九日には民政党の資金集めを担った前大蔵大臣井上準之助（いのうえじゅんのすけ）が射殺され、翌三月には三井合名の団琢磨（だんたくま）が暗殺される。右翼集団を率いる日蓮宗の行者、井上日召（にっしょう）や、「東大七生社」の四元義隆（よつもとよしたか）らによる犯行で、号外を知らせる街頭の鈴は鳴り止む時がない。

表沙汰にこそなっていないが、前年三月と十月には、軍のクーデター未遂事件も起きている。「政党に軍備を縮小され、経費削減で予算を奪われ、機密費も自由に使えない」と憤る青年将校が、若槻総理らを暗殺し、軍による内閣を樹立しようとした。計画は未遂に終わったが、保護検束された者たちは処分もされていない。

古島は真顔になると、本題を切り出した。

「この前のテロ事件の暗殺リストには、民政党の若槻、幣原らに加えて、総理の名前も載っていたそうです」

犬養は驚きもせず、恬淡と聞き流す風だ。

「それから、これは満鉄幹部筋の情報ですが、軍の内部に犬養総理暗殺計画があるらしい。総理の身辺が危ないとの警告が、僕のところにまで届いています。少し警備を増やされてはどうです」

犬養は官邸に移ってから、警備が大袈裟すぎると平時の構えに戻した。浜口と若槻が官邸の壁に隙間なく張り巡らせていた鉄条網も、「臆病者めが」と笑って撤去させた。周囲の者が警備を増強するよう促しても、「いくら構えても狙われたら防げるものではない」と耳を貸さない。

数日前には、犬養が贔屓にしている熱海のふるや旅館が特注の防弾チョッキをしつらえ、官邸に送ってきた。犬養は「こんなもの着ても仕方ない」とさわろうともせず、古島は千代子から「あなたから主人に言ってほしい」と泣きつかれた。

古島は、少し声を張って続けた。

「よもや軍人が総理暗殺に手を染めるなどとは思いません。ですが、去年のクーデター未遂事件もありますから、できる防御はしておいたほうが賢明です」

犬養は黙ったままだ。古島は、犬養から視線を逸らさず、両の目で無言で訴えた。

──このままでは、貴方の命が危ないと言っているのだ。

口を突いて出そうになる言葉は、そのまま重く凝結した。

暫くして犬養はおもむろに空を見上げると、

「そんな奴らを相手にしとる暇はないぞ」

そう言い切った後、吐き捨てるように、

「今さら、抜きも引きもできるもんか」

とつぶやいた。

覚悟は人を寡黙（かもく）にする。魂魄（こんぱく）が語るかのような短い一言に、古島は次の言葉を跳ね返された。

帰路、すぐに駅へと向かう気にはなれなかった。暫く官邸周辺の坂道をウロウロと散歩しながら、古島は考えを巡らせた。

あれは、犬養一家が官邸への引っ越しを終えた十二月二十日夜のこと。古島は松本亭の女将フミと一緒に、祝いの食事に招かれた。犬養は二人を前にこう言った。

「歴代の総理は皆、思いはあれども軍に押し切られてきた。じゃが、このまま満州事変を進めれば、必ずや日本は自滅の道を進む。吾輩は、たとえ内閣が短命に終わろうとも、やるだけのことはやってみる」

自分をつけ狙う者があると知れば梃でも動かず、危ないと言われればなおのこと腰を落ち着ける、犬養木堂とはそういう男だ。ただ生きながらえて権力の座を温めるのではなく、たとえ死しても己を貫こうというのか。

突として、正岡子規の書いた『病牀六尺』の一文が脳裏をよぎった。

〈余は今まで禅宗のいわゆる悟りということを誤解して居た。悟りということはいかなる場合にも平気で死ぬることかと思って居たのは間違いで、悟りということはいかなる場合にも平気で生きて居ることであった〉

確実に迫りくる死を前に、子規はあの六畳間で筆を離そうとしなかった。最後まで、自分の時間を生きることを止めなかった。

——根岸の六畳間と、総理大臣官邸とでは随分と風景は違う。だが、二人の求める道は、もしかしたら同じではないか。木堂は今、できる限り生きて、できる限りのことをして、自分の「仕事」を成し遂げようとしている……。

かつて古島は、余計な気を回して『病牀六尺』の掲載を差し止めた。あの時は、病人の気持ちを察してやれなかったことを悔いた。だが本当のところ、自分が気づけなかったのは、間もなく最後の時を迎えようとする人間の、とことん生き切ろうとする覚悟だったのではないか。

——これ以上、木堂に進言するのは止そう。

古島は坂道に重い足を運びながら、何度も自分に言い聞かせた。

二月、政府は五時間の大論争の末、上海への陸軍の増派を認めた。犬養は「軍の根拠地を日本軍の劣勢を、そのまま放置するわけにはいかなかった。犬養は「軍の根拠地を築くようなことはしない」など三点を条件につけ、高橋も荒木に「居留民が引き上げられたら撤兵すること」と厳しく念押しした。それも軍に徹底される保証はない。

一方、満州侵攻はさらに進み、関東軍はハルピンを制圧、とうとう東北三省を支配下に治めた。閣議には連日、満州に関する決裁事項がなし崩しに持ち込まれ、いちいち精査したり、反論したりすることもできない有様となった。

追い込まれた犬養はひとまず、上海事変を停戦に持ち込むことに傾注した。そこには、まだ少なからぬ勝算があった。

犬養は選挙で圧倒的多数を得ると、健にこう予令を出した。

「内乱は覚悟のうえ、ここは勅命を奉じて軍閥を抑えるぞ」

民の信任を受けた総理大臣として、天皇を動かして軍を抑える。具体的には、天皇から参謀本部と海軍軍令部、陸海軍大臣の四者に対して「関係大臣の意見を尊重せよ」との勅語を出させる。そして、先のクーデター未遂事件に関わった若手将校たち数十人を軍から排除する計画だ。

昭和に入って、天皇への上奏は宮中の側近が行うことが慣例化しつつあった。しかし「国務大臣の輔弼（ほひつ）」を定める憲法からすれば、それは本来の姿ではない。犬養は、すっかり失われた内閣の統治能力を取り戻さねばと考えた。総理である自分や大蔵大臣の高橋が直に上奏して事態を動かし、閣僚を中心にした立憲体制を立て直そうとした。

心強いことに、この計画の要となる元老西園寺の同意も得られていた。

西園寺は筋金入りの親英米派だ。満州はもとより、上海事変の重大さは骨身に沁（し）みて分かっている。増派の決定を聞いた時など、「私は死にたくなりました」と嘆いたほどだ。

さらに西園寺は、若手将校に圧され気味の参謀総長の閑院宮と軍令部長の伏見宮の皇族二人に対しても働きかけようと意気込んでみせた。

「高橋大臣から、お二人に直接、日本の財政の真相を伝えて釘を刺してほしい」

高橋の想定では、このまま満州事変が拡大すれば日本の財政は来春にも破綻する。慎重な西園寺にしては珍しく、危機感を露わにしていた。

ところが、いよいよ犬養が天皇に上奏しようという段になって、貴族院副議長の近衛文麿（後の総理大臣）が原田熊雄に面会し、こう警告した。

「私のところに日々、軍の将校たちから不満が寄せられています。そこで荒木陸軍大臣に会ってみたのですが、『今日のような内閣では到底話にならん、犬養総理は何かにつけて陛下のお力によって軍を抑えつけようとする風な気持ちが強いようだが、そもそもこのことが軍の反感をかう元になっている』と言うのです。どうやら色んな陰謀が、着々と緒に就いているようです」

今、軍の反感をかっているのは天皇の威を借りようとする犬養ひとりだが、これに協力するようでは宮中にも何が起きるか分からぬ、ともとれる忠告である。原田はすぐに西園寺の下に走った。そして犬養の一件は控えた方がいいのではと進言した。

「そうか。それじゃあ、止めよう」

西園寺の返答は、あまりにあっさりしたものだった。

近衛は五摂家筆頭の家柄で、西園寺にとっては身内だ。自分の後継として、将来に期待もしている。若手将校から慕われている近衛の情報は信憑性が高い。

最優先すべきは天皇を守ること。西園寺の揺るがぬ信念は、犬養の上奏をギリギリのところで妨げた。西園寺は宮中が軍から狙われるようになれば、一番に殺されるのは自分だとも恐れていた。興津の坐漁荘の居間には厚さ五ミリの鉄の防弾壁を作り、狙撃に備えていたほどである。

「この状況下で軍を刺激するのはよくないとの判断で、上奏は中止です」

犬養は、健を通して唐突に上奏中止の連絡を受けた。にわかに信じがたいという様子の犬養に、健は原田から聞いたままを続けた。

「若い将校たちは、総理のやっていることは軍の権限を脅かす統帥権干犯だと言っているそうです。天皇の意を曲げる君側の奸だと」

口惜し気に歪んだ犬養の顔が、さらに苦虫を噛み潰すような態になった。

もとより打てる手は全て打つ覚悟である。犬養はすぐさま筆を執り、旧知の上原勇作や宇垣一成ら、軍の長老たちに長文の手紙をしたためた。

議会で圧倒的多数を握る総理として、彼らに真正面から訴えた。

〈陸軍では上官の意思が部下に徹底していない。満州における行動も佐官級の連合勢力が上官をして黙従させたもので憂慮に堪えない。何事も直接に事を起こしさえすれば、上官は事後承諾を与えるものと信じて行動するという、軍の統制規律に一大変化が起きつつある。どうか軍の元老として、救治の方法を講じて下さることを心より願う。

壮年血気の者たちが、世相の腐敗堕落、政治家の収賄事件に憤る気持ちは吾輩も同感である。この是正に全力を尽くすつもりだ。簡単ではないが、吾輩はこれまではわずか三十人を率いて闘っていたが、これからは過半数を得る大政党を率いるのであるから、この目的にも多少の効果を得られる自信がある〉

肇国（ちょうこく）の世から生き長らえてきた軍の長老たちも、若手将校の突き上げに抗することはできなくなっていた。犬養の必死の手紙も、その内容は荒木陸軍大臣へと漏れ伝わり、犬養への反感を募らせることにしかならない。

明治から続く人間関係を軸とした個人的な機略、過去の政治経験による統制では、もはや昭和の動乱には対処できなくなっていた。

三月一日、関東軍はとうとう天皇や内閣の承認を得ぬまま「満州国」の建国を宣言する。宣統帝溥儀（せんとうていふぎ）を即位させ、事実上、日本の傀儡政権を樹立することを世界に明らかにした。

数々の妥協を強いられてきた犬養も、これにだけは先回りしていた。

半月前、犬養は枢密院で「満蒙新国家は絶対に承認しない」と明言し、日本政府は満州国を承認しないという強固な意志を内外に示した。

犬養にとって「満州国の承認」は、文字通り命をかけても阻止せねばならぬ、最後の一線だった。

梃でも動こうとしない犬養の抵抗に、焦ったのは森恪である。

森は三月十一日の閣議に、ある議案を提出する。日本が満州国の権益を尊重し、満州国が関東軍の駐留を認めることなどを盛り込んだ「日満議定書」。これを一気に押し通そうとした。

高橋と芳澤が、中国の現状維持を定めた「九ヶ国条約」に違反することになると猛烈に反対し、甲論乙駁となった。犬養は腕組みしたまま黙っている。森も一歩も引かず、議論は翌日に持ち越された。

次の日も森は語気を強め、満州国建国の意義を延々と訴えた。森の長演説がいち段落したところで、犬養が初めて口を開いた。

「支那の問題は、俺の方が知っている」

森との全面対決を避けようと、犬養なりに斟酌（しんしゃく）した言い方だった。これで議論を打ち切ろうとしたが、森はその言葉が耳に入らぬような傲岸な態度でなおも発言を続けびだした。

　とうとう、犬養の怒声が飛んだ。

「支那のことなら、俺が知っていると言っただろう！」

　閣議は、ここで打ち切られた。

　万座で恥をかかされた森は、書記官長室に戻るや机上の電話を取り、古島一雄を呼び出した。

　森はこれまでも犬養との関係が行き詰まると、古島を呼んだ。その度に古島は話だけは聞いて情報を集め、「自分は議員ではないから」とはぐらかして逃げてきた。

「なんだ、いきなり呼びつけて。僕は蚊帳の外だぞ」

　閣議でのいきさつを知りながら古島がすっとぼけた風で入ってくると、森はいつになく深刻な顔でヌッと封筒を差し出した。古島は後ろ手で、封筒の表を覗き込んだ。

「なに、辞職願だって？　貴様、なんだって僕にこんなものを渡す」

　森は恨めしそうに目を細め、古島を見返した。

　森もまた軍から激しい突き上げを食らっていた。「老いぼれ相手に働きが悪い」と責められ、一刻も早く満州国を承認させるよう迫られていた。

　関東軍では、資金繰りと人材難が火急の問題となっている。満鉄から資金を横流しさせ、さらに政友会の院外団に三井と三菱を脅させて二千万円を内密に出させてもいた。しかし新国家の初年度予算は最低でも一億円は必要で、その程度の金は当面を凌ぐだけに過ぎない。行政組織を機能させるにも、日本の各省から大量の官僚を満州に派遣する必要がある。閣議ではすでに、日本が満州を国家として誘導するという「満蒙処理方針要綱」が決定されてはいるが、現実は資金も人事も、日本国総理の承認なしでは何ひとつ動かせない。

「オヤジとはもう話ができん。貴様に頼むしかないのだ」

森はそう言って、辞職願を古島の胸元へグッと突きつけた。

古島は、ちょうど数日前、貴族院議員に勅選されたばかりである。元新聞記者で当選六回の議員が貴族院議員になるなど前例のない人事で、世間は犬養が古島の長年の労に報いたものと受け止めた。だが、古島を推薦したのは森だった。古島を議員として復職させ、犬養との間を繋いで貰おうという腹だった。

しかし、古島は、森が辞職をちらつかせて内閣を揺さぶろうとしているのを見破った。

「辞職願など取り次げるもんか。僕には、そんな権利も資格もない。そもそも貴様、後任はどうするつもりだ」

「古島君、君がやってくれ」

「ふざけるな、こんな年になって、今さら書記官長の仕事などできるか」

「君は引退したからといって妙に年寄りぶるが、まだ六十代だろう。貴族院議員になるのだから、仕事ができんとは言わせんぞ」

「貴族院など、皇族や華族ばかりで僕の居場所じゃない。勅命だから断ることができんだけだ。貴様、いい加減なことばかり言うな、僕はこんなものは受け取らんぞ」

言い終わらぬうちに、古島はいつもの懐手でさっさと部屋を出た。

古島が辞職願に慌てて犬養を説得するだろうと期待していた森は、すっかり当てが外れた。仕方なく秘書官邸に出向き、辞職願を健の座る机の上に無言で投げ出した。

封筒の三文字を見て、健は飛び上がった。要職である書記官長が辞任したら、閣内不一致で内閣が倒れる。その足で総理大臣室へ駆け込んだ。

「総理！　大変です！　森がこんなものを」

犬養は封筒に一瞥くれた。

「まあ、そんなことはやめいと言っとけ」

まるで子どもを宥めるような口調だ。理由も聞かず、封筒を受け取ろうともしない。

犬養もまた、森の芝居は承知の上だ。健がそのまま封筒を収めようとすると、眼光鋭くこう付け加えた。

「おい、森が取り返しに来ても、それは絶対に返すなよ」

結局、犬養の意を受けた前田米蔵が党内の重鎮に手を回して森を説得させるという段取りを踏んで、書記官長の辞職騒ぎは収まった。

収まらないのは森である。

森はとうとう、次の総理大臣擁立に向けて露骨に動き始めた。

犬養を総裁に担ぎ出す時、派閥の長たる鈴木には「犬養の次は貴方だ」と宥めたが、順番待ちの鈴木を差し置いて、陸軍と関係の深い枢密院副議長の平沼騏一郎を引っ張り出すことにした。そこに野党の民政党を引き込んで挙国一致内閣を作ろうというのだ。

関係者を口説いて歩きながら、森は何度もこう漏らした。

「ジイさん、あんなことをしていたら、いつか殺される」

その警告は、健の耳にも古島の耳にも頻繁に漏れ伝わってきた。無論、犬養の耳に届いていないはずがない。

4、古島の懊悩

古島一雄と牧野伸顕は、毎週日曜日、小石川水道橋で一勝負する仲だ。

水道橋には、地元で羽振りをきかす醤油屋の別荘「白鳥荘」があり、そこが政客たちの碁会所になっている。牧野の碁は長い。「打っている間に内閣がひとつ潰れる」と言われるほどで、皆が敬遠する。たいがい犬養が相手を務めてきたが、総裁に就任してからは古島にお鉢がまわってきた。

牧野は大久保利通の次男。薩派と犬養一派は旧い付き合いだ。その牧野は内大臣の職にあり、犬養が総理になって以降、古島は時々、宮内省に呼ばれるようになった。原田熊雄は気安い健を使ったが、健に荷の重い話は、牧野経由で古島を通し、犬養総理へと伝えられることが増えていた。

三月に入り、牧野から経堂の家に「相談がある、すぐに来られたし」との急電が届く。古島は少し身構えて、お堀の橋を渡った。

牧野は応接間の長椅子に腰を落とすなり切り出した。

「古島君、貴殿にひと肌脱いで頂きたいことがある」

前夜、すでに健から「満鉄の総裁人事」について相談を受けていた古島は、牧野の用向きを察して、しれっと言ってのけた。

「満鉄の内田総裁の件なら、総理はもう心を決めておられますよ。内田の辞任届は、間もなく受理されるでしょう」

満鉄総裁の内田康哉(こうさい)は、辛亥革命の時、共和制を巡って犬養と激しくやりあった元外務大臣だ。その内田は、今や関東軍に命令されるがまま、満鉄の資金を横流ししている。それを副総裁の江口定条(えぐちさだえ)がひとり踏ん張り、満鉄の経営が立ち行けるよう努めている。江口は三菱出身の元商社マンで経営能力がある。関東軍は内田を残し、江口だけを排除したい。そこで森を通して、拓務大臣に江口を罷免させた。

ところが、事態は思わぬ方向に転がる。片腕の江口を失った内田総裁が、もう限界と音をあげ、犬養に辞職願を出してきた。満鉄総裁を中国通の山本条太郎にすげ替える機会をうかがっていた犬養には、災い転じて好機となった。

牧野は、その内田総裁の辞職願を犬養から撤回させてほしいというのだ。

「今、内田を辞めさせるわけにはいかん。荒木は総理の前では何も言えんようだが、原田の前では『内田が辞任すれば、自分はもう関東軍の不満は抑えきれん、陸軍大臣は辞任する』と言っている。そうなれば内閣は終わりだ」

牧野が自分を呼び出した背景を、古島は想像できた。犬養が、内田の後釜（あとがま）に山本条太郎を送り込めば一波乱起きる。宮中の者たちは今しばらくの間、具体的にはここ数ヶ月の間だけは、ことを荒立てたくないのだ。

「古島君よ、満州事変以来、大陸における全ての事柄は関東軍が中心になって動かしている。だから為政者の方も、多少は軍の要望を容れていかねば何事も前に進まん。国連の風当りが厳しくなっている今、軍と政府は戦ってはならん」

古島は、膝の上の拳（こぶし）をギュッと握った。

「軍が暴力をもって政治を乗っ取るなど、もはや澆季（ぎょうき）だな」

少し乱暴な口調に、牧野が一瞬、ギョッとしたような目で古島を見た。古島の両の目は据わっている。

「天皇陛下から軍に勅命を下して頂く計画がとん挫したのも、西園寺公が怖気づいたからでしょう。あなた方は、勝負を避けてばかりだ。新聞も世論も政友会も皆、軍に迎合して、今、正々堂々と軍と対峙しているのは犬養木堂ひとりだ」

古島はそこで言葉を区切り、自分でも驚くような激しい調子で言った。

「宮中まで、総理を孤立させるおつもりか！」

牧野は慌てて両手を宙に泳がせた。

「い、いや、孤立させるなど、滅相もない」

「原田熊雄は、軍とやりあう木堂が、そう長くはもたんと見ているんでしょう。原田が陸軍に近い外務省の連中と一緒になって、次の総理候補について話し合いを進めていることは、この僕の耳にも入ってますよ」

言いながら血潮が逆流してきた。

「西園寺公が、平沼だけは絶対に認めんと言われたとの話も聞いています。百歩譲ってその精神は評価する。だが犬養総理が戦っている裏で、宮中までも次の相談ですか。貴殿が今、僕に頼んでいることは、次の総理が決まるまでの時間稼ぎにしか思えん」

抑えてきた感情が、とうとう噴き出した。

「貴殿もよく知っての通り、木堂は強情で痩せ我慢で、立憲政治の道だけは外さないできた。ようやく総理の座についたと思ったら、それが崩壊の危機だ。今さら木堂は生き方を変えやせん。最後まで政党政治家として行動するだろう、木堂は命をかけて……」

言葉尻が、ふいに涙声になりかけ、慌てて唇を嚙みしめた。牧野も黙ったままだ。重い沈黙が垂れこめる。踏ん切りをつけるように切り出したのは古島だった。

「ただ、一点だけ貴殿の話に合意できるとすれば、犬養内閣を一日でも長くもたせたいと願うのは同じということです。同床異夢ですがね」

牧野はようやく表情を緩め、初めて古島に頭を下げた。

「私も総理には少しでも長くお務め頂きたい。総理が防波堤になってくれるからこそ私たちも動ける。総理が内閣権限を強化する新制度を準備されていることは耳に入っているし、西園寺公も期待している。その仕組みを実現させるためにも是非、内田総裁の件は総理に曲げて頂きたいのだ」

牧野の言う通り、犬養は上海事変への対応の隙を縫って、無任所大臣の創設や内閣直轄の予算局長官制度を敷こうと動いている。政友会総裁に就任した二年前から周到に準備してきたことだ。加えて、普通選挙による弊害を是正するための選挙法改正案も準備している。新制度を緒に就かせるには、確かに犬養内閣を少しでも長らえさせねばならない。

一つのことを実現させるため、三つも四つも大切なことを諦めねばならぬ苦しい決断ではある。だが、この非常時ではそれも仕方ないかと古島は諦めた。

「今夜、公邸に行ってきますよ……」

自分に言い聞かすように言って、その先は深い溜息になった。古島はひとり天井を仰いだ。両腕を固く組んだまま、なかなか立ち上がる気にはなれなかった。

数日後、犬養は内田の辞職を撤回させ、満鉄総裁として留任を認めると発表した。

国民が、政党が、宮中が、そして時代が犬養の元から遠ざかっていく。その孤独の深さは、もはや古島ですら埋めることはできない。

5、バラの実

四月十八日午前九時きっかりに、総理大臣官邸に二十台を超える大型の乗合遊覧バスが続々と到着した。

大挙してやってきたのは地元岡山の支援者たち、なんと四百五十人余。三日前に岡山駅を出発し、犬養総理の活躍を祈願するため伊勢神宮に詣で、前日に東京に着いた。杖を手放せぬ翁に嫗（おうな）、その子孫まで勢ぞろいし、「犬養毅の選挙区」が丸ごとやってきたような大騒ぎだ。

明治二十三年の第一回総選挙から、苦節四十二年。様々な迫害に晒されながらも、支援者たちは「これぞ美風」と犬養が胸を張る清廉な選挙を戦い抜き、本人不在の選挙戦まで勝ち抜いた。その執念が、郷土の宝をとうとう総理大臣に押し上げたのである。

この日、上海事変の和平交渉は大詰めにあった。だが犬養は午前中の約二時間、あらゆる予定を排して、これを歓待した。総理大臣官邸でのもてなしは、半世紀にわたる厚情への最高の返礼である。

一行は幾つかの固まりに分かれて総理大臣室を見学し、順番に総理の椅子に座り、閣議室を見て、応接室で茶菓のもてなしを受け、そこから大ホールへと移動した。

地元の代表が、誇らしげに総理大臣就任の祝辞を滔々と読み上げた。犬養は後ろ手でウンウンと大きく相槌（あいづち）を打ちながら聞いている。

祝辞が終わると、今度は犬養が健夫婦を従えて中央の階段に立った。そして、滅多に見せぬ満面の笑みで来訪の礼を述べた。内に抱える孤独の深さはチラとも感じさせない晴れ姿。威厳に満ちた一言一言に拍手と歓声が湧き、最後は万歳三唱が官邸中にこだました。

一行の官邸訪問の仕上げは、庭に出ての写真撮影である。

官邸から公邸へと続く庭には、カメラマンが緊張した面持ちで待ち構えていた。岡山県の高梁（たかはし）地区で、明治時代から写真館を営む芳賀直次郎（はがなおじろう）だ。

庭の中央には太い木製の三脚の上に、蕎麦屋の岡持ちくらいはありそうな大型のサーカットカメラが据えられている。カメラをゼンマイ仕掛けの歯車で回転させ、輸入品の専用ロールフィルムを巻き上げながら露光させる、パノラマ撮影用の特殊機材だ。

芳賀は前日から綿密に計算して設置しておいたひな壇に、支援者たちを誘導した。

中央の椅子には犬養一家が座り、その左右前後を支援者たちが一分の隙間もなく埋めていく。全員が位置につくと、端から端まで三十メートルを超えた。

芳賀は何度もカメラを覗き込んだ。撮り直しのきかぬ一発勝負である。犬養の顔はもちろん、四百八十二人全員の顔にピントが合うよう慎重に絞りを調整する。

ふと早朝から晴れあがっていた空に、うっすらと雲がかかってきた。光の強さが均等になり、撮影にはこれ以上ない好条件が整った。

「はい、皆さん、動かないで！　これからカメラが回転しまーす！」

シャッターが切られると、カメラがジーッという音をたてながら右から左へゆっくりと首を振り始めた。皆の顔が一斉にこわばる。息を止めている者もいる。

そのまま三十秒ほどの時がながれた。

「はい、終わりです、お疲れさまでした！」

犬養を囲む支援者たちの大パノラマは、みごと一枚の写真に収まった。

皆が散会する別れ際、犬養は手が腫れるほど幾つもの手を握った。一人一人に目を合わせ、「ありがとう」と礼を述べた。短い一言に、万感の感謝を込めた。次の選挙はもうないだろう。犬養にとって、これが皆との別れである。

列に並んだ最後の一人が、犬養の前に立った。白髪の小柄な男は、両手をすっと伸ばしてきて、誰よりも強く、固く、犬養の手を握った。こちらをまっすぐに見つめ、少しだけ頰を緩ませた。同じくらいの年、どこか懐かしい感じのする控えめな笑顔だ。

「失礼じゃが、お名前は」

男は小さく会釈した。

「剣持佐吉と申します」

さて、窪屋郡の剣持老人に息子はいたか。思い出そうとしたが、もはや顔も名も分からぬ支援者の方が多い。そのまま男の手が離れて暫くして、はっと気づいた。

——犬養さん、わしはあんたを見とるぞ。あんたがこれから何をするか。日本をどうしようとするか、いつでもな。

慶應義塾での演説会、新橋の夜道、そして最後に別れた歌舞伎座前の茶屋。

「佐吉……」

犬養の絞り出すような声が聞こえたかどうか、男はこちらを小さく振り返り、かすかに頷いたように見えた。

——犬養さんよ、必死にやってくれ。この日本に、井上毅は、もうおらん。

最後に会った日、佐吉は確かにそう言った。

遥か遠い明治の世に、この国の形を作ることに命を賭け、血の一滴も残さず逝った男がいた。〝剃刀〟と呼ばれた、井上毅。その井上が見届けることのできなかった、立憲政治。犬養は確かに、それを実現するためだけに駆けてきた。

「総理、そろそろ執務室にお戻り下さい」

秘書の催促する声で、我に返った。

支援者たちが名残を惜しんで歓談する声が、ザワザワと耳に戻ってきた。犬養は庭の隅々にまで目をこらした。

佐吉の手をもう一度こちらから握り返し、伝えたかった。

――お前との約束は、果たしてみせる。わしも井上さんのように、この命尽きるまで、とことん戦ってみせるぞ。

しかし、佐吉の姿は、もうどこにも見当たらなかった。佐吉は最後まで風のような男だった。

数日後の昼下がり、犬養は溺愛している孫の道子を書斎に呼んだ。

幼かった道子も、もうすぐ十一歳。そばには母、仲子（なかこ）が付き添っている。犬養は深く優しい眼差しで孫娘を見て語りかけた。

「道公よ、おじいちゃまはな、道公に記念を残したいと思っておる」

犬養は、用意していた小箱の中から、美しい硯を取り出した。

「これはな、おじいちゃまの大事なお友だち、孫さんのお葬式に行った時に、中国で見つけた硯じゃ。小学生にはちと早すぎるかもしれんが、悪いものではないぞ」

何とも美しいあずき色の端渓である。

「それから、これも支那のものじゃがな……」

別の木箱から、鮮やかな花びらの模様が刻まれた水差しをそっと取り出した。子ども心にも、造作の秀でた逸品であることは分かる。道子は目を輝かせ、小さな手で大事そうに水差しを包んだ。その様子を、犬養は目を細めて見つめている。

「それから、これはな……」

犬養が別の木箱を開けようとすると、仲子がいたたまれないような声を上げた。

「お義父さま、道子にはまだお品の貴重さが分かりません、多すぎますわ」

激務に身を窶す義父が、孫娘に手ずから遺品を渡そうとしている。そのことが、仲子には痛々しく思えてならなかった。

「仲さん、いいのじゃ。わしは道公に着物一つ買うてやったことがないでのう」

犬養は少し真剣な顔つきになって道子に向き直った。

「これはな、おじいちゃまが総理大臣になる前に道公に用意しておいたものじゃ」

木箱から取り出されたのは、一本のかけ軸。深い緑色の厚紙に金粉がまぶされた、特別な表装だ。

犬養がそっと軸を広げると、そこには道子に宛てた訓戒が書かれていた。冒頭には、「恕(じょ)」の一文字。孔子の『論語』から引いたものである。

恕
吾(われ)十四歳にして父を喪(うしな)ひしより　困苦の中に修学し成長し
既にして世に出て政事に関係せし　より長らく逆境に居(お)り
世の寒苦辛酸を嘗め尽くしたるが故に
貧民に対する毎に　若(も)し吾身(わがみ)この境遇に在らばと思ひやるが故に
未だ曾(かつ)て僕婢(はしため)などを叱罵(しつば)したることあらず
吾子　孫も亦(また)この心を以て人に接せんことを望む　この心が即ち恕なり
昭和六年十月書して女孫　道子に付す　木堂

「おじいちゃま、これは、優しい気持ちが大切ってことでしょう」

「その通りじゃ。じゃがな、言葉で言うほどに簡単なことではないぞ。道公も、もっともっと修練せねばならんなあ」

「ううん、道っちゃん、できるよ」

声をあげて笑う義父と道子のそばで、仲子は少し前のある出来事を思い出した。

犬養が宮城に参った時、車を出迎えた巡査がドアを急いで閉めた。犬養は指を挟まれたが声も上げず、痛みをこらえて参内した。公邸に帰ってから医者が診ると、傷は骨にまで達していた。それを知った巡査は慌てふためいて謝罪に来ようとしたが、犬養は「なあに、大したこたあない、くるに及ばず」と笑って済ませた。

義父は確かに、「恕」の人だった。

「お義父さまが、きょう、道子にこんなものを」

その日の夜、健は秘書官邸で、仲子から「贈り物」の一件を聞いた。「恕」で始まる訓戒に目を通した健もまた、沈痛な面持ちになった。

——おやじは、とことんやる気だ……。

忘れもしない三月十二日、閣議で森恪に声を荒らげた翌日、父は天皇に満州国の承認を拒否することを正式に奏上した。「陸軍がお前の態度に反対であったらどうするか」と天皇から問われると、父は「満州の宗主権は決して奪ってはなりません。たとえ全陸軍が反対しようとも、私は信念を変えません」と平然と答えた。

その父の演説は、最近ことに気迫を増している。

五月一日、日本放送協会のラジオが、聴取者百万人達成の記念として総理大臣の講演を放送することになった時のこと。

演題は「内憂外患の対策」。その原稿を用意するにあたり、森恪に近い読売新聞記者、山浦貫一（やまうらかんいち）が犬養の口述を書き取った。ところが、犬養が軍部への不満を遠慮なく並べ立てるものだから、山浦は「この内容では放送できない」と忖度（そんたく）し、森恪に原稿を見せた。

「ジイさんも軍を刺激ばかりして困る、書き直せ」

山浦が表現を和らげた原稿を再度、犬養に持って行くと、犬養はまた元に戻した。困り果てた山浦から相談を受けた健は、軍に関する箇所を短くしたりして何とか原稿をまとめた。

演説は「内憂」つまり経済政策や財政問題を論じた後、「外患」へと続いた。犬養はその冒頭、昨今の軍部の動向について、こう論じた。

「極端の右傾と極端な左傾が問題である。両極端は正反対の体形ではあるが、実はその感覚は毛髪の差であり、ともに革命的針路を取るもので実に危険至極である。このことに対して、いかにせば平穏に帰することができるかだ。近年、ある階級の間に議会否認論がある。これは政党が抱える諸問題が到底改善できぬという批判からくるものだが、吾輩はこの改善を必ず成し遂げる確信を持っている」

極左がマルクス、レーニンに傾倒すれば、極右はトルコ革命に心酔しナチスの独裁に共鳴する。右も左も、憲法の下で積み上げられてきた議会政治を否定し、革命を叫ぶ。天皇親政を言う国家主義者たちが、その内実において、暴力革命を訴える無政府主義者と同じくらい危険だといわんばかりの演説は、軍を刺激するにはあまりに十分すぎた。

　第一次世界大戦の終結後、世界は国際協調の時代へと向かっている。演説の終盤、犬養は、侵略主義は時代遅れとまで言い切った。そんな言葉は、事前に用意された原稿には一言もなかった。

「私がいう産業立国は、皇国主義じゃない、侵略主義じゃない、これとは正反対のものである。わが大和民族は、海外に出て行っても一切の武装をせず、平和なる工人、平和なる農民、平和なる商人で資材を確保すればいいじゃないか。こうすることで人口の増加するところの調節をやりさえすればいい。

　侵略主義というようなことは、よほど今では遅ればせのことである。どこまでも、私は平和ということをもって進んでいきたい。政友会の内閣である以上は、決して外国に向かって侵略をしようなどという考えは毛頭もっていないのである」

　切れるような語調は、痛烈というより凄愴（せいそう）の気すら帯びていた。その演説に、もはや熱心な聴衆はいない。

「兵隊に殺させるという情報が久原（くはら）（房之助（ふさのすけ））の筋に入っている」

健のところに、すでに耳に馴染んだ忠告が寄せられたのは、ラジオ放送の数日後のことだ。妻の姉婿である外務省の斎藤博からの電話だった。

健は予感した。万という官軍に包囲された西郷隆盛にとっての城山が、父にとっては総理大臣官邸なのかもしれぬと。

五月十三日、金曜の夕暮れ、古島は総理官邸に呼ばれた。

この日、古島の気持ちはいくらか明るかった。一週間前、ついに上海停戦協定が締結され、軍の撤兵が決まった。一月下旬の侵攻以来、泥沼化しつつあった戦闘も、イギリス公使の斡旋でようやく収拾。この内閣で起きた上海事変は、この内閣で確かに停めた。

犬養が極秘に進めている無任所大臣制と予算局長官制度も、枢密院への根回しが終わり、ほぼ目途がついた。十六日、つまり来週の月曜には、臨時議会に向けての対策会議が開かれる予定で、古島も同席を頼まれている。さらに犬養は、外交と防衛問題を各大臣が集まって審議する「国策審議会」を作ることも表明していて、来週からはその人選も始まる。

前田米蔵が枢密院をよく懐柔し、今の最大の鬼門は、近衛文麿が副議長を務める貴族院だ。ガラでもない貴族院議員となったのも何かの縁、古島もまた政界中枢に飛び込み、犬養のため汗を流す覚悟を固めつつあった。

総理大臣室を覗くと、もぬけの殻だ。机の上には署名しかけの書類が広がり、湯呑には飲みかけのままの茶が残っている。健の姿もない。廊下を伝って公邸に寄ってみた。学校から帰った道子が走り回っている時間だが、今日は人気がない。ようやく

「ああ、また庭に出ているな」と気がついた。

官邸から公邸の東側にかけて広がる芝生も、先月の五百人近い客人たちに踏みつけられ、あちこち剝げかけたままだ。

それでもこの庭が、一国の総理大臣が暮らす場所としての風格を保っているのは、樹齢数百年、樹高三十メートルもある榧（かや）の巨木が梢を広げているからだろう。

その大榧の前に、犬養は佇んでいた。生来の猫背を少しだけ反らせ、巨木の先にある天をじっと見上げている。

古島は公邸の廊下から、大榧を仰ぐ犬養の後ろ姿を見つめた。ふと「木堂」の由来を思い出した。

〈剛毅木訥近仁（ごうきぼくとつじんにちかし）〉

意志が強く、気性がしっかりしていて、飾り気がなく、口が重い様は、道徳の理想とする「仁」に近い。それは樹齢を経た堂々たる一本の巨木が、黙って天に向かって屹立する様と似ているように思えた。

恩師が号に込めた願いどおりに、小さな苗木は半世紀の風雪を生き延び、政界に深く根を張る大樹に成長した。そして今、その根をさらうかのようなファッショの嵐が、辺り一面に押し寄せている。

先月、木堂の七十七歳の誕生日祝いに官邸を訪ねた松本フミに、犬養はこう言ったのだと聞いた。

「フミさんよ、今度できる国会議事堂（現在の議事堂）はな、外国の墓を象っておるそうじゃ。自由も、民主主義も、間もなく墓に入ってしまう。日本の憲政も墓の中に収められてしまったら、もう終わりじゃな」

そんな話を思い出しながら、古島は犬養の方へ歩いていった。枯れた芝生を踏む足音が聞こえたのか、声をかける前に犬養が振り返った。

「古島君、やはり白じゃったよ」

「えっ」

「そこのバラじゃ、いつか賭けをしたろう」

ああ、と思って古島は花壇に目をやった。わずかに残るバラはほとんど枯れかけている。花びらは黒っぽく変色して萎れ、無残な姿だ。

「気がついたら、これじゃ。ここでは誰も花など見ておらん。道子が、白い花が咲いておったと教えてくれた」

犬養はバラの木の枝先に手を伸ばして、何かを握り取った。

「あの時も、確か白バラじゃったな」

「ああ、僕も今、同じことを思い出していました」

白バラ、そして民衆の大歓声――。

「あの時、貴方は胸に一輪の白バラを差して、何千という群衆の前に立った。目に染みるような青空に貴方が白バラを掲げると、叫ぶような大歓声が響いた。もう大昔のようです。あの時、僕らは確かに時代を変えた。あの時、貴方は『憲政の神』だった」

二人は目を見合わせて笑った。犬養が大榧を見上げて続ける。

「わしや君や、明治から生きてきた政治家は、もう時代遅れなのかもしれんな。国を造ってきた人間と、造られた国で育った人間では、まるで考え方が違う。自由も民権も遠い昔話じゃ。じゃがな、譲れんものは譲れん。たとえ時代が移ろおうとも、変えてはならんものがある」

そこまで言うと、犬養は俯いてそっと右手を開いた。

「これを見てみい」

筋張った手のひらには、小さなネギ坊主のような固まりが乗っていた。バラの花が散った後に結実するバラの実なのだと言って、犬養はそれを大事そうに指先で転がした。

「これが地に落ちれば、また芽が出て、来年の花が咲く……」

顔のわりに大きな灰色の瞳は、バラの実をじっと見つめている。その眼差しは、長い辛苦の道を歩んできた人だけが手に入れられる深い慈愛に満ちていた。

古島が言葉を繋ごうとした瞬間、健の大声が響いた。

「総理！　書類への決裁をお願いします、間もなく宮城に出発です」

両手いっぱいに書類を抱えた健が、縁側から犬養を呼んでいる。

「おお、そうじゃ、途中じゃったわい」

犬養は思い出したように踵を返し、小さく振り返ると古島に言った。

「おい、月曜の昼にまた来てくれ。予算局長官制度は使えるぞ、これ以上、勝手な軍拡は許さん」

疲れを隠せぬ顔にことさら無頼な笑みをこしらえて、犬養は官邸の方へさっさと歩いていった。若い頃から短身矮軀(わいく)とからかわれたその身体は、背筋も腰も老いの憂いを帯びることなく、なお矍鑠(かくしゃく)としている。

春の庭先での、わずか数分間の邂逅(かいこう)。白バラの実を大事そうに握りしめた憲政の神は、その先に何を見ていたか。

犬養毅と古島一雄――。二人の別れの時を、老いた大榧だけが見つめていた。

第十三章　テロルの果て

その日、官邸の空は朝から雲一つなく晴れ渡り、庭の大櫃は涼やかな薫風に葉を揺らせていた。

半年前に犬養内閣が成立して以降、暗く長いトンネルをようやく抜け出したような、うららかな日曜日が訪れた。

おととい金曜の夜には、閣僚全員が宮中晩餐会に招かれ、天皇から上海事変の停戦を労われたばかりだ。来週にはハリウッド映画の巨匠、チャールズ・チャップリンを官邸に歓迎する催しも計画されている。二十三日から始まる臨時議会までにも少し間がある。それは、これから秋嘆の時を迎えようとする者たちのために神が与えたかのような慈悲深い平穏だった。

犬養は午前中、久しぶりに書斎に腰を落ち着けた。幾人かの知人に手紙をしたため、注文している硯の催促もした。この日は、護衛の警官や書生たちにもなるべく休暇を取らせた。家から離れない千代子夫人が珍しく知人の結婚式へ出かけ、孫の道子も遊びに出て行った。

古島一雄は、経堂の家を出る時、ふと思った。

——今日は、木堂に声をかけてみるかな。

総理に就任してから、囲碁もすっかりご無沙汰だ。しかし、日曜日くらいはゆっくり休ませてやろうと考え直し、一人で小石川の碁会所へと向かった。

健は、総理官邸の隣にある秘書官邸に籠っていた。やはり日曜だけは父を休ませたいと、議員の陳情やら書類の整理やらの雑事を大車輪でこなした。

犬養は軽い昼食をとって暫くして、下駄を履いて庭に下りた。

手つかずだったバラの枝先に細かくハサミを入れながら、この日の夜の、ささやかな楽しみを思った。夕食は、嫁の仲子が近くのフランス料理屋から数品、軽いものを取り寄せるという。千代子は洋食を「バタ臭い」と嫌がり、健康を気にして薄味の和食しか作らない。だから千代子の留守に、仲子が気を利かして用意する洋食が待ち遠しい。

午後四時前になって、萱野長知がひょっこり現れた。たまたま近所で会ったという岡山出身の代議士、難波清人（なんばきよと）と二人連れだ。難波は三日前に犬養から硯を貰ったばかりで、その硯の「洮河緑石」という漢字を書いてもらって記念にしたいと言い出し、犬養は書斎で一仕事させられた。

それから萱野と二人きり、また庭に下りた。大榧の下で、小声で話し込んだ。密偵の一件では失敗したが、その後も萱野から寄せられる情報は的確で、上海の停戦交渉でも役立った。上海の次は満州。二人だけの密談は暫く続いた。

「どうだ、今夜はご馳走らしい。わしも一人じゃ、飯を食っていかんか」

犬養にしては珍しい誘いだった。

「いえ、これから別件がありますので」

萱野は話が済むや出て行った。

応接間に一人残っていた難波は、犬養がゆっくりしているので誘ってみた。

「今から坂井大輔（さかいだいすけ）（逓信参与官）の初七日に参りますが、総理はいかがですか」

犬養は、夕方に来客があるからと丁重に断った。

午後四時半をまわって、健が書斎のドアをノックした。

今日中にどうしても目を通してほしい書類があるという。外務省、陸軍省、海軍省、警視庁関係の報告書で、重要な部分には健が予め下線を引いている。そこを示しながら健が簡潔に説明すると、犬養が即座に意見を述べる。それを健がメモに書き留めていく。呼吸の合った父子の作業は二十分ほどで終わった。犬養は終始、機嫌が良かった。「何を云っても叱りそうもない顔」だったと健は後に書いている。

午後五時きっかりに、耳鼻科医の大野が訪ねてきた。持病の蓄膿症の治療だ。蓄膿症は判断を鈍らせるからと、用心して週に一度は診てもらっている。和室で十分ほど横になって診察を受け、軽い雑談をした。大野は迎えのタクシーを待つため、玄関脇の巡査の部屋に控えた。

平穏のうちに日は暮れようとしていた。

午後五時半、二台のタクシーが時間を置いて総理大臣官邸に到着した。一台は表門、もう一台は裏門近くである。

表門から入ったのは五人。黒岩少尉、三上中尉は黒色の海軍将校の制服に帯剣、残る三人は陸軍士官候補生の外出用の制服だ。

少しの酒を含み、意を決してやってきた彼らは、いささか拍子抜けした。玄関の警備は手薄で、車は難なく中に入れた。受付も無人。そのまま執務室のある一階の部屋を見て回ったが、誰の姿も見当たらない。

暫くして、奥の方から背広姿の男たち数人が歩いてきた。警戒のために残っていた巡査たちだ。

「総理にお会いしたい、取り継いでほしい」

巡査は勝手に上がり込んでいる軍人たちを怪訝に思ったが、相手は堂々たる制服姿の海軍将校であり、丁重に答えた。

「お約束はございましたでしょうか」

「海軍大学より校長の急用でやってきた。先に電話で通知しておいたはずだ」

軍人五人は応接間に通され、ひとまず座った。しかし巡査が名刺を出すよう言っても、持ちあわせていない。幾らか押し問答が続く。目をギラギラ光らせ、殺気立つ男たちのただならぬ様子に、巡査の一人が助けを求めようと玄関に向かって走り出した。下士官が慌てて発砲すると、巡査は遠くでよろよろと倒れ込んだ。つられて他の四人も一斉に発砲し、残る巡査も方々に逃げ出した。五人は二階に上がって総理を探したが、やはり誰もいない。

三上中尉は官邸を切り上げ、家族の居住エリアである公邸へ向かった。総理が官邸にいない時は、必ず公邸にいると聞いていた。

警備上、官邸と公邸の境目は人目につかぬようこさえてある。公邸へと続く廊下は大広間の下をかいくぐるような恰好で鍵形にギザギザと曲がり、突き当りは分厚い杉戸で仕切られている。それも日曜日は施錠してある。事情を知らぬ者は、とても辿り着けない設計だ。

しかし彼らの手には、官邸の見取り図が握られていた。五人は迷いなく、細い廊下をズンズン突き進んだ。

「ここだ、開けろ！　蹴破れ！」

三上中尉が力いっぱい蹴り上げた。何度目かの衝撃で杉戸は真ん中から破れ、向こう側から明かりが差し込んできた。

突然、いかつい顔の体格のよい背広姿の男が立ちふさがった。総理大臣護衛の田中五郎だ。

「総理はどこだ！」

三上の威嚇にも怯まず、田中は身体で道を塞いだ。

「そんなこと、知るもんか」

いきなり三上の拳銃が火を噴いた。田中が腹をかかえてその場に崩れ落ちた。

同じ頃、裏門からは別に四人が突入、こちらに近づいていた。山岸中尉、村山少尉の二名が海軍将校、残る二名が陸軍士官候補生である。

「旦那様、大変です、大変です！」

若い女中が興奮してわめきながら廊下を走ってきた。

間もなく夕食の時間だ。耳鼻科の診察を終えたばかりの犬養は、四歳の康彦を抱いた仲子、手伝いのテルと一緒に食堂の前の畳廊下に立っていた。

「なんじゃ、なんじゃ」

犬養がそう言ったかどうかの時、今度は護衛の巡査が血相を変えて飛んできた。

「総理、大変です！　暴漢が乱入しました、避難して下さい！」

「誰がきたか」

犬養は落ち着いている。

「軍人です、大勢です、ピストルを持っています！」

そうしている間にも、何度か拳銃の発砲音が響く。

「総理、逃げて下さい、逃げて下さい！」

また別の巡査が転がるように駆け込んできて金切り声を上げた。

「いや、逃げん」

耳をかすめた小声に、仲子は一瞬、聞き間違えたと思った。仲子は幼い息子を胸にギュッと抱きしめ、祖父を守るように立ちはだかって声を張った。

「お義父さま、お逃げになって」

「いや、逃げん」

今度は覚悟を決めたような、はっきりとした声だった。

隣にいるテルは恐怖に顔をひきつらせている。犬養は、テルの肩に手をやって落ち着かせるように言った。

「なあに、心配はいらん。そいつらに会って話を聞こう」

杉戸を突破した男たちが廊下を突き進んできた。

男らの目の前に、小柄な老人がすっくと立った。動じた風もなく、まっすぐこちらを見据えている。小さな身体に真っ白い髭、帯一本の着流し。古武士のような質素な出で立ちは、男たちの脳裏にあった権力者の像からはあまりにかけ離れていた。

三上中尉が勢いで銃把を握る手を突き出し、引き金を引いた。

カチッ――

不発だ。一発撃つごとに装塡しなくてはならないのに、興奮のあまりそれすら忘れていた。慌てて胸のポケットからバラ弾を取り出した。

「まあ、待て」

犬養は一歩、二歩と、男たちの方に歩み寄った。

「君らはなぜ、このようなことをする。まず理由を聞いたうえで、撃たなくてはならないことがあるならば、その時に撃たれようじゃないか」

勝負を挑むような鋭い口調に、五人のうちの誰かが声を震わせた。

「総理は、馬賊の張学良から賄賂を受け取られた……」

前年の暮れ、張学良からの私信に添えられていた、あの金子――。

「ああ、そのことか。それならば話せば分かる」

犬養は右手を挙げ、ゆっくり上下に小さく動かした。議会の演台で、ヤジを制する時の動作だ。

「撃つのはいつでも撃てる。あちらへ行って話そうじゃないか」

犬養は、暴漢たちにクルッと背を向けた。

そして台所と反対側にある応接間へと、すたすた歩き始めた。仲子と幼い康彦、テルのところから少しでも暴漢を引き離さねばと思った。男たちは、そのまま撃ち殺してしまえば目的はいとも簡単に達成できるのに、老人の気迫に導かれるように黙って後ろに従った。

その時の様子を、離れた部屋から医師の大野が目撃している。犬養の所作は平時と全く変わらない。懐手の落ち着き払った様子に、〈総理は救援にきた軍人たちを客間に案内している〉と思った。

仲子は、義父を守らねばと、その後を追いかけた。その瞬間、黒服の男が立ちはだかった。男は、仲子の胸に眠る康彦の尻にピストルを突きつけた。

「こちらにはくるな」

仲子を制したのは、黒岩少尉。五人の中でただ一人、妻帯者だ。一人の老人を、九人の軍人が取り囲むのである。間違いなく、事は起きる。その様子を女子どもに見せたくなかった、と後に検事に語っている。

犬養は、応接間に入った。十五畳ほどの和室で、天井にはシャンデリア、中央に大きな座卓、その周りに分厚い座布団が四、五客置かれている。

床の間を背にゆっくり腰を落とすと、おもむろに客人用の煙草入を開けた。そこから一本、煙草を取り出して指に挟むと、男たちの方に目をやった。

「君らもどうだ」

拳銃を構えた男たちは、目の前に突っ立ったままだ。足下を見ると、みな土足だ。犬養はふと、大命降下の日の夜を思い出した。あの時、自分はすっかり慌てて土足のまま家に上がろうとした。こ奴らも興奮しておる、と場違いな笑みをこぼした。

「おい、靴ぐらい脱いだらどうじゃ」

時間の流れを支配していたのは犬養だった。老人の前に棒立ちになった男たちは、完全に発射のタイミングを失っている。

三上中尉が言葉をひねり出した。

「靴の心配はいらんぞ。われわれが何のために来たか、分かるだろう。何か言い残すことがあれば、早く言え」

犬養は座卓に左手を伸ばし、張学良の件を説明しようとした、その瞬間。裏門から入った山岸中尉が号令を発するように叫んだ。

「撃て！　撃て！　問答は要らん！」

犬養が煙草を持ったままの右手を挙げ、それを制するように声を発しかけた。三上中尉らはまだ動けないでいる。

遅れて部屋に入ってきた黒岩少尉が引き金を引いた。

パンッ――

何かを弾くような乾いた音がした。犬養が腹を押さえるような恰好で前かがみになる。慌てて三上中尉が、手を伸ばせば届くような距離から犬養の頭部を狙った。

ダンッ――

今度は重く鈍い音が響いた。犬養のこめかみに小さな穴が開き、一本の赤い線がたらりと流れ落ちた。それが頬へと伝わると、小さな身体がゆっくり机の上に崩れ落ちていった。

「引き揚げろ！」

九人の男たちは一斉に軍靴を響かせて走り去った。

硝煙の臭いが漂う中を、恐怖に打ち震えていた者たちが応接間へと駆け付けた。医師の大野は、多勢に狙われたのであれば即死だろうと覚悟した。

ところが応接間に入ると、血の海の中に犬養が座っている。テルが必死にその身体を支え、呼びかけている。

「旦那様、傷は浅いです、しっかり遊ばせ！」

右耳あたりから流れる血で半身を真っ赤に染めながらも、犬養は目の前の座卓に左手で頬杖をついていた。

――ああ良かった、大怪我はされているが急所は外れた。

大野が一安心すると、犬養が言葉を発した。

「テル、煙草に火をつけてくれ」

右手の指には確かに煙草が挟まれている。

「旦那様、吸えやしません」

動転して泣きながらも、テルは従順に言われたとおりにしようとする。マッチをこするも、なかなか火がつかない。火がついても、犬養はそれを口に持っていくことができない。

応急の治療をしようと犬養の正面に回り込んだ時、大野の視界に、犬養の鬼のような形相が飛び込んできた。

――ああっ、これはっ。

大野は瞬時に悟った。

――総理は平然と座っているのではない、死に物狂いで平静を保っておられる。渾身の力を振り絞って、精神の力だけで、この姿勢を支えておられる。

大野は自らを落ち着かせようと深呼吸し、綿花とオキシフルで血を拭い、傷口に脱脂綿を当てた。傷は、頭部に三か所。その内、右頬の二か所は一つの弾が貫通したように見えた。

「こめかみのあたりでカチンと音がしました。傷がありますかな」

犬養が冷静に問いかけた。大野が慌てて答える。

「は、はい、小さな傷が。しかし大きくはありません」

「急所に命中しておりますか」

「いいえ、急所ではありません。こうしてお話しにもなれておりますし、煙草も持っておられるではありませんか」

そう言った矢先、その指からポロリと煙草が落ちた。犬養の形相が少しだけ緩んだ。

「そうか。そんなら、テルよ、今の若いもんをもう一度、呼んでこい。よく話して事情を聞かせる」

大野は慌てて犬養を制止し、座布団を枕代わりに横にならせた。

この日、衆議院副議長の植原悦二郎は、官邸近くの芝の紅葉館で、政友会の宴会に出席していた。いち早く凶報に接するや、車を猛スピードで走らせ、議員の中では一番に総理公邸に乗り込んだ。

犬養は応接間に寝かされていた。その周りで女中たちが医師の到着を待ちかねて、泣きわめきながら半狂乱になっている。

植原は護衛の警察官と一緒に、犬養のか細い身体を抱きかかえるようにしてゆっくりと起こした。

「総理、大丈夫ですか！」

犬養は真っ青な顔で何か言いたげだが、言葉は出ない。追いかけるように医師が次々に到着。犬養は別室に移され、治療が始まった。

植原は、犬養の血のりで真っ赤に染まったシャツの袖をたくし上げ、蝶ネクタイをほどいて電話に齧り付いた。高橋大蔵大臣はじめ関係各所に片っ端から連絡を入れた。古島だけがつかまらない。

一時間ほどして、出先で事件を知った健が戻ってきた。

すでに「総理の容態は絶望的」と知らされている。官邸の玄関は、今となっては大いなる無駄にしか思えない厳重な警戒態勢が敷かれ、新聞社の写真班、記者たち、見物人の山だ。つい先ほどの平和な空気はどこへいったのか。

健は早足で廊下を急ぎながら、二、三時間前に見たばかりの父の上機嫌の顔を思い出した。この凶変が演説会場でもなく、党本部でもなく、議場でもなく、街頭でもなく、長閑な日曜の夕暮れの居宅で起きたことが、にわかに信じがたかった。

「お父さん、どうしました、健ですよ」

医師に囲まれて横たわる父の横に膝を折ると、平静を装って声をかけた。すると犬養は、少し先の畳に視線をやり、弱々しくも、いつもの口調で返してきた。

「あの辺から撃ったのだ……。下手でもあたる」

深く通じ合った者どうしに通じる、虫の知らせというのは本当にあるのだろう。古島はその日、朝から調子が出なかった。碁盤に向き合うも、なぜか集中できない。中庭に下りて古い桑の実を眺めたりして、また座るも気分が出ない。いつもそのまま食事をして夜遅くまで打つのだが、日が暮れて間もなく帰路についた。電車に乗ろうとして、号外を手にした。

――そんな馬鹿なことがあるもんか。

そこからどうやって公邸に向かったか、記憶は真っ白に飛んでいる。とにかくも公邸に到着すると、すでに門は固く閉ざされていた。警備の巡査が、厚い人垣の上に伸び上がった古島の姿に気づき、中に引き入れてくれた。

祈るような気持ちで廊下を走り、部屋へ駆け込んだ。健、千代子、植原、フミ――。犬養の床を囲む旧知の者たちの顔つきに、事態の深刻さを覚った。

包帯で頭部を巻かれた犬養の上に覆いかぶさるようにして叫んだ。

「古島です！」

犬養は返事の代わりにゆっくりまばたきをした。

「痛みは」

目を閉じて、ううんと微かに首を横に振る。しかし眉間の皺は深い。

案の定、犬養は「ハンケチをくれ」と古島に言った。白林荘で腰を痛めた時と同じように、両手でハンカチをぎゅうっと握った。

古島は思わず医師の一人を別室に連れ出し、小声で懇願するように頼んだ。

「頼むから痛みだけは、痛みだけは取り除いてくれないか」

叶えられぬ依頼に、医師は黙って頷いた。

古島はその足で辺りを見分し、何が起きたかを想像した。

官邸と公邸の境にある杉戸は蹴り破られている。その前で別の誰かが撃たれたのだろう、血痕が飛び散っている。廊下の壁に、襖の真中に、弾痕が見える。応接間の座布団は犬養の血を吸って赤黒く染まっている。凄惨の気みなぎる公邸で、床の間を背負った犬養が被弾したのは、頭の二発。

——あちこち弾を撃ちまくり、死を恐れていたのは殺人者の方だ。軍人どもが寄ってたかって老人を狙い撃ちにしながら、止めを刺すこともできず逃げ去った。木堂の背に傷はない。木堂は逃げなかった……。

古島は、はたと我に返った。自分が果たすべき仕事を思い出した。犬養に、意を遂げさせねばならない。急いで枕頭(ちんとう)に戻ると犬養の耳元に問いかけた。

「先生、なにかご用はないですか」

犬養が、古島の意を汲んでか微かに笑ったように見えた。

「芳澤(よしざわ)を呼べ」

外務大臣の芳澤である。上海か、それとも満州か。今なお犬養の頭の中は中国問題で占められている。

植原は、ひっきりなしにかかる電話への対応に追われていた。

その最中に腑に落ちぬことがあった。書記官長官邸から四、五分おきに電話が入る。森恪が、総理の容態を尋ねてくるのだ。書記官邸は、総理官邸から廊下伝いにほんの十数メートル先にある。それなのに、総理の側近中の側近たる書記官長が、重体の総理に近寄ろうとしない。

植原が古島に事情を耳打ちすると、古島は言い捨てた。

「放っておけ」

その間にも犬養の容態は刻一刻と悪化していく。被弾した二発のうち、左顎から入り、貫通せずに頭部に留まった弾が内部の出血を促し、脳髄を圧迫し始めた。鼻から口から激しく血が流れ出す。犬養は時おり、苦し気に手足を小さく動かした。

だが絶対に「痛い」とも「苦しい」とも言わない。血が出れば「胃の中にたまった血が出ただけだ」と言い、輸血がされれば「これは誰の血か」と問い質す。千代子夫人が水を勧めれば「医者に聞いてからにしろ」と指示をする。

午後八時半、夕刻に別れたばかりの萱野が飛び込んできた。我を忘れた子どものように滂沱(ぼうだ)の涙を流す萱野を見ると、犬養は目をつぶって言った。

「心配するなよ」

午後九時、犬養はいつもの就寝時間にするとおりにテルに命じた。

「灯を消してくれ」

午後十時、犬養から発せられる言葉は極端に減った。たびたび打たれるカンフル注射も、もはやその医学的根拠を失っている。

皆が〝その時〟が訪れるのをジッと待つだけになった。

午後十時半、森恪が書記官長室から出て、玄関前に立った。詰めかけた記者たちを前に、植原から伝え聞いた総理の容態をそのまま発表した。白い歯を見せて笑う姿に、「何と不謹慎な」と感じたと、中外新報の記者は後に語っている。

その後、森からの十何度目かの電話を受け、植原は「もう絶望です」と臨終が間近であることを強い口調で伝えた。閣僚全員が揃ったことを告げてもなお、森は犬養のそばに来なかった。

後の裁判ではうやむやにされてしまうのだが、襲撃犯は最高機密であるはずの官邸の見取り図を持っていた。誰かが見取り図を外に漏らした。襲撃時間を日曜の五時半としたのは、医師の往診予定を知る内部の者が情報を漏洩(ろうえい)したに違いない。

「森書記官長には、総理の顔を見ることのできぬ事情がある……」

植原が思わず漏らした憤怒の言葉は、この場で犬養を囲む者たち全員に共通するものとなっていた。

健は枕元に座り、昏睡状態に入りかけた父の顔をじっと見つめた。そしてハッとした。

もはや語らぬ父の顔が、数年前に亡くなった叔母の顔とそっくりになってきた。

もとより兄と妹、似ていて当然だ。しかし妹の素朴で穏やかな顔つきとは対照的に、兄のそれは並外れた気魄、闘争心、逆境での鍛錬を経たためか、妹とはまるで他人のような険しい容貌、人々が言うところの〝狼顔〟を形作っていた。

それが今、あらゆる戦いから解き放たれ、天から与えられた穏やかな顔つきへと戻ってきた。

健は妙な確信を得た。

父は今、あらゆる人間を赦した。自らに銃口を突きつけた軍人たちのことでさえ、きっと〝恕(ゆる)〟している――。

つと、薄暗闇の中で犬養の口が開いた。

「テル、もう帰ろうや……」

皆がハッとして顔を上げ、犬養の方を覗き込んだ。

古島には見えた。犬養が帰ろうとしている先は、四谷ではない。

――さあて、吾輩の仕事もこれで終わりじゃ。テルよ、白林荘に帰る準備をしてくれ。

信州富士見は今、春真っ盛りだ。厳しい冬を堪えた木々には、また新しい命が吹き始めている。遠くには八ヶ岳、澄みきった青空には白樺の幹がゆらゆらと優しく揺れている。今この瞬間、木堂の瞼にはそんな富士見の風景が映っているに違いない。

遠巻きに控えていた若い手伝いのアサが突然、ヒックヒックと泣き出した。するとテルや書生、運転手ら犬養のそばに仕えてきた者たちが、まるで河流の堰が崩れたように一斉に欷歔の声をあげた。

「おじいちゃま！　おじいちゃまあ！」

祖父の枕元で声を限りに泣き叫ぶ道子を、健は止めなかった。今の父はきっと、この道子の慟哭すらも享け入れているだろうと思った。

「テル、帰ろう……」

二度、繰り返されたこの言葉が最期となった。

午後十一時二十六分、闘犬木堂の瞳は永遠に閉じられた。

この半年間、多くの者が予感し、恐れていた通りにテロルは起きた。

しかし、武装した軍人たちでさえ奪えなかったものがある。犬養毅は泰然自若として最期の時を生き切った。息を引き取るその間際まで、自分の時間を、やり方を、誰にも譲らなかった。


犬養が命を賭けて守ろうとした政党政治は、その死を境に、あっという間に自滅の道を転がり落ちていく。

翌十六日の夕暮れ、通夜が始まる少し前のことだ。

古島は、書記官邸の森を呼びに使いをやった。一睡もせず、犬養の枕頭に付き添ったその両の目は真っ赤、鬼の形相だ。そばには腹心の植原を従えている。

森は電話にかじりつき、次の組閣に向けて工作を進めている最中だった。だが古島からの使いを無視することはできなかったのだろう、間もなくひとりで姿を現した。

意外にも、その顔は酷く窶れ、憔悴し切っている。

机も置かれていない薄暗く殺風景な公邸の和室で、古島と森は向き合って座った。

「貴様、このままでいいと思うのか」

おもむろに切り出した古島のくぐもったような低い声に、森は身を硬くした。

「このままとは……」

森は、古島の真意をはかりかねた。

古島は森から視線を外すことなく続ける。

「一国の総理大臣が、こともあろうか総理大臣公邸で軍人に撃ち殺されたのだ。書記官長たる貴様は、このままでいいと思うのか」

「このままとは……」

用心深く同じ言葉を繰り返す森に、古島が語気を強めた。

「ここで弔い合戦をしなければ、政友会だけではない、政党そのものが滅んでしまう」

森は思わず声を吞んだ。古島は、自分を責めているのではない。あくまで〝政党人〟として対峙しようとしている。

「護憲三派内閣から始まって、政党内閣はまだ六代、歩み始めたばかりだ。ここで軍を相手取って弔い合戦をしなければ、政党政治は終わる、軍に乗っ取られるぞと僕は言っているのだ」

「それはできればやりたいが……」

森の力ない返事は途中で消えた。

古島は真っ赤な目で森を見据えると、吠えるように言った。

「犬養総理は、僕らのシーザーだろう。総理の書記官長たる貴様が、アントニーにならねばならん！」

二人は真っ向から睨み合った。

古島は森に「お前は裏切り者のブルータスだ」とは言わなかった。「アントニーになれ」と突きつけた。総理大臣の書記官長として、一人の政党政治家として、このテロルに立ち向かえと叫んだ。窶れ果てた顔で現れた森に、最後の望みをかけた。まだギリギリ間に合う、鍵はお前の手中にある、木堂の屍を乗り越えて政党政治を救うのだと迫った。

微動だにせず睨みあったまま、数分の時が流れた。

暫くして、森は目を伏せ、両肩をがっくり落とした。両足はすでに黒く淀んだ泥沼に深く踏み込み、もはや抜き差しならなくなっている。

「……そんなことは、今はできん」

ようやく言葉をひねり出すと、ここにいることの苦痛に耐えられないと言わんばかりにあぐらをほどき、足早に出ていった。

森はこの年の暮れ、病によって四十九歳という若さで息を引き取る。

僧侶による読経を合図に、通夜が始まった。

犬養の遺体が安置されている部屋から廊下そして玄関まで弔問の列が延々と続く。

大臣の焼香が済むと、政友会の党員たちが続いた。

焼香の列は、まるで流れ作業のように淡々と進んでいく。古島がいくら目を凝らして見回してみても、この半年間、孤高な戦いを貫いた犬養を助けた顔は見当たらない。小声で儀礼的な挨拶が交わされ、時は平穏にうち過ぎていく。

――まるで大往生を遂げて安らかに亡くなった老人を悼んでいるようだ……。

古島の両手の先は、氷のように冷え切っている。

――こんな穏やかな通夜でいいのか、怒りに震える者は一人もいないのか。

古島は順番がくると黙って香を炷き、静かに眠る犬養の顔をジッと見つめた。それから政友会の一同が座して待機する部屋の方へと歩み寄り、両の拳を重たく握りしめた。犬養の遺骸を背負うようにして仁王立ちで叫んだ。

「我々は親分を殺された。政党が軍閥と一戦するのは今だろう！」

古島の怒声に、読経が途切れた。通夜の場は一瞬、水を打ったように静まり返り、皆の視線が古島へ向けられた。

「これから木堂の遺骸を政友会本部に担ぎ込もう。そして民意に基底を置いた、一大党葬を行おうじゃないか！」

すると皆、示し合わせたように一斉に俯いた。閣僚も、党員も、まるで叱られた幼子のように首を垂れた。関わりたくないと足早に出ていく者までいる。抗う者は殺される――。自らの不安と保身のために、政治家たちは何かを手離した。

三度目の憲政擁護運動に起ち上がろうとする者は、もはや一人もいなかった。

暫しの沈黙の後、再び読経が始まった。すると何事もなかったかのように、また焼香の列が静かに流れ始めた。

古島は崩れるように両膝をつき、打ち伏した。

――僕が森を書記官長になどしなければ……。木堂をねじ伏せてでも警備を強化していれば……。

咽を詰まらせ、ただ呻いた。

――僕は、アントニーにはなれなかった、シーザーが見殺しにされるのを、ただ傍観した……。

小刻みに震える膝の上の拳に、ボタボタと涙が流れては落ちる。

悔しいのか、情けないのか、悲しいのか、あらゆる感情がないまぜになり、嗚咽となり、震えとなってこみ上げる。それを呑み込むようにして堪える古島の肩に、植原が黙って手を置いた。

もはや怨嗟の声を上げることもできぬ虚しさに、古島は天井を仰いだ。そして目をつぶって一言、こう漏らした。

「せっかく形だけでもできたと思うた政党政治も、これで終わりだ……」

昭和七年五月十五日、第二十九代内閣総理大臣、犬養毅は軍の凶弾に斃れた。内務省は、当局による取り調べが終わるまで、一切の報道を禁じた。『福岡日日新聞(現・西日本新聞)』の菊竹六鼓だけが軍閥を批難する執念の記事を一年にわたって書き続けたが、他の新聞社はおしなべて沈黙の時に入った。死に体となっていたのは政党だけではなかった。古島が何より大切にしてきた記者魂も、とうに死んでいたのである。

前年、萱野長知と交渉をした国民政府の親日派は、犬養の死によって日華和平は絶望的になったと判断、以後全力を傾注して抗日行動へ突き進む。日本と中国を繋いだ最後の一本の絆は、完全に途切れた。

事件の十一日後、海軍元大将斎藤実を総理大臣とする挙国一致内閣が誕生。四ヶ月後の九月十五日、日本政府は満州国を承認した。

政界の荒野を駆け抜けた孤狼、犬養毅。その死から十三年間、この国が焦土と果てるまで、政党政治が復活することは二度となかった。

終　章　五月の空

　前夜から降り始めた翠雨（すいう）は、明け方からいっそう激しさを増している。まるで涙雨じゃないかと、集まってくる人々は口々にささやきあった。

　昭和二十七年五月二十九日の正午、東京・谷中（やなか）天王寺で古島一雄（こじまかずお）の葬儀が執り行われようとしていた。

　古島が息を引き取ったのは、三日前。横浜杉田で米寿の祝いの会が開かれてから、わずか五十二日後のことだ。長い一夜語りに精魂を傾けすぎたか、その後、体調を崩した。

　五月十五日、犬養毅（いぬかいつよし）の没後二十年の墓前祭に古島の姿が見えないことを不思議に思った関係者が問い合わせたが、「軽い風邪だ」と聞かされた。

病床には松本フミがつききりで侍した。吉田茂も頻繁に見舞ったが、古島は自分の病状は絶対に他言無用と譲らなかった。体調は一進一退を繰り返し、最後は心臓麻痺で力尽きた。八十六歳だった。

前夜、経堂の自宅で行われた通夜には弔問客が怒濤のように押し寄せた。香典や供花のたぐいは全て断わられたが、ただ一つだけ、

〈犬養木堂夫人　千代子〉

と記された見事な弔花が霊前中央に捧げられた。

宮内庁を通して勲章授与の話も持ちあがった。だが、晩年の古島を支え続けた緒方竹虎の息子、四十郎が潔く拝辞した。

桜の舞い散る中を、紋付袴の正装で往時を語り尽くした春の一夜——。古島を慕う者たちは、「あれは生きながらの告別式だった」と語りあった。

〈政界のかげの巨星墜つ〉

〈一貫した清貧無双の生涯〉

〈日本のご意見番よ、さようなら〉

「時の人」の訃報は大きく報じられた。毎日新聞の『余禄』では丸山幹治が、朝日新聞の『天声人語』では荒垣秀雄が、読売新聞の『編集手帖』では高木健夫が揃って古

島の足跡に筆を尽くした。加えてＮＨＫラジオが葬儀の日程を報じたこともあって、境内には一度に入りきらぬほどの参列者が詰めかけた。

老政客の葬儀委員長は、総理大臣吉田茂である。そぼ降る雨の中、吉田が祭壇の中央に立ち、弔辞を開いた。

「古島翁の急死の知らせを受けて、ただ哀悼に堪えない。つい先日、翁を見舞ったばかりで、今となっては誠に感慨無量である。翁はただ一念、国事を思うのほか何ものをも求めず、その一生は清貧と剛直の記録である。憲政の確立が急務なる時、常に若々しい政治感覚をもって政治の向かうところを説いて誤りなく、私は常に敬意を表してこれを聞いてきた」

そこで吉田は言葉を止めた。ハンカチで目を覆い、肩を小さく震わせた。甍から絶え間なく流れ落ちる雨音が、弔辞の途絶に生まれた静寂の隙間を埋めていく。

吉田の胸には、小雪の舞う九年前の大磯の風景がよぎっている。政界で戦況の悪化が囁かれ始めた、昭和十八年暮れのことだ。

十二月三十日も深夜になって、名乗らず家のドアを叩く者がいると、若い手伝いが不安気な顔で呼びにきた。吉田は極秘に終戦工作に関わっており、軍部の急襲を警戒しながらガラス戸越しに玄関の外を窺った。

立っていたのは古島だった。年の瀬の寒風が吹きすさぶ中を、痩せこけた身体に外套も羽織っていない。だが古島の何とも言えぬ複雑な表情は、なにも寒さによるものではなかった。

「これは、貴様のものか……」

そう言って、握りしめて皺くちゃになった白い包みを差し出した。その前日、吉田が二千円を包んだ封筒である。

戦中、古島は蘆溝橋事件に警告を発し、貴族院では大政翼賛会の結成に異を唱え、東条英機から疎まれた。一度は逮捕されて監獄にも入れられ、出所後はあらゆる収入を断たれた。周囲の者たちは徐々に遠去かり、とうとう年を越す用意もできぬまでに追い込まれた。

「奸者は世栄に誇り、大賢は窮途に悩むのは濁世の常とは言うが、あまりに酷すぎる」

古島の窮状に腰をあげたのが、牧野伸顕の側近、下園佐吉だ。

下園は、古島の名誉のためその名を伏せて、牧野の女婿吉田茂に越冬資金の用意を頼んだ。よくある無心と思った吉田は最初、けんもほろろに断った。だが夜になって、ふと下園の微妙な言い回しを思い出し、それが古島のことだと気がついた。翌日、慌てて金を包んだが、古島の気性を察して「金が俺から出たとは絶対に言ってくれるな」と念を押した。

古島は最初、封筒を受け取るのを拒んだ。下園が「出所は怪しいものではないから心配いりません」と押し付けるようにして渡すと、金主の名を強引に聞き出した。そして、封を切る前に大磯までやってきたのだった。

「俺は手元を離れた金のことは一切、知らん」

努めてぶっきらぼうに言い放つ吉田を前に、古島は黙って頭を下げた、そんな時代があった。

あの暗い戦争の只中にも清貧を貫き通した古島が、金貸し以外から金を得たのは、恐らくあの時の一度きりだろうと、今や黒枠に収まる古島の仏頂面を見つめながら吉田はつくづく感じ入った。

そんなことに思いを巡らせていたせいでもなかろうが、吉田は弔辞の最後、「昭和二十七年」と言うべきところを「明治二十七年」と読み間違えた。古島を知る者たちは、古島の葬儀にふさわしいじゃないかと得心するように頷いた。

古島一雄が呱々の声をあげたのは、この国がまだ極東の片隅に浮かぶ小さな島国に過ぎなかった江戸の終わり。それから明治、大正、そして昭和という四つの時代を、記者として政治家として駆け抜けた。

その光芒は常に闘将犬養木堂とともにあった。苦節の時は長く、輝いた時間は短かった。自らの半身ともいえる畏友を失ってからは、長い一人旅が続いた。

富士見の三斜荘は、岩波茂雄（いわなみしげお）に早々と売った。それでも、犬養が最後までテルを伴って帰ろうとした白林荘だけは荒地にしてはならぬと富士見に通い続けた。高原の四季は毎年変わらず、律儀な営みを繰り返したが、世話になった村人たちは満州国へと送られて姿を消した。犬養を死へと追いやった赤い大地に、人々は無念のうちに骨を埋め、二度と戻ってこなかった。

やがて三百万もの国民の命が失われ、その何倍ものアジアの人々の命が奪われた。二度も原子爆弾を落とされ、国土は焦土と化した。

戦後は「もはや浮世のお礼奉公」と言いながら、老骨に鞭打って政党政治を軌道に乗せようと奔走した。「吉田総理の指南役」と呼ばれ、その行く先々に四、五台の新聞社の黒塗りが付いて回った時でさえ、懐には一円もなかった。知人急逝の報に、居合わせた記者に香典を借りたことは一度や二度ではない。犬養や孫文の書を少しずつ手放す姿は、誰の目にも淋しく映った。

一切の地位を望まぬ人生だったが、昭和二十二年、交詢社の理事長に選ばれた時だけは喜んで受けた。慶應閥が占める交詢社で、小学校卒業の野人が理事長となったのは、後にも先にも例がない。犬養と古島、二人の戦いの日々を知る最後の世代から捧げられた無形の感謝状だった。

最晩年、大宅壮一（おおやそういち）らとの対談で古島が遺した言葉がある。またぞろ相次ぐ疑獄事件や違法な政治献金問題について政治家のあるべき姿を問われた時だ。
「木堂は常々、憲政を運用するのに政党以外に方法がない以上、その政党を改善するのが急務だと言っていた。金の問題を起こす政治家は、着服した金で自分の手下をこしらえようというんだ。そうなると、政党というものは『政党』ではなく『徒党』になっちまう。闘争本位で利権ばかり漁っていると、政党自ら傷ついて信用を失う。そこを慎むのが政党の党首の仕事だよ」

古島が息を引きとる一週間前、古島を政界の兄貴分と慕った植原悦二郎が枕頭を見舞っている。

国民党時代の戦いの日々、普選を巡って奮闘した議会、森恪と対峙した夜、互いに辛酸を舐めた戦中のこと、二人はこれでもかと語り尽くした。それでも古島が一番気にかけていたのは、吉田茂の引き際だった。

吉田の長期政権は続き、そのワンマンぶりに苦言を呈されるようになっていた。前の年、鳩山一郎の公職追放が解除され、一度は吉田に手渡した自由党総裁の座を巡って、事態は風雲急を告げていた。官僚出身の吉田茂と、政党人の鳩山一郎。両者を繋ぐ架け橋が、古島だった。その死後、抗争は一気に激しさを増す。自由民主党が誕生し、五十五年体制が幕を開けるのは三年後のこと。吉田は粘りに粘って五度も総理大臣を続け、側近たちに諫められるようにして道を退く。

古島は、そんな結末を予感していたのだろう。植原が病床を見舞った日、一日も早く吉田を無疵で政界から退かせたいと苦慮していた。

政治家の引き際の大切さ、その難しさを誰よりも知る古島は、床から離れられぬわが身のもどかしさを嘆いた。

植原が暇を告げて去ろうとすると布団から頭をもたげ、なおもこう漏らした。

「おい、僕は、まだ死ねぬよ」

木々を濡らしていた強雨もいつしか上がり、谷中天王寺には白い日差しが照り付けている。

葬儀が終わった境内には、最後の別れを惜しむかのようにふんわりと焼香の残り香が漂う。帰路を急ぐ人々の波の中に、植原悦二郎と松本フミが寄り添うように並んでいる。

「古島先生、とうとう、逝ってしまわれたわね」

フミがまん丸い目をしばたたかせた。

「女将さん、最後に古島さんに会わせて下さって、本当に感謝しています。どうもありがとう」

イギリス紳士がするように、植原は数珠を握ったままの左手を腹に当て、丁寧に頭を下げた。

「いいえ、古島先生がどうしてもお会いになりたいっておっしゃったのよ。貴方、米寿の祝いにお越しになれなかったから」

「古島さん、最後まで吉田のことを心配しておられたな」

フミがつとうつむいて涙ぐんだ。だが、植原はどこか爽やかだった。

「木堂先生と同じだ、古島さんも最後の最後まで仕事をなさった」

植原はハンカチで目頭を押さえるフミの横顔をまじまじと見つめた。この人が泣くのを初めて見た気がした。

政界の野人、古島一雄を陰で支えた松本フミ。犬養総理の通夜でも涙ひとつ流さず、荒木陸軍大臣と森恪の前に立ちはだかり、「この仇は、きっと討つ」と満座を圧倒した女傑。フミもまた、自分たちと共に同じ時代を駆け抜けた同志である。

「降る雨や、明治も大正も遠くになりにけりってね」

言いながら白いハンカチを着物の懐に差し込むと、フミは小さく笑って上を向いた。

「古島先生がいなくなって、これで明治から細々と繋がってきた時代が終わったような気がするわ」

植原も黙って頷く。

「皆、いつかはあっちに行くんだものね。先生が一足先に行かれたけど、私も遠からず追い付く。きっと木堂先生と二人で待って下さってるわ」

フミは植原の顔を見上げ、いたずらっ子のように笑った。

「ミスターウエハラ、貴方はまだ急ぐことないわ。これからは貴方たちの時代、しっかりおやりなさい」

語り口が、いつもの気っ風のいい調子に戻った。

「じゃ、お元気でね」

フミはくるりと背を向け、日暮里駅の方へと歩き出した。凜とした後ろ姿を見送った。フミは一度も振り返らなかった。

日一日と濃くなる桜の緑は、水晶の玉のような雨粒を重そうに湛えている。風が立つと、一粒一粒、微かな輝きを放っては零れ落ちる。寺のすぐそばには真っ赤な五重塔が堂々と聳え、その足下を子どもたちが歓声を上げながら駆けていく。

植原は目を閉じた。フミが言ったように、今ごろ遠い彼の地で、二人の〝明治の政治家〟は再会を果たしただろうか。古島は木堂に、この国に再び、政党政治が歩を踏み出したことを伝えただろうか。

――いやまだまだ、仏像作って魂入れずじゃ。

懐かしい毒舌が、一陣の風に乗って聞こえてきた、そんな気がした。

大きく息を吸い込んで、目を開けた。雨に洗われた縹色(はなだ)の五月の空は、どこまでも高く遠く澄み切っていた。

あとがき

本書は、二〇一七年に逝去した私の夫、林新（はやしあらた）が構想し、着手したものです。

林は三十七年間、NHKの番組制作者として近現代史の諸問題に取り組みました。憲法そして政党政治のあり方に向きあううち、この国を支える土台、そしてこの国が抱える病根は明治にあるのではないかと思うに至りました。

明治といえば、維新前後の動きが活発に取り上げられます。ですが、維新の英雄たちが表舞台から去った後の国家運営がどのようなものだったか、初の選挙や議会はどんなふうに動き出したのか、立憲政治の実践にはどのような模索があったかは、研究者の題材にはなれど、頻繁に取り上げられることはありません。西南戦争以後、次に強い光の当たる日中戦争までの約六十年間は時代状況が複雑で、かつ目まぐるしく移ろい、先人たちの思想のブレもすさまじく、殊にテレビのような媒体では敬遠しがちです。

その時代を駆け抜けた一人が、犬養毅という政治家です。立憲政治の実現を目指した犬養毅、その土台を作った井上毅という二人を軸に、林は十年がかりで資料を集め、執筆に向けて準備をしました。複雑でとっつきにくいこの時代をより分かりやすく描くために、厳格なノンフィクションではなく、敢えて小説的な形式を採りました。NHKを退職後、刻苦精励して本書のほぼ半分を書き上げたところで闘病生活に入ることを余儀なくされました。

生前の約束で執筆を引き継ぐことになり、資料を繰り始めてから途方にくれました。犬養という人物は思考と行動様式が極めて複雑で、重要な時期の資料を欠き、想像以上の難物でした。そこで助っ人を探すうちに出会ったのが、古島一雄です。古島という智囊(ちのう)を得たことで、万年野党の党首であった犬養が総理大臣の座に辿り着いたと言っても過言ではありません。私と同じ記者出身で、かつ、物事の芯を的確に摑み、犬養の心根をよく知り、生涯裏方に徹した古島という人物に深く共感しました。

第三者による古島の評伝がないことにもそそられ、資料を探りました。正岡子規の遺品に、本文でもふれた古島の写真双眼鏡を確認し、百十六年ぶりに発見された「目黒の美人」の手紙に出会えたことも励みになりました。こうして古島を本書のもう一人の主人公として伴走させることで、私自身の物語が動き出しました。

これまで、総理大臣となった犬養が暗殺されるまでの約半年間の分析は極めて少なく、関連書物には「犬養は軍の言いなりだった」という評価も目立ちます。

しかし今回、あらゆる資料を読み解くことで、壮絶な足跡を再発見しました。特に、暗殺される二週間前に全国に向けて放送されたラジオ演説には、身が震えるような衝撃を受けました。当時の音源を入手し、一語一句を書き起こしてみると、その内容はこれまで文書で伝えられてきた演説原稿とはやや異なるものでした。軍部への苛烈な批判は本文でふれた通りですが、犬養の切れるような口調は、政治家としての命がけの覚悟を感じさせるものでした。貴重な紙の資料にも時代的な制約があるという事実を再認識させられるとともに、何のために今、この物語を綴るのかという本質的な問いに確信を得ることができました。

本書の執筆は、犬養と古島の二人を通して、近代日本における立憲政治の中で本当の保守とは何か、真のリベラルとは何かという問いを突き詰める旅ともなりました。分かりやすい一本道はなく、時代の強風に煽られて振り子のように激しく揺れ、時に大きく道を逸れ、それでもまた原点に立ち戻って歩み直すという蹉跌の道のりでした。

昨今、政党政治は混迷の度をいよいよ深め、犬養が何よりも大切にした政治家の倫理も崩壊の危機に瀕しています。私欲を排し、国家の行く末を真剣に考え、命を削る覚悟で政界を生きている政治家は、果たして幾人いるでしょうか。長い戦争へと至る時代に先人たちが模索した軌跡には学ぶべきことが多くあります。私たちが現代の諸課題に向き合う際の道標になりえることを信じて止みません。

犬養研究の第一人者は、極東アジアの近現代政治史を専門とする時任英人（ときとうひでと）教授です。時任先生は一九八〇年から犬養研究に着手、数々の資料を発見され、犬養のかつての選挙区にある倉敷芸術科学大学に根を下ろされています。

林は幾度も先生に相談をし、彼が持ち歩いた先生の著書はハリネズミのように付箋で膨らんでいました。そこに私の付箋がさらに加わり、林のバイブルは私のバイブルとなりました。林なき後も壁にぶつかる度に、犬養毅に研究人生をかけてこられた先生ならではの深いご指導を賜りました。その貴重な時間は、私自身がこの物語を克服するための大きな心の支えとなりました。

時任英人先生に、心より深謝いたします。

本書の序章にある犬養の二編の漢詩の読み下しは、東京女子大学の安藤信廣名誉教授、山辺春彦特任研究員のご協力によるものです。犬養木堂記念館の石川由希さん、白林荘管理人の桑原秀満さん、西郷南洲顕彰館専門委員の秋吉龍敏さん、東野真さん、そして尊敬する政治記者、毎日新聞社編集委員兼論説委員の伊藤智永さんには特に貴重なご助言を頂きました。ここに改めて御礼を申しあげます。

本書の実現に扉を開けてくれたのは、編集者の岸山征寛（きしやまゆきひろ）さんです。近現代史に意欲的に取り組む岸山さんが、完成する見通しもつかぬ企画をかってくれたその日から、私の時が再び刻み始めました。

西南戦争の古戦場である熊本の山野を、犬養の「戦地直報」を片手に夫婦で辿って歩いた日々から三年余。本書に向きあう時間は、深い哀しみとともにありました。失意の時を支えてくれた両親、義父母、大河一司さん夫妻、中井淳夫さんはじめ慶應義塾大学体育会剣道部昭和五十五年同期の皆さん、石川義博先生、そして鈴木さん夫妻と三匹の犬たちに改めてありがとうの言葉を捧げます。

夫がこの物語を書くと決めた時、執筆の参考になればと、わが家にバラの苗を植えました。その木もすっかり根づいて枝を伸ばし、今年もまた小さな芽を膨らませています。

犬養と古島が愛した信州富士見の白林荘にも、孫文から贈られた白松が青空に映える季節が、もう間もなくやってきます。

二〇一九年二月六日　結婚記念日の朝に。

堀川　惠子

参考文献一覧

〈主要参考文献〉

時任英人『犬養毅　リベラリズムとナショナリズムの相剋』論創社、一九九一年
鷲尾義直『古島一雄』日本経済研究会、一九四九年
『古島一雄関係文書』国会図書館憲政資料室所蔵
古島一雄『一老政治家の回想』中公文庫、一九七五年
鷲尾義直編『犬養木堂伝』原書房、一九六八年
鵜崎熊吉『犬養毅伝』誠文堂、一九三二年
犬養毅『木堂談叢』博文堂合資会社
犬養毅『木堂政論集』岸田友治編　隆文館、一九一三年
木堂雑誌発行所『木堂雑誌』一九二四〜一九四〇年
小山博也「政党政治家の思考様式」（篠原一、三谷太一郎編『近代日本の政治指導』東京大学出版会、一九六五年）
岡山県郷土文化財団『新編犬養木堂書簡集』一九九二年

〈参考文献、論文〉

安在邦夫『立憲改進党の活動と思想』校倉書房、一九九二年
五百旗頭薫『条約改正史』有斐閣、二〇一〇年
五百旗頭薫「犬養毅—野党指導者の奇遇」(筒井清忠編『昭和史講義3』ちくま新書、二〇一七年)
伊藤金次郎、伊豆富人、荒畑寒村『三代言論人集』第七巻　時事通信社、一九六二年
伊藤隆『昭和初期政治史研究』東京大学出版会、一九六九年
伊藤隆『大正期「革新」派の成立』塙書房、一九七八年
伊藤隆、広瀬順晧編『牧野伸顕日記』中央公論社、一九九〇年
伊藤之雄『立憲国家の確立と伊藤博文』吉川弘文館、一九九九年
伊藤之雄『昭和天皇と立憲君主制の崩壊』名古屋大学出版会、二〇〇五年
稲田正次『明治憲法成立史』下巻　有斐閣、一九六二年
稲田正次『明治国家形成過程の研究』御茶の水書房、一九六六年
犬養健「追憶」(『中央公論』一九三二年七・八月号、中央公論社)
犬養健『国会選挙事始』私家版、一九三四年
犬養健「山本条太郎と犬養毅・森恪」(『新文明』一九六〇年七月号、新文明社)
犬養道子『花々と星々と』中公文庫、一九七四年
井上馨侯伝記編纂会編『世外井上公伝』全五巻　内外書籍、一九三三~三四年
今井清一『日本の歴史23　大正デモクラシー』中公文庫、一九八二年
岩崎榮「犬養密使　萱野長知の日誌」(『中央公論』第690号、中央公論社、一九四六年)

植原悦二郎『八十路の憶出』植原悦二郎回顧録刊行会、一九六三年
植原悦二郎『植原悦二郎集』高坂邦彦、長尾龍一編　信山社、二〇〇五年
内田満「日本の選挙の115年を考える」(『比較法文化』第14号、駿河台大学比較法研究所、二〇〇五年)
内海青潮『高人犬養木堂』文正堂出版部、一九二四年
大石眞『日本憲法史』有斐閣、一九九五年
大隈重信『大隈伯昔日譚』木村毅監修　早稲田大学出版部、一九六九年
大隈侯八十五年史編纂会編『大隈侯八十五年史』第3巻　原書房、一九七〇年
尾崎三良『尾崎三良日記』伊藤隆、尾崎春盛編　中央公論社、一九九一～九二年
大西理平『朝吹英二君伝』大空社、二〇〇〇年
大野伴睦『大野伴睦回想録』弘文堂、一九六二年
大宅壮一『仮面と素顔』東西文明社、一九五二年
岡義武『近代日本の政治家』岩波現代文庫、二〇〇一年
岡義武、林茂『大正デモクラシー期の政治―松本剛吉政治日誌』岩波オンデマンドブックス、二〇一二年
緒方四十郎『遥かなる昭和　父・緒方竹虎と私』朝日新聞社、二〇〇五年
小川平吉文書研究会編『小川平吉関係文書』1　みすず書房、一九七三年
小川原正道『福沢諭吉「官」との闘い』文藝春秋、二〇一一年
大佛次郎・古島一雄「燈下清談」(『旬刊読売』昭和二十六年十一月、読売新聞社)
小野寺龍太『栗本鋤雲』ミネルヴァ書房、二〇一〇年

大日方純夫『維新政府の密偵たち』吉川弘文館、二〇一三年

大日方純夫『自由民権運動と立憲改進党』早稲田大学出版部、一九九一年

萱野長知『中華民国革命秘笈』皇国青年教育協会、一九四一年

北岡伸一『官僚制としての日本陸軍』筑摩書房、二〇一二年

北岡伸一監修『自由主義の政治家と政治思想』松田宏一郎、五百旗頭薫編　中央公論新社、二〇一四年

木野主計「井上毅文書」(『日本古文書学講座』第11巻近代編Ⅲ　雄山閣、一九七九年)

木野主計「初期議会と井上毅」(『藝林』第53巻第2号平成十六年十月、藝林会)

宮内省臨時帝室編修局編『明治天皇紀』吉川弘文館、二〇〇〇～〇一年

宮内庁編『昭和天皇実録』東京書籍、二〇一五～二〇一九年

馨光会編『都筑馨六伝』馨光会、一九二六年

玄洋社社史編纂会『玄洋社社史　新活字復刻版』書肆心水、二〇一六年

梧陰文庫研究会編『井上毅とその周辺』木鐸社、二〇〇〇年

黄自進「犬養毅の中国における日本の権益論」(『近代日本政治の諸相』中村勝範博士還暦記念論文集編集委員会編集、慶應通信、一九八九年)

公明選挙連盟編『衆議院議員選挙の実績　第一回―第三〇回』公明選挙連盟、一九六七年

國學院大學日本文化研究所編『井上毅と梧陰文庫』汲古書院、二〇〇六年

小島直記『洋上の点』中公文庫、一九八二年

古城貞吉『井上毅先生伝』梧陰文庫研究会編　木鐸社、一九九六年

近衛篤麿日記刊行会編『近衛篤麿日記』第一巻　鹿島研究所出版会、一九六八年

小林和幸『谷干城』中公新書、二〇一一年
小林瑞乃「日清戦争期の対外硬派」(『青山学院女子短期大学総合文化研究所年報』第18号　青山学院女子短期大学総合文化研究所、二〇一一年)
小林雄吾編『立憲政友会史』第2巻　立憲政友会史編纂部、一九二四年
小山俊樹『評伝　森恪』ウェッジ、二〇一七年
近藤達児『孫文移霊祭の記』近藤達児、一九二九年
西郷南洲顕彰会専門委員会編『敬天愛人』第4号(一九八六年)、第15号(一九九七年)
坂井雄吉「近衛篤麿と明治三十年代の対外硬派」(『國家學会雑誌』第83巻第3・4号　哲學書院、一九七〇年)
坂井雄吉『井上毅と明治国家』東京大学出版会、一九八三年
酒田正敏『近代日本における対外硬運動の研究』東京大学出版会、一九七八年
坂本一登・五百旗頭薫編著『日本政治史の新地平』吉田書店、二〇一三年
崎村義郎『萱野長知研究』久保田文次編　高知市民図書館、一九九六年
寒川鼠骨「深悼　古島一雄君」(『日本及日本人』一九五二年七月号、政教社)
山陽新聞社編『話せばわかる　犬養毅とその時代』下　山陽新聞社出版局、一九八二年
清水銀蔵「木堂先生随遊記」(『木堂雑誌』第6巻9月号　木堂雑誌発行所、一九二九年)
清水唯一朗「日本の選挙制度　その創始と経路」(『選挙研究』29-2　日本選挙学会編　木鐸社、二〇一三年)
衆議院、参議院編『議会制度百年史　資料編』大蔵省印刷局、一九九〇年
続日本史籍協会叢書『匏庵遺稿』1　東京大学出版会、一九七五年

榛葉英治『大隈重信』下　新潮社、一九八五年
中野刀水、猪狩史山『杉浦重剛座談録』岩波文庫、一九四一年
西南戦争遺跡広域連携協議会「西南戦争遺跡国史跡指定記念式典・シンポジウム」資料、二〇一三年
関直彦『七十七年の回顧』三省堂、一九三三年
田川大吉「大隈伯と犬養氏」（『國家及國家學』第2巻第6号　国家社、一九一四年）
太政官統計院編『統計院誌』総理府統計局、一九六一年
立花隆『天皇と東大』上下　文藝春秋、二〇〇五年
月脚達彦『福沢諭吉の朝鮮』講談社、二〇一五年
辻義教『評伝　井上毅』弘生書林、一九八八年
筒井清忠『昭和戦前期の政党政治』ちくま新書、二〇一二年
戸川猪佐武『党人の群れ』第一部　角川文庫、一九八一年
時任英人『明治期の犬養毅』芙蓉書房出版、一九九六年
時任英人「犬養毅における『平和』外交と軍縮について」（『倉敷芸術科学大学紀要』第19号、二〇一四年）
時任英人「晩年の犬養毅に関する一考察」Ⅰ、Ⅱ（『倉敷芸術科学大学紀要』第21号、二〇一六年）
徳富蘇峰『蘇峰文選』草野茂松、並木仙太郎編　民友社、一九一五年
永井秀夫『明治国家形成期の外政と内政』北海道大学図書刊行会、一九九〇年
中澤俊輔『治安維持法』中公新書、二〇一二年

中橋徳五郎『中橋徳五郎』上下巻　中橋徳五郎翁伝記編纂会、一九四四年
奈良岡聰智『対華二十一ヵ条要求とは何だったのか』名古屋大学出版会、二〇一五年
秦郁彦『戦前期日本官僚制の制度・組織・人事』戦前期官僚制研究会編　東京大学出版会、一九八一年
鳩山一郎「森恪追悼」（『中央公論』昭和八年二月号、中央公論社）
馬場恒吾『現代人物評論』中央公論社、一九三〇年
原田熊雄述『西園寺公と政局』第2巻　岩波書店、一九五〇年
原秀男、澤地久枝、匂坂哲郎『検察秘録　五・一五事件』全4巻　角川書店、一九八九～九一年
坂野潤治『明治国家の終焉』ちくま学芸文庫、二〇一〇年
日達良文『白林荘　信州富士見』ファイナル出版、二〇一二年
平井廣一「『満州事件費』はどのように使われたか」（1）（『北星学園大学経済学部北星論集』第52巻第2号　北星学園大学、二〇一三年）
平沼騏一郎『平沼騏一郎回顧録』平沼騏一郎回顧録編纂委員会、一九五五年
福沢諭吉『新訂　福翁自伝』岩波文庫、一九三七年
福沢諭吉事典編集委員会編『福沢諭吉事典』慶應義塾、二〇一〇年
藤野裕子『都市と暴動の民衆史』有志舍、二〇一五年
藤村久雄『革命家　孫文』中公新書、一九九四年
古川隆久「犬養政友会総裁期の前田米蔵」（『研究紀要』86号　日本大学文理学部人文科学研究所、二〇一三年）

前田英昭「議会の記録と井上毅」(『明治国家形成と井上毅』梧陰文庫研究会編　木鐸社、一九九二年)
前田蓮山『政変物語』國民タイムス社、一九二〇年
松岡八郎「立憲改進党の結成について」(『東洋法學』第5巻第2号　東洋大学法学会、一九六二年)
松本健一『評伝　北一輝』Ⅲ　中公文庫、二〇一四年
三浦梧楼『観樹将軍回顧録』中公文庫、一九八八年
御厨貴『明治国家をつくる』藤原書店、二〇〇七年
宮崎滔天『三十三年の夢』岩波文庫、一九九三年
明治大正昭和新聞研究会編『新聞集成　大正編年史』明治大正昭和新聞研究会、一九六九年
山浦貫一『政局を繞る人々』四海書房、一九二六年
山浦貫一『森恪　東亜新体制の先駆』高山書院、一九四〇年
山縣勝見『白林荘由来』興亜火災海上保険株式会社、一九六五年
山田央子『明治政党論史』創文社、一九九九年
山室信一『法制官僚の時代』木鐸社、一九八四年
山室信一『アジアの思想史脈』人文書院、二〇一七年
山本四郎『大正政変の基礎的研究』御茶の水書房、一九七〇年
芳澤謙吉『外交六十年』自由アジア社、一九五八年
吉満紅陽「犬養さんと鹿児島」(『三州』昭和七年六月号　鹿児島県立図書館所蔵)
立命館大学西園寺公望伝編纂委員会編『西園寺公望伝』第4巻　岩波書店、一九九六年

早稲田大学大学史資料センター『大隈重信関係文書』みすず書房、二〇〇四―一五年
渡辺幾治郎『文書より観たる大隈重信侯』故大隈侯国民敬慕会、一九三二年
渡辺幾治郎「犬養と大隈」(『中央公論』一九三二年十月号、中央公論社)
渡邊行男『緒方竹虎』弦書房、二〇〇六年
「明治十年　郵便路線図　郵程掛」「熊本路線図」郵政博物館所蔵資料

〈新聞、雑誌など〉

『郵便報知新聞』『東京電報』『東京日日新聞』『東京朝日新聞』『日本』『報知新聞』『朝野新聞』
『萬朝報』『日本人』『日本及日本人』
『太陽』『旬刊読売』『文藝春秋』『三州』『鹿児島朝日新聞』『鹿児島日日新聞』等
『朝日新聞』夕刊　平成十三年九月二十一日
『秋田日報』明治十六年五月二十六日
『秋田魁新報』平成五年五月十二日
『山陽新報』昭和七年四月十九日

解説「清貧」で駆け抜けた立憲主義への道

――夫婦で綴った日本近代史

橋本五郎（読売新聞特別編集委員）

歴史を描き切るのは至難のことである。とりわけ評価が定まらない近現代史の叙述には多くの困難が伴う。イギリスの歴史学者、Ｅ・Ｈ・カーは名著『歴史とは何か』（岩波書店）で、「歴史とは解釈である」として、次のように語っている。

「事実とは、広大な、ときにアクセスも難しい大海原を自由に泳いでいる魚のようなものです。歴史家が何をつかまえるかは（中略）たいていは大海原のどこで漁をするか、どんな漁具を用いるかにかかっています」

本書『狼の義』の作者、林新と堀川惠子は、日本の立憲主義の歩みという「漁」を、その死が政党政治の終焉となった木堂犬養毅と、その犬養の終世の伴走者だった古島一雄、明治国家のデザイナーだった井上毅、そして俳人正岡子規という「漁具」を頼りに辿ろうとした。漁具とはいささか不穏当な表現だが、彼らは単なる漁具ではない。それぞれが壮烈な人生を送っている。読み進むにつれて、生きるとは何かを考えるため立憲主義を漁具に使ったとさえ思われてくる。

犬養については、東大教授だった岡義武に「挫折の政治家・犬養毅」（『近代日本の政治家』岩波書店）という名品がある。「敵に対しては烈しい憎悪を端的に表明してかくすことがなかったが、味方、知友、身辺のものなどに対してはふかい温情をもって接した」などと、犬養の性格を活写している。岡の政治家論は「エピソード主義」と評された。一見細部のように見える多様なエピソードをバランスよく拾い出し、あとは読む人の理解に任せた。『狼の義』もまた、「エピソード主義」的手法を駆使しながら壮大な物語を綴っている。

『狼の義』を繙けば、くっきり浮かんでくるものがある。それはまた作者がもっとも訴えたかったものと言っていいだろう。その第一は、「清貧」であることの大切さだ。犬養は何度か転居した後、ようやく落ち着いたのが、広大な大隈重信邸近くの牛込馬場下の借家だった。七年も空き家だったぼろ屋で、家賃は月々二十三円だった。しかも、年がら年中、高利貸しに追いかけられ、家具にベタベタと差し押さえの赤札が貼られていた。古島一雄が眉をひそめても、犬養は胸を張って答えるのだった。

「権力者に金を借りたら進退の節に必ず困ることが起きるが、高利貸しにその心配はない。それも向こうから頭を下げてやってくる。こんな気安いものはないぞ」

かつて新聞『日本』の編集長として活躍し、「犬養の懐刀」と呼ばれた古島の家は、世田谷・経堂駅から数分のところにあった。「財閥王」という異名とはまったく裏腹に、彼の家の屋根は朽ちかけて端々がめくれていた。門柱にぶらさがる木戸は風に揺れ、家全体が西側に傾きかけていた。

「軍人勅諭」の起草や「戒厳令」の制定、「集会条例」「新聞紙条例」の改正など明治法制の礎を作った井上毅の自宅は、市谷薬王寺前町の細い路地の先にあった。小さな家のどの部屋も山積みの本や書類で埋まり、障子や襖は破れたまま。まるで貧乏学生の住まいのようだった。「清貧」それ自体価値あるかどうかは、さまざまな意見があろう。しかし、己を律してこそはじめて他者への説得が可能になることだけは疑いようがない。

『狼の義』で浮かび上がる第二は、揺るぎのない「覚悟」である。登場人物それぞれが自らに秘めているのである。古島の『日本』は、新聞社で数少ない輪転機を導入した。パリから買ってきた輪転機に銅板を取り付け、紙面に写真を掲載したのも『日本』が最初だった。こうした先見性があった一方で、新聞社の台所は火の車だった。経営を圧迫した最大のものは、政府による発行停止だった。条約改正反対運動をきっかけに政府に目を付けられ、停止期間は長いときには二週間に及んだ。

月末の業者への支払いも滞り、いよいよ新聞の発行が止まりかねない状況になって、古島はかねて金主だった谷干城（初代農商務大臣）に頼みに行った。しかし、その権力を利用しながら巨万の富を築いた山県有朋に比べ、武人の谷は蓄財に疎かった。谷家を訪ねると、玖満子夫人が出てきた。古島は社の窮状を説明し、平身低頭で追加の援助を頼んだ。夫人は一瞬、顔を曇らせたが、暫くして家の奥から無記名公債証書を出してきて、震えるような声で言った。

「この金は娘の嫁入り支度金として取っておいたものです。ですが、新聞のためならば仕方ありません。わが家にはもうこれ以上、何もありません」

昭和六年十二月十二日夜、政友会総裁犬養毅に内閣総理大臣の大命が下った。参内した犬養に昭和天皇はこう仰った。「犬養、軍部の横暴を抑えてくれ」。この時勢で簡単ではないことはわかったが、思いは同じだった。自宅に帰って、深夜まで電話で組閣作業を続け、新しい閣僚が客間に勢揃いしたのは翌日の午前三時だった。犬養の側近くにいて、入閣に漏れた不満組の対応に当たった古島は、犬養の次男健との酒に酔いながら眠ってしまった。

徐々に近付く轍の響きに目が覚め、毛布を撥ね除け、起き上がったら、真っ暗な廊下に、ぼんやり小さな灯りが漏れている。たとう紙の擦れあうカサカサという乾いた音が聞こえてくる。千代子夫人の部屋だ。夫人は畳に座り込んで、山のような着物を整理していた。親任式の準備ではなかった。夫人が手にしていたのは、喪服だった。部屋の隅にある総桐の長持には、白い紙が貼り付けてあった。墨字で【喪服（家族全員用）】と書いてあった。夫人にとって、夫の総理大臣就任は、「死出の旅路」の始まりを覚悟することにほかならなかった。「覚悟」は何も男に限らなかったのである。

『狼の義』では、命をすり減らして己が信じる道を進む人たちの使命感あふれる「壮絶な生」を描いている。犬養については古島の言葉がすべてを言い尽くしている。

「木堂はファッショの濁流の中に踏ん張って、裏切りに次ぐ裏切りの果てに殺された。それも多勢に無勢でな」

結核に侵された井上毅の身体は日に日に悪化、ついに日清戦争の最中の一八九五年三月、五十一歳で永遠の眠りに就いた。前年十二月末、井上は病床で無念の思いを次の一文に込めた。

「国家多事の日に際して蒲団の上に死す　かかる不埒者には、黒葬礼こそ相当なれ」

後日、井上の遺体を医師が検視した。皮下注射で採血をしようとして驚いた。身体はひとかけらの肉もなく、血が全く採れない。全身が衰弱し、一滴の血も残らないほどだった。「井上は、国家の為に汗血を絞り尽くした。未だ荒れ野のような日本を、日清戦争後の日本の行く末をただただ憂い、逝った」

壮絶な生と死は政治の世界にあっただけでない。正岡子規は結核菌が脊椎に入り込む脊椎カリエスで椅子に座ることもできず、東京・根岸の六畳間で床に伏せながら、新聞『日本』に死の直前まで百二十七回にわたって『病牀六尺』を書き続けた。古島は『病牀六尺』の連載を一度は中止した。いくら人気があるとはいえ、病人に病気を売り物にさせるのは人間の道に外れていると思ったからだ。

子規からすぐ手紙があった。「僕の今日の生命は『病牀六尺』にあるのです。毎朝、寝起きに死ぬる程、苦しいのです。その中で新聞をあけて病牀六尺を見ると、わずかに蘇るのです。（中略）もし出来るなら、少しでも（半分でも）載せて頂いたら、命が助かります」

古島は直ちに駆けつけた。畳に頭をこすりつけ、「すまん！　俺が悪かった」と子規に謝った。子規は起きようとして、万年床から身体をよじりながら、天井から垂れた縄に手を伸ばした。床の周りの畳の縁にも、輪っか状に編んだ麻縄が幾つも縫い付けられていた。子規はそれらを上に横にと引っ張って、寝返りを打ったり、痛む身体を起こしたりしていた。

『狼の義』は二〇一九年度の「司馬遼太郎賞」に輝いた。しかし、林新はもうこの世にいなかった。難病との壮絶な闘いの末、二〇一七年に亡くなった。受賞スピーチで妻堀川恵子が明かしている。夫は心底犬養木堂に惚れ込み、NHKを退職してから本格的な執筆活動に入った。しかし、明治が終わったところで力尽き、逝ってしまった。夫の書きかけの原稿を前に泣きそうになった。夫が残した関連文献は約二百五十冊、妻が必要だと思ったのは百五十何冊。それらをひたすら読むだけの生活を一年間送り、執筆に取りかかった。

彼女の背中を押したのは、最後の最後まで自分の仕事を全うしようと命を賭した人たちの姿だった。犬養であり、古島であり、子規であり、西郷隆盛であり、夫林新だった。慶應義塾大学剣道部で、常に「上段の構え」で真っ向勝負した夫の遺志を継ぎ、上段の気迫をもって、登場する男たちの骨を拾っていこうと心に決めたという。その意味で、林新も堀川恵子も登場人物同様、揺るがぬ「覚悟」と強い「使命感」を持って、この一書を成したのである。「政治の極致」を思わせる井上毅や犬毅の政治手法については本書を読んで頂くことにして、あえて「生き方」に絞って解説した。

二〇二三年十一月

本書は二〇一九年三月に小社より刊行
された単行本を文庫化したものです。

狼の義
新 犬養木堂伝

林 新　堀川惠子

令和6年 1月25日　初版発行

発行者●山下直久

発行●株式会社KADOKAWA
〒102-8177　東京都千代田区富士見2-13-3
電話　0570-002-301(ナビダイヤル)

角川文庫 24007

印刷所●株式会社暁印刷
製本所●本間製本株式会社

表紙画●和田三造

●お問い合わせ
https://www.kadokawa.co.jp/（「お問い合わせ」へお進みください）
※内容によっては、お答えできない場合があります。
※サポートは日本国内のみとさせていただきます。
※Japanese text only

ISBN 978-4-04-400765-2　C0195

◇◇◇

角川文庫発刊に際して

角川源義

第二次世界大戦の敗北は、軍事力の敗北であった以上に、私たちの若い文化力の敗退であった。私たちの文化が戦争に対して如何に無力であり、単なるあだ花に過ぎなかったかを、私たちは身を以て体験し痛感した。西洋近代文化の摂取にとって、明治以後八十年の歳月は決して短かすぎたとは言えない。にもかかわらず、近代文化の伝統を確立し、自由な批判と柔軟な良識に富む文化層として自らを形成することに私たちは失敗して来た。そしてこれは、各層への文化の普及滲透を任務とする出版人の責任でもあった。

一九四五年以来、私たちは再び振出しに戻り、第一歩から踏み出すことを余儀なくされた。これは大きな不幸ではあるが、反面、これまでの混沌・未熟・歪曲の中にあった我が国の文化に秩序と確たる基礎を齎らすためには絶好の機会でもある。角川書店は、このような祖国の文化的危機にあたり、微力をも顧みず再建の礎石たるべき抱負と決意とをもって出発したが、ここに創立以来の念願を果すべく角川文庫を発刊する。これまで刊行されたあらゆる全集叢書文庫類の長所と短所とを検討し、古今東西の不朽の典籍を、良心的編集のもとに、廉価に、そして書架にふさわしい美本として、多くのひとびとに提供しようとする。しかし私たちは徒らに百科全書的な知識のジレッタントを作ることを目的とせず、あくまで祖国の文化に秩序と再建への道を示し、この文庫を角川書店の栄ある事業として、今後永久に継続発展せしめ、学芸と教養との殿堂として大成せんことを期したい。多くの読書子の愛情ある忠言と支持とによって、この希望と抱負とを完遂せしめられんことを願う。

一九四九年五月三日